汽车构造

主　编　于海博
副主编　齐　鹏　马国宾　单忠梁

北京理工大学出版社
BEIJING INSTITUTE OF TECHNOLOGY PRESS

内 容 提 要

　　本书从认识汽车构造的角度将内容分为五个模块，分别是汽车车型与车身、汽车发动机构造、汽车电气系统、汽车底盘构造、新能源汽车构造。本书采用模块、单元模式，每个模块均以最实用的内容作为核心知识点，增强了学习的针对性。

　　本书是职业教育本科院校、高职院校新能源汽车技术专业的核心课程教材，也可作为其他汽车相关专业的培训用书，以及相关技术人员和各类职业院校授课的参考用书。

图书在版编目（CIP）数据

汽车构造／于海博主编 . -- 北京：北京理工大学出版社，2025.1.

ISBN 978-7-5763-4653-4

Ⅰ . U463

中国国家版本馆 CIP 数据核字第 202552TW76 号

责任编辑：高雪梅　　　　　**文案编辑**：高雪梅
责任校对：周瑞红　　　　　**责任印制**：李志强

出版发行 / 北京理工大学出版社有限责任公司

社　　址 / 北京市丰台区四合庄路 6 号

邮　　编 / 100070

电　　话 /（010）68914026（教材售后服务热线）
　　　　　　　（010）63726648（课件资源服务热线）

网　　址 / http：//www. bitpress. com. cn

版 印 次 / 2025 年 1 月第 1 版第 1 次印刷

印　　刷 / 河北鑫彩博图印刷有限公司

开　　本 / 787 mm×1092 mm　1/16

印　　张 / 19.75

字　　数 / 409 千字

定　　价 / 94.00 元

中国特色高水平高职学校项目建设系列教材
编审委员会

编 写 说 明

中国特色高水平高职学校和专业建设计划（简称"双高计划"）是我国教育部、财政部为建设一批引领改革、支撑发展、中国特色、世界水平的高等职业学校和骨干专业（群）的重大决策建设工程。哈尔滨职业技术大学（原哈尔滨职业技术学院）入选"双高计划"建设单位，学校对中国特色高水平学校建设项目进行顶层设计，编制了站位高端、理念领先的建设方案和任务书，并扎实地开展人才培养高地、特色专业群、高水平师资队伍与校企合作等项目建设，借鉴国际先进的教育教学理念，开发中国特色、国际标准的专业标准与规范，深入推动"三教改革"，组建模块化教学创新团队，实施"课程思政"，开展"课堂革命"，出版校企双元开发活页式、工作手册式、新形态的教材。为适应智能时代先进教学手段应用，学校加大优质在线资源的建设，丰富教材的载体，为开发以工作过程为导向的优质特色教材奠定基础。按照教育部印发的《职业院校教材管理办法》要求，教材编写总体思路是：依据学校双高建设方案中教材建设规划、国家相关专业教学标准、专业相关职业标准及职业技能等级标准，服务学生成长成才和就业创业，以立德树人为根本任务，融入课程思政，对接相关产业发展需求，将企业应用的新技术、新工艺和新规范融入教材之中。教材编写遵循技术技能人才成长规律和学生认知特点，适应相关专业人才培养模式创新和优化课程体系的需要，注重以真实生产项目、典型工作任务、生产流程及典型工作案例等为载体开发教材内容体系，理论与实践有机融合，满足"做中学、做中教"的需要。

本系列教材是哈尔滨职业技术大学中国特色高水平高职学校项目建设的重要成果之一，也是哈尔滨职业技术大学教材改革和教法改革成效的集中体现。教材体例新颖，具有以下特色：

第一，教材研发团队组建创新。按照学校教材建设统一要求，遴选教学经验丰富、课程改革成效突出的专业教师担任主编，邀请相关企业作为联合建设单位，形成了一支学校、行业、企业和教育领域高水平专业人才参与的开发团队，共同参与教材编写。

第二，教材内容整体构建创新。精准对接国家专业教学标准、职业标准、职业技能等级标准，确定教材内容体系，参照行业企业标准，有机融入新技术、新工艺、新规范，构建基于职业岗位工作需要的体现真实工作任务、流程的内容体系。

第三，教材编写模式形式创新。与课程改革相配套，按照"工作过程系统化""项目+任务式""任务驱动式""CDIO式"四类课程改革需要设计四种教材编写模式，创新新形态、活页式或工作手册式教材三种编写形式。

1

第四，教材编写实施载体创新。依据专业教学标准和人才培养方案要求，在深入企业调研岗位工作任务和职业能力分析基础上，按照"做中学、做中教"的编写思路，以企业典型工作任务为载体进行教学内容设计，将企业真实工作任务、真实业务流程、真实生产过程纳入教材之中，并开发了与教学内容配套的教学资源，以满足教师线上线下混合式教学的需要。本套教材配套资源同时在相关平台上线，可随时下载相应资源，也可满足学生在线自主学习的需要。

第五，教材评价体系构建创新。从培养学生良好的职业道德、综合职业能力、创新创业能力出发，设计并构建评价体系，注重过程考核和学生、教师、企业、行业、社会参与的多元评价，在学生技能评价上借助社会评价组织的"1+X"考核评价标准和成绩认定结果进行学分认定，每部教材根据专业特点设计了综合评价标准。为确保教材质量，哈尔滨职业技术大学组建了中国特色高水平高职学校项目建设成果编审委员会。教材编审委员会由职业教育专家组成，同时聘用企业技术专家指导。学校组织了专业与课程专题研究组，对教材编写持续进行培训、指导、回访等跟踪服务，有常态化质量监控机制，能够为修订完善教材提供稳定支持，确保教材的质量。

本系列教材是在国家骨干高职院校教材开发的基础上，经过几轮修改，融入课程思政内容和课堂革命理念，既具教学积累之深厚，又具教学改革之创新，凝聚了校企合作编写团队的集体智慧。本套教材充分展示了课程改革成果，力争为更好地推进中国特色高水平高职学校和专业建设及课程改革做出积极贡献！

哈尔滨职业技术大学
中国特色高水平高职学校项目建设成果系列教材编审委员会
2025 年 6 月

前 言

汽车产业是国民经济的重要支柱产业，汽车后市场为消费者提供买车后所需要的一切服务。由于新能源汽车的高速发展，其后市场必将非常广阔。汽车专业职教领域涵盖了从汽车研发设计、加工制造到使用检测和维修各个阶段，但就汽车专业的教材而言，其表现却不尽如人意，总是跟不上行业发展的需要。特别是在新能源汽车飞速发展的今天，如何才能培养出能够适应行业需求的人才，如何使专业授课教师有一本能够满足就业岗位需求的理实一体化教材，是当前须解决的大事。

随着新能源汽车智能化功能的不断完善，新能源汽车行业、企业对新能源汽车的制造、保养、维修检测等相关人员提出了更高的要求，为了使该专业的学生和相关维修人员能够更好地胜任新能源汽车生产制造、新能源汽车维修保养、新能源汽车检测等相关企业岗位的工作需求，同时便于教师能够更全面、系统地讲授这门课程，哈尔滨职业技术大学组织汽车学院新能源汽车技术专业、汽车检测与维修专业及校企合作产业学院的一线教师和行业专家，采用项目教学及任务驱动的教学模式编写了本书。

为强化职业技术院校办学特色，提高学生技能水平，提升教学质量，本书在编写过程中，探索理论与实践一体化的教学模式，坚持"以工作任务为载体、以工作过程为导向"的职业教育理念，突出职业教育实践技能训练和动手能力培养的特色，注重实用性、通用性、典型性和先进性。

本书共分为五个模块，分别是汽车车型与车身、汽车发动机构造、汽车电气系统、汽车底盘构造、新能源汽车构造。每个模块都明确了学习目标，以情景导入的方式引入学习任务并对任务进行分析。相关知识以够用为原则，配备了大量图示说明，结合学习任务给出任务实施及故障案例，使学生更容易理解知识点，掌握专业技能，完成相应项目及任务的学习。

本书由哈尔滨职业技术大学于海博教师担任主编，哈尔滨职业技术大学齐鹏、马国宾、单忠梁教师担任副主编。其中，于海博负责模块一、模块四内容的编写；

马国宾负责模块五内容的编写；齐鹏负责模块三内容的编写；单忠梁负责模块二内容的编写。企业和行业专家王立鑫先生、朱春风先生在本书编写过程中提供了技术支持，在此一并表示感谢！

由于时间仓促，加之编者的水平有限，书中难免有疏漏或不足之处，敬请广大读者批评指正。

编　者

目 录

CONTENTS

模块一
汽车车型与车身

汽车作为人们生活中最常见的交通工具，不断地发展和演变，逐渐形成了一些经典且常见的车型，这些车型往往都是根据其车身特点所定义的。可以说，一辆车的车型和车身决定了这辆车的基本性能特点和使用场景，是人们认识汽车的第一直观信息，也是学习汽车构造首先要掌握的基础知识。

本模块主要介绍汽车按照车身划分的车型种类和特点，内容包括汽车车型概述、轿车的车身构造、货车的车身构造及客车的车身构造。

学习目标

(1)能够准确判断汽车的车型与种类。

(2)能够掌握轿车、货车、客车的车身结构和特点。

(3)具备图形分析能力，能够根据示意图分析相关系统的工作过程。

(4)培养快速阅读、提高知识点捕捉的能力。

(5)能够运用互联网工具或新媒体工具对相关资料进行查询。

(6)能够正确表述相关系统的工作过程，并对相应系统进行分析。

学习单元一　汽车车型概述

情境导入

汽车发展已有百余年，所演变形成的各种车型，常见的就可达 20 余种。每个车型都有其特定的用途和特点，如微型车、轿车、SUV、敞篷跑车、旅行车、皮卡车、露营车等。这些各式各样的车型既有着各自鲜明的特点又互相关联，每种车型的发展都体现着汽车科技的进步和人们生活需求的改变。

🏁 相关知识

一、汽车的分类

汽车可以从多个角度进行分类，汽车多样的分类方式可以帮助人们更好地了解汽车的特点和用途。下面介绍一些常见的分类方式。

1. 按照车身结构分类

汽车车身结构是指汽车的外部形态和构造。按照车身结构进行分类是人们最常用的基本车型分类形式，常见的有以下几种车型。

(1)轿车。轿车是指一种四门或两门的小型乘用车，通常有两排座位，适合在城市驾驶和作为家庭用车，如图 1-1-1 所示。

图 1-1-1　轿车

(2)SUV。SUV 是指一种运动型功能车，通常有较高的地间隙和四驱系统，适合越野和户外活动，如图 1-1-2 所示。

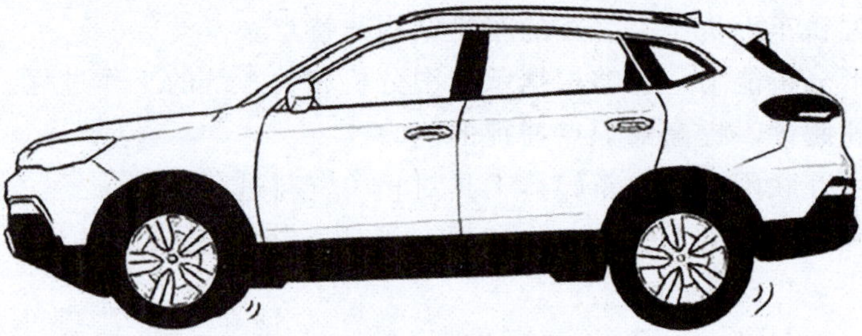

图 1-1-2　SUV

(3)MPV。MPV 是指一种多功能车，通常有较大的载人空间和灵活的座椅布局，适合作为家庭和商务用车，如图 1-1-3 所示。

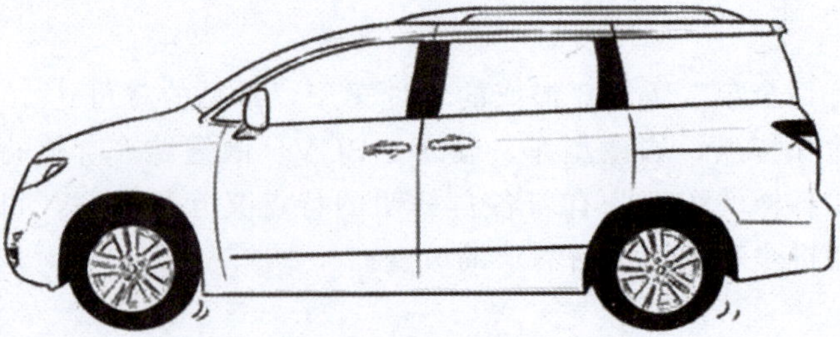

图 1-1-3　MPV

（4）跑车。跑车是指一种高性能两门或两座位的车辆，通常具有较高的马力和加速性能，适合作为赛车和高速驾驶，如图1-1-4所示。

图1-1-4　跑车

（5）皮卡车。皮卡车是一种载货或载人的车辆，通常有较大的载货空间和载人能力，适合农村和户外用途，如图1-1-5所示。

图1-1-5　皮卡车

总之，不同的车身结构有不同的特点和用途，需要根据实际需求进行选择。

2. 按照汽车用途分类

按照汽车的用途分类，可分为乘用车和商用车两大类。

（1）乘用车。乘用车是指主要用于人员运输的车辆，通常有4～5个座位，适合作为家庭、个人和商务用车。乘用车通常有较好的舒适性、安全性和驾驶性能，外观设计也更加注重美观和时尚感。乘用车的种类很多，包括轿车、SUV、MPV、跑车、敞篷车等。

（2）商用车。商用车是指主要用于运输货物或人员的车辆，通常有较大的载货空间或载人能力，适合作为物流、运输、旅游等商业用车。商用车通常注重实用性和经济性，外观设计相对简单，但具有较强的耐用性和承载能力。商用车的种类也有很多，包括货车、客车、轻型商用车、中型商用车等，如图1-1-6和图1-1-7所示。

乘用车注重舒适性和驾驶性能；商用车注重实用性和经济性。

图1-1-6　货车

图1-1-7　客车

3.按照汽车的动力系统分类

汽车的动力系统是指汽车的动力来源,主要包括以下几种类型。

(1)燃油动力系统。燃油动力系统是指使用燃油作为动力来源的汽车,包括汽油车、柴油车等。燃油动力系统的优点是系统成熟稳定,加油方便;但污染排放量较大。

(2)混合动力系统。混合动力系统是指同时使用燃油和电力作为动力来源的汽车,包括汽油电混合动力车、柴油电混合动力车等。混合动力系统的优点是节能环保;但成本较高。

(3)纯电动力系统。纯电动力系统是指使用电力为动力来源的汽车,包括锂离子电池动力系统、超级电容器动力系统、氢燃料电池动力系统等。纯电动力系统的优点是零排放、节能环保;但续航里程有限,充电时间长。

(4)气体动力系统。气体动力系统是指使用天然气或液化石油气作为动力来源的汽车,包括天然气车、液化石油气车等。气体动力系统的优点是环保、经济;但加气设施不完善。

总之,不同的动力系统有各自的优点和缺点,根据汽车的动力系统不同,可以将汽车分为燃油车、混合动力车、纯电动车、燃料电池车等。

4.按照车辆的级别分类

车辆的级别是根据车辆的尺寸、配置、豪华程度等因素进行分类的一种方式,不同级别的车辆适合不同的消费者需求。这种按级别分类的方式其中最重要的分类标志是车身尺寸中的车长数据,如图1-1-8所示。

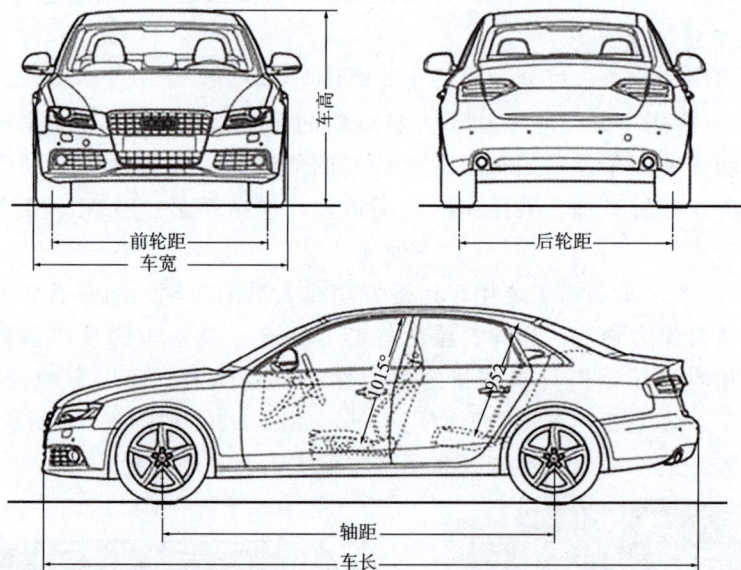

图 1-1-8　车身尺寸

以下是常见的车辆级别:

(1)微型车:车长小于 3.7 m,适合在城市狭窄道路行驶,通常价格较低,适合新手或注重经济实惠的消费者。

（2）小型车：车长在 3.7～4.5 m，适合城市驾驶和作为家庭用车，通常价格适中，是城市中的主流车型。

（3）紧凑型车：车长在 4.5～4.8 m，适合在城市和郊区驾驶，通常配置较高，适合追求舒适性和安全性的消费者。

（4）中型车：车长在 4.8～5.3 m，适合作为家庭和商务用车，通常配置豪华，适合追求品质和舒适性的消费者。

（5）大型车：车长在 5.3～6 m，适合作为商务和高端消费者用车，通常配置豪华，适合追求品质和舒适性的消费者。

（6）豪华车：车长在 6 m 以上，适合高端消费者，通常配置非常豪华，适合追求品质和舒适性的消费者。

二、常见车型的特点

1. 轿车

轿车是一种小乘用车，通常有 4～5 个座位，适合在城市驾驶和作为家庭用车。轿车的特点如下：外观设计注重美观和时尚感，通常具有流线型的车身和优美的曲线；驾驶性能较好，通常有较好的操控性和稳定性，适合城市驾驶和长途旅行；舒适性较高，通常具有较好的座椅和悬挂系统，能够提供较为舒适的乘坐体验；安全性较高，通常配备多种安全装置，如安全气囊、ABS，能够提供较好的安全保障；燃油经济性较好，通常具有较低的油耗和较高的续航里程，能够为消费者节省燃油费用。总之，轿车是一种注重美观、驾驶性能、舒适性和安全性的小型乘用车。

2. MPV

多功能车（Multi－Purpose Vehicle，MPV），是一种具有较大载人能力和灵活座椅布局的车型。MPV 的特点如下：车身尺寸较大，通常有 3 排座位，可容纳 6～8 人，适合家庭和商务用车；座椅布局灵活，可根据需要调整座椅位置，提供更大的载人空间和载物空间；车身设计简洁，注重实用性和经济性，适合追求实用性和经济性的消费者；驾驶性能较好，通常配备较强的动力系统和悬挂系统，提供较舒适的驾驶体验；安全性较高，通常配备多种安全装置，如安全气囊、ABS 等，能够提供较好的安全保障。总之，MPV 具有较大的载人能力和灵活的座椅布局，适合家庭和商务用车，注重实用性和经济性，驾驶性能和安全性较好。

3. SUV

SUV 是 Sport Utility Vehicle 的缩写，是一种运动型功能汽车，具有以下特点：

（1）车身高大：SUV 车身高大，具有较高的地间隙和车身高度，适合越野和户外活动。

（2）四驱系统：SUV 通常配备四驱系统，能够提供较好的越野性能和驾驶性能。

（3）载人能力：SUV 通常有较大的载人能力和灵活的座椅布局，适合作为家庭和商务用车。

（4）载物能力：SUV 的后备箱空间较大，能够容纳更多的物品，适合长途旅行和作为家庭用车。

(5)驾驶性能：SUV通常具有较强的动力和悬挂系统，能够提供较好的驾驶性能和舒适性。

(6)外观设计：SUV的外观设计比较硬朗，具有较强的越野感和运动感。

总之，SUV具有较高的间隙和车身高度，配备四驱系统，具有较大的载人空间和载物空间，驾驶性能较好，外观设计硬朗，适合越野和户外活动及作为家庭和商务用车。

4. 客车

客车是一种专用于运输乘客的车辆，通常具有以下特点：车身尺寸较大，通常有多个座位，可容纳10人以上，适合大规模的人员运输；车身设计简洁，注重实用性和经济性，适合追求实用性和经济性的消费者；驾驶性能较好，通常配备较强的动力系统和悬挂系统，提供较舒适的驾驶体验；舒适性较高，通常具有较好的座椅和悬挂系统，能够提供较为舒适的乘坐体验；安全性高，通常配备多种安全装置，如安全气囊、ABS等，能够提供较好的安全保障；载物能力较强，通常具有较大的行李箱空间，能够容纳更多的物品。总之，客车具有较大的载人空间和载物空间，适合大规模的人员运输，注重实用性和经济性，驾驶性能和安全性能较好，舒适性较高。

三、汽车车架

汽车车架的主要功能是支承连接汽车的各零部件；承受来自车内外的各种载荷。汽车车架的类型主要有边梁式车架、中梁式车架（也称脊骨式车架）和综合式车架三种。仅从纵梁形状和结构特点分类，汽车车架又可分为周边式车架、X形车架和梯形车架。

1. 边梁式车架

边梁式车架由两根位于两边的纵梁和若干根横梁组成，用铆接法或焊接法将纵梁与横梁连接成坚固的刚性构架，如图1-1-9所示。

图 1-1-9　边梁式车架

车架纵梁剖面形状如图1-1-10所示。不同形状结构的梁受力特点不同。

2. 中梁式车架

中梁式车架只有一根位于中央贯穿前后的纵梁，因此也称为脊骨式车架。越野车很多都采用这种车架，如图1-1-11所示。

| 槽形 | 叠槽形Ⅰ | 叠槽形Ⅱ | 礼帽箱形 | 对接箱形 | 管形 |

图 1-1-10　车架纵梁剖面形状

图 1-1-11　中梁式车架

3. 综合式车架

车架前部是边梁式，而后部是中梁式，这种车架称为综合式车架（也称复合式车架）。它同时具有中梁式车架和边梁式车架的特点。竞赛汽车及特种汽车的桁架式车架由钢管组合焊接而成，这种车架兼有车架和车身的作用。平台式车架是一种将底板从车身中分出来，而与车架组成一个整体的结构，车身通过螺栓与车架相连接。某些高级轿车采用了综合式车架，后部车架与前部车架用活动铰链连接，后驱动桥总成安装在后车架上，半轴与驱动轮之间使用万向节连接，后独立悬架连接在后车架上。这样，不仅由于独立悬架可使汽车获得良好的行驶平顺性，而且活动铰链点处的橡胶衬套也使整车获得一定的缓冲，从而进一步提高了汽车行驶平顺性。有些轿车为了减轻车架质量，尽量做到轻量化，采用了半车架。

另外，大多数轿车和部分大型客车取消了车架，而以车身兼作车架的作用，即将所有部件固定在车身上，所有的力也由车身来承受，这种车身称为承载式车身。承载式车身由于无车架，既可以减轻整车质量，也可以使地板高度降低，使上、下车更方便。

学习研讨

背景描述	随着时代的发展和人们生活需求的变化，我国汽车市场上的明星产品可以说是"你方唱罢我登场"，很多车型从无人问津到突然爆火的故事也是接连发生。可以说未来的中国汽车市场也将不断变化，而迎来一波又一波的明星车型
讨论主题	哪一种车型将是中国汽车市场未来最具潜力的增长点呢？
成果展示	小组采用短视频制作等方式展示成果

学习评价

内容组织	素养提升			评价结果
内容选取很好，内容全面且组织有条理	思路清晰、重点突出、语言流畅	熟练掌握 PPT 和短视频制作等信息化技术	很好地体现团队协作和自学能力	优秀
内容选取较好，内容比较全面且组织比较有条理	语言通顺简洁、思路较清晰	较熟练掌握 PPT 和短视频制作等信息化技术	较好地体现团队协作和自学能力	良好
内容选取一般，内容不全面且组织条理不清	语言逻辑不够清晰流畅	不能熟练掌握 PPT 和短视频制作等信息化技术	不能很好地体现团队协作和自学能力	一般

学习单元二　轿车的车身构造

情境导入

　　轿车是指用于载送人员及其随身物品，且座位布置在两轴之间的汽车。其座位数包括驾驶者在内，一般最多不超过九个。一般轿车强调的是舒适性，以乘员为中心。而且是从经济性出发，选择马力适中、排量小、耗油量小的发动机。轿车最常见的是三厢、四门、五座的私家车，通常用于日常通勤和家庭使用。轿车车身的特点是外形呈流线型，操控灵活，燃油经济性好。作为最常见的车型，下面一起认识轿车的车身构造。

相关知识

一、轿车的车身结构

1. 承载式车身结构

　　轿车的车身通常采用承载式车身结构，也称为单体式车身结构。这种车身结构是将车身和底盘结合在一起，形成一个整体，车身本身就是车辆的承载结构，承担着车辆的质量和扭矩。相比于传统的车身和底盘分离的结构，承载式车身结构具有以下优点：车身刚性好，能够提供更好的悬挂系统和驾驶性能；车身质量轻，能够提高车辆的燃油经济性和动力性能；车身结构简单，能够降低车辆的制造成本和维修成本；车身安全性高，能够提供更好的碰撞保护和车身的稳定性，如图 1-2-1 所示。

　　总之，轿车的承载式车身结构具有车身刚性好、质量轻、结构简单、安全性高等优点，能够提供更好的驾驶性能和乘坐体验。

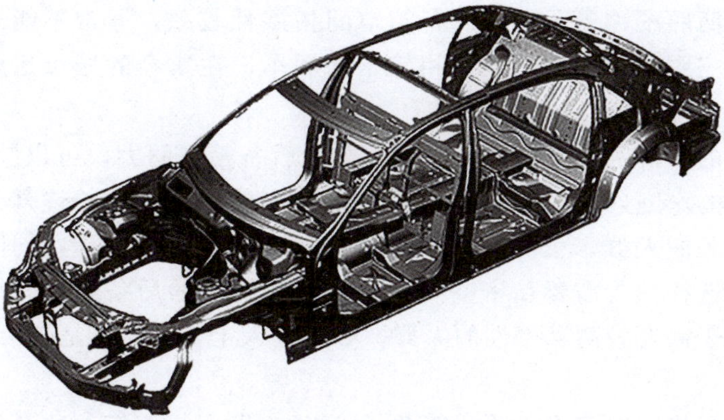

图 1-2-1　承载式车身

2. 非承载式车身结构

轿车的非承载式车身结构是指车身和底盘分离的结构，车身只是作为一个外壳，不承担车辆的质量和扭矩。这种车身结构通常采用钢板焊接或铆接而成，再与底盘螺栓连接。相比于承载式车身结构，非承载式车身结构具有以下优点：车身质量较轻，能够提高车辆的燃油经济性和动力性能；车身结构复杂，需要更多的零部件和连接件，制造成本和维修成本较高；车身刚性较差，需要更多的悬挂系统和加强结构，才能提供较好的驾驶性能和稳定性；车身安全性较低，碰撞保护能力较差，需要更多的安全装置来提高安全性。这种车身结构和通常用在越野车上的车身结构类似，如图 1-2-2 所示。

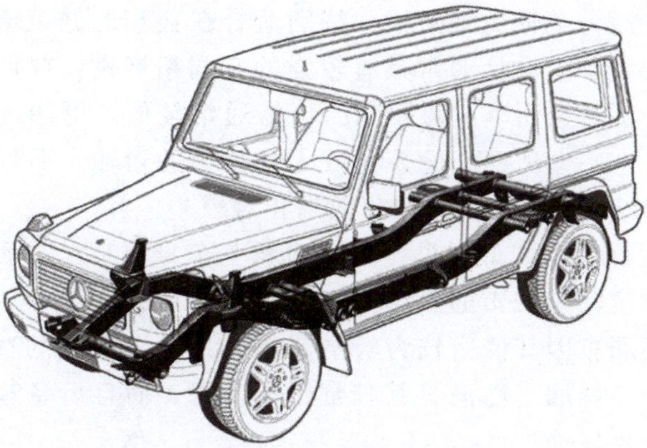

图 1-2-2　非承载式车身结构

二、轿车的车身外形

轿车的车身外形通常可分为以下几种。

1. 三厢式车身

三厢式车身是指车身分为前、中、后三个部分，中间部分为行李箱，适合长途旅行和用作商务用车。

三厢车的后备箱通常较大，能够装载更多的行李，适合长途旅行。三厢车的后备箱与驾驶室是独立的，所以隔声效果较好。三厢车的后备箱设计可以更好地保护行李的隐私。相较于两厢车，三厢车的后备箱空间拓展性较差，通常不能通过放倒后座来增加行李空间。三厢车的车身较长，相较于两厢车，在狭窄的城市道路中的驾驶灵活性较差。

三厢车适合的人群：①家庭用户。三厢车的后备箱空间大，可以装载更多的行李，非常适合有孩子的家庭，或经常需要携带大量行李的人群。②长途驾驶者。对于经常需要进行长途驾驶的人群，三厢车的隔声效果好，驾驶体验更佳，同时能装载更多的行李，是理想的选择。③需要私密空间的人群。三厢车的后备箱设计可以更好地保护行李的隐私，对于需要较高私密性的人群，如商务人士，三厢车是一个不错的选择。

2. 两厢式车身

两厢式车身是指车身只分为前、后两个部分，没有行李箱，适合城市通勤和日常使用。在紧凑型轿车领域，同一款车型经常同时发售三厢版本和两厢版本供消费者选择，除尾部外观外，汽车的其他数据几乎没有差别，如图 1-2-3 所示。

图 1-2-3　两厢车和三厢车

两厢车的车身较短，车辆更加灵活，特别适合在狭窄的城市道路中行驶，停车也更加方便。两厢车的后备箱设计通常具有较强的空间拓展性，放倒后座，空间即可大大增加。相较于同级别的三厢车，两厢车的价格通常较低，更加经济实惠。但是两厢车的后备箱空间较小，不太适合长途旅行或大件行李的运输，而且由于两厢车的后备箱与驾驶室是一个连续的空间，所以隔声效果相对较差。

两厢车适合的人群：①城市居民。由于两厢车车身短小，灵活性高，非常适合城市狭窄的道路和停车位，是城市通勤的理想选择。②初次购车者。对于初次购车或预算较低的消费者，两厢车因其价格较为经济实惠，是一个不错的选择。③小家庭。对于小家庭或单身人士，两厢车能满足其日常生活所需，而且后备箱空间可以通过放倒后座进行拓展，适应性较强。

3. 旅行车车身

旅行车车身是指车身后部加长，增加了行李箱空间的车身，其适合长途旅行和家庭用途。虽然在欧美国家旅行车是最受家庭欢迎的车型，但是在我国旅行车还不是轿车的主流，很多人都认为旅行车一直都是最美车型，颜值最高，但是却并不会为之买单。旅行车如图 1-2-4 所示。

4. 敞篷车车身

硬顶敞篷车车身是指车顶可以打开或拆卸，但车顶是由硬质材料制成的车身，适合享受阳光和风景的驾驶体验，如图 1-2-5 所示。硬顶敞篷的耐用性高，因为硬顶敞篷的结构多为金属材质，与车身保持一致，不会出现老化现象。硬顶敞篷车对车辆外形的影响相对较小。与硬顶敞篷车相比，软顶敞篷车可以折叠得更加充分，从而提供更多的储物空间。车辆的价格相对更加优惠，软顶敞篷车的后期保养成本也比硬顶敞篷车低。

图 1-2-4　旅行车

图 1-2-5　硬顶敞篷车

5. 跑车车身

跑车车身设计呈流线型，驾驶性能和动力性能较强，适合追求驾驶乐趣和速度的消费者。轿车跑车车型具有普通轿车的实用性和跑车的酷炫外形，因此受到年轻消费者的喜爱，如图 1-2-6 所示。

图 1-2-6　跑车

🏁 学习研讨

背景描述	为了满足不同人群的需要，同一款轿车经常同时发售三厢和两厢版本。消费者常常徘徊在两者之间不知如何选择
讨论主题	选一款同时销售三厢和两厢版本的轿车，为消费者对比它们之间的区别和各自的特点，并给出推荐理由
成果展示	小组采用短视频制作等方式展示成果

🏁 学习评价

内容组织	素养提升			评价结果
内容选取很好，内容全面且组织有条理	思路清晰、重点突出、语言流畅	熟练掌握 PPT 和短视频制作等信息化技术	很好地体现团队协作和自学能力	优秀
内容选取较好，内容比较全面且组织比较有条理	语言通顺简洁、思路较清晰	较熟练掌握 PPT 和短视频制作等信息化技术	较好地体现团队协作和自学能力	良好
内容选取一般，内容不全面且组织条理不清	语言逻辑不够清晰流畅	不能熟练掌握 PPT 和短视频制作等信息化技术	不能很好地体现团队协作和自学能力	一般

🎯 学习单元三　货车的车身构造

🏁 情境导入

　　货车也称为载货汽车或卡车，主要用于运送货物，有时也可用于牵引其他车辆。货车是商业运输中不可或缺的工具，具有载重能力强、尺寸和类型多样、装载设施专业、长途运输能力强、驾驶员专业和维护需求高等特点，为道路运输最主要的工具。由于工作需求的不同，货车的种类多样，车身造型上也有很大的差异，下面一起来认识货车的车身构造。

一、货车的种类

货车是指用于运输货物的汽车。根据不同的用途和载重量，货车通常可分为以下几种类型：

(1)轻型货车：载重量在 1.8 t 以下，适合城市配送和小型物流运输。

(2)中型货车：载重量在 1.8~14 t，适合中短途物流运输和城市建筑工地运输。

(3)重型货车：载重量在 14 t 以上，适合长途物流运输和大型工程建设运输。

(4)特种货车：根据不同的用途和需求，其可分为罐车、冷藏车、挂车、自卸车、混凝土搅拌车等多种类型。

(5)集装箱车：专门用于集装箱运输，可分为平板集装箱车、骨架集装箱车、箱式集装箱车等多种类型。

(6)槽罐车：专门用于运输液体或气体，可分为油罐车、化学品槽罐车、天然气槽罐车等多种类型。

部分车型如图 1-3-1 所示。

图 1-3-1　货车种类

(a)微卡；(b)中卡；(c)重卡

二、货车的车身结构

货车的车身结构通常采用承载式车身结构，也就是车身和底盘是一体化的结构，车身承担着车辆的质量和扭矩。货车的车身结构通常采用钢板焊接或铆接而成，然后与底盘螺栓连接。货车的车体主要由车头和货箱两大部分组成。

1. 车头

货车车头的种类根据不同的需求和用途，可分为以下几种类型。

（1）整车式车头。整车式车头是指车头和货箱是一体化的结构，适合运输大型物品和建筑材料等。

（2）拉头式车头。拉头式车头是指车头和货箱是分离的结构，适合运输封闭货物和集装箱等。

（3）自卸式车头。自卸式车头是指车头和货箱是一体化的结构，能够自动卸货，适合运输散装物品和建筑垃圾等。

（4）牵引式车头。牵引式车头是指车头负责牵引货车，不携带货物，适合多式联运和国际物流运输。

另外，按照车头外形，还可分为长头式车头、短头式车头、平头式车头，这种车头的长短主要与发动机的布置位置有关。

2. 驾驶室

货车的驾驶室是指货车前部的驾驶员工作和休息的空间，通常包括座椅、转向盘、仪表盘、空调、音响、储物柜等设施。货车的驾驶室根据不同的需求和用途，可分为以下几种类型。

（1）标准驾驶室。标准驾驶室是指驾驶室的基本配置适合一般的物流运输和长途驾驶。

（2）高顶驾驶室。高顶驾驶室是指驾驶室顶部较高，内部空间较大，适合长途驾驶和需要舒适性的驾驶员。

（3）卧铺驾驶室。卧铺驾驶室是指驾驶室内部有卧铺，适合长途驾驶需要休息的驾驶员，如图 1-3-2 所示。

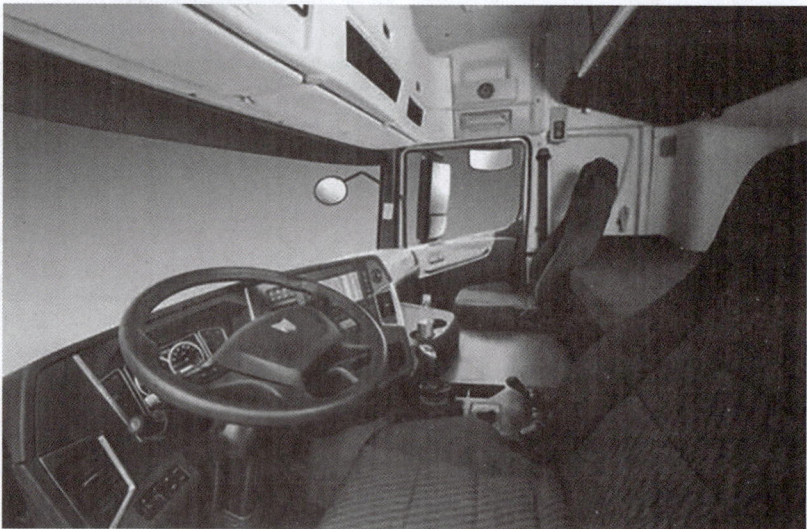

图 1-3-2　卧铺驾驶室

3. 货箱

货车的货箱根据不同的用途和需求，可分为以下几种类型。

（1）平板货箱。平板货箱是指没有顶棚的货箱，适合运输大型物品和建筑材料等。其通常还包括无栏板和有栏板两种。

（2）封闭货箱。封闭货箱是指有围栏和顶棚的货箱，能够保护货物不受外界环境的影响，适合运输易碎、易腐、易漏等货物。

（3）冷藏货箱。冷藏货箱是指内部装有制冷设备的货箱，能够保持货物的低温状态，适合运输冷冻、冷藏食品等货物。

（4）集装箱货箱。集装箱货箱是指符合国际标准的集装箱货箱，能够方便地进行多式联运，适合国际物流运输。

（5）自卸货箱。自卸货箱是指能够自动卸货的货箱，适合运输散装物品和建筑垃圾等。

（6）油罐货箱。油罐货箱是指专门用于运输液体石油和化学品的货箱，能够保证货物的安全性。

部分货箱种类如图 1-3-3 所示。

图 1-3-3　货车货箱种类

(a)栏板式；(b)平板式；(c)集装箱；(d)仓栅式；(e)罐式；(f)自卸式

学习研讨

背景描述	城市中经常会见到一些中小型货车用于短途运输，如搬家公司、物流公司的车辆。如果你需要一辆货车完成搬家，你会根据搬运的物品情况选择适合的货车车型吗？
讨论主题	为搬家公司制作一套货车用车参考对照表，并向消费者解释使用方法
成果展示	小组采用短视频制作等方式展示成果

学习评价

内容组织	素养提升			评价结果
内容选取很好，内容全面且组织有条理	思路清晰、重点突出、语言流畅	熟练掌握 PPT 和短视频制作等信息化技术	很好地体现团队协作和自学能力	优秀
内容选取较好，内容比较全面且组织比较有条理	语言通顺简洁、思路较清晰	较熟练掌握 PPT 和短视频制作等信息化技术	较好地体现团队协作和自学能力	良好
内容选取一般，内容不全面且组织条理不清	语言逻辑不够清晰流畅	不能熟练掌握 PPT 和短视频制作等信息化技术	不能很好地体现团队协作和自学能力	一般

学习单元四　客车的车身构造

情境导入

客车是指乘坐 9 人以上（包括驾驶员座位在内），一般具有方形车厢，用于载运乘客及其随身行李的商用车。这类车型主要用于公共交通和团体运输。按照乘车人数计算所耗用的能源和所占的道路面积，公共交通车辆要比个人车辆经济，这是许多国家优先发展公共交通客车的主要原因之一。中国客车产量已位居世界第一，个别厂家年产量已超过万台。生活中除最熟悉的公交车外，你还知道哪些客车种类？

相关知识

一、客车的种类和车身类型

1. 客车种类

客车是指用于专门运输乘客的汽车。根据不同的用途和需求，客车可分为以下几类。

（1）城市公交车。城市公交车是指用于城市公共交通的客车，通常采用低地板、大门宽、座位多的设计，能够满足城市公共交通的需求，如图1-4-1所示。

（2）旅游客车。旅游客车是指用于旅游和长途客运的客车，通常采用高级座椅、空调、音响等设施，能够提供舒适的乘坐体验，如图1-4-2所示。

图1-4-1　城市公交车

图1-4-2　旅游客车

（3）学生班车。学生班车是指用于接送学生上、下学的汽车，通常采用安全座椅等设施，能够保证学生的安全，如图1-4-3所示。

（4）商务客车。商务客车是指用于商务活动的客车，通常采用豪华座椅、会议桌、电视等设施，能够提供高端的商务服务。

2. 客车车身类型

常见客车车身类型如下：

（1）中巴车。中巴车是指车身长度在6～9 m的车型，适合城市公交、旅游观光和短途接送等场景，如图1-4-4所示。

图1-4-3　学生班车

图1-4-4　商务中巴车

（2）大巴车。大巴车是指车身长度在9～14 m的车型，适合长途旅游、商务接送和团队出行等场景。

此外，还有敞篷车、高顶车和豪华客车等多种类型的客车，每种类型都有其特点和适用场景。

二、客车的车身结构

客车大多采用承载式车身结构。车身结构通常由以下几个部分组成。

（1）车身骨架。车身骨架是客车车身的主要支撑结构，通常由钢材或铝合金材料制成，能够承受车身的质量和外部冲击力，如图1-4-5所示。

（2）车身外壳。车身外壳是客车车身的外部覆盖，通常由钢板或铝合金板制成，能够保护车身内部结构和乘客安全。

（3）车门。车门是客车乘客上、下车的通道，通常可分为前门、中门和后门等多个位置，能够方便乘客上、下车。

（4）玻璃。玻璃是客车车身的透明部分，通常可分为前挡风玻璃、侧窗玻璃和后窗玻璃等多个部分，能够提供良好的视野和通风效果。

（5）座椅。座椅是客车内部的主要设施，通常可分为固定座椅和可调节座椅等多种类型，能提供舒适的乘坐体验。座椅和车厢内过道的布局受车型尺寸影响，如图1-4-6所示。

图 1-4-5　客车车身骨架 　　　　图 1-4-6　大客车车厢乘坐空间

学习研讨

背景描述	中国客车企业早期从国外引进了许多客车技术。客车典型品牌如郑州宇通、苏州金龙、厦门金龙、上海申沃、丹东黄海等，这些车企车型之间既有区别又有联系
讨论主题	对中国主流客车企业进行梳理，做出一张统计介绍表，并逐一进行介绍
成果展示	小组采用短视频制作等方式展示成果

学习评价

内容组织	素养提升			评价结果
内容选取很好，内容全面且组织有条理	思路清晰、重点突出、语言流畅	熟练掌握PPT和短视频制作等信息化技术	很好地体现团队协作和自学能力	优秀
内容选取较好，内容比较全面且组织比较有条理	语言通顺简洁、思路较清晰	较熟练掌握PPT和短视频制作等信息化技术	较好地体现团队协作和自学能力	良好
内容选取一般，内容不全面且组织条理不清	语言逻辑不够清晰流畅	不能熟练掌握PPT和短视频制作等信息化技术	不能很好地体现团队协作和自学能力	一般

知识拓展：汽车车身外形发展历史　　　课后练习

模块二
汽车发动机构造

　　汽车发动机是车辆的核心部件，负责将燃料的化学能转化为机械能，从而驱动汽车行驶。常见的汽车发动机主要是内燃机，包括汽油发动机和柴油发动机。此外，随着新能源技术的发展，电动发动机也逐渐普及。总体来说，无论是传统内燃机还是电动发动机，都在不断改进和创新，以提高效率，降低碳排放，满足现代汽车的多样化需求。

　　本模块主要介绍发动机的总体构造，即对发动机的曲柄连杆机构和配气机构及燃料供给系统、冷却系统、润滑系统内容进行讲解，最后对柴油发动机进行讲解。

学习目标

　　(1)能够掌握发动机的专业术语。
　　(2)能够掌握各类汽车发动机的总体构造和工作原理，提高知识点的捕捉能力。
　　(3)能够掌握汽车发动机各机构和系统的结构特点与组成。
　　(4)掌握柴油发动机的结构特点和工作原理。
　　(5)能够运用互联网工具或新媒体工具进行相关资料的查询，能够正确表述相关系统的工作过程。

学习单元一　汽车发动机总体构造

情境导入

　　随着科技的发展，现代发动机技术也在不断进步，包括但不限于涡轮增压、缸内直喷、可变气门正时、混合动力技术及正在兴起的电动汽车技术，这些都旨在提升发动机效率、减少碳排放、增强动力表现及提高整体经济性。通过本单元的学习，能够深入理解发动机的构造与工作原理，掌握发动机的分类、核心组件及其相互作用机制，随着课程的深入，将一步步走进发动机的世界。

相关知识

一、发动机的分类

按使用燃料划分，发动机可分为汽油机、柴油机、单燃料燃气发动机、两用燃料发动机、混合燃料发动机等；按活塞运动方式划分，发动机可分为往复活塞式发动机和旋转活塞式(转子式)发动机；按一个工作循环所需的行程数划分，发动机可分为四冲程发动机和二冲程发动机；按冷却方式划分，发动机可分为水冷式发动机和风冷式发动机；按混合气着火方式划分，发动机可分为点燃式发动机和压燃式发动机；按气缸布置方式划分，发动机可分为对置式发动机、直列式发动机、斜置式发动机和 V 形发动机；按进气方式划分，发动机可分为增压发动机和非增压发动机。

二、发动机的基本构造

汽车发动机结构复杂，不同类型或同类型的发动机在结构上都会存在差别，但是无论何种类型的汽油机和柴油机，其总体结构都是相似的。如图 2-1-1 所示为单缸发动机的基本结构，图 2-1-2 所示为多缸发动机的基本结构。由于燃料点火方式存在差异，汽油机一般包括两大机构和五大系统，即曲柄连杆机构、配气机构，以及燃料供给系统、润滑系统、冷却系统、点火系统和起动系统；柴油机则分为两大机构和四大系统，即曲柄连杆机构、配气机构，以及燃料供给系统、润滑系统、冷却系统和起动系统。

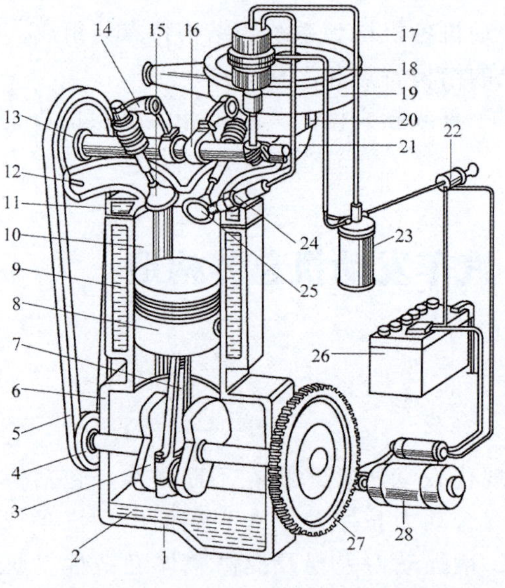

图 2-1-1 单缸发动机的基本结构

1—油底壳；2—机油；3—曲轴；4—曲轴同步带轮；5—同步带；6—曲轴箱；7—连杆；8—活塞；9—水套；10—气缸；11—气缸盖；12—排气管；13—凸轮轴同步带轮；14—摇臂；15—排气门；16—凸轮轴；17—高压线；18—分电器；19—空气滤清器；20—化油器；21—进气管；22—点火开关；23—点火线圈；24—火花塞；25—进气门；26—蓄电池；27—飞轮；28—起动机

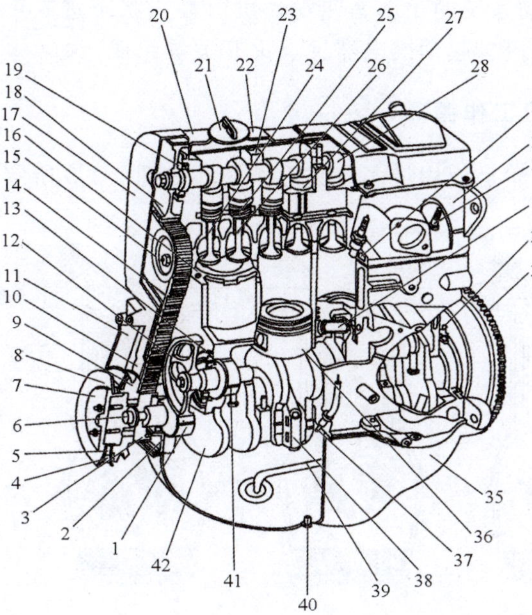

图 2-1-2 多缸发动机的基本结构

1—主轴承；2—曲轴前端挡油板；3—曲轴正时齿轮；4—皮带；5—垫片；6—正时齿轮拧紧螺栓；7—压紧盖；
8—空气压缩机带轮；9—曲轴带轮；10—正时齿轮下罩盖；11—支架；12—中间轴正时齿轮；13—中间轴；
14—正时平带；15—张紧轮；16—气缸体；17—上罩盖；18—凸轮轴正时齿轮；19—凸轮轴前端油封；
20—凸轮轴罩盖；21—加油盖；22—挡油板；23—凸轮轴轴承；24—排气门；25—气门弹簧；26—进气门；
27—液力挺柱；28—凸轮轴；29—气缸垫；30—气缸盖；31—火花塞；32—活塞销；33—曲轴后端挡油板；
34—飞轮；35—油底壳；36—活塞；37—游标尺；38—连杆总成；
39—集滤器；40—放油螺塞；41—中间轴轴承；42—曲轴

(1)曲柄连杆机构。曲柄连杆机构的功用是将燃料燃烧的热能通过活塞、连杆、曲轴等转变成能够驱动汽车行驶的机械能。曲柄连杆机构主要由气缸体、气缸盖、活塞、连杆、曲轴和飞轮等机件组成。

(2)配气机构。配气机构的功用是根据发动机的工作需要，适时地打开进气通道或排气通道，实现向气缸内充气和向气缸外排气。配气机构主要由气门、气门弹簧、挺杆、凸轮轴、传动机构等零部件组成。

(3)燃料供给系统。燃料供给系统的功用是根据发动机的工作需要，配制出一定数量和浓度的可燃混合气并送入气缸。

(4)点火系统。点火系统的功用是将汽车电源供给的低压电转变为高压电，并按照发动机的做功顺序与点火时刻的要求，适时准确地将高压电送至各缸的火花塞，使火花塞跳火，点燃气缸内的混合气。

(5)冷却系统。冷却系统的功用是保证发动机在最适宜的温度下工作。

(6)润滑系统。润滑系统的功用是向做相对运动的零件表面输送清洁的润滑油，以减小摩擦和磨损，并对摩擦表面进行清洗和冷却。润滑系统一般由机油泵、集滤器、限压阀、油道、机油滤清器等组成。

(7)起动系统。起动系统的功用是使发动机由静止状态进入正常工作状态。起动系统主要由蓄电池、起动机、起动继电器、点火开关等组成。

三、四冲程发动机工作循环

四冲程发动机在轿车上使用最多。其工作循环如图 2-1-3 所示。

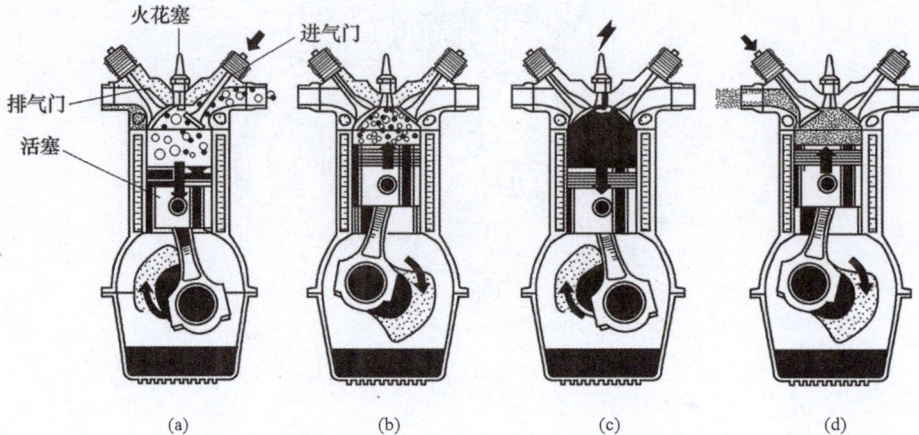

图 2-1-3　四冲程发动机工作循环

(a)进气；(b)压缩；(c)做功；(d)排气

(1)进气行程。在进气行程中，活塞在曲轴的带动下由上止点向下止点运动，此时排气门关闭，进气门开启。随着活塞由上止点向下止点运动，气缸内容积逐渐增大，而形成一定的真空度，混合气通过进气门被吸入气缸。当活塞到达下止点时，整个气缸内充满了新鲜的混合气。

(2)压缩行程。进气行程结束后，活塞在曲轴的带动下由下止点向上止点运动，此时排气门仍处于关闭状态，而进气门开始逐渐关闭。随着活塞向上运动，气缸内容积逐渐减小，进入气缸内的混合气被压缩，其温度和压力不断升高，活塞到达上止点时压缩行程结束。

(3)做功行程。当活塞接近上止点时，火花塞跳火点燃气缸内的可燃混合气，此时进气门和排气门均处于关闭状态，气缸内气体的温度和压力迅速升高，从而推动活塞从上止点向下止点运动，并通过连杆推动曲轴旋转输出机械能。

(4)排气行程。做功行程接近终了时，进气门关闭，排气门开启，活塞在曲轴的带动下从下止点向上止点运动，气缸内的废气在自身残余压力和活塞的推力作用下经排气门排出，直至活塞到达上止点排气行程结束。

综上所述，从四冲程发动机的工作循环可知，四个行程中只有做功行程为有效行程，其余三个行程均为消耗功的辅助行程。因此，对于单缸发动机，使曲轴旋转的动力仅来自做功行程的能量输出，其余三个行程是靠储存能量的飞轮惯性维持转动。在单缸四冲程发动机工作时，曲轴在做功行程的转速比其余三个行程要高，即在一个工作循环内，曲轴的转速是不均匀的，因此，单缸发动机存在工作不平稳、振动大的缺陷。为使发动机运转平稳，现代汽车发动机都采用多缸四冲程发动机，使用最多的是四缸、六缸和八缸发动机。

多缸四冲程发动机的每个气缸的所有工作过程完全相同，但各缸的做功行程并不同时进行，而是按一定顺序进行。无论是几缸四冲程发动机，曲轴每转两周，各缸轮流做功一次，且各缸做功行程间隔的曲轴转角均匀一致。气缸数越多，发动机工作越平稳，但缸数增多会使发动机的结构复杂，尺寸和质量增大。

四、发动机的常用术语

(1)上止点、下止点。活塞顶部距离曲轴回转中心最远处为上止点；活塞顶部距离曲轴回转中心最近处为下止点，如图 2-1-4 所示。

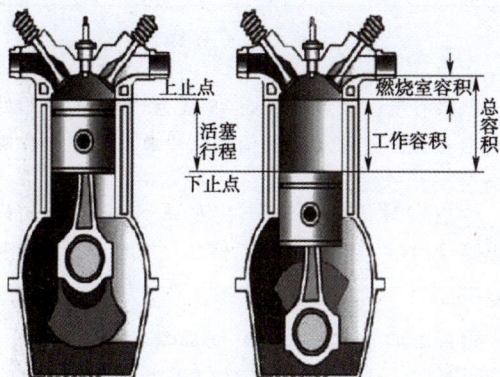

图 2-1-4　四冲程发动机上止点、下止点

(2)活塞行程。活塞行程是指活塞上、下止点之间的距离，曲轴每旋转一周，活塞移动两个行程。

(3)气缸工作容积。气缸工作容积是指活塞在运动过程中从上止点到下止点间所扫过的容积。

(4)燃烧室容积。燃烧室容积是指活塞位于上止点时，其顶部与气缸盖之间的容积。

(5)气缸总容积。气缸总容积是指活塞位于下止点时，其顶部上方整个空间的容积。它等于气缸工作容积与燃烧室容积之和。

(6)发动机工作容积。发动机工作容积是指发动机各缸工作容积的总和，即气缸工作容积乘以缸数，也称为发动机排量。

(7)工作循环。在气缸内进行的每次将燃料燃烧所释放出的热能转化为机械能的一系列过程(包括进气、压缩、做功和排气)，称为发动机的工作循环。在四冲程发动机中，每完成一个行程，曲轴旋转 $180°$；每完成一个工作循环，曲轴旋转 $720°$。

(8)压缩比。气缸总容积与燃烧室容积之比称为压缩比。压缩比的大小表示气缸内气体被压缩的程度，压缩比越大，压缩终了时气缸内气体的压力和温度越高。

(9)空燃比。可燃混合气中空气质量与燃油质量之比称为空燃比。从理论上说，每克燃料完全燃烧所需的最少的空气克数，称为理论空燃比。汽油发动机理论空燃比为 14.7。

学习研讨

背景描述	带学生近距离观察一台解剖或透明的发动机模型
讨论主题	指出关键部件如气缸体、气缸盖、活塞、连杆、曲轴等，并简要介绍各自的功能
成果展示	小组采用 PPT 展示成果

学习评价

内容组织	素养提升			评价结果
专业词汇定义准确，功能介绍完整	思路清晰、重点突出、语言流畅	熟练掌握 PPT 等信息化技术	很好地体现团队协作和自学能力	优秀
专业词汇定义准确，功能介绍比较完整	语言通顺简洁、思路较清晰	较熟练掌握 PPT 信息化技术	较好地体现团队协作和自学能力	良好
专业词汇定义准确，功能介绍不完整	语言逻辑不够清晰流畅	不能熟练掌握 PPT 信息化技术	不能很好地体现团队协作和自学能力	一般

学习单元二　曲柄连杆机构

情境导入

　　想象你是一名赛车工程师，站在中国方程式大奖赛的维修区。你的车队刚刚研发出一款"革命性"的发动机，它的关键部分是一个高效而精密的曲柄连杆机构。这个装置不仅决定了赛车的加速度，还是节能与减少碳足迹的关键。是什么魔法让汽车从静默转为爆发出惊人的力量？曲柄连杆机构在这个过程中扮演了什么角色？它是如何将燃料的能量转化为推动赛车前进的动力的？下面揭开曲柄连杆机构的秘密。

相关知识

　　曲柄连杆机构由机体组、活塞连杆组和曲轴飞轮组三部分组成。机体组（也称气缸体与曲轴箱组）由气缸体、曲轴箱、气缸盖、气缸套、气缸垫等不动部件组成；活塞连杆组由活塞、活塞环、活塞销、连杆等运动部件组成；曲轴飞轮组由曲轴、飞轮等组成。

一、机体组

(一)气缸体

气缸体是发动机各个机构和系统的装配基体。它用于保持发动机各运动部件之间的准确位置关系。气缸体装配部件较多，同时要承受高温高压气体的作用力。因此，要求气缸体具有足够的强度和刚度；为减轻发动机质量，还要求气缸体结构紧凑、质量较轻。大部分气缸体采用优质灰铸铁和铝合金材料铸造。

发动机分为水冷式发动机和风冷式发动机。汽车发动机多采用水冷式发动机，利用冷却液带走发动机高温部件的热量，其气缸体冷却液套和气缸盖内的冷却液套相通，与散热器、水泵等组成冷却系统，如图 2-2-1 所示。

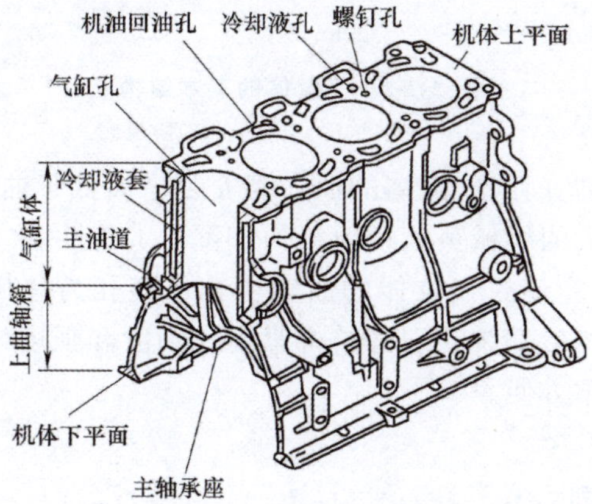

图 2-2-1　水冷式气缸体

水冷式发动机气缸体通常将气缸体与上曲轴箱铸成一体。气缸体的上半部有若干个气缸，下半部为支承曲轴的上曲轴箱，其内腔为曲轴运动的空间。位于上曲轴箱的主轴承座孔，用于安装轴承。在侧壁上有主油道，前后壁和中间隔板上有分油道，便于轴承的润滑。下曲轴箱也称油底壳，主要用于储存机油并密封曲轴箱，同时，还可起到使机油散热的作用。油底壳一般采用薄钢板冲压而成，其形状主要取决于发动机总体结构和机油容量。为保证发动机纵向倾斜时机油泵正常吸油，油底壳中部一般较深，并在最深处装有放油螺塞，大部分的放油螺塞具有一定磁性，可吸附机油中的金属屑，以达到清洁机油的目的，减少运动机件的磨损。油底壳内设有挡油板，用于防止汽车振动时油面波动过大。上、下曲轴箱之间一般都有密封垫，有些也采用密封胶密封，主要是为了防止漏油。

按照制造材料的不同，气缸体可分为铸铁气缸体和铝合金气缸体。铸铁气缸体强度、刚度及耐磨性能较好，但气缸体比较笨重，散热性差；铝合金气缸体质量轻、散热好，适用于中小型发动机，但其强度、刚度较低，耐磨性较差，成本相对较高。

按照气缸体与油底壳安装平面位置的不同，气缸体可分为平分式、龙门式和隧道式三种类型，如图 2-2-2 所示。

(1)平分式气缸体。平分式气缸体的油底壳安装平面和曲轴旋转中心在同一高度。

其机体高度小、质量轻、机械加工简单、曲轴拆装较为方便，但刚度、强度较差，且曲轴前后端与油底壳接合处密封性较差，多用于中小型发动机。

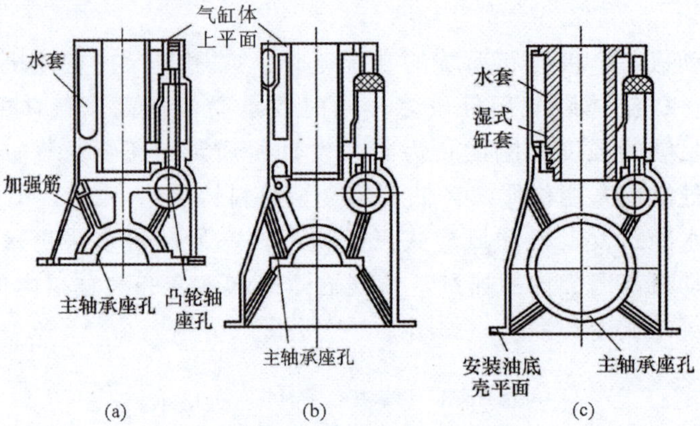

图 2-2-2　气缸体的基本结构
(a)平分式；(b)龙门式；(c)隧道式

（2）龙门式气缸体。龙门式气缸体的油底壳安装平面低于曲轴的旋转中心。其强度高、刚度好，能承受较大的机械负荷；但结构笨重，工艺性差。

（3）隧道式气缸体。隧道式气缸体的曲轴主轴承座孔为整体式，主轴承座孔较大，安装曲轴时需要从气缸体后部装入。其结构紧凑，刚度和强度好；但加工精度要求高，工艺性较差，曲轴拆装不方便。

(二)气缸与气缸套

1. 气缸及气缸的排列形式

气缸是指缸体内引导活塞做往复运动的圆柱形空腔。气缸在发动机上的排列形式主要有四种，即直列式、V形、W形和水平对置式，如图 2-2-3 所示。

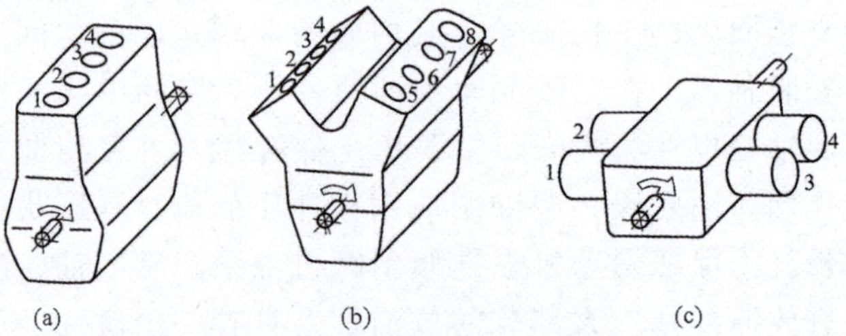

图 2-2-3　气缸在发动机上的排列形式
(a)直列式；(b)V形；(c)水平对置式

1—第一气缸；2—第二气缸；3—第三气缸；4—第四气缸；
5—第五气缸；6—第六气缸；7—第七气缸；8—第八气缸

（1）直列式气缸。直列式气缸多用于六缸以下的发动机。各个气缸排列成一列，所有气缸共用一根曲轴和一个气缸盖，气缸多采用垂直布置(极少数采用斜置布置)。直列式气缸的结构简单，易于制造，成本较低；但长度和高度都较大。

（2）V形气缸。V形气缸采用一根曲轴驱动两列气缸中的活塞运动，曲轴上每个连杆轴颈上连接两个连杆。因此，发动机至少应有两个以上的气缸盖。该类型发动机的优点是缩短了发动机的长度和高度，增加了气缸体的刚度及稳定性，运转平稳，结构紧凑；缺点是宽度有一定量的增大、形状复杂、加工困难。其多用于缸数较多的大功率发动机。

（3）W形气缸。W形气缸结构与V形气缸类似，但每侧的气缸数是V形的两倍。此类发动机结构比V形发动机更为紧凑，动力强劲，主要应用在一些负荷较重或功率要求特别大的车辆。

（4）水平对置式气缸。水平对置式气缸实际上可以看成是一种特殊的V形气缸，其夹角 $\gamma = 180°$。该类型气缸高度最小。

2. 气缸套

气缸工作表面要承受高温高压燃气的作用；同时，受到做高速运动的活塞及活塞环的摩擦力作用。因此，气缸表面必须耐高温、耐高压、耐磨损和耐化学腐蚀。部分气缸利用表面处理方式来提高气缸表面的各方面性能，但表面磨损后性能快速下降，且难以修复；也有部分发动机采用优质材料，但成本高。目前，普遍采用的方法是在气缸体内镶入优质合金铸铁或用合金钢制造的、耐磨性优越的气缸套。根据是否与冷却液接触，气缸套可分为干式气缸套和湿式气缸套两种类型，如图2-2-4所示。

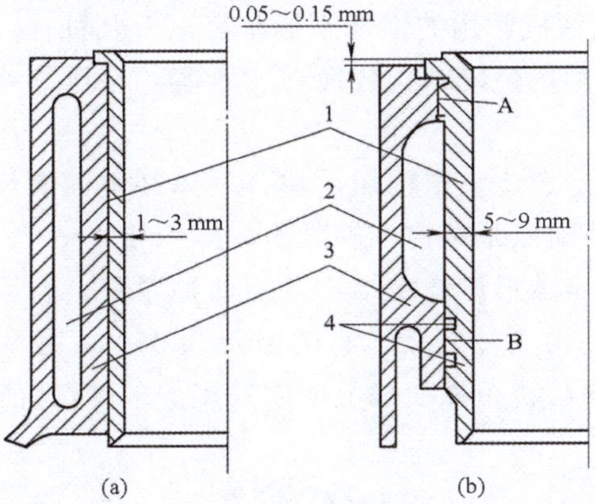

图 2-2-4　气缸套

（a）干式气缸套；（b）湿式气缸套

1—气缸套；2—水套；3—气缸体；4—密封圈；

A—上支承定位带；B—下支承定位带

干式气缸套不直接与冷却液接触，它用专用仪器压入缸体孔中，由于缸套自上而下都支撑在缸体上，可以加工得很薄，壁厚一般为 $1 \sim 3$ mm。湿式气缸套直接与冷却液接触，也是用专用仪器压入缸体孔中。冷却液接触到缸套的中部，由于它只在上部和下部有支撑，必须比干式气缸套厚，壁厚一般为 $5 \sim 9$ mm。为了保证径向定位，气缸套外表面有两个凸出的圆环带，即上支承定位带A和下支承定位带B，轴向定位则利用上端凸缘实现。为防止漏液，气缸套下部设有 $1 \sim 2$ 个耐油、耐热橡胶密封圈。湿式气缸套装入气缸孔后，其顶面一般高出气缸体 $0.05 \sim 0.15$ mm，主要目的是在紧固气缸盖螺栓时，将气缸垫压得更紧，以保证气缸具有良好的密封性，防止冷却液和气缸内高压气体窜漏。湿式气缸套具有散热性好、缸体铸造方便、易拆卸等优点；缺点是气缸体刚度较差，容易漏液、漏气。

(三)气缸盖

气缸盖的主要功用是密封气缸上部，与活塞顶部和气缸壁一起形成燃烧室，并支承气缸内的气体压力。气缸盖内部也有冷却液套，其端面上的冷却液孔与气缸体的冷却液孔相通，以便利用循环的冷却液来冷却燃烧室等高温部分。气缸盖可分为分开式气缸盖和整体式气缸盖两种类型。分开式气缸盖即同一发动机上有多个气缸盖，气缸可一缸一盖，也可两缸或三缸共用一盖。分开式气缸盖主要应用在一些质量较重、热负荷重的柴油机或汽油机上。整体式气缸盖是指发动机所有气缸共用一个气缸盖，这种类型的气缸盖多应用在热负荷相对较轻的发动机上。气缸盖因形状复杂，一般都采用灰铸铁或合金铸铁铸成，有的汽油机的气缸盖用铝合金铸造，因铝的导热性比铸铁好，有利于提高压缩比。铝合金气缸盖的缺点是刚度低，使用中容易变形。

(四)燃烧室

汽油机的燃烧室由活塞顶部及气缸盖上相应的凹部空间组成。对燃烧室的要求：首先是结构尽可能紧凑，表面积要小，以减少热量损失并缩短火焰行程；其次是使混合气在压缩终了时具有一定的涡流运动，以提高混合气燃烧速度，保证混合气得到及时和充分的燃烧。

如图 2-2-5 所示，汽油机常用的燃烧室形状有以下几种：

(1)楔形燃烧室。楔形燃烧室结构较简单、紧凑，在压缩终了时能形成涡流，但存在较大的散热面积。

(2)盆形燃烧室。盆形燃烧室结构较简单，气体在里面燃烧速度快，热效率高，制造工艺较好，维修方便；缺点是结构不够紧凑，体积较大。

(3)半球形燃烧室。半球形燃烧室结构较前两种紧凑，但因进气门、排气门分别置于气缸盖两侧，使配气机构比较复杂。它的散热面积小，有利于促进燃料完全并减少排气中的有害气体，是目前轿车发动机上使用较多的一种燃烧室。

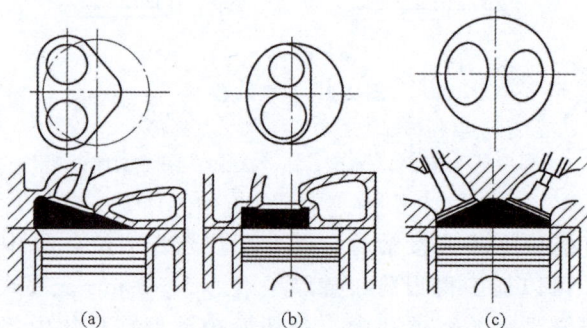

(a)   (b)   (c)

图 2-2-5 燃烧室形状
(a)楔形燃烧室；(b)盆形燃烧室；(c)半球形燃烧室

(五)气缸垫

气缸垫的作用是保证气缸盖与气缸体接触面的密封性，防止漏气、漏液和漏油，如图 2-2-6 所示。

气缸垫装配在气缸盖与气缸体之间，因接触高温、高压燃气，在使用中易被烧蚀，故要求气缸垫必须能够耐热、耐腐蚀，还必须具有足够的强度和弹性。按所用材料的不同，气缸垫可分为金属－石棉衬垫、金属－复合材料衬垫和全金属衬垫等多种。其中，金属－复合材料衬垫和全金属衬垫均属于无石棉气缸衬垫，因没有石棉夹层，从而可消除衬垫中气囊的产生，也减少了工业污染，是当前的发展方向。

图 2-2-6 气缸垫

（1）金属－石棉衬垫。金属－石棉衬垫以石棉为基体，外包铜皮或钢皮，有的金属－石棉衬垫是以扎孔钢板为骨架，外覆石棉及胶粘剂压制而成。金属－石棉衬垫具有良好的弹性和耐热性，能重复使用，寿命长。若将石棉板在耐热的胶粘剂中浸渍以后，则可增加气缸垫的强度。

（2）金属－复合材料衬垫。金属－复合材料衬垫是在钢板的两面粘附耐热、耐压和耐腐蚀的新型复合材料，在气缸孔、冷却液孔和机油孔周围使用不锈钢皮包边。

（3）全金属衬垫。全金属衬垫强度高、抗腐蚀能力强，多用于强化程度较高的发动机上。优质铝板气缸衬垫，冷却液孔用橡胶环密封；不锈钢叠片式气缸衬垫，冷却液孔也用橡胶环密封。气缸垫的功能是密封高压燃气、高压润滑油、低压回油及冷却液，以保证结合面处具有良好的密封性。

二、活塞连杆组

活塞连杆组主要由活塞、活塞环、活塞销、连杆、连杆螺栓、连杆轴承、连杆轴承盖等运动部件组成，如图 2-2-7 所示。

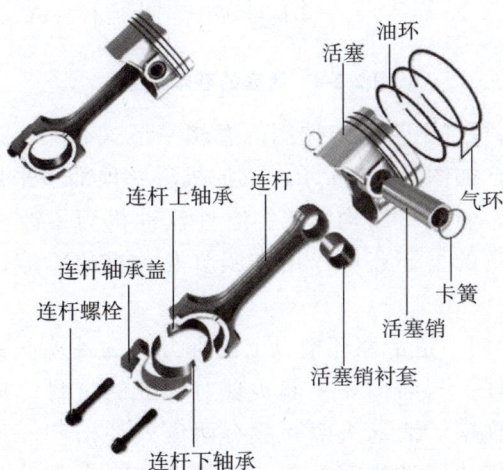

图 2-2-7 活塞连杆组分解示意

(一)活塞

1. 活塞的功用和工作特点

活塞的主要功用是承受气缸中的气体压力，并将此力通过活塞销传递给连杆，以推动曲轴旋转。同时，活塞顶部还与气缸盖、气缸壁共同组成燃烧室。活塞顶部直接与高温、具有一定腐蚀性的燃气接触，并受到周期变化的气体压力和惯性力作用，且润滑条件、散热条件都很差。因此，其工作条件是极为恶劣的，对于活塞的制造及工艺也提出了相应的要求：

(1)制造必须有较高的精度，以保证活塞与气缸壁之间有较小的摩擦因数。

(2)材料必须有较小的质量，以降低惯性。

(3)具有足够的强度和刚度，特别是活塞环槽区域内，要有较大的强度，防止活塞环损坏。

(4)活塞顶部耐热，裙部有一定弹性。

(5)具有良好的导热性能及合理的热膨胀性，以便有合理的安装间隙。

(6)具有一定的耐磨性能，以防止周期性运动带来的过度磨损。

2. 活塞的成型方法

汽车发动机活塞常用铝硅合金材料，采用铸造、锻造、液态模锻等方法制造。

3. 活塞的基本构造

活塞的基本构造可分为顶部、头部和裙部三部分，如图2-2-8所示。

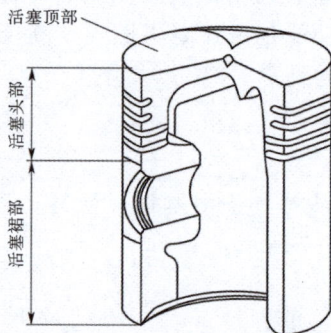

活塞顶部
活塞头部
活塞裙部

图 2-2-8　活塞的基本构造

(1)活塞顶部。活塞顶部的形状与选用的燃烧室形式有关。活塞顶部的形状主要有平顶、凹顶和凸顶三种，如图2-2-9所示。汽油机活塞顶部多采用平顶，其优点是吸热面积小，制造工艺简单，燃烧室结构紧凑。有些汽油机为了改善混合气形成和燃烧环境而采用凹顶活塞，凹坑的大小还可以用来调节发动机的压缩比。凸顶活塞主要用于二冲程汽油机。

(2)活塞头部。最下面一道活塞环槽以上的部分称为活塞头部。其主要作用是承受气体压力，并传递给连杆；与活塞环一起实现对气缸的密封；将活塞顶部所吸收的热量通过活塞环传递给气缸壁。活塞头部一般有两道气环槽和一道油环槽。气环槽一般具有同样的宽度，油环槽比气环槽宽度大，且槽底加工有回油孔，方便油环刮下的润滑油流回油底壳。

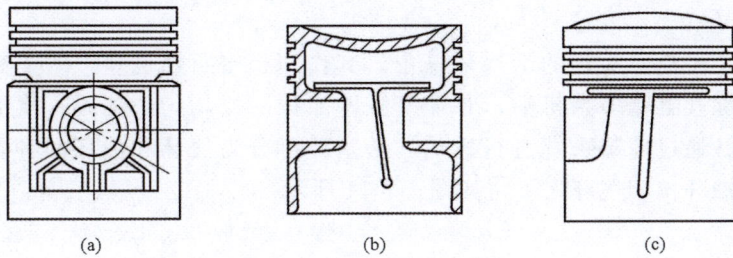

图 2-2-9　活塞顶部的形状

(a)平顶；(b)凹顶；(c)凸顶

（3）活塞裙部。活塞环槽以下的部分称为活塞裙部。其作用是引导活塞在气缸中做往复运动并承受侧压力。活塞裙部与气缸壁表面的接触面积直接影响发动机的摩擦损失。然而，接触面积小则油膜厚度也减小，当油膜厚度过小，将导致摩擦力增大。缩短活塞裙部可以减小接触面而降低摩擦力，但会增大活塞的晃动而造成裙顶和裙底的接触应力升高，影响活塞的工作性能。

此外，活塞销座附近的金属堆积受热后膨胀量大，致使裙部受热变形时，沿活塞销座轴线方向的直径增量大于其他方向的直径增量。活塞工作时产生的机械变形和热变形，使其裙部断面变成长轴垂直于活塞销方向的椭圆形。鉴于上述情况，为了使活塞在正常工作温度下与气缸壁之间保持比较均匀的间隙，以免在气缸内卡死或引起局部磨损，必须预先在冷态下将活塞制成裙部断面为长轴垂直于活塞销方向的椭圆形。为了减少销座附近处的热变形量，有的活塞将销座附近的裙部外表面制成下陷 0.5～1.0 mm 的形式。活塞裙部的形状可以做成椭圆桶形，即在活塞裙部的不同部位其椭圆度不同，椭圆度由下而上逐渐增大，即活塞裙部横截面越往上越扁，裙部纵向截面呈桶形，其轮廓线为一抛物线，故也称为抛物线形活塞裙部。图 2-2-10 所示为活塞裙部的不同形状和结构。

图 2-2-10　活塞裙部的不同形状和结构

(二)活塞环

活塞环安装于活塞头部的活塞环槽中，其作用是密封燃烧室，防止高压气体从活塞处泄漏；刮除气缸壁多余机油，并在气缸壁涂抹一层均匀的油膜；将活塞的热量传递到缸壁上，并通过冷却系统进行散热。活塞环可分为气环和油环两种类型。气环位于活塞上部；油环位于气环之下，如图 2-2-11 所示。

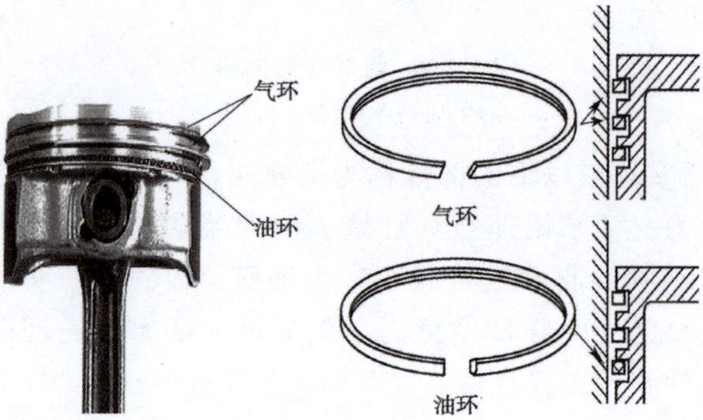

图 2-2-11　活塞环

1. 气环的作用

气环安装在活塞头部上端的环槽内，用来防止漏气，并将活塞头部的热量传递到气缸壁，疏散活塞的热量。气环一般都标有标记来指示安装方向，安装时必须将有标记的一面朝向活塞顶部。由于活塞环在自由状态下不是标准的圆形，其外廓尺寸比气缸直径大，当活塞环装入气缸后，在其自身的弹力作用下活塞环的外圆面与气缸壁紧贴，从而形成垂直密封面。当活塞下行时，活塞环紧贴活塞环槽上端面，形成水平封面；同理，活塞上行时也能形成水平封面，如图 2-2-12 所示。由于采用多道活塞环，在装配时活塞环的开口相互错开，形成迷宫式漏气通道，所以气体在通道内的流动阻力很大，最后漏入曲轴箱内的气体就非常少了，一般仅为进气量的 0.2%～1.0%，如图 2-2-12 所示。

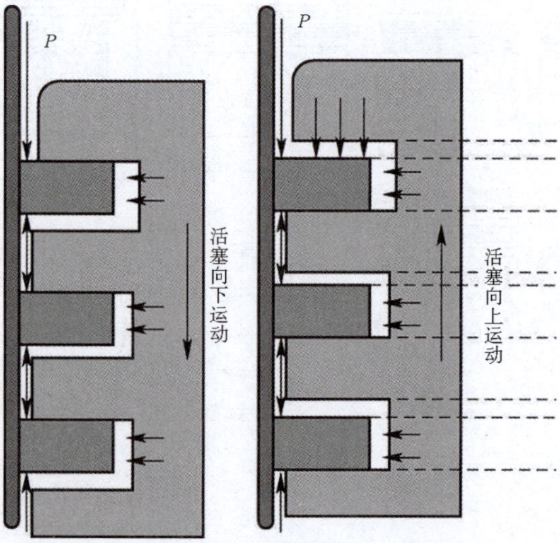

图 2-2-12　气环密封原理

为了防止活塞环受热膨胀卡死在气缸内，活塞环设计有三种间隙，即侧隙、背隙和端隙，如图 2-2-13 所示。活塞环与环槽端面之间的间隙称为侧隙；活塞环宽度与环槽深度的差值称为背隙；活塞环在上止点时环的开口间隙称为端隙。活塞环对间隙的要求非常高，如果间隙过大，会导致密封性变差；如果间隙过小，活塞环受热膨胀可能会在环槽内形成卡滞，导致发动机故障。

图 2-2-13　活塞环间隙

气环的截面对于气缸的密封和润滑影响很大，不同的发动机对气环密封性的要求也不同，其气环的截面也有差异。气环根据其截面形状可分为矩形环、锥面环、扭曲环、梯形环和桶面环，如图 2-2-14 所示。

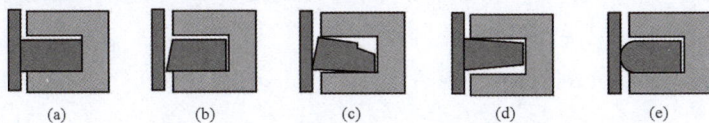

图 2-2-14　气环截面
(a)矩形环；(b)锥面环；(c)扭曲环；(d)梯形环；(e)桶面环

矩形环的剖面是矩形，其几何形状简单，在正常工作条件下具有足够的密封性，便于加工，曾被中小功率柴油机广泛采用。锥面环一般用于中间环，锥面环的外圆呈锥形。锥面环外圆面上加工了一个很小的斜角，这种结构减少了环与气缸壁的接触面，从而提高了表面接触压力，有利于磨合和密封。扭曲环包括正扭曲环和反扭曲环。正扭曲环是在矩形环的内圆上边缘或外圆下边缘切口；反扭曲环是在矩形环的内圆下边缘或外圆上边缘倒角。梯形环两侧面是倾斜的，随着活塞上、下运动时，在活塞侧压力的作用下，环的侧隙发生变化，能将环槽中的胶状油焦挤出，防止积炭生成。桶面环的表面形状多呈凸圆弧形，当环上、下运动时，均能与气缸壁形成楔形空间，使机油容易进入摩擦面，从而使磨损大为减少。

(1)G501 发动机活塞环。第一道气环为矩形桶面环内倒角结构钢环，表面进行氮化处理，外圆面镀 PVD 层；第二道气环为鼻形锥面钢环，端面及外圆面采用氮化处理。

(2)G501 发动机活塞环关键参数。第一道气环侧隙为 0.035～0.085 mm，背隙为 0.75～1.15 mm，开口间隙为 0.2～0.3 mm；第二道气环侧隙为 0.03～0.07 mm，背隙为 0.70～1.10 mm，开口间隙为 0.5～0.65 mm。

2. 油环的作用

普通油环又称为整体式油环。油环的外圆柱面中间加工有凹槽，槽中钻有小孔或开切槽。当活塞下行时，将缸壁上多余的机油刮下，机油通过小孔或切槽流回曲轴箱；当活塞上行时，刮下的机油仍通过回油孔流回曲轴箱。有些普通油环还在其外侧上边制有倒角，使环随活塞上行时形成油膜，可起到均匀分布润滑油的作用，下行刮油能力强，减少了润滑油的上窜。这种类型油环的优点是结构简单、造价低，早期发动机上使用较多；但其强度低，易磨损，磨损后刮油效果不理想，寿命较短。现代汽车发动机基本已不采用。油环结构如图 2-2-15 所示。

组合油环一般由上刮片、衬簧、下刮片三层组成。其优点是质量轻、刮油能力强、对缸套变形适应性好、回油通路大等。正因为如此，尽管组合油环造价相对较高，在现代汽车上仍旧得到了广泛的应用。无论活塞上行或下行，油环都能将气缸壁上多余的机油刮下来经活塞上的回油孔流回油底壳。油环的刮油作用如图 2-2-16 所示。

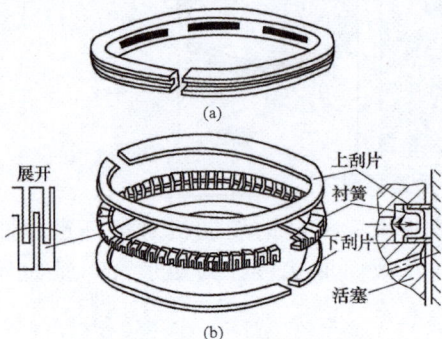

图 2-2-15　油环
(a)普通油环；(b)组合油环

图 2-2-16　油环的刮油作用
(a)活塞下行；(b)活塞上行

3. 活塞环的工作条件

活塞环工作时受到气缸中高温、高压燃气的作用，温度较高。活塞环在气缸内做高速运动，加上高温下部分机油出现变质，使活塞环的润滑条件变坏，难以保证液体润滑，因此磨损严重。

(三)活塞销

活塞销是安装在活塞裙部的空心圆柱体销子，它的中部穿过连杆小头孔，用来连接活塞和连杆，把活塞承受的气体作用力传递给连杆，如图 2-2-17 所示。活塞销的材料一般为低碳钢或低碳合金钢，外表面渗碳淬硬，再经精磨和抛光等精加工，既提高了表面硬度和耐磨性，又保证有较高的强度和冲击韧性。

活塞销与活塞销座孔及连杆小头衬套孔的连接配合有全浮式和半浮式两种方式，如图 2-2-18 所示。

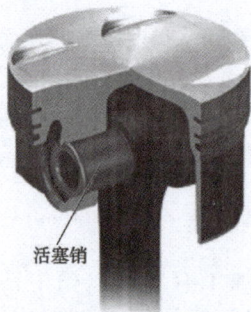

图 2-2-17　活塞销

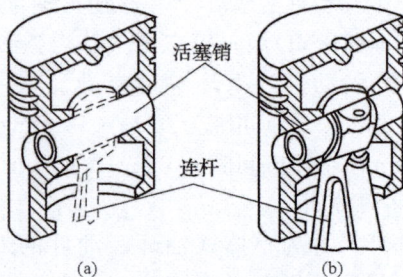

图 2-2-18　活塞销类型
(a)全浮式；(b)半浮式

（1）全浮式活塞销。当发动机工作时，活塞销、连杆小头和活塞销座都有相对运动，活塞销能在连杆衬套和活塞销座中自由摆动，使磨损均匀。为了防止全浮式活塞销轴向窜动，在活塞销两端装有挡圈或卡环，进行轴向定位。由于活塞是铝合金材料，而活塞销采用钢材料，两者膨胀系数不同，铝合金比钢热膨胀量大。为了保证高温工作时活塞销与活塞销孔为过盈配合，装配时先将铝活塞加热到一定温度，然后将活塞销装入。

（2）半浮式活塞销。半浮式活塞销安装的特点是活塞中部与连杆小头采用紧固螺栓连接，活塞销只能在两端销座内做自由摆动，而与连杆小头没有相对运动。

（四）连杆

连杆的作用是将活塞承受的力传递给曲轴，并将活塞的上下往复运动转变为曲轴的旋转运动。当连杆工作时，承受活塞顶部气体压力和惯性力的作用，而这些力的大小和方向都是周期性变化的。因此，连杆受到的是压缩、拉伸和弯曲等交变载荷。这就要求连杆强度高、刚度大、质量轻。连杆一般都采用中碳钢或合金钢经模锻或辊锻而成，然后进行机加工和热处理。连杆组件的结构主要包括连杆小头、连杆大头（包括连杆盖）和杆身三部分，如图 2-2-19 所示。对全浮式活塞销，由于工作时小头孔与活塞销之间有相对运动，常常在连杆小头孔中压入减磨的青铜衬套。为了润滑活塞销与衬套，在小头和衬套上铣有油槽或钻有油孔，以收集发动机运转时飞溅的机油用来润滑。有的发动机连杆小头采用压力润滑，在连杆杆身内钻有纵向的压力油通道。半浮式活塞销是与连杆小头紧密配合的，因此，连杆小头孔内不需要衬套，也不需要润滑。连杆杆身通常做成Ⅰ形断面，其抗弯强度好、质量轻、大圆弧过渡，且上小下大，采用压力法润滑的

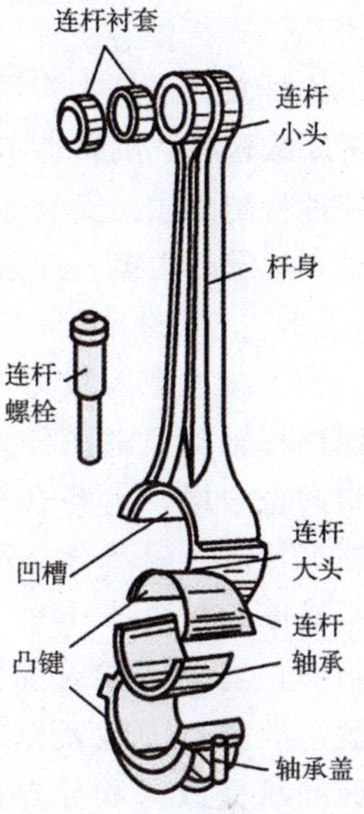

图 2-2-19　连杆组件的结构

连杆，杆身中部都制有连通大头、小头的油道。连杆大头与曲轴的连杆轴颈相连。连杆大头的切口形式可分为平切口式和斜切口式两种。

（1）平切口式连杆：分面与连杆杆身轴线垂直，是汽油机普遍采用的一种形式。这源于一般汽油机连杆大头的横向尺寸都小于气缸直径，可以方便通过气缸进行拆装。

（2）斜切口式连杆：分面与连杆杆身轴线成 $30°\sim 60°$ 夹角，是柴油机上使用较多的一种形式。这是因为柴油机压缩比大，受力较大，曲轴的连杆轴颈较粗，相应的连杆大头尺寸往往超过了气缸直径。为了使连杆大头能通过气缸，便于拆装，一般都采用斜切口，最常见的是 45° 夹角。为了便于安装，连杆大头一般做成剖分式，被分开的部分称为连杆轴承盖，如图 2-2-20 所示，用连杆螺栓紧固在连杆大头上。连杆大头与连杆轴承盖是组合加工的，为防止配对错误，在同一侧刻有配对记号。

连杆与连杆盖在结构上采取了定位措施。平切口式连杆盖与连杆的定位多采用连杆螺栓定位，利用连杆螺栓中部精加工的圆柱凸台或光圆柱部分与经过精加工的螺栓孔来保证。斜切口式连杆常用的定位方法有止口定位、套筒定位和锯齿定位。

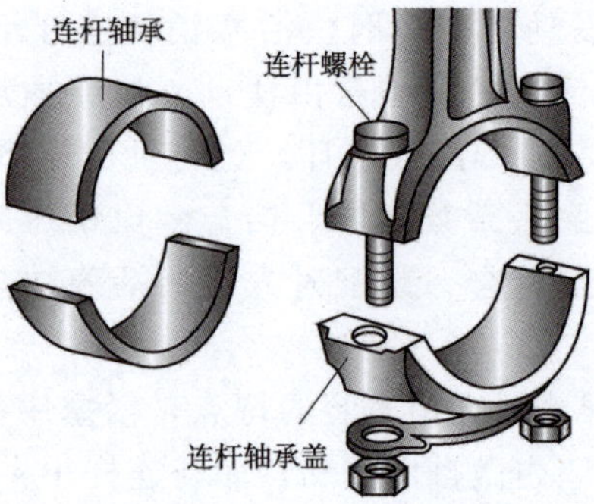

图 2-2-20　连杆轴承盖

(五)连杆螺栓

连杆盖和连杆大头用连杆螺栓连接在一起，连杆螺栓在工作中会承受很大的冲击力，若折断或松脱，则将造成严重事故。因此，连杆螺栓都采用优质合金钢，并经精加工和热处理特制而成。安装连杆盖拧紧连杆螺栓螺母时，要用扭力扳手分 2～3 次交替均匀地拧紧到规定的力矩，拧紧后还应可靠地锁紧。连杆螺栓损坏后绝不能用其他螺栓来代替。

(六)连杆轴瓦

为了减小摩擦阻力和曲轴连杆轴颈的磨损，连杆大头孔内装有瓦片式滑动轴承，简称连杆轴瓦。轴瓦分为上、下两个半片，目前多采用薄壁钢背轴瓦，在其内表面浇筑耐磨合金层。耐磨合金层具有质软、容易保持油膜、磨合性好、摩擦阻力小、不易磨损等特点。耐磨合金常采用巴氏合金、铜铝合金、高锡铝合金。连杆轴瓦背面的表面粗糙度很低。半个轴瓦在自由状态下不是半圆形，当它们装入连杆大头孔内时，又有过盈，故能均匀地紧贴在大头孔壁上，具有很好的承受载荷和导热的能力，可以提高工作可靠性并延长使用寿命。如图 2-2-21 所示，连杆轴瓦上制有定位凸键，供安装时嵌入连杆大头和连杆盖的定位槽中，以防止轴瓦前

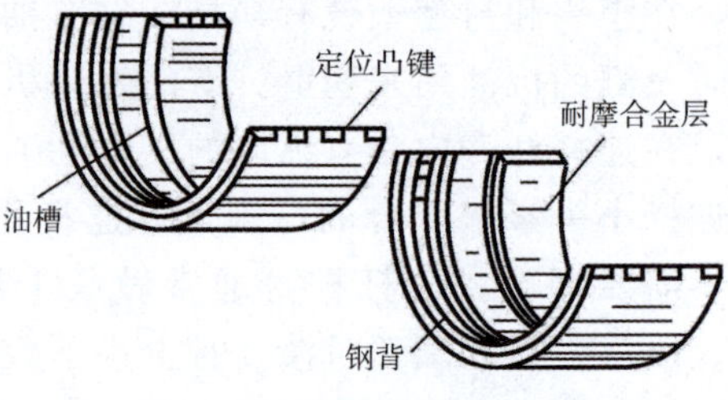

图 2-2-21　轴瓦上定位凸键

后移动或转动，有的轴瓦上还制有油孔，安装时应与连杆上相应的油孔对齐。

G501 发动机 1.5 L 和 1.8 L 排量连杆中心距及大头孔直径不同，1.5 L 连杆比 1.8 L 连杆中心矩长 8.6 mm；1.8 L 连杆大头孔直径比 1.5 L 的大 2.0 mm，因此不能互换。连杆安装时，注意连杆标记要朝前；连杆朝前端面上打印有二维码标记，装配时可扫描二维码进行识读，二维码用于连杆轴瓦选装及防错、记录。

三、曲轴飞轮组

曲轴飞轮组主要由曲轴、飞轮、转速传感器齿盘、曲轴正时齿轮和带减振器的皮带轮等组成，如图 2-2-22 所示。

(一)曲轴

曲轴的作用是承受活塞连杆的作用力，将活塞连杆的往复运动转变为自身的旋转运动，并对外输出动力，用以驱动汽车的传动系统、发动机配气机构及其他附属装置。

曲轴要求具有较强的刚度、冲击韧性和耐磨性。其材料一般采用中碳钢或中碳合金钢模锻。

图 2-2-22　曲轴飞轮组件

曲轴的形式有整体式和组合式两种。曲轴由主轴颈、连杆轴颈、曲柄、平衡重、前轴端和后轴端等部分组成。其中，主轴颈和连杆轴颈上有润滑油道，平衡重上面有平衡孔。曲轴前轴端连接曲轴皮带轮，用来驱动发动机附属装置(如空调系统、转向助力系统等)；曲轴后轴端连接飞轮，对外输出动力。其结构如图 2-2-23 所示。

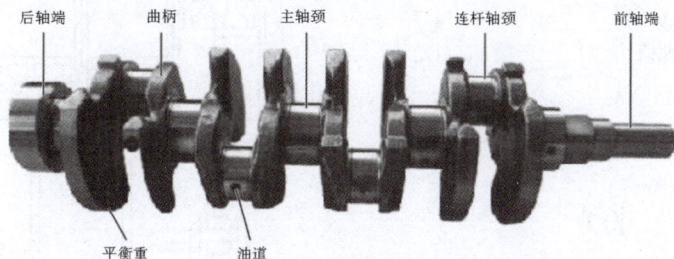

图 2-2-23　曲轴结构

(1)主轴颈。曲轴主轴颈用于支承曲轴，它通过滑动轴承安装在曲轴箱的主轴承座中，主轴承盖用螺栓与上曲轴箱的主轴承座紧固在一起。为了使各主轴颈磨损相对均匀，受力较大的中部和两端的主轴颈制造得较宽。主轴颈的数目不仅与发动机气缸数目有关，还取决于曲轴的支承方式，发动机缸体上通常会加工出若干个曲轴支承点。

(2)连杆轴颈。连杆轴颈用来安装连杆大头，是曲轴与连杆的连接部分，通过曲柄与主轴颈相连，在连接处用圆弧过渡，以减少应力集中。直列式发动机的连杆轴颈数和气缸数相等；V 形发动机的连杆轴颈数等于气缸数的一半。

(3)曲柄。曲柄是主轴颈和连杆轴颈的连接部分。为了平衡离心力矩，曲柄处配置平衡重，平衡重可以平衡一部分活塞往复的惯性力，使曲轴旋转平稳，如图 2-2-24 所示。

(4)曲拐。曲拐由主轴颈、连杆轴颈和曲柄组成。直列式发动机的曲拐数量等于气缸数量；V 形发动机的曲拐数量等于气缸数量的一半。曲轴的形状和曲拐相对位置(曲拐的布置)取决于气缸数、气缸排列和发动机的点火顺序。多缸发动机应使连续做功的两缸相距尽可能远，减小主轴承的载荷；同时避免可能发生的进气重叠现象。

图 2-2-24　曲轴平衡

(二)曲拐布置特点

(1)直列四缸发动机曲拐布置特点：曲拐在曲轴轴线方向对称布置于同一平面，相邻做功气缸的曲拐夹角为180°，发动机工作顺序为1—3—4—2或1—2—4—3，如图2-2-25所示。

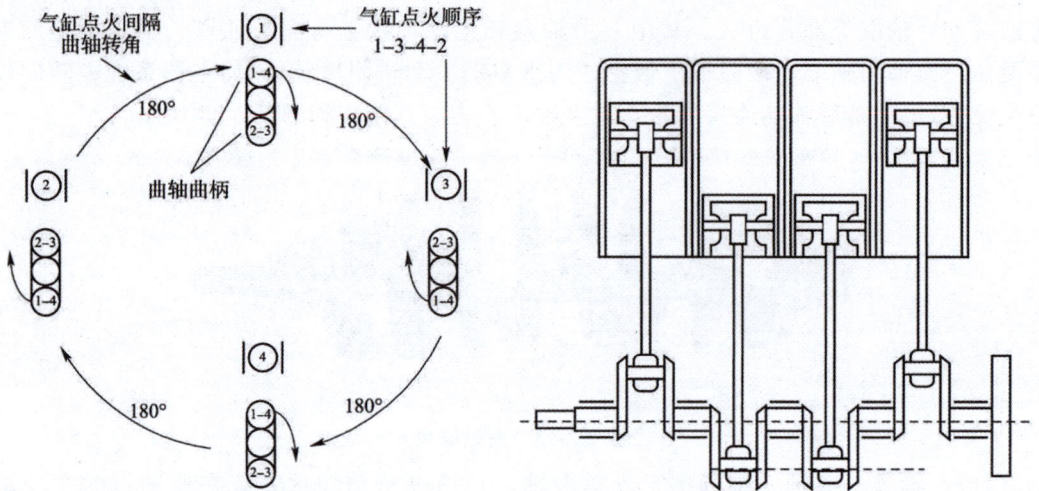

图 2-2-25　四缸发动机的工作顺序

(2)直列六缸四冲程发动机曲拐布置特点：曲拐在曲轴轴线方向对称布置于三个平面内，相邻做功气缸的曲拐夹角为120°，发动机工作顺序为1—5—3—6—2—4或1—4—2—6—3—5，如图2-2-26所示。

(3)四冲程V6发动机曲拐布置特点：曲拐在曲轴轴线方向对称布置于三个平面内，相邻做功气缸的曲拐夹角为120°，发动机工作顺序通常是1—2—3—4—5—6。

(4)四冲程V8发动机曲拐布置特点：曲拐在曲轴轴线方向对称布置于四个平面(或一个平面)内，相邻做功气缸的曲拐夹角为90°，发动机工作顺序通常是1—8—4—3—6—5—7—2。

(三)曲轴定位

曲轴作为发动机动力的主传动件，在车辆行驶过程中，除要承受来自斜齿轮传动时产生的轴向作用力外，还需要承受离合器(或自动变速器的液力变矩器)反作用力的冲击载荷，该冲击载荷能使曲轴产生轴向窜动。因此，曲轴上应安装轴向定位装置，曲轴一般采用推力片定位，或翻边轴承定位，如图 2-2-27 所示，定位装置通常安装在中部某道轴承座处。半圆环推力片一般为四片，上、下各两片，分别安装在机体和主轴承盖上的浅槽中，用定位舌或定位销定位，防止其转动。装配时，需要将有油槽的止推面朝向曲轴的止推面，不能装反。

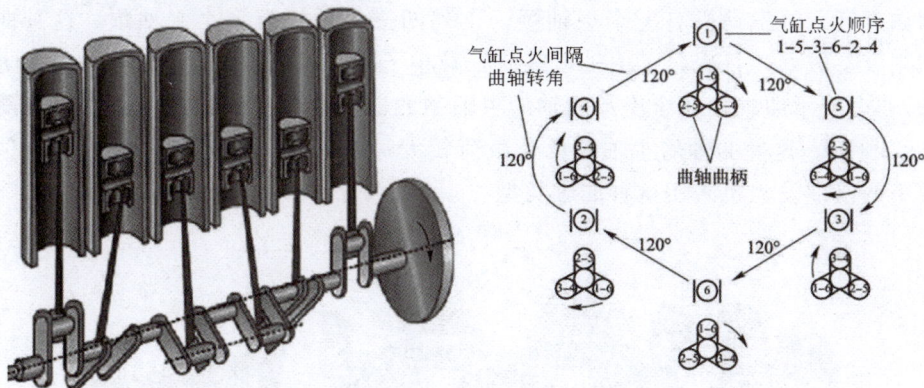

图 2-2-26 六缸发动机的工作顺序

图 2-2-27 曲轴定位

(四) 曲轴主轴承

曲轴主轴承又称主轴瓦或大瓦，与连杆轴承相似，是剖分为两半的滑动轴承，有上、下两片。主轴上瓦安装在机体的主轴承座孔内，下瓦则安装在主轴承盖内，机体主轴承座和主轴承盖通过螺栓固定。连杆轴承上瓦有机油孔和油槽，为轴承输送和储存一定的润滑油，保证轴承的良好润滑质量，而主轴承下瓦由于受到较高的载荷，通常不开油孔和油槽，如图 2-2-28 所示。

图 2-2-28 曲轴轴瓦

(五) 前轴端和后轴端

前轴端是第一道主轴颈之前的部分，通常有键槽用来安装驱动机油泵的齿轮和附件皮带轮。为防止润滑油泄漏装有密封圈，为了减小扭转振动装有扭转减振器。后轴端是最后一道主轴颈之后的部分，通常装有密封凸缘，凸缘上通常装有发动转速传感器。后端凸缘上加工有安装飞轮的螺栓孔。

（六）曲轴类型

发动机曲轴根据支承方式的不同，可分为全支承曲轴和非全支承曲轴；按曲轴制造方式不同，可分为锻造式曲轴和铸造式曲轴。

（1）全支承曲轴。全支承曲轴每个连杆轴颈两边都有一个主轴颈，如图2-2-29所示。例如直列六缸发动机有七个主轴颈，直列四缸发动机有五个主轴颈。这种曲轴的强度和刚度都较好，且减轻了主轴承载荷，减小了磨损。汽油发动机多采用这种形式。

（2）非全支承曲轴。非全支承曲轴的主轴颈数比气缸数目少或与气缸数目相等，如图2-2-30所示。这种曲轴的主轴颈承受载荷较大，但缩短了曲轴的总长度。有些承受载荷较小的汽油发动机采用这种曲轴类型。

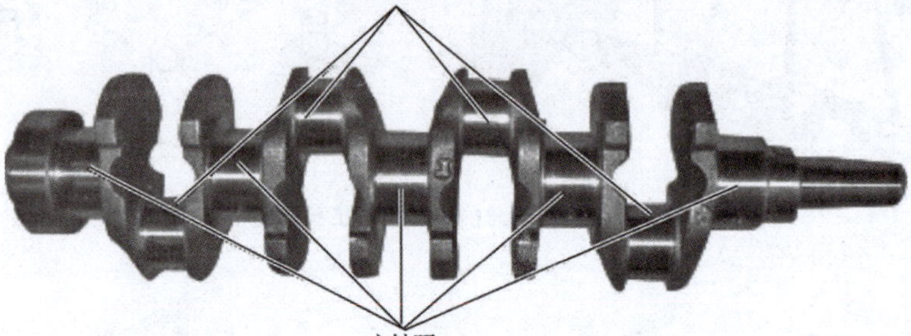

连杆轴颈

主轴颈

图 2-2-29　全支承曲轴

主轴颈

图 2-2-30　非全支承曲轴

（3）锻造式曲轴。高性能发动机通常采用锻造式曲轴。锻造式曲轴的强度要高于铸造式曲轴，但制造成本较高。锻造式曲轴通常在曲柄上有明显的较宽的分割线。

（4）铸造式曲轴。相比于锻造式曲轴，铸造式曲轴的材料和加工成本较低，只需要对轴颈及曲轴前后端进行磨削加工，且加工比较困难的曲拐位置和平衡重在铸造时即可完成。由于采用铸造工艺，曲轴内部晶相排列较均匀，能承受各个方向上的载荷；同时，铸造式曲轴的平衡重密度小于锻造式曲轴的平衡重密度，因此，铸造式曲轴的质量要轻于锻造式曲轴。

（七）曲轴振动

当发动机工作时，曲轴在周期性变化的转矩作用下，各曲拐之间发生周期性相对扭转的现象称为扭转振动，简称扭振。为了消减曲轴的扭转振动，现代汽车发动机多在扭转振幅最大的曲轴前端装配扭转减振器，如图2-2-31所示。汽车发动机多采用橡胶扭转减振器、硅油扭转减振器和硅油—橡胶扭转减振器等。其作用就是吸收曲轴扭转振动的能量，消除扭转振动。

图 2-2-31　曲轴扭转减振器

(八)曲轴平衡

发动机曲轴平衡可分为内部平衡和外部平衡。内部平衡装置包括平衡重和平衡轴；外部平衡装置包括扭转减振器和飞轮。

平衡重一般铸造在曲柄的反方向上，用来平衡连杆大头、连杆轴颈和曲柄等产生的离心惯性力与离心力矩，以及活塞连杆组的往复惯性力及其力矩，以使发动机运转平稳。平衡重有整体式和装配式两种类型。平衡重与曲轴制成一体的称为整体式平衡重，平衡重用螺栓固定在曲柄上的称为装配式平衡重。有些刚度较大的全支承曲轴则没有平衡重，直接在曲轴上减少一部分质量。平衡轴用来平衡发动机的振动和降低噪声，延长发动机使用寿命，提升乘客的舒适性。平衡轴一般可分为单平衡轴和双平衡轴两种。图 2-2-32 所示为大众 EA888 发动机双平衡轴结构。

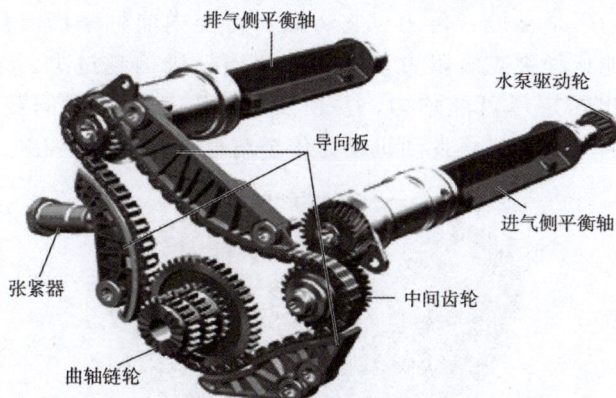

排气侧平衡轴

水泵驱动轮

导向板

进气侧平衡轴

张紧器

中间齿轮

曲轴链轮

图 2-2-32　大众 EA888 发动机双平衡轴结构

(九)曲轴的润滑

为了润滑的需要，曲轴上钻有若干油道，这些油道孔使润滑油从主轴颈流动到连杆轴颈，如图 2-2-33 所示。曲轴轴承上的润滑油以油膜形式存在，并不断流动，其中一部分润滑油从连杆上的油孔喷出，其余润滑油从连杆和轴承的缝隙流出，对轴承和轴颈进行润滑。曲拐的旋转将润滑油从油底壳带起并甩至气缸壁上，对气缸和活塞及活塞环进行润滑，这种润滑方式称为飞溅润滑。

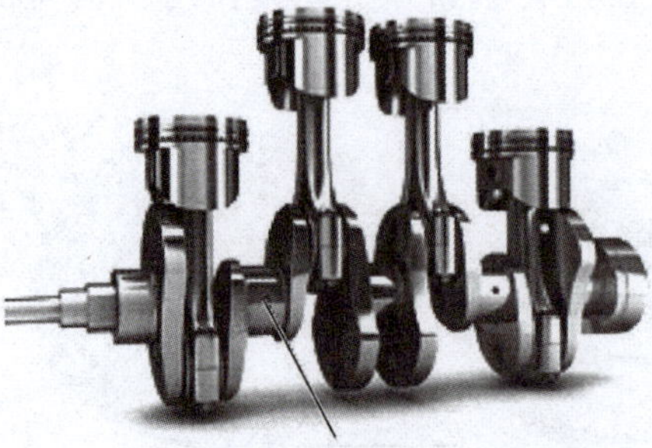

主轴颈油道孔   油道

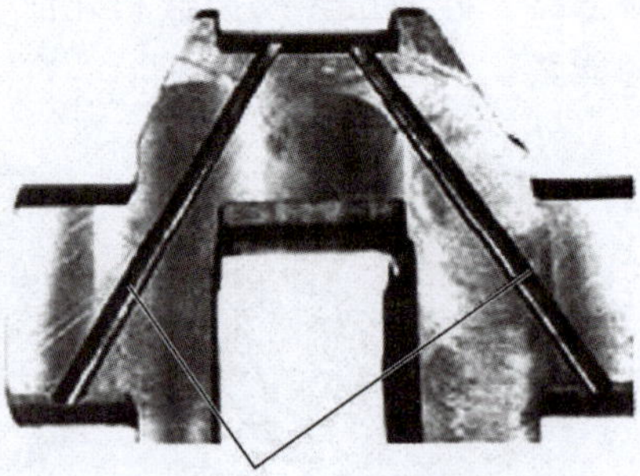

图 2-2-33　曲轴润滑油道

(十)G501 发动机曲轴

G501 发动机曲轴装置包含的主要零件有曲轴总成、上主轴瓦、下主轴瓦、止推片。曲轴由锻钢制造，为四平衡块结构；主油道的机油通过缸体对主轴承进行润滑，连杆轴承的润滑油通过主轴承油道流过来的机油进行润滑。1.5LMT 和 1.5LAT 发动机的曲轴后端有区别，1.5LMT 发动机曲轴后端连接飞轮；1.5LAT 发动机曲轴后端连接挠性盘，维修时订购配件应注意区别。1.5 L 和 1.8 L 发动机曲轴曲柄半径也不同，1.5 L 为 38 mm；1.8 L 为 45 mm，不能互换。连杆颈直径 1.5 L 发动机为 45 mm，1.8 L 发动机为 47 mm，主轴颈直径均为 47 mm。

(十一)飞轮

1. 单质量飞轮

发动机飞轮的功用是储能、传力。它将做功行程中曲轴输出能量的一部分储存起来，用以在活塞其他行程中克服阻力，带动曲柄连杆机构越过上、下止点，保证曲轴的旋转角速度和输出转矩尽可能均匀，并使发动机有克服短时间载荷的能力。此外，飞轮又用作离合器的驱动件，将发动机动力传至离合器，如图 2-2-34 所示。

图 2-2-34　单质量飞轮

2. 双质量飞轮

双质量飞轮将原来的一个飞轮分成两个部分：一部分保留在原来发动机一侧的位置上，起到原来飞轮的作用，用于起动和传递发动机的转动转矩，这一部分称为初级质量；另一部分则放置在传动系统变速器一侧，用于提高变速器的转动惯量，这一部分称为次级质量。两部分飞轮之间有一个环形的油腔，在油腔内装有弹簧减振器，由弹簧减振器将两部分飞轮连接为一个整体，如图 2-2-35 所示。

次级质量

初级质量   弹簧减振器

图 2-2-35　双质量飞轮

　　作为动能存储器，飞轮起调节曲轴转速变化稳定转速的作用，其将发动机的转速和扭矩输出，使发动机输出的转速和扭矩更加均匀，减小发动机的旋转振动，减轻变速器的负荷，将起动机扭矩传递给发动机从而起动发动机。

学习研讨

背景描述	分组让学生扮演不同的发动机部件，模拟活塞的往复运动、连杆的摆动、曲轴的旋转
讨论主题	曲柄连杆机构能量转换的过程是怎样的？各部件之间是如何协同工作的？
成果展示	小组采用 PPT 展示成果

学习评价

内容组织	素养提升			评价结果
工作原理描述完整，各个组员可以完美地协调工作	思路清晰、重点突出、语言流畅	熟练掌握 PPT 等信息化技术	很好地体现团队协作和自学能力	优秀
工作原理描述较完整，各个组员可以完成协调工作	语言通顺简洁、思路较清晰	较熟练掌握 PPT 等信息化技术	较好地体现团队协作和自学能力	良好
工作原理描述不清晰，各个组员未完成协调工作	语言逻辑不够清晰流畅	不能熟练掌握 PPT 等信息化技术	不能很好地体现团队协作和自学能力	一般

学习单元三　配气机构

情境导入

如果将发动机比作人体，则配气机构就是它的"呼吸"系统。但是，如何确保每一次"呼吸"都恰到好处，既不过度消耗能量，又能保证动力正常输出？哪些因素会影响配气的效率？又能通过哪些技术创新来优化配合过程呢？接下来我们将深入探究配气机构的奥秘，成为掌握汽车"呼吸"节奏的魔术师。让我们携手，用创新的思维和精湛的技术，为汽车的"心脏"打造最完美的"呼吸"系统，驱动未来，引领绿色出行的新篇章。

相关知识

一、配气机构的结构、形式与分类

(一)配气机构的结构

发动机配气机构的作用是按照每个气缸内所进行的工作循环和发火顺序的要求，定时开启和关闭气缸的进气门、排气门，使新鲜可燃混合气(汽油机)或空气(柴油机)得以及时进入气缸，废气及时从气缸排出。配气机构的结构参数和形式要有利于减少进气和排气阻力，而且进气门、排气门的开启时刻和延续的开启时间比较适当，使进气和排气都尽可能充分，以得到较大的功率转矩和较好的排放性能。

发动机配气机构的结构根据发动机类型不同有一些区别，但基本可分为两部分，即气门组和气门传动组。气门组的主要作用是封闭进气道、排气道；气门传动组的主要作用是传递从曲轴正时齿轮至气门的动作力，使气门定时开启或关闭。

(二)配气机构的形式与分类

1. 按气门的布置形式分类

(1)气门顶置式配气机构。气门顶置式是目前应用最广泛的一种配气机构形式，如图 2-3-1 所示。进气门和排气门都倒挂在气缸盖的燃烧室顶上。当气缸需要换气时，凸轮轴上的凸轮通过气门传动组件向下推开气门，同时，使弹簧进一步压缩，气门开启。当凸轮轴上的凸轮转过挺柱以后，气门在弹簧张力的作用下逐渐关闭。在压缩和做功行程中，气门在弹簧张力的作用下严密关闭。

(2)气门侧置式配气机构。如图 2-3-2 所示，气门侧置式配气机构的气门头部向上，布置于缸体一侧，气门开启时向上运动。这种形式的配气机构具有结构简单、造价低、维修方便等优点。但由于其气门侧置造成燃烧室结构不紧凑，进气道拐弯多，进气阻力大，导致发动机动力性与高速性较差、经济性不高。目前，这种配气机构已趋于淘汰。

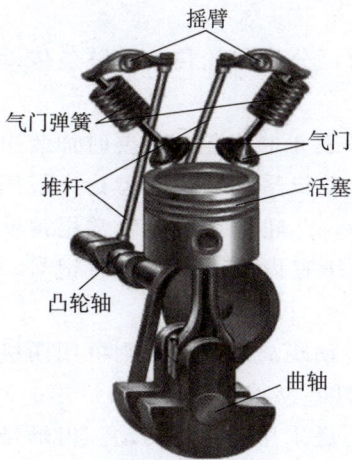

图 2-3-1　气门顶置式配气机构

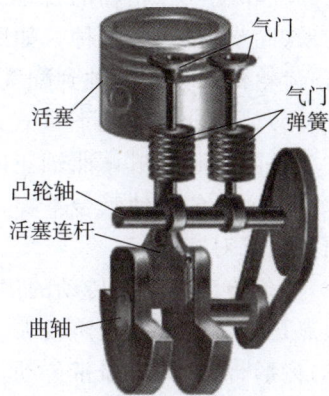

图 2-3-2　气门侧置式配气机构

2. 按凸轮轴的布置形式分类

根据凸轮轴在机体中安装位置的不同，可分为下置式、中置式和顶置式三种，如图 2-3-3 所示。

图 2-3-3　凸轮轴的布置形式

(a)下置式；(b)中置式；(c)顶置式

（1）下置式。凸轮轴安装在曲轴箱内，直接由凸轮轴正时齿轮与曲轴正时齿轮相啮合，由曲轴带动。大多数载货汽车和大中型客车的发动机都采用这种结构形式。气门组由气门、气门导管、气门弹簧、气门弹簧座、气门锁片等组成。气门传动组由凸轮轴、凸轮轴正时齿轮、挺柱、推杆、摇臂、摇臂轴等组成。

（2）中置式。凸轮轴位于气缸体的上部，为了减小气门传动机构的往复运动的质量，对于高转速的发动机，可将凸轮轴的位置移动到气缸体的上部，由凸轮轴经过挺柱直接驱动摇臂而省去推杆。该形式的配气机构因曲轴与凸轮轴的中心线距离较远，一般要在中间加入一个中间齿轮——惰轮。

（3）顶置式。凸轮轴布置在气缸盖上。凸轮轴直接通过摇臂来驱动气门，没有挺柱和推杆，使往复运动的质量大为减小，对凸轮轴和气门弹簧的要求也最低，因此，它适用于高速强化的发动机。

3. 按曲轴和配气凸轮轴的传动方式分类

按曲轴和配气凸轮轴的传动方式不同，配气机构可分为齿轮传动、链条传动和齿形带传动(同步带传动)三种，如图 2-3-4 所示。

(1)齿轮传动。由曲轴到配气凸轮轴一般只需要一对正时齿轮，必要时加装中间齿轮(惰性轮)，适合凸轮轴下置式、中置式配气机构发动机采用。正时齿轮一般用斜齿轮，并用不同材料制成，曲轴正时齿轮常用钢材制造，凸轮轴正时齿轮常用铸铁或夹布胶木制造，目的是使啮合平稳，减小噪声和磨损。所有齿轮上都有正时记号，装配时必须按要求对齐。

(2)链条传动。链条传动的优点是布置容易，若传动距离较远时，则可用两级链传动；缺点是结构质量及噪声较大，链的可靠性和耐久性不易得到保证。

(3)齿形带传动(同步带传动)。现代高速发动机广泛采用齿形带传动。齿形带用氯丁橡胶制成，中间夹有玻璃纤维和尼龙织物，以增加强度。齿形带的张力可以由张紧轮进行调整。这种传动方式可以减小噪声及结构质量并降低成本。一汽奥迪轿车采用的是同步带传动装置。

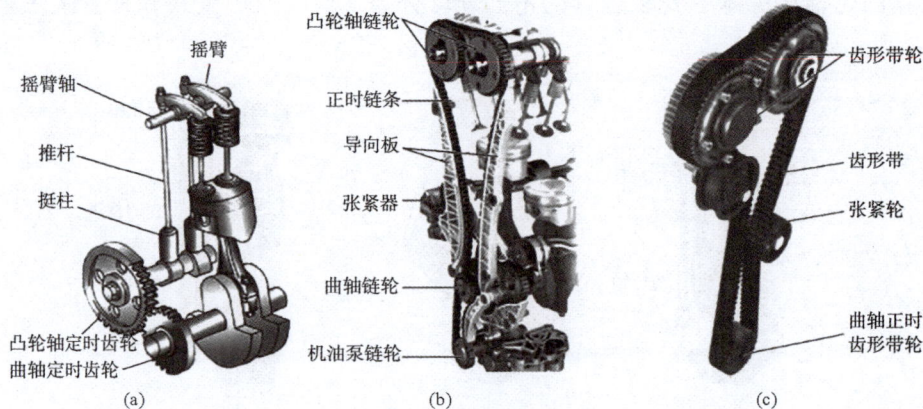

图 2-3-4　配合机构类型(按凸轮轴传动方式分类)
(a)齿轮传动；(b)链条传动；(c)齿形带传动

4. 按气门数目及布置形式分类

按气门数目不同，发动机配气机构可分为两气门和多气门配气机构。早期发动机一般采用每缸两气门，即一个进气门和一个排气门。目前，轿车发动机上普遍采用每缸多气门结构，如三气门、四气门、五气门等。多气门结构使发动机进气道、排气道的断面面积大大增加，使发动机的充气效率得到大幅度提升，从而改善了发动机的动力性及经济性能，如图 2-3-5 所示。

(1)每气缸两个气门的布置。两气门结构要求有较大的气门通道断面面积，发动机进气门直径大于排气门直径。为了使发动机进气顺畅及配气机构结构简单，两气门布置方式主要有以下几种类型，如图 2-3-6 所示。

图 2-3-5　发动机的五气门结构

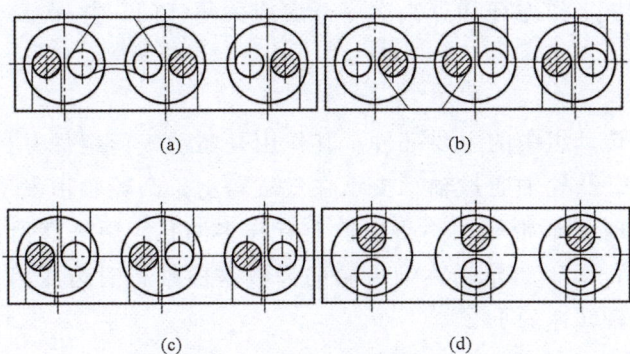

图 2-3-6　每气缸两个气门的布置

(a)、(b)合用气道；(c)交替布置；(d)分开布置

1)合用气道。气门在机体上纵向排列成一列，相邻两个进气门或排气门合用一个气道。这种结构的优点是气道简化，并可得到较大的气道通道面积。

2)交替布置。进气门、排气门交替布置，每缸单独用一个进气道、排气道。该结构的优点是可使气缸均匀冷却，对热负荷较严重的发动机更适宜。

3)分开布置。进气道、排气道分置于机体两侧，对于柴油机来说，为了避免排气加热进气，常将进气道、排气道分置于发动机机体两侧。对于汽油机来说，为了使汽油更好地雾化，需要采用排气歧管的废气热量对发动机进行预热，进气道、排气道多置于机体同一侧。

(2)每气缸四个气门的布置。四气门结构一般包含两个进气门和两个排气门。其排列形式主要有以下两种，如图 2-3-7 所示。

1)串联形式。串联形式即同名气门排列成两列，其主要特点是可通用一根凸轮轴及驱动杆传动；进气门间的进气

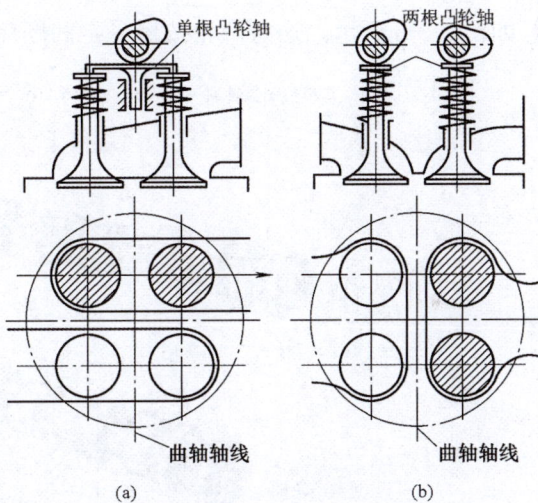

图 2-3-7　每气缸四个气门的布置

(a)同名气门排成两列(串联)；(b)同名气门排成一列(并联)

效率有差异；排气门的热负荷也不同。因此，现在这种排列方式已经很少采用。

2)并联形式。并联形式即同名气门排列成一列，其主要特点是能产生进气涡流，进气门进气效率与排气门热负荷基本相同；需用两根凸轮轴传动。因此，大多数发动机都采用这样的布置形式。

二、气门传动组

气门传动组主要包括凸轮轴及其传动机构、气门挺柱、推杆和摇臂机构等零部件。

其作用是按照发动机工作循环和点火次序开启或关闭气门，并保证气门有足够的开度和适当的气门间隙。

(一)凸轮轴

凸轮轴是气门传动组中的主要部件。其作用是驱动气门组件并控制气门的开闭及其升程的变化规律。凸轮轴通过轴承支承在气缸盖上，凸轮轴由发动机前部的正时齿轮、正时链条或正时齿形带驱动。凸轮轴上有许多油孔，用来润滑凸轮和气门组件。在四冲程发动机上，由于凸轮轴驱动齿轮的齿数是曲轴正时齿轮齿数的两倍，因此，凸轮轴的转速是曲轴转速的 1/2。

1. 凸轮轴的构造及分类

凸轮轴由凸轮、轴颈及轴等组成。凸轮可分为进气凸轮和排气凸轮，分别用来驱动进气门和排气门的开启与关闭；轴颈主要用于支承并将凸轮轴装配在气缸体(或气缸盖)上。在四冲程柴油机中，凸轮轴上安装各缸的进气、排气凸轮，有的还装有空气分配器凸轮；在二冲程柴油机中，除直流扫气式柴油机凸轮轴上装有排气凸轮外，其他一般只装有喷油泵凸轮和示功器凸轮，有的也装有空气分配器凸轮和带动调速器等各附件的传动轮。而某些汽油机上装有汽油泵驱动凸轮及驱动机油泵和分电器的螺旋齿轮，如图 2-3-8 所示。这些凸轮按照一定的顺序和角度排列。

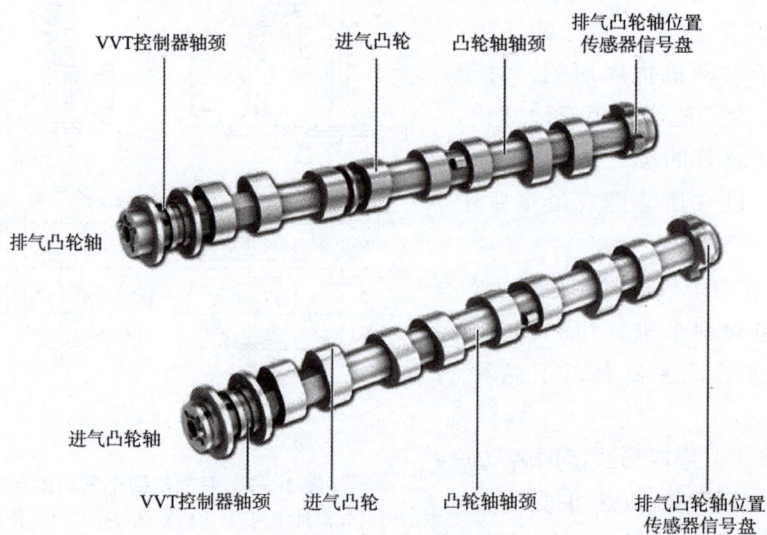

图 2-3-8　凸轮轴

凸轮轴的凸轮在工作过程中不断受到气门间歇性开启产生的反作用于挺柱的周期性冲击载荷与摩擦，因此，要求凸轮的工作表面必须具有较高的耐磨性和抗疲劳强度，同时，要求凸轮轴具有足够的韧性和刚度，以便承受冲击负荷，使受力后变形较小。大部分凸轮轴采用优质钢模锻而成，有些也采用球墨铸铁、合金铸铁铸造而成，凸轮和轴颈的工作表面经过热处理后要精磨，以提高其耐磨性。

凸轮轴的结构可分为整体式和组合式两大类。整体式凸轮轴将凸轮与轴本体锻成或铸成一体，在汽油机和小型柴油机上应用非常广泛；组合式凸轮轴是将凸轮与轴分开制造，然后根据正时要求将凸轮紧固于轴上，而较长的凸轮轴本体也常分为多段进行制造，然后用螺栓等连接起来。这种结构的优点是制造方便，凸轮损坏时可单独更换；某些凸轮轴采用中空形式，可以减轻质量；凸轮和凸轮轴的材料可以采用任意的组合，这有助于提高凸轮的接触强度。凸轮可以制成整体的，也可以制成组合式的。但整体式凸轮装配难度大，工艺复杂，仅在某些特定发动机上采用。凸轮在轴上的安装方法可分为无键连接和有键连接两种。

2. 凸轮轮廓的确定

凸轮轮廓的形状应该能保证气门开闭的持续时间符合配气相位的要求，并使气门有合适的升程及升降运动规律。

不同型号发动机的凸轮具有不同的轮廓。如图 2-3-9 所示的凸轮轮廓中，整个轮廓由凸顶、凸根、打开凸面及关闭凸面组成。凸轮轴升程是指从基圆直径往上凸轮能达到的高度。它决定了气门的升程大小。凸轮的顶部称作凸顶。它的长度决定了气门能在完全打开的位置保持多长时间。凸顶可能有多种不同的轮廓，这取决于气门需要在完全打开的位置保持多久。凸根是指凸轮轴外形的底部部分，当挺柱或气门在凸根部分移动时，气门处于完全关闭状态。凸轮的这些外形特征决定了气门开闭过程的具体特性、时间和速度。

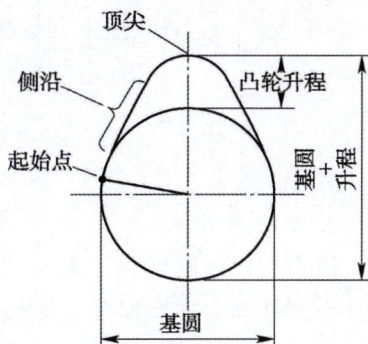

图 2-3-9　凸轮

(二)气门挺柱

挺柱是凸轮的从动件，其功用是将来自凸轮的运动和作用力传递给推杆或气门，同时，还承受凸轮所施加的侧向力，并将其传递给机体或气缸盖。有的发动机的挺柱直接安装在气缸体相应处钻出的导向孔中，有的发动机的挺柱安装在可拆式的挺柱导向体中。挺柱工作时，其底面与凸轮接触。由于接触面积小，接触应力较大，因此，摩擦和磨损都相当严重。此外，在凸轮不变方向的侧向力作用下，还加重了起导向作用的挺柱侧表面与挺柱口的偏磨。因此，挺柱工作面应该耐摩擦并有良好的润滑度。制造挺住的材料有碳钢、合金钢、镍铬合金铸铁和冷激合金铸铁等。挺柱可分为机械挺柱和液力挺柱两大类。

1. 机械挺柱

机械挺柱多采用球面或滚轮式挺柱，可显著减少摩擦力和侧向力。某些凸轮轴顶置的轿车发动机，其挺柱体上部装有调整垫片，用于调整气门间隙。

凸轮在旋转中对挺柱推力的方向是固定不变的，为使挺柱底面与凸轮接触面的磨损均匀，避免挺柱外圆表面与导向孔之间形成单面磨损，在设计上采取了如图 2-3-10 所示的结构。将挺柱底面做成一定锥度的形状，如图 2-3-10(a) 所示，使凸轮与挺柱的接触点偏离挺柱中心轴线；或使挺柱中心轴线偏离凸轮对称轴线布置[图 2-3-10(b)]，挺柱在凸轮的推力作用下，沿导向孔上升的同时，挺柱还绕其中心轴线旋转，使挺柱底面与凸轮表面、挺柱外圆表面与导向孔内表面磨损均匀；采用滚轮式挺柱，如图 2-3-10 (c)所示，则将凸轮与挺柱的滑动摩擦变为滚动摩擦，进一步降低了凸轮、挺柱的摩擦磨损。

(a)   (b)   (c)   (d)   (e)

图 2-3-10　挺柱的结构形式

(a)锥形；(b)筒形；(c)滚轮式；(d)液压式；(e)滚轮摇臂式

2. 液力挺柱

液力挺柱由圆桶和上端盖焊接而成。油缸外圆柱面与挺柱体的油缸导向孔配合，油缸内圆柱面与柱塞配合。球阀被补偿弹簧压靠在柱塞下端面的阀座上。挺柱体内部的低压油腔通过挺柱顶背面的键形槽与柱塞上方的低压油腔相通。在挺柱工作过程中，挺柱体上的环形槽与缸盖上的斜油孔对齐时，缸盖主油道内的润滑油经量油孔、斜油孔和环形油槽进入低压油腔。柱塞下端油缸内部的空腔，称为高压油腔。当球阀打开时，高压油腔与低压油腔相通。液力挺柱结构示意如图 2-3-11 所示。

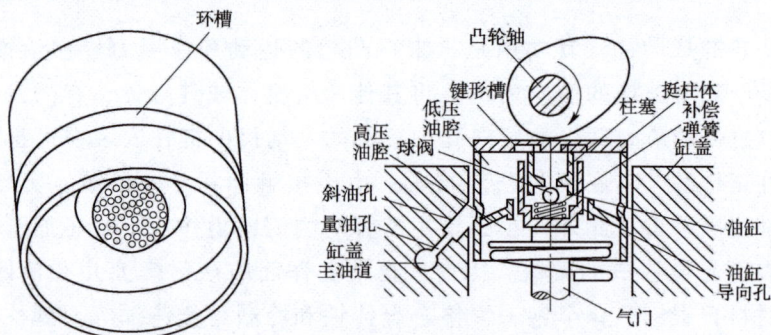

图 2-3-11　液力挺柱结构示意

无论是高压油腔还是低压油腔，都充满了油液。补偿弹簧还可以使油缸与柱塞做相对运动，保持挺柱体顶面与凸轮紧密接触。油缸下端面与气门杆端面紧密接触，整个配气机构无间隙。在气门打开的过程中，凸轮推动挺柱体和柱塞下移，油缸受到气门弹簧的阻力而不能马上下移，导致油压升高，球阀将阀门关闭。由于油液的不可压缩性，整个挺柱如同一个刚体一样下移，将气门打开。在此期间，挺柱和油缸之间的间隙会出现部分油液泄漏，但不影响气门的正常打开。

在气门关闭的过程中，挺柱上移，由于仍受到凸轮和气门弹簧两个方面的顶压，高压油腔仍保持高压，球阀仍处于关闭状态，液力挺柱仍是一个刚性体，直至气门完全关闭为止。气门关闭以后，补偿弹簧将柱塞和挺柱体继续向上推动一个微小的行程(补偿由于油液泄漏而造成的柱塞与挺柱体下降)，同时高压油腔油压下降，球阀打开，低压油腔的油液进入高压油腔内补充油液的泄漏。当气门关闭时，挺柱体上的环形油槽与缸盖上的斜油孔对齐，润滑系统的油液进入挺柱低压油腔内。气门受热膨胀伸长时，通过柱塞与油缸之间的间隙，高压油腔内的油向低压油腔泄漏，柱塞与油缸产生相对运动，挺柱自动"缩短"，保证气门关闭紧密。当气门冷却收缩时，补偿弹簧将柱塞与挺柱体向上推动，球阀打开，低压油腔油液进入高压油腔，挺柱自动"伸长"，可保证"零气门间隙"。

(三)推杆

推杆只应用在凸轮轴下置式配气机构中，其作用是将从凸轮经过挺柱传来的推力传递给摇臂，它是气门机构中最容易弯曲的零件。它是一个细长杆件，处于挺柱和摇臂之间，要求有很高的刚度，在动载荷大的发动机中，推杆应尽量做得短些。对于缸体与缸盖部是铝合金制造的发动机，其推杆最好用硬铝制造。推杆可以是实心或空心的钢制推杆，一般是同球形支座锻成一个整体，然后进行热处理。

(四)摇臂与摇臂轴

摇臂是一个双臂杠杆，它将推杆传来的力改变方向，作用到气门杆端以推开气门。摇臂两边臂长不相等，比值为 1.2～1.8，其中长臂一端是推动气门的。摇臂在摆动过程中承受很大的力矩，因此，摇臂应有足够的强度和刚度。摇臂一端加工有螺纹孔，用来拧入气门间隙调整螺栓，另一端加工成圆弧面，与推杆末端球面相配合。摇臂轴为空心管状结构，机油从支座的油道经摇臂轴内腔和摇臂中的油道流向摇臂两端进行润滑。为了防止摇臂的窜动，在摇臂轴上每两摇臂之间都装有定位弹簧。摇臂可分为普通摇臂和无噪声摇臂。

(1)普通摇臂。普通摇臂的长臂端部以圆弧形的工作面与气门尾端接触以推动气门。短臂的端部有螺孔，用来安装调整螺钉及锁紧螺母，以调整气门间隙。螺钉的球头与推杆顶端的凹球座相连接。该连接部分接触应力高，且有相对滑移，磨损严重，因此，在该部分常堆焊有硬质合金。因为靠气门一端的臂长，所以在一定的气门升程下，能减小推杆、挺柱等运动件的运动距离和加速度，从而减小了惯性力。摇臂内一般有油道，与摇臂轴中心相通。压力机油充满摇臂轴中心，并从摇臂油孔流出，润滑挺杆及气门杆端等零件。

(2)无噪声摇臂。国外某些发动机采用无噪声摇臂，主要目的是消除气门间隙，减小由此产生的冲击噪声。其工作过程如图2-3-12所示，起主要作用的结构为凸环8。凸环8以摇臂5的一端为支点，并靠在气门9杆部的端面上。当气门处在关闭位置时，在弹簧6的作用下，柱塞7推动凸环8向外摆动，从而消除气门间隙；当气门开启时，推杆3便向上运动推动摇臂5，摇臂已经通过凸环和气门杆部的端面处在接触状态，因此消除了气门间隙。

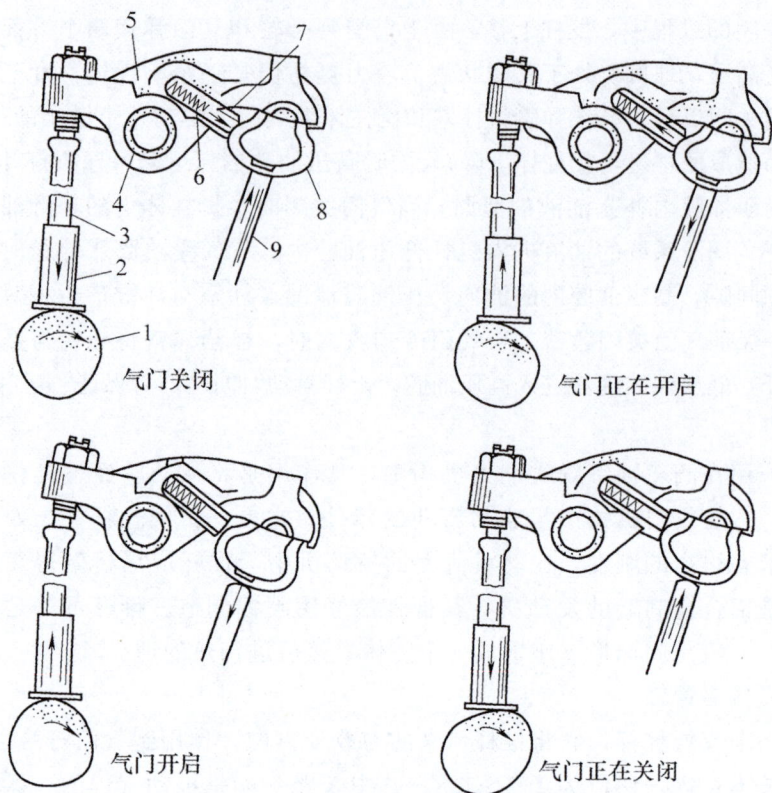

图 2-3-12　无噪声摇臂的工作过程

1—凸轮轴；2—液压挺住；3—推杆；4—摇臂轴；5—摇臂；6—弹簧；7—柱塞；8—凸环；9—气门

三、气门组

气门组主要由气门、气门弹簧、气门锁片、气门导管、气门座等组成，如图 2-3-13 所示。

(一)气门

气门是用来封闭气缸和进气道的。气门由头部和杆身两部分组成。头部用来封闭进气、排气道；杆身用来在气门开闭过程中起导向作用。气门是气门组中最为重要的部件，可分为进气门和排气门。通常情况下，进气门的直径要大于排气门，主要是为了增加进气量，以提高燃烧效率，从而获得更好的动力输出。

1. 气门的工作条件

气门的工作条件非常恶劣。首先，气门直接与高温燃气接触，受热

图 2-3-13　气门组的组成

严重，而散热困难，因此，气门温度很高。其次，气门受气体力和气门弹簧力及配气机构运动件的惯性力的作用，使气门落座时受到冲击。再次，气门在润滑条件很差的情况下以极高的速度启闭，并在气门导管内做高速往复运动。此外，气门由于与高温燃气中有腐蚀性的气体接触而易受到腐蚀。

2. 气门的材料

进气门一般用中碳合金钢制造，如铬钢、铬钼钢和镍铬钢等。排气门则采用耐热合金钢制造，如硅铬钢、硅铬钼钢、硅铬锰钢等。

3. 气门的结构

汽车发动机的进气门、排气门均为菌形气门，由气门顶部和气门杆两部分构成，如图 2-3-14 所示。气门头部由气门顶部和密封锥面组成；而气门杆身尾端的结构主要取决于气门弹簧座的固定方式。

气门顶部有平顶、凹顶和凸顶等形状，如图 2-3-15 所示。目前应用最多的是平顶气门，其结构简单，制造方便，受热面积小，进气门、排气门都可采用这种形状。

气门与气门座或气门座圈之间靠锥面密封。气门锥面与气门顶面之间的夹角称为气门锥角。进气门、排气门的气门锥角一般均为 45°，只有少数发动机的进气门锥角为 30°。气门锥角使气门在关闭时有自动定位作用，能够挤掉接触面的沉积物，同时，还能获得较大的压合力，提高密封性和导热性。

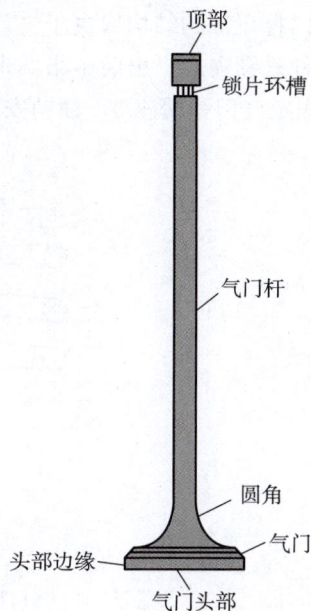

图 2-3-14　气门的结构

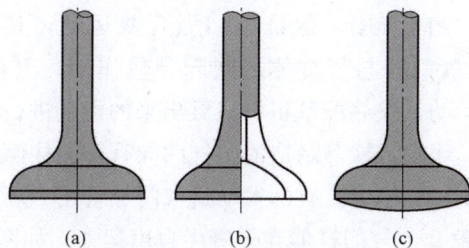

图 2-3-15　气门顶部形状
（a）平顶；（b）凹顶；（c）凸顶

气门杆是一个圆柱形的杆，一端与头部相连，另一端安装弹簧座。气门杆有较高的加工精度，其与气门导管保持合适的配合间隙，以减小磨损，并起到良好的导向和散热作用。一般情况下，气门锥角比气门座或气门座圈锥角要小一些，这主要是因为这样可以使两者不以锥面的全宽接触，增加密封锥面的接触压力，加速磨合，并能切断和挤出两者之间的积垢或积炭等，由此可以保证密封锥面良好的密封性能。气门顶边缘与气门密封锥面之间应该有一定的厚度，一般为 1～3 mm，以防止工作中受到冲击损坏或被高温气体烧坏。

(二)气门杆部

气门杆部与气门导管相接触，一般做成圆柱形。当发动机工作时，气门杆在气门导管中不断上下往复运动，承受周期性冲击，加之润滑条件比较恶劣，密封性要求高，因此，要求气门杆与气门导管必须有一定的配合精度和耐磨性，同时要求气门杆部与头部的过渡应尽量圆滑，以减少气流阻力和应力集中。气门杆表面都经过热处理和磨光处理。气门杆尾部的结构取决于气门弹簧座的固定方式，气门杆与弹簧座连接方式主要有两种：一种是锁夹式，由两个半圆形锥形锁夹 4 来固定气门弹簧座 3；另一种是锁销式，用锁销5 固定气门弹簧座 3，锁销安装在气门杆尾部对应的径向孔中，如图 2-3-16 所示。

图 2-3-16　气门弹簧座的固定方式

(a)锁夹固定；(b)锁销固定

1—气门杆；2—气门弹簧；3—弹簧座；4—锁夹；5—锁销

(三)气门导管

气门导管的作用是起导向作用，保证气门做直线运动，使气门与气门座能正确贴合。此外，气门导管还在气门杆与气缸体之间起导热作用，气门导管的工作温度较高，约 200 ℃，气门杆在其中运动，仅靠配气机构飞溅出来的机油进行润滑，易磨损，所以，气门导管大多数是用灰铸铁、球墨铸铁等制造的。气门导管外圆柱面经过机械加工后压入气缸盖，为了防止气门导管在使用中松脱，有的发动机气门导管用卡环定位。气门杆与气门导管之间有 0.05～0.12 mm 间隙，使气门杆能在导管中自由运动，如图 2-3-17 所示。

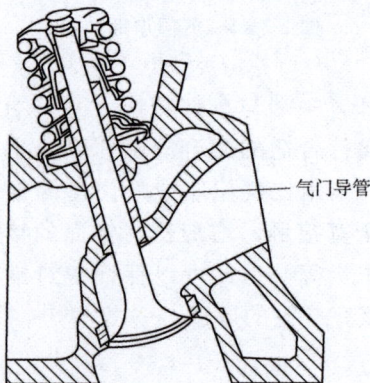

图 2-3-17　气门导管

(四)气门座

气门座的作用是防止气门直接撞击气缸盖而引起气缸盖过度磨损,并接受气门传来的热量,依靠其内锥面与气门锥面紧密贴合来密封气缸。对于铸铁缸盖,气门座通常直接在缸盖上镗出。该种气门座散热效果好,耐高温;但不耐磨,不方便修理。而对于铝质缸盖,通常在缸盖上镶嵌气门座。气门座材料应采用在工作温度下塑性变形较小而硬度较高的合金材料,一般采用合金铸铁、球墨铸铁,也有采用合金钢的。

(五)气门弹簧

气门弹簧的作用是保证气门关闭时能紧密地与气门座贴合,防止气门在发动机振动时发生跳动,破坏其密封性,并克服在气门开启时配气机构产生的惯性力,使传动件始终受凸轮控制而不相互脱离。气门弹簧多为圆柱形螺旋弹簧,其材料为高碳锰钢冷拔钢丝,加工后进行热处理,钢丝表面要磨光、抛光或用喷丸处理。为了防止生锈,表面镀锌。

气门弹簧的一端支承在气缸盖或气缸体上,而另一端压靠在气门杆末端的弹簧座上,弹簧座用锁片固定在气门杆的末端。许多发动机的气门弹簧采用等螺距圆柱形螺旋弹簧,如图 2-3-18 所示。但由于等螺距气门弹簧的工作频率与其固有的振动频率相等或为固有振动频率的整数倍时,气门弹簧容易发生共振,造成气门反跳,严重时甚至会使弹簧折断。因此,为防止共振的发生,有些发动机采用变螺距气门弹簧、双气门弹簧或锥形气门弹簧等。

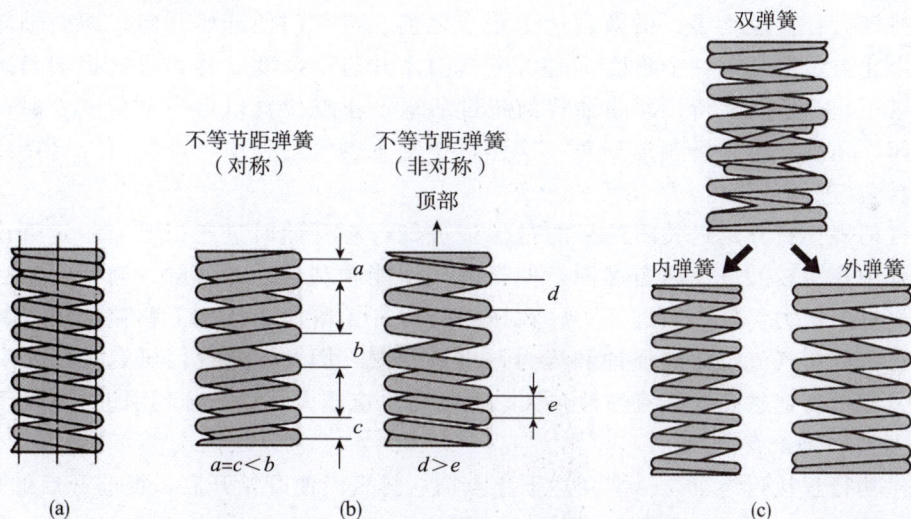

图 2-3-18 气门弹簧
(a)等螺距弹簧;(b)变螺距弹簧;(c)双弹簧

(1)变螺距气门弹簧。还有一些高性能汽油机采用变螺距气门弹簧。变螺距气门弹簧的固有频率不是定值,从而可以避开共振。

(2)双气门弹簧。高速发动机多数是一个气门有同心安装的内、外两个气门弹簧,这样能提高气门弹簧工作的可靠性,即可以防止共振,而且当一个弹簧折断时,另一个还可维持工作。此外,还能使气门弹簧的高度减小。当装有两个气门弹簧时,弹簧圈的螺旋方向应相反，这样可以防止折断的弹簧圈卡入另一个弹簧圈内。

（3）锥形气门弹簧。锥形气门弹簧的外形结构呈锥形，其刚度和固有振动频率是沿弹簧轴线方向变化的，因此，可以消除发生共振的可能。

四、配气相位图

发动机的配气相位一般用相对于上、下止点曲拐位置的曲轴转角的环形图来表示，即配气相位图，如图 2-3-19 所示。

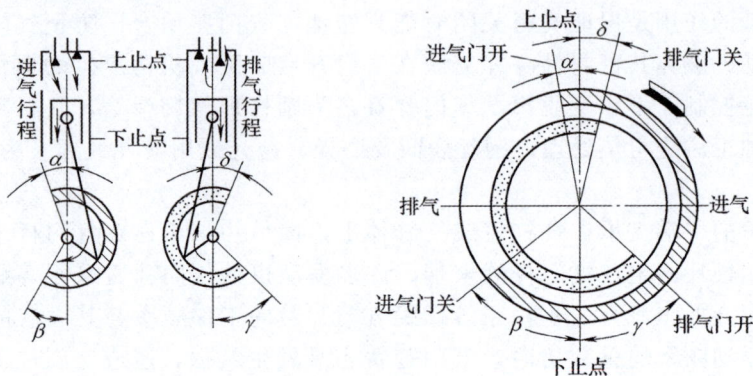

图 2-3-19　配气相位图

1. 进气门的配气相位

在排气行程接近终了，活塞到达上止点之前，进气门便开始开启，即曲轴转到活塞处于上止点位置还差一个角度 α 时，进气门才开启，角度 α 称为进气提前角。直到活塞过了下止点后又上行，即曲轴转到超过活塞下止点位置以后一个角度 β 时，进气门才关闭，角度 β 称为进气迟后角。这样，在整个进气过程中，进气门开启持续时间的曲轴转角（进气持续角）为 $180°+\alpha+\beta$。

进气门提前打开延迟关闭的目的是保证进气行程开始时进气门已有一定开度，在进气行程中获得较大进气通道截面，使新鲜气体能顺利地充入气缸。当活塞到达下止点时，气缸内压力仍低于大气压力，在压缩行程开始阶段，活塞上移速度较慢的情况下，仍可以利用气流较大的惯性和压力差继续进气，因此，进气门延迟关闭是利于充气的。发动机转速越高，气流惯性越大，迟闭角也应越大，以充分利用进气惯性充气。

2. 排气门的配气相位

在做功行程接近终了，活塞到达下止点前，排气门便开始开启，提前开启的角度 r 称为排气提前角。经过整个排气行程，在活塞越过上止点后，排气门才关闭，排气门关闭的延迟角 δ 称为排气迟后角。这样，在整个排气过程中，排气门开启持续时间的曲轴转角（排气持续角）为 $180°+r+\delta$。排气门延迟关闭，可以使废气排放得较彻底。

3. 气门的叠开

同一气缸的工作行程顺序是排气行程后接着进气行程。因此，在实际中，在进、排气行程的上止点前后，由于进气门在上止点前即开启，而排气门在上止点后才关闭，这就出现了在一段时间内排气门与进气门同时开启的现象，这种现象称为气门重叠，重叠的曲轴转角 $\alpha+\delta$ 称为气门重叠角。由于新鲜气流和废气流的流动惯性比较大，在短时间内会保持原来的流动方向，只要气门重叠角选择适当，就不会产生废气倒流入进气管或新鲜气体随同废气排出的可能性，这有利于废气排放彻底和进气充分，对换气过程会产生很大影响。

学习研讨

背景描述	将学生分成若干小组，每组分配不同的配气机构部件(如凸轮轴、气门、气门弹簧等)，要求他们研究各自部件的功能，并讨论这些部件如何协同工作以实现高效的气体交换。鼓励学生利用模型或虚拟现实工具进行探索
讨论主题	配气机构如何协同工作以实现高效的气体交换
成果展示	小组采用 PPT 展示成果

学习评价

内容组织	素养提升			评价结果
工作原理描述完整，各个组员可以完美地协调工作	思路清晰、重点突出、语言流畅	熟练掌握 PPT 等信息化技术	很好地体现团队协作和自学能力	优秀
工作原理描述较完整，各个组员可以完成协调工作	语言通顺简洁、思路较清晰	较熟练掌握 PPT 等信息化技术	较好地体现团队协作和自学能力	良好
工作原理描述不清晰，各个组员未完成协调工作	语言逻辑不够清晰流畅	不能熟练掌握 PPT 等信息化技术	不能很好地体现团队协作和自学能力	一般

学习单元四　燃料供给系统

情境导入

设想自己是一名汽车动力系统的研发实习生，加入了一个致力于提升燃油效率和减少碳排放的项目团队。你的首个任务是参与改进一款高性能轿车的燃料供给系统，目标是在不牺牲动力表现的同时，显著提升燃油经济性和减少碳排放。这不仅是对目前燃料供给系统技术的一次挑战，还是对未来汽车工业的可持续性贡献。

相关知识

一、汽油发动机燃烧过程分析

汽油发动机在实际工作中，由于燃烧前混合气质量比较好，其燃烧过程时间短、速度快，燃烧过程接近于对缸内气体进行的定容加热过程。汽油机燃烧过程可分为着火延迟期、明显燃烧期和补燃期三个阶段。为了改善汽油发动机燃烧过程，从而改善汽油机的动力性、经济性和环保性，常采用以下方法。

(一)使用措施

(1)正确选用燃料。燃料的使用性能对燃烧过程有直接影响，汽油的蒸发性越好，就越容易气化，与空气混合形成的混合气质量就越好，则燃烧速度越快，且易于完全燃烧。汽油的辛烷值越高，抗爆性能越好，越不容易发生爆燃。

(2)精确控制混合气浓度。混合气浓度对燃烧是否能进行、火焰传播速度、爆燃倾向、排气成分都有很大的影响。

(3)准确控制点火提前角。点火提前角对汽油机爆燃倾向、示功图上最高压力点的形成位置有很大的影响。点火提前角越大，最高压力越高，且最高压力点越靠近压缩上止点，甚至使最高压力点出现在压缩上止点以前。点火过早时，其最高压力升高，爆燃倾向增大，机件承受的机械负荷增加，且因最高压力点的提前，使压缩行程消耗的功和传热损失均增加，导致发动机过热。而点火过晚时，其最高压力降低，使做功行程初期所做的功减少。同时，因燃烧过程是在气缸容积不断增大的行程中进行的，高温的气体与气缸壁接触面积大，使热损失增加，燃烧热量用来充分做功的机会减少，因此也会导致发动机功率降低，热效率降低和过热。

(4)保持发动机正常的工作温度。发动机的工作温度应保持在 $80\sim90$ ℃范围内，温度过高或过低均会对汽油机的燃烧过程产生不利影响。冷却液温度过高，爆燃及表面点火倾向增加。同时，因为进气温度高，使发动机实际进气量减少，缸内最高压力降低，发动机的动力下降；发动机温度过低时，传热温差加大，热损失将增多，这会导致发动机热效率下降、功率下降、耗油率增加。此外，还容易使燃烧中的酸根和水蒸气结合成酸类物质，使气缸腐蚀磨损增加，汽油雾化蒸发不良，进而使燃烧形成的积炭和排放污染增加。

(二)结构措施

(1)选择合适的压缩比。适当提高压缩比，可提高压缩行程终了时的温度和压力，从而加快火焰传播速度，使压缩终了的温度、压力增大，有利于提高发动机的热效率。汽油机不能追求过高的压缩比，一般原则是保证不发生爆燃的前提下，尽量提高压缩比。

(2)合理设计燃烧室。燃烧室的形状对发动机的燃烧过程有很大影响。结构紧凑的燃烧室，可缩短火焰传播距离、减少散热损失；有些燃烧室还能形成适当的涡流运动，可提高火焰传播速度，对减少爆燃倾向、提高热效率、降低排放污染均有利。

有些排气污染控制措施也能起到改善燃烧过程的作用，如废气再循环装置（Exhaust Gas Recirculation，EGR），可将排气管中的废气引流到进气管中，与新鲜空气一起进入气缸参加燃烧，利用再循环废气对新鲜空气的稀释作用和对燃烧速度的限制作用，降低燃烧的最高温度，在改善汽油机排放的同时，改善汽油机的燃烧过程。

二、汽油发动机燃料供给系统的作用及组成

（一）作用

汽油机燃料供给系统的主要作用是将汽油和空气按一定比例均匀混合成可燃混合气，再根据发动机各种不同工况的要求，向发动机气缸内供给不同浓度和不同质量的可燃混合气，以便在临近压缩终了时点火燃烧而放出热量，燃气膨胀做功，最后将气缸内废气排至大气中。

（二）组成

汽油发动机燃料供给系统由空气供给系统、燃油喷射系统和电子控制系统组成。

（1）空气供给系统。空气供给系统的作用是向发动机提供与负荷相适应的清洁的空气，同时，测量和控制进入发动机气缸的空气量，使它们在系统中与喷油器喷出的汽油形成空燃比符合要求的可燃混合气。空气供给系统的组成和工作流程如图 2-4-1 所示。

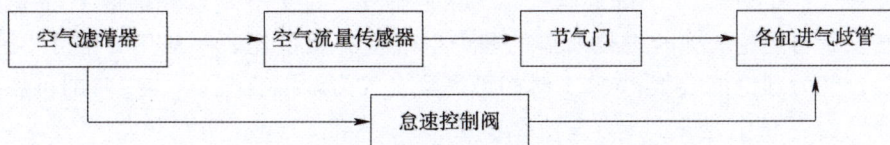

图 2-4-1　空气供给系统的组成和工作流程

（2）燃油喷射系统。燃油喷射系统的作用是用电动燃油泵向喷油器提供足够压力的汽油，喷油器根据来自电子控制系统（Electronic Control Unit，ECU）的控制信号，向进气歧管内进气门上方喷射定量的汽油。燃油喷射系统的组成和工作流程如图 2-4-2 所示。

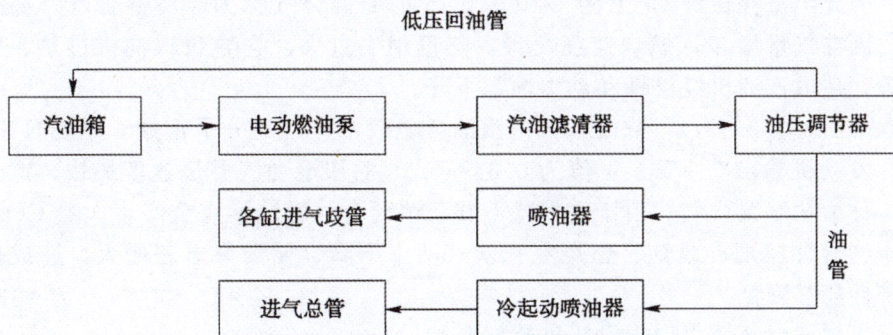

图 2-4-2　燃油喷射系统的组成和工作流程

（3）电子控制系统。电子控制系统的作用是接收来自表示发动机工作状态的各个传感器输送来的信号，根据 ECU 预置的程序，对喷油时刻、喷油量等进行确定和修正，并输出控制信号给相应的执行器，以实现对发动机的最佳控制。电子控制系统的工作

示意如图 2-4-3 所示。

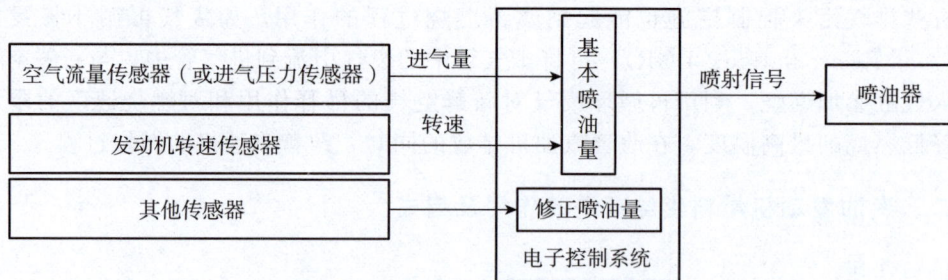

图 2-4-3 电子控制系统的工作示意

三、空燃比与过量空气系数

(一)空燃比

汽油机正常燃烧必须使汽油和空气形成可燃混合气。可燃混合气是按照一定比例混合的汽油与空气的混合物。可燃混合气中燃料含量的多少称为可燃混合气浓度。可燃混合气浓度通常用空燃比或过量空气系数来表示。空燃比是指每工作循环充入气缸的空气量与燃油量的质量比(A/F)。理论上，1 kg 汽油完全燃烧需要 14.7 kg 空气，故空燃比为 14.7($A/F=14.7$)的可燃混合气为标准混合气；$A/F>14.7$ 的可燃混合气称为稀混合气；$A/F<14.7$ 的混合气称为浓混合气。过量空气系数是指 1 kg 燃料实际供给空气质量与理论上完全燃烧所需的理论空气量的质量比，一般用 α 表示。$\alpha=1$ 时的可燃混合气为理论混合气；$\alpha<1$ 时的可燃混合气为浓混合气；$\alpha>1$ 时的可燃混合气为稀混合气。

(1)理论混合气($\alpha=1$)。理论混合气是理论上推算的完全燃烧的混合气。但由于时间和空间条件的限制，汽油不能及时与空气绝对均匀地混合，实际上不可能实现完全燃烧。

(2)稀混合气($\alpha>1$)。稀混合气可以保证所有的汽油分子获得足够的空气实现完全燃烧，因此经济性最好。α 值为 1.05~1.15 的稀混合气称为经济混合气。如果混合气过稀，因空气量增多，燃烧速度变慢，热量损失过大，会导致汽油机过热、加速性能变差等，造成汽油机经济性和动力性都下降。

(3)浓混合气($\alpha<1$)。浓混合气中汽油含量较多，汽油分子密集，燃烧时速度快、压力大、发动机输出功率高。α 值为 0.85~0.95 的浓混合气燃烧速度最快，产生的功率最大，称为功率混合气。由于空气量不够，浓混合气燃烧不完全产生大量 CO，导致发动机排气管冒黑烟、放炮、燃烧室积炭、功率下降、耗油率显著增大，造成排放性能和经济性能都降低。

(二)可燃混合气浓度对发动机性能的影响

可燃混合气浓度对发动机的燃烧过程及其动力性和经济性都有很大的影响。

(1)燃烧极限。可燃混合气过浓或过稀到一定程度，即 $\alpha<0.4$ 或 $\alpha>1.4$ 时，火焰将在燃烧室内无法传播，导致发动机熄火，该程度称为混合气的燃烧极限。但采用稀薄燃烧控制技术，α 可达 2.5 以上。

(2)可燃混合气浓度对汽油机性能的影响。图 2-4-4 所示为发动机转速一定和气门全打开的条件下，改变 α 值的大小，测绘出汽油机功率 P_e 和油耗率 g_e 的相对值与过量空气系数 α 的关系曲线。

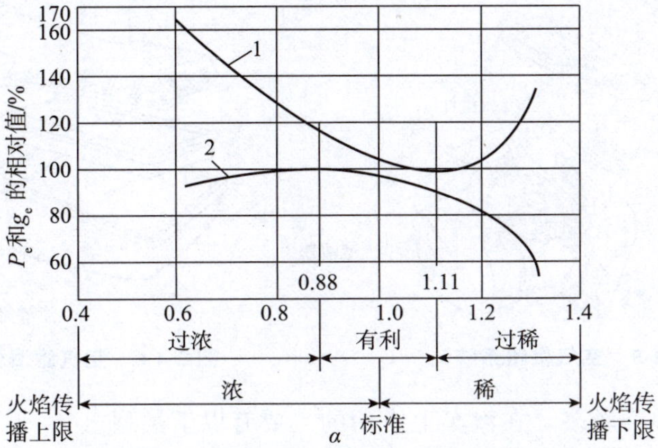

图 2-4-4　可燃混合气浓度对汽油机性能的影响
1—燃油消耗率；2—发动机功率

从图 2-4-4 中可以看出：
1)可燃混合气过稀和过浓，发动机的动力性能和经济性能都不理想。
2)可燃混合气浓度在 0.88～1.11 时最有利，可以获得较好的动力性或经济性。
3)功率点和经济点不对应，动力性和经济性也存在矛盾，不能同时获得最好的动力性和经济性，只能获得相对较好的动力性和经济性。

四、空气供给系统构造

(一)汽油机空气供给系统

汽油机空气供给系统的作用是向汽油机提供与发动机负荷相适应的、清洁的空气，同时，对流入发动机气缸的空气质量进行直接或间接计量，使它们在系统中与喷油器喷出的汽油形成空燃比符合要求的可燃混合气。空气供给系统除空气滤清器、进气总管和进气歧管外，还有电控汽油喷射系统特有的空气计量装置、节气门、节气门位置传感器和急速控制装置等。空气供给系统结构如图 2-4-5 所示。

1. 空气滤清器

空气滤清器的主要作用是滤除空气中的杂质或灰尘，使洁净的空气进入气缸，另外，它还能降低进气噪声。空气滤清器应具有稳定的滤清能力、对气流的流动阻力小、能连续长期工作、维护方便等特点。发动机大多使用干式纸滤芯空气滤清器，它由纸滤芯和滤清器外壳组成。滤清器外壳包括滤清器盖和滤清器外壳底座，如图 2-4-6 所示。滤芯安装在滤清器外壳中，滤芯的上、下表面是密封面，滤清器外壳安装好后，滤芯上密封面和下密封面分别与滤清器盖及滤清器外壳底座的配合面紧密贴合。

图 2-4-5　空气供给系统

图 2-4-6　空气滤清器的组成

空气滤清器的种类较多，在汽车上常用的主要有以下类型。

(1)纸质干式空气滤清器。纸质干式空气滤清器具有质量轻、结构简单、滤清效率高、造价低及维护方便等优点。因此，被广泛用于各类汽车发动机上，但是它一旦被油浸润，气流阻力将急剧加大。根据车辆使用环境，车辆行驶一定里程需要对滤清器进行一次清洁与维护，即将滤芯取出并用压缩空气由内向外将表面尘土吹掉。如果滤芯因使用过度或破损，应及时更换新滤芯，将由经过树脂处理的微孔滤纸制成的滤芯安装在滤清器外壳中。纸质干式空气滤清器如图 2-4-7 所示。

滤芯的上、下表面是密封面，拧紧蝶形螺母把滤清器盖紧固在滤清器上时，滤芯上密封面和滤芯下密封面分别与滤清器盖及滤清器外壳底部的配合面贴紧密合。打褶滤纸可以增加滤芯的滤过面积并减小滤芯阻力。滤芯外面是多孔金属网，用来保护滤芯在运输和保管过程中不使滤纸破损。在滤芯的上、下端浇上耐热塑料溶胶，以固定滤纸、金属网和密封面之间的相对位置，并保持其密封。发动机工作时，空气从滤芯的四周穿过滤纸进入滤芯中心，随后流入进气管。杂质被滤芯阻留在滤芯外面。纸质干式空气滤清器的滤芯一般使用树脂处理的纸质滤芯，其过滤的效果与滤纸的筛孔大小有关，0.001 mm 的筛孔可将大多数灰尘隔离，其滤清率可达 99.5%。

图 2-4-7　纸质干式空气滤清器
(a)滤清器总成；(b)纸滤芯
1—滤芯；2—滤清器外壳；3—滤清器盖；
4—蝶形螺母；5—进气导流管；6—多孔金属网；
7—打褶滤纸；8—滤芯下密封面；9—滤芯上密封面

纸质滤芯的寿命取决于纸面大小(通常呈波折状以提高过滤面积)及空气本身的清洁度。汽车一般连续使用 10 000～50 000 km 后必须更换滤芯。

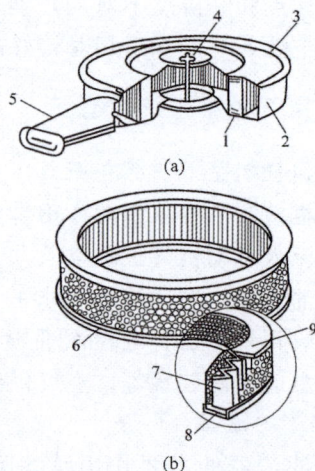

（2）油浴式空气滤清器。油浴式空气滤清器的优点是滤芯清洗后可以重复使用，多用于在多尘条件下工作的发动机上，如越野车发动机。油浴式空气滤清器的结构由空气滤清器外壳 1、滤芯 2、密封圈 3、滤清器盖 4 和蝶形螺母 5 组成，如图 2-4-8 所示。外壳底部是储油池，其中盛有一定数量的机油。发动机工作时，环境空气经外壳与滤清器盖之间的狭缝进入滤清器，并沿着滤芯与外壳之间的环形通道向下流到滤芯底部，再向上通过滤芯后进入进气管。气流转弯时，空气中粗大的杂质被甩入机油中并被机油黏附，细小杂质被滤芯滤除。黏附在滤芯上的杂质被气流溅起的机油所冲洗，并随机油一起流回储油池。滤芯多用金属网卷成筒形或将金属丝填塞在有孔眼的滤芯外壳中制成。经过油浴式空气滤清器，空气中的杂质可被滤除 95%～97%。

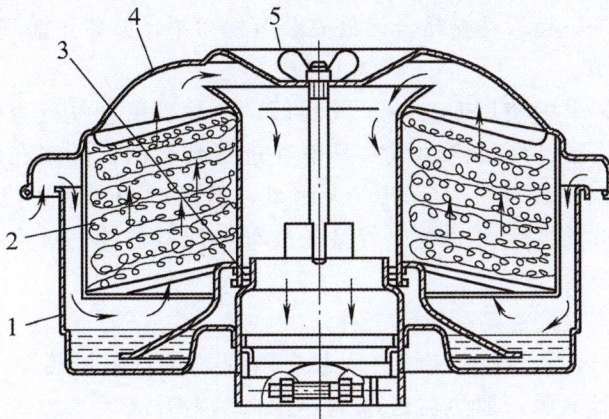

图 2-4-8　油浴式空气滤清器

1—空气滤清器外壳；2—滤芯；3—密封圈；4—滤清器盖；5—蝶形螺母

（3）离心式及双级复合式空气滤清器。离心式空气滤清器多用于大型货车。在许多自卸车或矿山用汽车上还使用离心式与纸滤芯相结合的双级复合式空气滤清器，如图 2-4-9 所示。双级复合式空气滤清器的上体 7 是纸滤芯空气滤清器，下体 12 是离心式空气滤清器。空气从滤清器下体的进气口 10 首先进入旋流管 11，并在旋流管内螺旋导向面 16 的引导下产生高速旋转运动。在离心力的作用下，空气中的大部分灰尘被甩向旋流管壁并落入积灰盘 14 中，空气则从旋流管顶部进入纸滤芯空气滤清器。空气中残存的细微杂质被纸滤芯 2 滤除。

2. 进气歧管和排气歧管

　　进气歧管是指节气门与气缸盖进气道之间的管路。进气歧管的作用是形成可燃

图 2-4-9　双级复合式空气滤清器

1—卡簧；2—纸滤芯；3—滤清器上盖；4—蝶形螺母；
5—密封垫；6、9、13—密封圈；7—上体；8—出气口；
10—进气口；11—旋流管；12—下体；14—积灰盘；
15—卡箍；16—旋流管内螺旋导向面

混合气，并将可燃混合气分配到各气缸。各气缸进气歧管长度应尽可能相等，以保证气体尽可能均匀地分配到各个气缸，且内壁尽可能光滑，减少流动阻力，提高进气效率。现代发动机的进气歧管通常使用塑料复合材料或铝合金材料制造。塑料复合材料进气歧管可塑性好、质量轻、成本低、内表面光滑，可以加工出各种不同形状，提高充气效率。铝合金进气歧管强度高，多用于增压发动机。而排气歧管的作用是汇集各气缸的废气经排气消声器排出。货车和客车的进气、排气歧管大部分采用铸铁制成，也有少量采用铝合金制造的；现代轿车的进气、排气歧管大部分采用铝合金制造，也有少量采用铸铁和硬质塑料制造的。汽油机的进气、排气歧管通常安装在同一侧，主要是便于利用排气歧管的热量对进气歧管进行加热，两者可以铸成一体，也可以分别铸造后用螺栓连接在一起，且在结合面处安装石棉衬垫，以防止漏气。

3. 进气预热装置

汽车在寒冷的冬季中使用时，由于气温低，发动机在进气行程时，可燃混合气中的燃油不容易进入气缸，许多汽油微粒黏附在进气歧管内；活塞在压缩终了时，空气（或可燃混合气）的温度较低，发动机点火困难；低温时润滑油黏度大，起动阻力大。各种原因造成发动机低温起动困难。为保证汽车在低温条件下迅速起动，许多汽车发动机采用进气预热装置。

常用的进气预热方式主要有以下三种。

（1）利用陶瓷加热器。在进气歧管内装有陶瓷热敏电阻加热器。在发动机冷起动前，打开陶瓷加热器电源，加热器通电加热，当温度升高后，加热器电阻加大，当温度升高到 180 ℃时，其电阻变得无穷大，切断电流，停止加热。

（2）利用高温排气加热。这种预热方式使发动机排气流过进气管底部对进气进行加热。在排气歧管内装有混合气预热阀，根据季节的不同，调节控制阀的开度，从而改变对进气歧管的加热程度。带恒温进气装置的空气滤清器也是这类机构，也有的发动机将进气歧管与排气歧管合装成一体，直接利用排气歧管中的热量加热进气歧管。这种方式加热快，缩短了冷机运转时间；缺点是热机时还在加热，减少了进入气缸的空气量，使发动机的功率下降。

（3）利用循环冷却液加热。这种进气歧管内设有水套，并与冷却系统连通，使冷却液在进气歧管水套内循环。这种形式比废气加热时间长，但热机时，发动机的性能好。

4. 排气消声器

排气消声器的作用是降低发动机排气噪声并消除废气中的火焰和火星。排气消声器的基本原理是消耗废气的能量，平衡气流的压力波动，有吸收式和反射式两种基本消声方式。在吸收式消声器中，通过使废气在玻璃纤维、钢纤维和石棉等吸声材料上摩擦来减少其能量。反射式消声器则通过多次反射、碰撞、膨胀及冷却来降低废气压力，进而减轻了振动。

轿车用排气消声器是采用不同的消声原理组合而成的。如图2-4-10所示，它由前消声器、中消声器和后消声器及连接管组成，并焊接成一个整体。

5. 排气净化装置

以活塞式内燃机为动力的汽车是城市大气的主要污染源之一。汽车排放的污染物主要有一氧化碳（CO）、碳氢化合物（HC）、氮氧化合物（NO$_x$）和微粒。CO 是燃油的不完全燃烧产物，是一种无色、无味的气体。它与血液中血红素的亲和力是氧气的 300 倍，因此，当人吸入 CO 后，血液吸收和运送氧的能力降低，导致头晕、头痛等中毒症状。吸入含 CO 的容积浓度为 0.3% 的气体后，可导致人死亡。NO$_x$ 主要是指 NO 和 NO$_2$，其产生于燃烧室内的高温富氧环境中。NO$_x$ 空气中的体积分数在 10～20×10^{-6} 时，可刺激口腔及鼻黏膜、眼角膜等。NO$_x$ 体积分数超过 500×10^{-6} 时，几分钟可使人出现肺气肿而死亡。因此，大部分汽车发动机都采用排气净化装置。

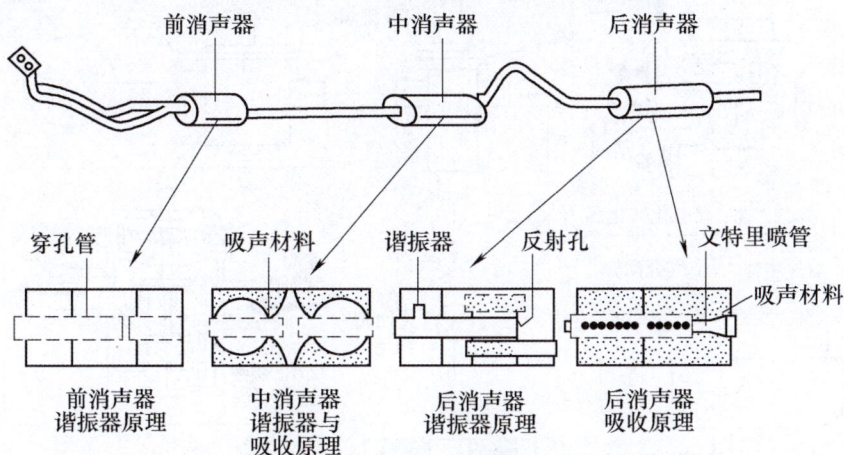

图 2-4-10　轿车用排气消声器及其消声原理

常用的排气净化装置主要有恒温进气系统、二次空气喷射系统、废气再循环系统、曲轴箱强制通风系统、汽油蒸气排放（EVAP）控制系统及三元催化转化器等。

（1）恒温进气系统。恒温进气系统也称进气温度自动调节系统，是由空气加热装置（又称热炉）和安装在空气滤清器进气导流管上的控制装置构成的系统，多用于化油器式或节气门体喷射式发动机。发动机冷起动之后，在怠速或小节气门开度下工作时，由于温度低，须供给发动机浓混合气以保持其稳定运转。但浓混合气燃烧不完全，排气中 CO 和 HC 较多。若供给稀混合气，虽然可以减少有害气体的排放，但在低温下发动机不能稳定运转。恒温进气系统的功用就是在发动机冷起动之后，向发动机供给热空气，这时即使供给的是稀混合气，热空气也能促使汽油充分气化和燃烧，从而减少了 CO 和 HC 的排放，也改善了发动机低温运转性能。发动机温度升高后，恒温进气系统向发动机供给未经加热的环境空气。

（2）二次空气喷射系统。

1）二次空气喷射系统的作用。二次空气喷射系统的作用是利用空气泵将新鲜空气经空气喷管喷入排气道或三元催化转化器，使排气中的 CO 和 HC 进一步氧化或燃烧成为 CO$_2$ 和 H$_2$O。

2）二次空气喷射系统的工作原理。图 2-4-11 所示为二次空气喷射系统的构成及工作原理。发动机起动之后，ECU 不使旁通线圈和分流线圈通电，于是这两个线圈同时将通向旁通阀和分流阀的真空隔断，这时空气泵送出的空气经旁通阀进入大气。这种状态称为起动工作状态。其持续时间的长短取决于发动机的温度。如果发动机温度很低，则起动工作状态将持续较长时间。发动机在预热期间，ECU 同时使旁通线圈和分流线圈通电。这时进气管真空度分别经旁通线圈和分流线圈传送到旁通阀和分流阀。泵送出的空气此时经旁通阀流入分流阀，再由分流阀流入空气分配管，最后由空气喷管喷入排气道。发动机在正常的冷却液温度下工作时，ECU 只使旁通线圈通电而不使分流线圈通电，通向分流阀的真空度被分流线圈隔断。这时，空气泵送出的空气经旁通阀进入分流阀，再经分流阀进入三元催化转化器。

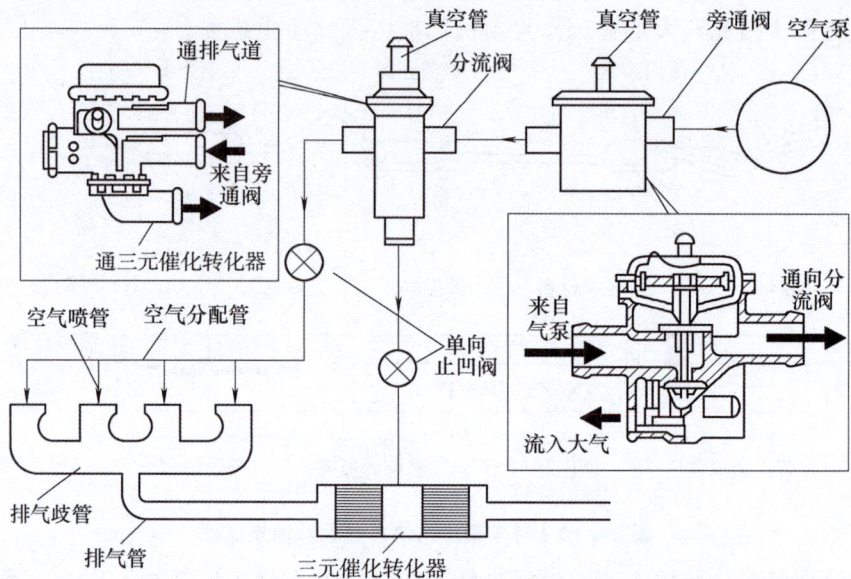

图 2-4-11 二次空气喷射系统的构成及工作原理

（3）废气再循环系统（Exhaust Gas Recirculation，EGR）。废气再循环是指将发动机排出的部分废气回送到进气歧管，并与新混合气一起再次进入气缸参加燃烧，由于废气中含有大量的 CO_2，而 CO_2 不能燃烧却吸收大量的热量，使气缸中混合气的燃烧温度降低，从而减少了 NO_x 的生成量。排气再循环是净化排气中 NO_x 的主要方法。在新混合气中掺入废气之后，混合气的热值降低，致使发动机的有效功率下降。为了做到既能减少 NO_x 的排放，又能保持发动机的动力性，必须根据发动机运转的工况对再循环的废气量加以控制。NO_x 的生成量随发动机负荷的增大而增多，因此，再循环的废气量也应随负荷而增加。在暖机期间或怠速时，NO_x 生成量不多，为了保持发动机运转的稳定性，不进行废气再循环。在全负荷或高转速下工作时，为了使发动机有足够的动力性，也不进行废气再循环。

废气再循环程度用 EGR 率来表示：

$$EGR\ 率 = [EGR\ 量/(进气量 + EGR\ 量)] \times 100\%$$

根据控制形式不同，常用的废气再循环系统可分为开环控制的废气再循环系统和闭环控制的废气再循环系统。

1）开环控制的废气再循环系统。开环控制的废气再循环系统的 EGR 率只受 ECU 预先设置好的程序控制，ECR 不检测发动机各工况下的 EGR 率，无反馈信号。其结构如图 2-4-12 所示，主要由 EGR 阀和 EGR 电磁阀等组成。其工作原理如下：EGR 阀安装在废气再循环通道中，用来控制废气再循环量；EGR 电磁阀安装在通向 EGR 的真空通道中，ECU 根据发动机冷却液温度、节气门开度、转速和起动等信号来控制电磁阀的通电或断电。ECU 不给 EGR 电磁阀通电时，控制 EGR 阀的真空通道接通，EGR 阀开启，进行废气再循环；ECU 给 EGR 电磁阀通电时，控制 EGR 阀的真空通道被切断，EGR 阀关闭，停止废气再循环。

2）闭环控制的废气再循环系统。闭环控制的废气再循环系统如图 2-4-13 所示。在闭环控制的废气再循环系统中，ECU 以 EGR 率及 EGR 阀开度传感器作为反馈信号实现闭环控制，其控制精度更高。与开环控制 EGR 相比，它在 EGR 阀的基础上设置了一个 EGR 阀开度传感器。其工作原理如下：EGR 率传感器安装在进气总管中的稳压箱上，新鲜空气经节气门进入稳压箱，参与再循环的废气经 EGR 电磁阀进入稳压箱，传感器检测稳压箱内气体中的氧浓度，并转换成电信号送给 ECU，ECU 根据此反馈信号修正 EGR 电磁阀的开度，使 EGR 率保持在最佳值。

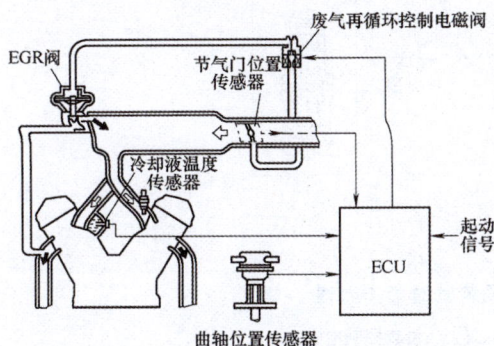

图 2-4-12　开环控制的废气再循环系统　　　图 2-4-13　闭环控制的废气再循环系统

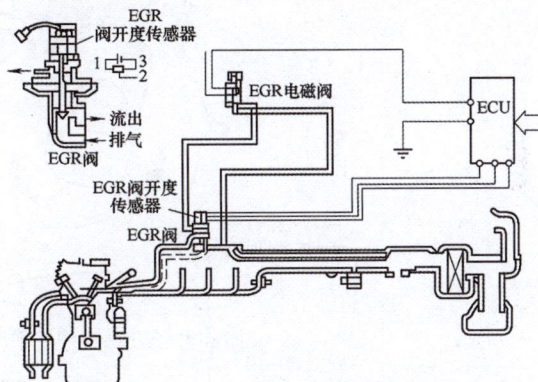

（4）曲轴箱强制通风装置（PCV）。曲轴箱强制通风装置的作用是防止曲轴箱气体排放到大气中。如图 2-4-14 所示，当发动机工作时，进气管真空度作用到 PCV 阀，此真空度还促使新鲜空气经空气滤清器、滤网、空气软管进入气缸盖罩内，再由气缸盖和机体上的孔道进入曲轴箱。在曲轴箱内，新鲜空气与曲轴箱气体混合并经气—液分离器、PCV 阀和曲轴箱气体软管进入进气管，最后经进气门进入燃烧室烧掉。被气—液分离器分离出来的液体返回曲轴箱。95％烧机油问题是油气分离器积炭堵塞造成的。

（5）汽油蒸气排放（EVAP）控制系统。

1）EVAP 控制系统的功能。收集汽油箱和浮子室内的汽油蒸气，并将汽油蒸气导入气缸参加燃烧，从而防止汽油蒸气直接排出，进而防止造成污染。同时，根据发动机工况，控制导入气缸参加燃烧的汽油蒸气量。

2）EVAP 控制系统的结构与工作原理。图 2-4-15 所示为 EVAP 控制系统的结构及工作原理。油箱的燃油蒸气通过单向阀进入活性炭罐（简称炭罐）上部，空气从炭罐下部进入清洁活性炭，在炭罐右上方有一定量排放小孔及受真空控制的排放控制阀，排放控制阀内部的真空度由炭罐控制电磁阀。当发动机工作时，ECU 根据发动机转速、温度、空气流量等信号，通过控制炭罐电磁阀的开闭来控制排放控制阀上部的真空度，从而控制排放控制阀的开度。当排放控制阀打开时，燃油蒸气通过排放控制阀被吸入进气歧管。在部分 EVAP 控制系统中，活性炭罐上不设置真空控制阀，而将受 ECU 控制的电磁阀直接安装在活性炭罐与进气管之间的吸气管中。

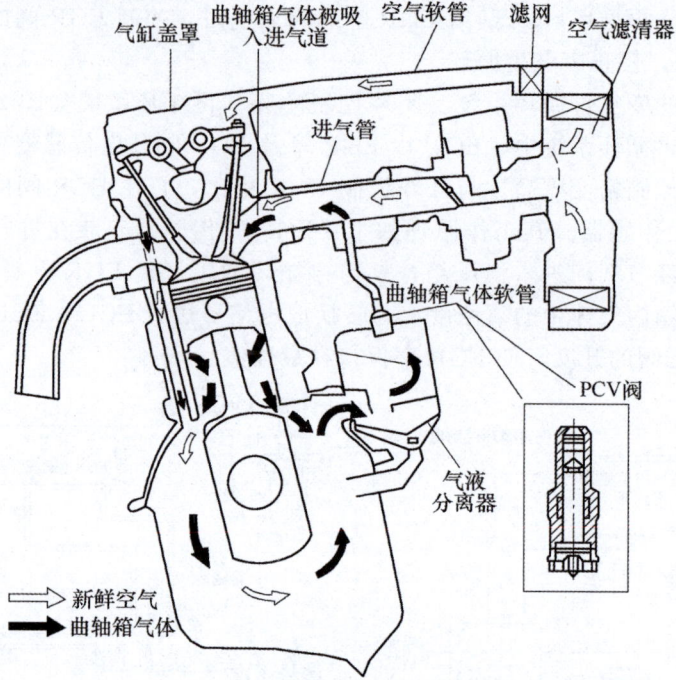

图 2-4-14　曲轴箱强制通风装置的工作原理

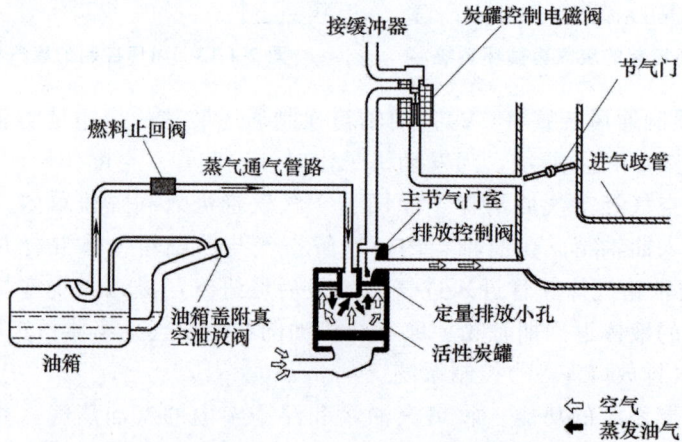

图 2-4-15　EVAP 控制系统的结构及工作原理

　　(6)三元催化转化器。在汽车上使用最广泛的催化转化器是三元催化转化器。在氧传感器功能良好的情况下，三元催化转化器可同时去除 90% 以上的三种主要污染物（HC、CO 和 NO_x）。其机构主要由金属外壳和涂有少量铂、铑和钯（催化剂）的陶瓷栅组成，大多数转化器只有几克催化剂。三元催化转化器的工作原理如图 2-4-16 所示。当含有 CO 和 HC 的废气通过三元催化转化器时，催化剂便触发氧化（燃烧）过程，HC

和 CO 与转化器中的氧结合生成水蒸气和二氧化碳，氧化过程对 NO_x 排放没有影响。为了减少 NO_x 的含量，需要进行还原反应。还原反应即去掉物质中的氧原子。在三元催化转化器中，铑被用作催化剂，将 NO_x 分解为氮和氧，当温度为 250 ℃ 左右时，污染物便会发生有效的转化。

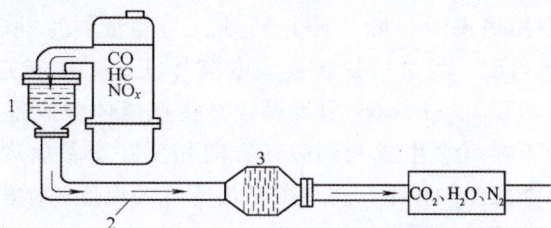

图 2-4-16　EVAP 三元催化转化器的工作原理
1—预热式三元催化转化器（整体式）；2—前排气管；3—三元催化转化器

6. 空气计量装置

空气计量装置的作用是对进入气缸的空气进行直接或间接的计量，并将空气流量的信息输送到 ECU。在电控汽油喷射系统中有空气流量计和进气压力传感器两种装置测量进入气缸的空气量。

（1）空气流量计。常见的空气流量计有翼片式空气流量计、卡门旋涡式空气流量计、热线式空气流量计和热膜式空气流量计。

1）翼片式空气流量计。翼片式空气流量计由测量翼片、缓冲翼片、复位弹簧、电位计、旁通空气道及怠速混合气调节螺钉等组成，如图 2-4-17 所示。

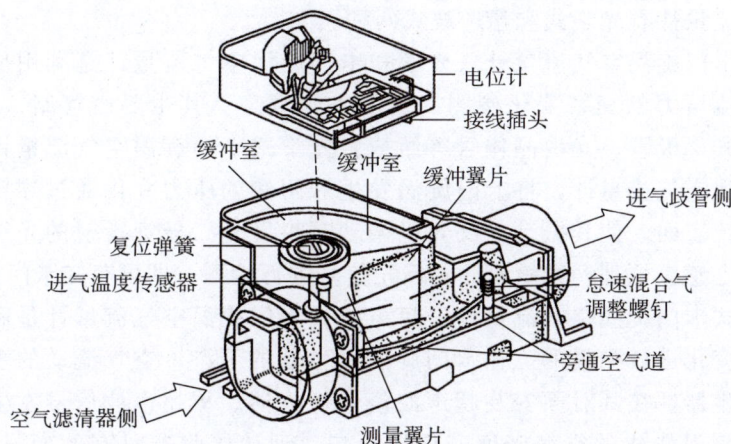

图 2-4-17　翼片式空气流量计

当发动机工作时，空气通过空气流量计并推动测量翼片偏转，使其开启。翼片开启角度的大小取决于空气气流对翼片的推力与翼片轴上复位弹簧弹力的平衡状况。在翼片轴上连接着一个电位计，电位计由平衡配重、滑臂、螺旋形复位弹簧、调整齿圈和印制电路板等组成。它将翼片开启角度的变化（进气量的变化）转换成电压信号输送给 ECU。进气通道旁还有一个旁通空气道，经此气道进入发动机的空气不经流量计计量，在旁通空气道上设有怠速混合气调节螺钉。翼片式空气流量计内通常还设有一个电动燃油泵开关。当发动机运转时，翼片偏转，使开关触点闭合，电动燃油泵电路才接通。空气流量计内的进气温度传感器用于测量进气温度，因为不同温度下的空气密度不同，所以 ECU 根据测得的进气温度，对进气量信号进行修正。来自空气滤清器的空气通过主通道时，空气推力使测量翼片打开一个角度 α，当吸入空气推开测量翼片的力与复位弹簧的复位力相平衡时，叶片停止转动。与测量翼片同轴转动的电位计滑动触片检测出叶片转动的角度，将进气量转换成电信号（US/UB）传送给电控单元。

2）卡门旋涡式空气流量计。所谓卡门旋涡，是指在流体中放置一个圆柱状或三角状物体时，在这个物体的下游就会生成两列旋转方向相反并交替出现的旋涡，如图 2-4-18 所示。通过测量卡门旋涡发生的频率，可以测量出空气的流速和体积流量。

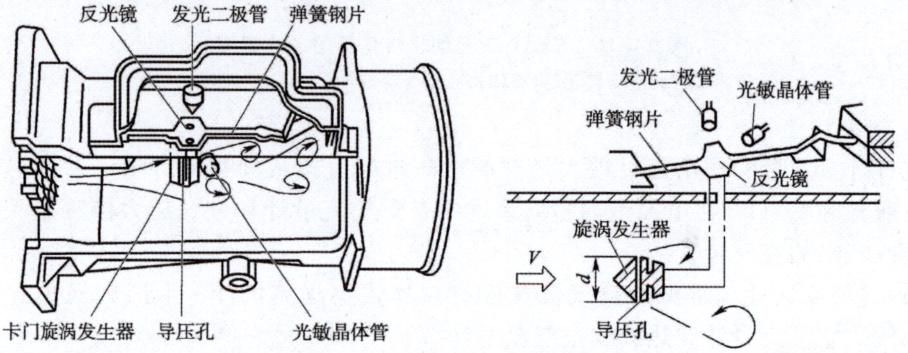

图 2-4-18　卡门旋涡式空气流量计

利用卡门旋涡原理测量空气流量的流量计称为卡门旋涡式空气流量计。常见的卡门旋涡式空气流量计有光学式和超声波式两种。

①光学式卡门旋涡空气流量计。光学式卡门旋涡空气流量计是利用反光镜检测的方式，通过气流压力的交替变化检测旋涡的发生频率。其主要由管路、旋涡发生器、弹簧钢片、发光二极管、光敏晶体管等组成。光学式卡门旋涡空气流量计又称反光镜检测式卡门旋涡空气流量计，将卡门旋涡发生器两侧的压力变化通过导压孔引向薄金属制成的反光镜表面，使其振动。反光镜振动时将发光二极管投射的光线反射给光敏元件，根据光电感应原理，光敏元件对反光信号进行检测，即可获知卡门旋涡的频率。

②超声波式卡门旋涡空气流量计。超声波式卡门旋涡空气流量计是利用卡门旋涡引起空气密度变化进行测量的。在卡门旋涡发生器的下游，空气流动的垂直方向安装超声波信号发生器，在其对面安装超声波信号接收器。从超声波信号发生器发出的超声波因受卡门旋涡造成的空气密度变化的影响，到达接收器时有的变早，有的变晚。测出其相位差，利用放大器使之形成矩形波，则矩形波的脉冲频率即卡门旋涡的频率。

3）热线式空气流量计。热线式空气流量计主要由感知空气流量的铂热线、根据进气温度进行修正的温度补偿电阻、控制热线电流并产生输出信号电压的控制线路板和壳体等组成，如图 2-4-19 所示。

热线式空气流量计的工作原理如图 2-4-20 所示。热线电阻 R_H、温度补偿电阻 R_K、精密电阻 R_A 及调节电阻 R_B 分别是惠斯登电桥的一个臂。当发动机运转时，空气流经取样管，使热线电阻和温度补偿电阻温度降低，从而使其电阻值（R_H、R_K）相应降低。

因此，电桥失去平衡，控制电路将对电桥进行自动调节，增大流经热线电阻的电流，直到电桥重新平衡。在调节过程中，流过电桥四条臂的电流发生变化，从而作为电桥一臂的精密电阻 R_A 两端将输出一个与空气流量成比例的信号电压 U_0。

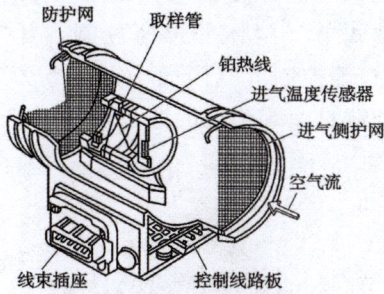

图 2-4-19　热线式空气流量计

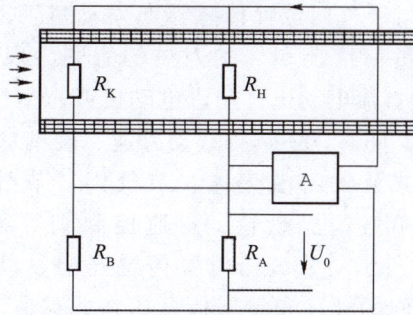

图 2-4-20　热线式空气流量计的工作原理

4)热膜式空气流量计。热膜式空气流量计的结构和工作原理与热线式空气流量计基本相同，如图 2-4-21 所示，不同的只是将发热体由热线改为热膜。热膜由发热金属铂固定在薄树脂膜上构成。该结构由于发热体不直接承受空气流动所产生的作用力，从而提高了空气流量传感器的可靠性。

（2）进气压力传感器。进气压力传感器是一种间接测量进气量的传感器。其作用是在发动机工作时，测量进气歧管内的绝对压力和环境大气压之间的差值，并将其转变成电信号输送至电控单元，以确定进气量。其种类很多，根据信号产生的原理不同有压敏电阻式、电容式、膜盒传动可变电感式等。压敏电阻式应用最为广泛，主要由压力转换元件和混合集成电路组成，其结构如图 2-4-22 所示。

图 2-4-21　热膜式空气流量计

压力转换元件依靠硅膜片的压敏效应工作，硅膜片一侧受进气压力作用，另一侧是真空。在进气歧管压力变化时，硅膜片产生变形，使扩散在硅膜片上的电阻阻值改变，导致输出电压发生变化。集成电路将这一电压进行放大处理，作为进气歧管压力信号输送给电控单元。歧管绝对压力与输出电压的关系如图 2-4-23 所示。

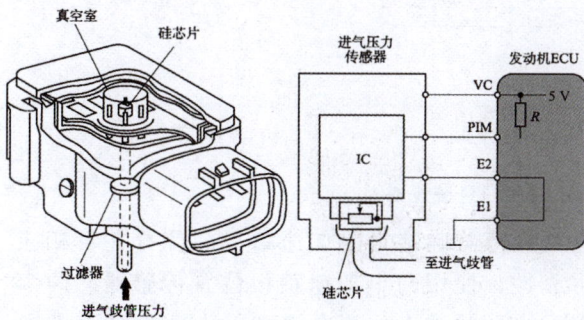

图 2-4-22　进气压力传感器的结构与电路图

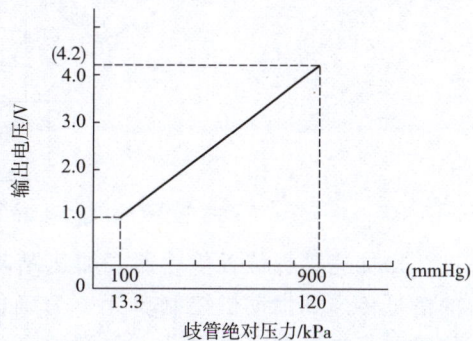

图 2-4-23　歧管绝对压力与输出电压的关系

7. 节气门

节气门按照控制方式不同主要分为机械式节气门和电子节气门两种。

(1)机械式节气门。机械式节气门的控制方式是驾驶人员通过拉索或传动杆操纵节气门开度，节气门位置传感器向发动机 ECU 发送节气门开度信号，ECU 以此信号感知发动机负荷情况和驾驶人员的意图。现代机械式节气门体的怠速控制，是发动机 ECU 通过直流电动机、步进电动机或占空比电磁阀等控制节气门微小开度或旁通道开度实现的，同时，还具备起动怠速、暖机怠速、空调怠速等工况的调节功能。

机械式节气门由壳体、节气门、节气门位置传感器、节气门操纵轮、怠速控制阀等组成，如图 2-4-24 所示。节气门位置传感器向发动机 ECU 提供节气门的开度和状态信息。在非怠速工况，节气门的开度由驾驶人员通过加速踏板和拉索进行控制；在怠速范围内，发动机 ECU 根据发动机转速、温度、负荷等信息，通过怠速控制阀控制进气量大小，从而实现怠速目标转速的控制。此外，节气门体上还有与发动机冷却系统相连接的水道，防止节气门冬天挂霜。

图 2-4-24　机械式节气门

(2)电子节气门。电子节气门是使用计算机控制节气门开度的系统，根据加速踏板踩下的量，发动机 ECU 使用节气门控制电动机来控制节气门的开启角度以达到最佳开度。以大众车型为例，电子节气门(Electronic Power Control，EPC)系统包括加速踏板位置传感器、节气门体控制单元和发动机控制单元。节气门体控制单元由节气门、节气门控制电动机、节气门位置传感器等构成，如图 2-4-25 所示。加速踏板踩下的量由加速踏板位置传感器检测，节气门的开启角度由节气门位置传感器检测。

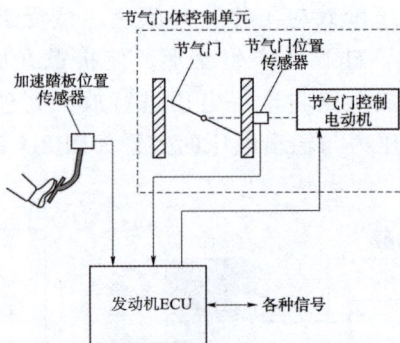

图 2-4-25　电子节气门系统组成

1)加速踏板位置传感器。加速踏板位置传感器确定当前加速踏板的位置并将相应的信号传递到发动机控制单元。为确保可靠性，使用两个加速踏板位置传感器。两个传感器是滑动触点电位计，它们被安装在一个公共轴上。两个滑动触点电位计上的电压均为 5 V。出于安全性的考虑，每个传感器都有其单独的电源、单独的搭铁线(棕色)

和单独的信号线(绿色)。传感器 G185 中安装了一个串联电阻。其结果是两个传感器的输出信号不同。

2)节气门体控制单元。节气门体控制单元结构如图 2-4-26 所示。其包括节气门、节气门位置传感器、节气门控制电动机和减速齿轮等。

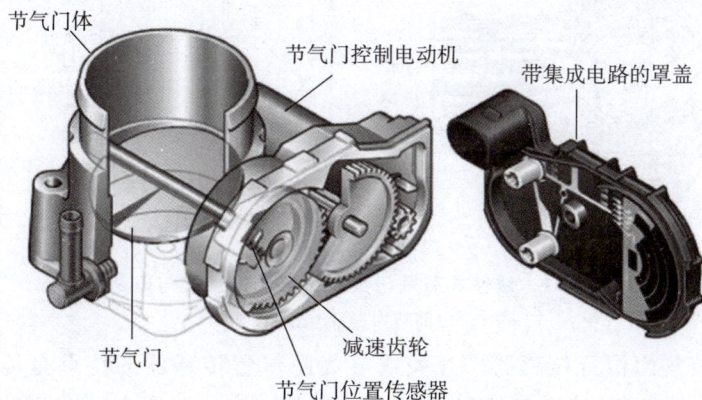

图 2-4-26　节气门体控制单元结构

节气门控制电动机在驱动电流作用下旋转一定角度，通过齿轮传动机构，将直流电动机轴的运动传递给节气门轴，节气门轴带动节气门旋转到所需的角度，改变进气通道的截面面积，从而控制发动机的进气流量。同时，由于节气门轴的转动，改变了电位计的工作位置，电位计输出的信号发生变化，发动机控制单元根据信号值可确定节气门的具体开度位置反馈，从而精确微调其位置。节气门位置传感器由两个反向信号计组成，一个反映节气门的正向开度位置；另一个反映节气门的反向开度位置，比较两个信号计的信号值可相互检查其工作状态，作为判断是否失效的一个依据。

①节气门体控制单元工作原理。驾驶人员操纵加速踏板，加速踏板位置传感器产生相应的电压信号输入 ECU，ECU 首先对输入的信号进行滤波，以消除环境噪声的影响，然后根据当前的工作模式、踏板移动量和变化率解析驾驶人员意图，计算出其对发动机转矩的基本需求，得到相应的节气门开度的基本期望值。经过汽车 CAN 总线(Controller Area Network)(是一种用于实时应用的串行通信协议总线)和 ECU 进行通信，获取其他工况信息和各种传感器信号，如转速、挡位、节气门位置和空调能耗等，由此计算出整车所需求的全部转矩，通过对节气门转角期望值进行补偿，得到节气门的最佳开度，并将相应的电压信号发送至驱动电路模块，驱动控制电动机使节气门达到最佳的开度位置。

②节气门位置传感器。节气门位置传感器安装在节气门体上，其作用是将节气门打开的角度转换成电信号输送到控制单元，以便在节气门处于不同开度状态时控制喷油量。其主要有线性式节气门位置传感器和开关式节气门位置传感器两种类型。

a. 线性式节气门位置传感器。线性式节气门位置传感器的主要特点是节气门开度的输出电压与节气门开度呈线性关系。其传感器的结构、电路和输出特性如图 2-4-27 所示。

线性式节气门位置传感器有两个与节气门联动的可动电刷触点。一个电刷触点在电阻体上滑动，利用变化的电阻值测得与节气门开度对应的线性输出电压，根据输出电压值可知节气门开度。另一个电刷触点在节气门全关闭时与怠速触点接触，给电控单元提供怠速信号，用于发动机急减速时断油控制和点火提前角的修正。

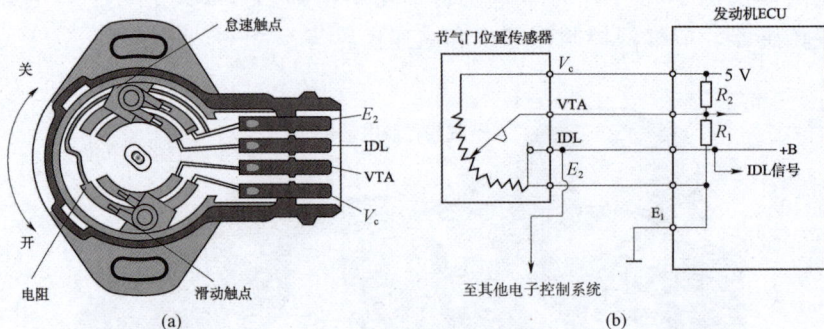

图 2-4-27　线性式节气门位置传感器的结构与电路图
(a)内部结构；(b)电路原理

　　b. 开关式节气门位置传感器。开关式节气门位置传感器的特点是传感器仅以开和关两种输出信号向 ECU 传递节气门位置状态信息。该传感器由一个活动触点和两个固定触点(全开触点和功率触点)及怠速触点构成。其结构与工作情况如图 2-4-28 所示。

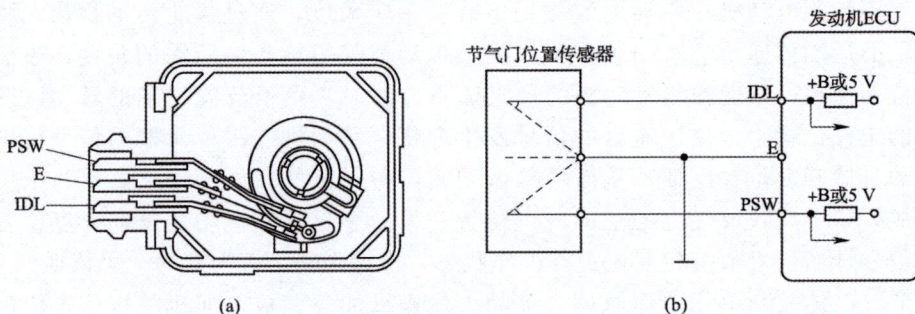

图 2-4-28　开关式节气门位置传感器
(a)结构；(b)电路

　　点火开关处于"ON"状态，电控单元向可动触点提供一参考电压。当节气门全关闭时，可动触点与怠速触点接触，怠速端子向电控单元反馈一电压信号，可检测到节气门的全闭状态。当节气门开度达到$50°$以上(大负荷)时，可动触点与功率触点接触，功率端子向电控单元反馈一电压信号，可检测到节气门的大负荷状态。在中间开度时，可动触点与两个固定触点都不接触，电控单元判断发动机处于中等负荷状态。

(二)柴油机燃料供给系统

1. 柴油机燃料供给系统的组成

　　一般柴油机燃料供给系统由燃料供给装置、空气供给装置、可燃混合气形成装置和废气排出装置等组成。燃料供给装置通常由喷油器 11、喷油泵 5、柴油细滤器 9、输油泵 6、柴油粗滤器 2、柴油箱 1 及油管等组成，如图 2-4-29 所示；空气供给装置主要由空气滤清器、进气歧管及进气道组成，有的柴油发动机还装有增压器和中冷器；可燃混合气形成装置主要指燃烧室；废气排出装置由排气道、排气歧管和排气消声器组成。

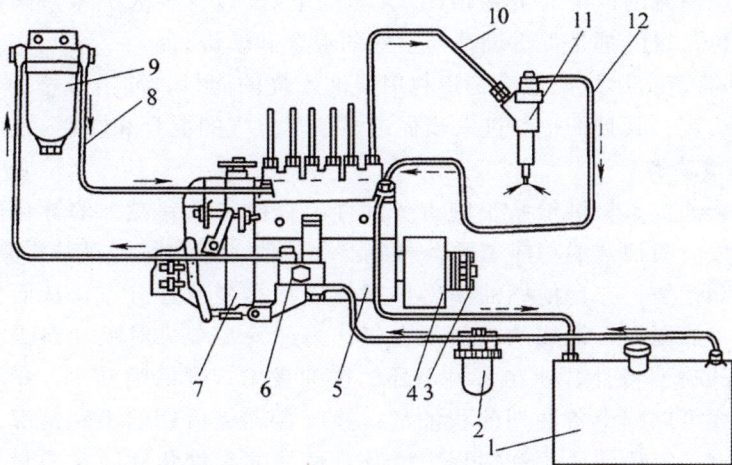

图 2-4-29　柴油机燃料供给装置结构示意

1—柴油箱；2—柴油粗滤器；3—联轴节；4—供油提前角自动调节器；5—喷油泵；
6—输油泵；7—调速器；8—低压油管；9—柴油细滤器；10—高压油管；11—喷油器；12—回油管

2. 可燃混合气的形成特点

柴油机具有热效率高、可靠性好、排气污染少和较大功率范围内适应好等优点，因此，在汽车上的应用很广泛。与汽油机相比，柴油机所用燃料的理化特性决定了燃料供给、着火与燃烧方式的不同。柴油机采用压燃，即在压缩行程接近终了时，将柴油喷入气缸，使之与空气混合成可燃混合气，并利用空气压缩所形成的高温使其自行着火燃烧。由于柴油机在进气过程中进入燃烧室的是纯空气，在压缩过程接近终了时，柴油才喷入，然后自行着火燃烧，柴油机的混合气形成时间很短，只占 $15°\sim35°$ 曲轴转角。与汽油相比，柴油的蒸发性和流动性都比较差，难以在燃烧前彻底雾化蒸发并与空气均匀混合。为了保证燃烧完全，柴油机不得不采用较大的过量空气系数，即总体上过量空气系数 $a>1$。但燃烧室内仍存在局部混合气过浓和过稀的现象。

3. 可燃混合气的形成方式

根据柴油机混合气的形成特点，可燃混合气的形成方式可分为空间雾化混合和油膜蒸发混合两种基本方式。空间雾化混合是将柴油以高压喷向燃烧室空间，形成雾状，与空气进行混合，为了使混合均匀，要求喷出的燃油与燃烧室形状相配合，并充分利用燃烧室中空气的运动；油膜蒸发混合是将大部分柴油喷射到燃烧室壁面上，形成一层油膜，并受热蒸发，在燃烧室中强烈的旋转气流作用下，燃料蒸气与空气形成均匀的可燃混合气。在柴油实际喷射中，两种混合方式兼有，只是多少、主次有所不同。为了促进柴油与空气更好地混合，一般都要有适当的空气涡流，空气涡流常见的有以下三种。

（1）进气涡流。进气涡流是指在进气行程中，使进入气缸的空气形成绕气缸中心高速旋转的气流。它一直持续到燃烧膨胀过程。涡流速度可以达到曲轴转速的 $6\sim10$ 倍。

（2）挤压涡流。挤压涡流（挤流）是指在压缩过程中形成的空气运动。当活塞接近压缩上止点时，活塞顶上部的环形空间中的气体被挤入活塞顶部的凹坑内，形成了气体的运动，称为正挤流；当活塞下行时，活塞顶部凹坑内的气体向外流到环形空间，称为逆挤流。挤压涡流的产生与活塞顶凹坑（燃烧室）设计有很大关系，柴油机活塞顶样式凹坑形形色色，目的都是促进燃油与空气的混合和燃烧。

（3）燃烧涡紊流。燃烧涡紊流是指利用柴油燃烧的能量，冲击未燃的混合气，造成混合气涡流或紊流。其目的也是进一步促进燃油与空气的混合和燃烧。

4. 柴油机喷油器

喷油器是柴油机燃料供给系统的重要部件，直接关系到燃油的雾化质量和可燃混合气的良好形成。喷油器的功能主要有两个：一是使一定数量的燃油得到良好的雾化，促进燃油着火和燃烧；二是使燃油喷射按照燃烧室类型合理分布，从而使燃油与空气得到迅速而完善的混合，形成均匀的混合气。为此，发动机对喷油器提出了相应的要求：具有良好的喷油特性，即在每一循环的供油量中，开始喷油少，中期喷油多，后期喷油少，这样可以减少备油期的积油量，并改善燃烧后期的不利情况；喷油器喷射燃油时应该具有一定喷油压力和射程，以及合适的喷雾锥角和喷雾质量；喷油时断油要迅速，且不发生燃油的滴漏，以免恶化燃烧过程。

喷油器按照结构形式可分为开式和闭式两大类。目前，大多数柴油机使用闭式喷油器。闭式喷油器主要有孔式喷油器和轴针式喷油器两种类型。

（1）孔式喷油器。孔式喷油器的特点是喷油嘴针阀偶件中的针阀不直接伸出喷孔，喷油嘴喷孔小且多，一般喷孔数量为1～8个，直径一般为0.25～0.50 mm，其数目和位置可以根据燃烧室形状及要求确定。孔式喷油器多用在直接喷射式的柴油机上。

孔式喷油器结构如图2-4-30所示。其主要由喷油嘴、喷油器体和调压装置三部分组成。其中，喷油嘴是主要部件，由针阀11和针阀体12组成。两者一般采用优质合金钢制造，称为针阀偶件。孔式喷油嘴可分为短型和长型两种，如图2-4-31所示，短型孔式喷油嘴[图2-4-31（a）]针阀较短，受热较大，多用在热负荷不高的柴油机中；长型孔式喷油嘴[图2-4-31（b）]的针阀导向圆柱面远离燃烧室，减少了针阀受热变形卡死在针阀体中的可能性，用于热负荷较高的柴油机中。针阀下端有一圆锥面与阀体下

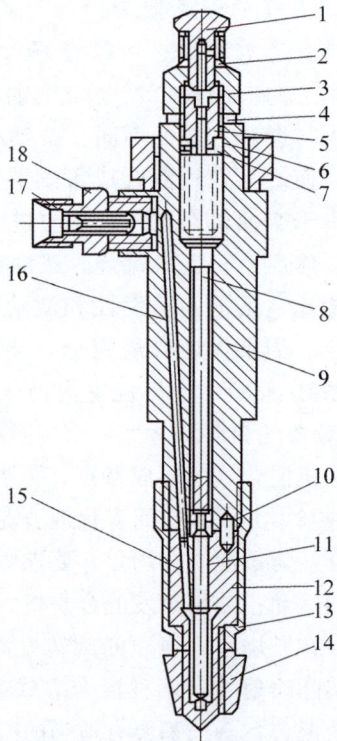

图 2-4-30　孔式喷油器

1—回油管接头；2—衬垫；3—调压螺钉锁紧螺母；
4—调压螺钉垫圈；5—调压螺钉；6—调压弹簧垫圈；
7—调压弹簧；8—推杆；9—壳体；10—定位销；11—针阀；
12—针阀体；13—紧固螺套；14—密封铜锥体；
15—针阀体油道；16—壳体油道；17—滤芯；18—进油管接头

端的环形锥面共同起密封作用，用于切断或打开高压油腔和燃烧室的通路。调压装置由调压弹簧 7、调压弹簧垫圈 6、调压螺钉 5、调压螺钉锁紧螺母 3 和推杆 8 等组成。拧紧调压螺钉可提高喷油开启压力；用调压螺钉锁紧螺母可防止调压螺钉松动。

孔式喷油器的针阀偶件是喷油器中最为精密的部件，如图 2-4-32 所示。针阀上部的圆柱表面同针阀体相应内圆柱面作高精度的滑动配合，配合间隙一般要求为 0.002～0.003 mm。此间隙过大，则可能发生漏油而使油压下降，影响喷雾质量；间隙过小时，针阀将不能自由滑动。针阀中部的锥面全部暴露在针阀体的环形油腔（即高压油腔）中，用来承受油压，故称为承压锥面。针阀下端的锥面与针阀体上相应的内锥面配合，以使喷油器内腔密封，称为密封锥面。针阀偶件的配合面通常是经过精磨后再相互研磨而保证其配合精度的，因此，选配和研磨好的一副针阀偶件是不能互换的。安装在喷油器上的调压弹簧通过顶杆使针阀紧压在针阀体的密封锥面上将喷孔关闭。

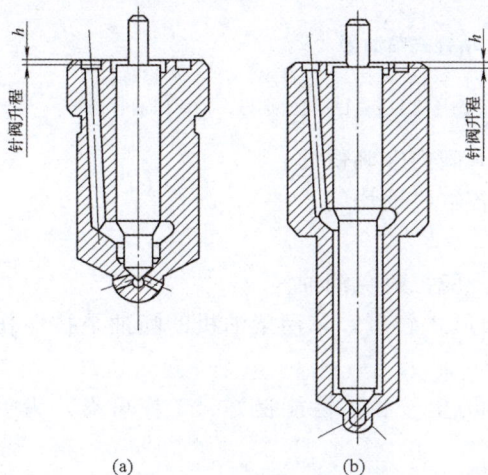

图 2-4-31　孔式喷油嘴类型
（a）短型；（b）长型

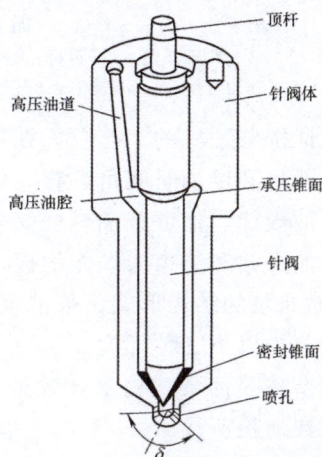

图 2-4-32　孔式喷油器的针阀偶件

（2）轴针式喷油器。轴针式喷油器的结构如图 2-4-33 所示。其结构与孔式喷油器相比，只是针阀偶件不同。该针阀前端有一段圆柱面与倒锥面，即轴针。

轴针的一部分伸出喷孔外，圆柱或锥体与喷孔之间有一定径向间隙，一般为 0.02～0.06 mm。其喷孔一般只有一个，直径也较大，可达 1～3 mm，工作时轴针在喷孔中上下运动，能自动清除喷孔积炭。但其喷油压力不高，一般为 12～14 MPa。

轴针式喷油器适用于喷雾要求不高的涡流室式和预燃烧室式柴油机。

5. 喷油泵

（1）喷油泵的功用与分类。喷油泵又称为高压油泵，是柴油机燃料供给系统中最重要的部件，被称为"柴油机的心脏"。其作用是提高燃油压力，并按照柴油机运行工况的不同要求，定时定量地将高压柴油输送到喷油器。对喷油泵的主要要求如下：

1）泵油压力要符合喷射压力和雾化质量的要求。

2）供油量应符合柴油机工作所需的精确数量。

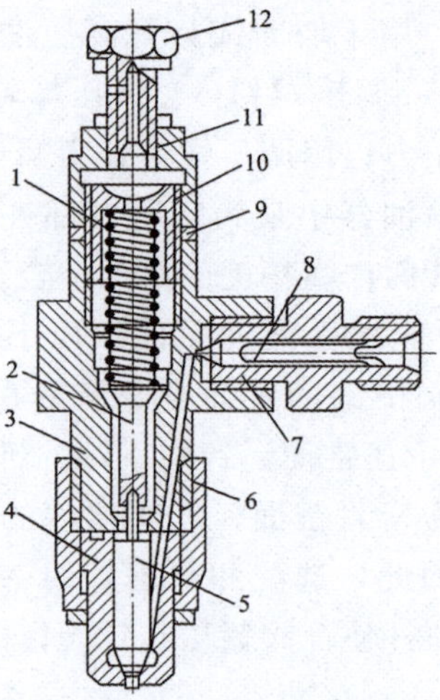

图 2-4-33　轴针式喷油器

1—调压弹簧；2—顶杆；3—喷油器体；4—针阀体；5—针阀；6—紧固螺母；
7—进油管接头；8—滤芯；9—垫圈；10—调压螺钉；11—锁紧螺母；12—回油管接头

3）保证按柴油机的工作顺序在规定的时间内准确供油。

4）供油量和供油时间可调整，以保证各缸供油均匀。

5）供油规律应保证柴油燃烧完全。

6）供油开始和结束时动作敏捷，断油干脆，避免滴油。

（2）喷油泵的结构形式。喷油泵的结构形式较多，车用柴油机的喷油泵按照作用原理不同可分为以下三种类型：

1）柱塞式喷油泵。柱塞式喷油泵应用历史较长，性能良好，工作可靠，为目前大多数汽车柴油机所采用。

2）转子分喷式喷油泵。转子分喷式喷油泵只有一对柱塞副，依靠转子的转动实现燃油的增压与分配。由于它的体积小，对发动机和汽车的整体布置十分有利，在电控柴油机喷射系统中的应用将会越来越广泛。

3）喷油泵—喷油器。喷油泵—喷油器是将喷油泵和喷油器合为一体，直接安装在柴油发动机气缸盖上，可以消除高压油管带来的不利影响。但要求在发动机上另安装驱动机构，PT型燃油供给系统即属于这一类型。

6. 柱塞式喷油泵

（1）柱塞式喷油泵的结构。图 2-4-34 所示为柱塞式喷油泵的结构示意。泵油机构为其关键部件，主要由柱塞偶件（柱塞套 6 和柱塞 7）和出油阀偶件（出油阀体 3 和出油阀座 4）等组成。

柱塞和柱塞套（图 2-4-35）是一对精密偶件，经配对研磨后不能互换，要求有高的精度、表面粗糙度和好的耐磨性，其径向间隙一般为 $0.002\sim0.003$ mm。柱塞头部圆柱面上切有斜槽，并通过径向孔、轴向孔与顶部相通，其目的是改变循环供油量；柱塞套上制有进油孔、回油孔，均与泵上体内低压油腔相通，柱塞套装入泵上体后，应用定位螺钉定位。柱塞头部斜槽的位置不同，改变供油量的方法也不同。出油阀和出油阀座（图 2-4-36）也是一对精密偶件，配对研磨后不能互换，其配合间隙一般为 0.01 mm 左右。出油阀是一个单向阀，在弹簧压力作用下，阀上部圆锥面与阀座严密配合，其作用是在停止供油时，将高压油管与柱塞上端空腔隔绝，防止高压油管内的油倒流入喷油泵内。出油阀的下部呈十字断面，既能导向，又能通过柴油。出油阀的锥面下有一个小的圆柱面，称为减压环带。其作用是在供油终了时，使高压油管内的油压迅速下降，避免喷孔处产生滴油现象。当环带落入阀座内时则使上方容积很快增大，压力迅速减小，停喷迅速。柱塞式喷油泵主要通过柱塞在柱塞套内的往复运动进行吸油和压油，每个柱塞偶件向一个气缸供油。单缸柴油机由一套柱塞偶件组成单体泵；多缸柴油机由多副柱塞偶件在同一壳体中组成多缸泵，分别向各缸供油。

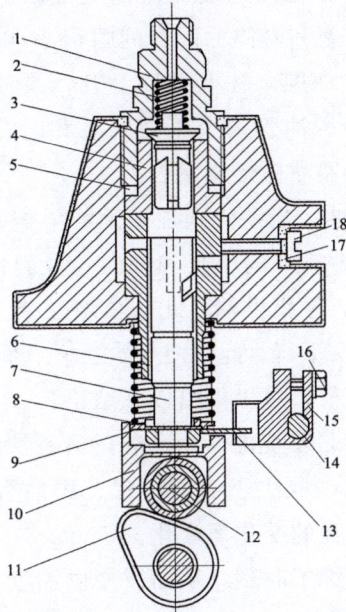

图 2-4-34　柱塞式喷油泵的结构示意

1—出油阀紧固座；2—出油阀弹簧；3—出油阀体；4—出油阀座；5、17—垫片；
6—柱塞套；7—柱塞；8—柱塞弹簧；9—弹簧座；10—滚轮架；11—凸轮；12—滚轮；
13—调节臂；14—供油拉杆；15—调节阀；16—夹紧螺钉；18—定位螺钉

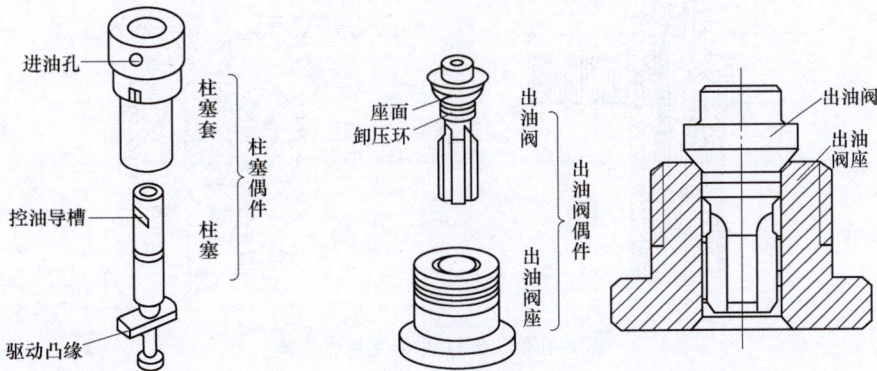

图 2-4-35　柱塞偶件

图 2-4-36　出油阀偶件

（2）柱塞式喷油泵的工作原理。柱塞式喷油泵工作时，在喷油泵凸轮轴上的凸轮与柱塞弹簧的作用下，迫使柱塞做上、下往复运动，从而完成泵油任务。泵油过程可分为以下三个阶段：

1）进油过程。当凸轮的凸起部分转过去后，在弹簧力的作用下，柱塞向下运动，柱塞上部空间（称为泵油室）产生真空度，当柱塞上端面把柱塞套上的进油孔打开后，充满在油泵上体油道内的柴油经油孔进入泵油室，柱塞运动到下止点，进油结束。

2）供油过程。当凸轮轴转到凸轮的凸起部分顶起滚轮体时，柱塞弹簧被压缩，柱塞向上运动，燃油受压，一部分燃油经油孔流回喷油泵上体油腔。当柱塞顶面遮住套筒上进油孔的上缘时，由于柱塞和套筒的配合间隙很小（0.001 5～0.002 5 mm），使柱塞顶部的泵油室成为一个密封油腔，柱塞继续上升，泵油室内的油压迅速升高，当泵油压力超过出油阀弹簧力和高压油管剩余压力的总和时，推开出油阀，高压柴油经出油阀进入高压油管，通过喷油器喷入燃烧室。

3）回油过程。柱塞向上供油，当上行到柱塞上的斜槽（停供边）与套筒上的回油孔相通时，泵油室低压油路便与柱塞头部的中孔和径向孔及斜槽相通，油压骤然下降，出油阀在弹簧力的作用下迅速关闭，停止供油。此后柱塞还要上行，当凸轮的凸起部分转过去后，在弹簧的作用下，柱塞又下行。此时便开始了下一个循环。

对喷油泵泵油过程进行分析，可以得出以下结论：

①柱塞往复运动总行程 h 是不变的，由凸轮的升程决定。

②柱塞每循环的供油量大小取决于供油行程，供油行程不受凸轮轴控制，是可变的。供油开始时刻不随供油行程的变化而变化。

③转动柱塞可以改变供油终了时刻，从而改变供油量。

④供油量调节机构的作用主要是在柱塞往复运动的同时使柱塞转动，以改变柱塞运动的有效供油行程，从而改变供油量，并使各缸供油量一致。常用的油量调节机构主要是齿杆式油量调节机构。图 2-4-37 所示为齿杆式油量调节机构。

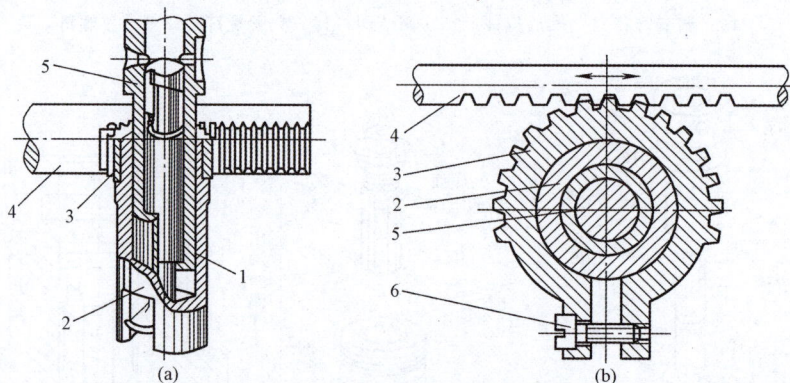

图 2-4-37　齿杆式油量调节机构

（a）立体图；（b）俯视图

1—柱塞；2—控制套筒；3—可调齿圈；4—齿杆；5—柱塞套；6—固定螺钉

控制套筒 2 套在柱塞套 5 的外面，在其上部用固定螺钉 6 锁紧一个可调齿圈 3，可调齿圈与齿杆 4 相啮合，因此拉动齿杆时，可调齿圈连同控制套筒带动柱塞相对于固定不动的柱塞套转动，这样就改变了柱塞 1 圆柱表面上斜槽与进油孔的相对角位置，即改变了柱塞的有效行程，从而实现了对供油量的调节。各缸供油量均匀性的调节可通过改变可调齿圈 3 和控制套筒 2 的相对角位置来实现。调整时，先松开可调齿圈，按调整需要使控制套筒与柱塞一起相对于可调齿圈转过一定角度，再将可调齿圈锁紧在控制套筒上。

学习研讨

背景描述	分组讨论，并提供几个实际案例，包括某款采用先进燃油喷射技术的发动机如何通过精确控制燃油雾化，实现高效燃烧；或介绍一项创新的混合燃料供给系统，如何在不同驾驶条件下自动调整燃料配合比，达到最佳效能
讨论主题	分析这些技术背后的原理及优势
成果展示	小组采用 PPT 方式展示成果

学习评价

内容组织	素养提升			评价结果
专业词汇定义准确，功能介绍完整	思路清晰、重点突出、语言流畅	熟练掌握 PPT 等信息化技术	很好地体现团队协作和自学能力	优秀
专业词汇定义准确，功能介绍比较完整	语言通顺简洁、思路较清晰	较熟练掌握 PPT 等信息化技术	较好地体现团队协作和自学能力	良好
专业词汇定义准确，功能介绍不完整	语言逻辑不够清晰流畅	不能熟练掌握 PPT 等信息化技术	不能很好地体现团队协作和自学能力	一般

学习单元五　冷却系统

情境导入

汽车因冷却系统故障停在了高速公路旁，发动机舱盖下冒出阵阵热气，车主焦急万分。作为维修人员，你需要迅速诊断问题所在，并采取措施恢复冷却系统的正常运作，使这台高性能机器重新焕发生命力。汽车冷却系统不仅是发动机的守护者，还是安全行车的保障。

相关知识

一、冷却系统简介

(一)冷却系统的作用

在燃烧过程中，发动机的气缸与燃烧室内的气体温度可达1 800～2 000 ℃。因此，必须在发动机上设置冷却系统，在发动机工作过程中对高温机件进行冷却，保证发动机的正常工作。冷却系统虽不参与发动机的功能转换，但却是发动机正常工作必不可少的部件。发动机冷却系统的作用就是使工作中的发动机得到适度的冷却，从而使发动机保持在最适宜的温度范围内工作。水冷式发动机的正常冷却液温度一般为80～90 ℃。

冷却系统冷却强度的调节是否合适，对发动机的工作效率影响很大。冷却不足，会造成发动机过热，导致发动机充气量下降而影响发动机功率输出；对于汽油机来说，还可能会造成早燃、爆燃和表面点火等不正常燃烧；同时，过高的温度会使润滑油黏度降低，导致机件磨损加剧；各部位因热膨胀而变形，使正常间隙被破坏，导致活塞"咬缸"、轴瓦"抱轴"、柴油机因柱塞卡死而"飞车"等严重事故；降低充气效率，减少进气量，导致发动机功率下降。冷却过度，会使发动机过冷，导致燃料蒸发困难，可燃混合气形成条件变差。燃烧不完全不但会造成发动机功率下降、油耗量增大，还会引起废气排放污染物增加。因此，冷却必须适度。无论何种形式的冷却系统，除能满足发动机在最大热负荷情况下所需的冷却外，还必须能在各种工况下，对发动机的冷却强度进行调节，以维持发动机的正常工作温度，保证发动机的正常工作，这就是发动机冷却系统的作用。

(二)冷却系统的类型

根据冷却介质不同，发动机的冷却方式有风冷却方式和水冷却方式两种。

1. 风冷却方式

风冷却方式是以空气作为冷却介质，直接对气缸体和气缸盖的表面进行冷却。铝合金气缸体和气缸盖，表面均布有散热片(图2-5-1)。为了加强冷却效果，并使各缸冷却均匀，有些发动机的风冷系统设有轴流式风扇、导流罩和分流板，以加大流经机体表面的空气流量。具有结构简单、质量轻、故障少、使用维修方便等优点；但冷却不可靠，与水冷却相比，风冷却的冷却强度不容易调节和控制。风冷系统主要应用于单缸汽油机或柴油机，在汽车发动机上使用非常少，只在某些大型柴油机或小型汽油机上使用。

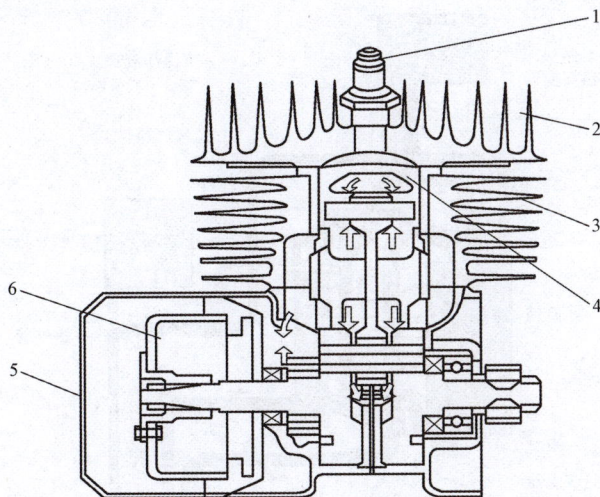

图 2-5-1　风冷却方式

1—火花塞；2—气缸盖散热片；3—缸体散热片；4—活塞；5—气缸导流罩；6—风扇及带轮

2. 水冷却方式

水冷却方式是将大部分热能通过热传导方式从炽热的发动机零件传递给温度较低的冷却液，再将这些吸收了热量的冷却液送至散热器，通过散热器将热量散发到大气中。水冷却方式工作可靠，冷却强度调节方便，在发动机正常工作时，冷却系统能使发动机的工作温度维持在正常范围内。

(三)冷却系统的工作原理

现代汽车发动机的冷却系统都采用强制循环封闭式、带膨胀水箱的水冷却系统。强制循环水冷系统一般由水泵、水套、散热器、百叶窗、风扇、硅油离合器、分水管、节温器、冷却液温度表等组成(图 2-5-2)。发动机组成及冷却液的循环过程如图 2-5-3 所示。

图 2-5-2　水冷却方式

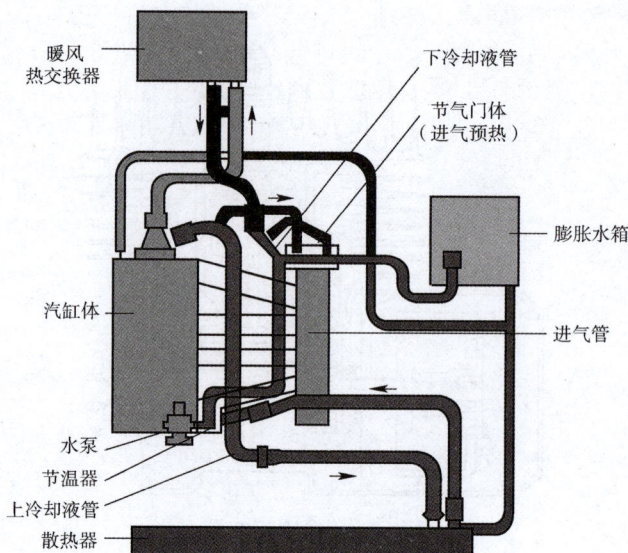

图 2-5-3　发动机冷却系统的工作原理

　　发动机气缸体和气缸盖中铸有水套，使循环的冷却液得以接近受热的零部件，吸收并带走热量。当发动机工作时，曲轴通过皮带或链条驱动水泵，水泵将冷却液从散热器（或气缸盖水套）吸入并加压，然后排入气缸体水套中，冷却液吸热升温后经过节温器和散热器上水管流入散热器内。由于风扇的强力抽吸及车辆的高速行驶，空气不断由前向后且高速地流经散热器芯，带走散热器芯内部高温冷却液的热量，冷却液得以冷却。经冷却的冷却液再次被水泵泵吸至气缸体水套中进行循环冷却。通过冷却液不断循环，发动机中在高温条件下工作的零部件不断得到冷却，从而保证发动机正常运转。

（四）冷却系统的循环过程

　　冷却系统的循环过程包括小循环和大循环。小循环即冷却液不流经散热器的循环，缸盖水套中的冷却液从节温器旁通阀流向旁通管道，直接流入水泵进水口，被水泵加压后流入缸体水套，进而回到缸盖水套。大循环即冷却液流经散热器的循环，缸盖水套中的冷却液从节温器主阀门流向散热器，通过散热器冷却后流入水泵进水口，被水泵加压后流入缸体水套，进而回到缸盖水套。

　　大、小循环冷却液流量的比例由节温器控制。缸体水套中的冷却液温度高时，节温器打开的角度大，流向散热器的冷却液多，以防止发动机过热；缸体水套中的冷却液温度低时，节温器打开角度小，流向散热器的冷却液少，以防止冷却液温度偏低。这样，发动机始终保持在一个最佳的温度范围内工作。

1. 小循环

　　如图 2-5-4 所示，冷却液温度较低时，节温器主阀门关闭、旁通阀打开，气缸盖中的冷却液从旁通阀、旁通管路流入水泵进水口，经水泵加压后流回缸体水套。此时冷却液不经过散热器，只在气缸盖水套和气缸体水套之间进行小循环。无论节温器打开还是关闭，小循环是常循环，这样可提高冷却系统的温度，改善发动机的热效率，同时，也可以确保冷却系统始终有冷却液在循环。

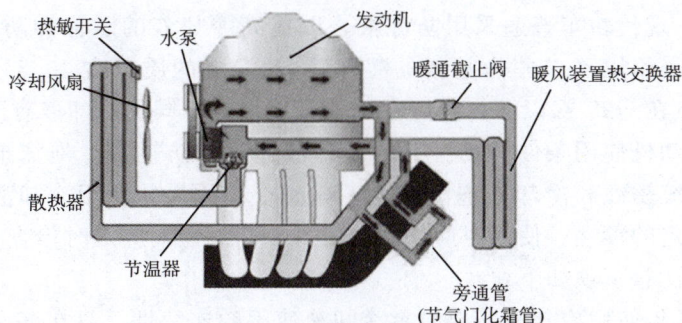

图 2-5-4　发动机冷却系统小循环示意

2. 大循环

经过散热器的冷却液循环为冷却液大循环，如图 2-5-5 所示。当冷却液温度升高到一定值时，节温器主阀门全打开，旁通阀关闭，气缸盖水套中的冷却液经散热器上水管全部流向散热器，其温度快速下降，然后从散热器下水管进入水泵进水口，经水泵加压后回到气缸体水套，进行冷却循环。

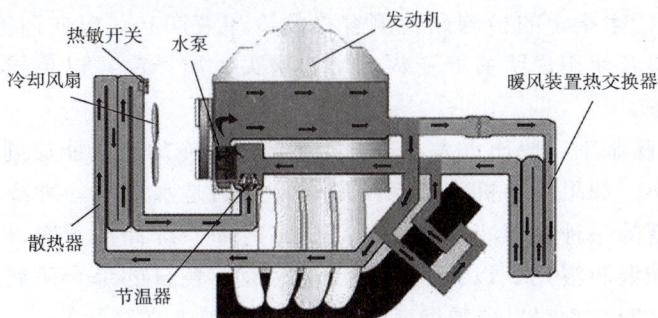

图 2-5-5　发动机冷却系统大循环示意

(五)冷却液的特点与选用

冷却液是汽车发动机不可缺少的一部分。它在发动机冷却系统中循环流动，将发动机工作中产生的多余热能带走，使发动机能以正常工作温度运转。当冷却液不足时，会使发动机内的冷却液温度过高，导致发动机机件损坏。冷却液除具有冷却作用外，还具有冬季防冻、防腐蚀、防水垢等功能。汽车会在不同的气候条件下行驶，要求车辆在 $-40\sim40$ ℃ 的环境中都能够正常工作，因此，发动机冷却液必须具有高沸点和低冰点。根据《机动车冷却液 第 1 部分：燃油汽车发动机冷却液》(GB 29743.1—2022)的定义，发动机冷却液是以防冻剂、缓蚀剂等原料复配而成的，用于发动机冷却系统中，是具有冷却、防腐、防冻、防结垢等作用的功能性液体。

汽车常用的冷却液有水及加有防冻剂的防冻液两种。

(1)水冷却液。水冷却液是指直接用水作为冷却液，具有简单方便的优点；但水沸点低，易蒸发，需要经常添加，而且不宜添加河水、井水等含矿物质的水，以免产生水垢，导致冷却系统散热不良。应添加雨水、雪水或离子交换水。更应注意的是，水在严寒季节易结冰，发动机需要放水过夜，否则水结冰时体积膨胀，会造成胀裂机体、气缸盖的严重事故。

（2）防冻液。现代轿车普遍采用防冻液，以提高冷却液的防冻和防沸能力。例如，桑塔纳系列轿车采用以乙二醇为基料的冷却液（乙二醇的质量占45.6%，水的质量占54.4%），其冰点在$-25\ ℃$以下，沸点在$106\ ℃$以上。不同的冷却液有不同的冰点和沸点，可以根据发动机使用条件选用。有的冷却液还添加防锈剂、泡沫抑制剂等，这有利于防止冷却系统锈蚀和冷却液泡沫产生，提高冷却效果。专用冷却液一般呈深绿色或深红色，有一定的毒性，使用时应注意。发现冷却液泄漏应及时检查并添加。

冷却液使用注意事项如下：

（1）要坚持常年使用冷却液，要注意冷却液使用的连续性。只在冬季使用冷却液的观点是错误的，因为冷却液不仅具有防冻功能，还具有防腐、防沸、防垢等作用。

（2）要根据汽车使用地区的气温，选用不同冰点的冷却液，冷却液的冰点至少要比该地区最低温度低$10\ ℃$，以免失去防冻作用。

（3）要针对各种发动机的结构特点选用冷却液，强化转速高的发动机，应选用高沸点冷却液；气缸体或散热器用铝合金制造的发动机，应选用含有硅酸盐类添加剂的冷却液。

（4）要购买经国家指定的检测站检测合格的冷却液产品，应向商家索要检测报告、质量保证书、保险及使用说明书等资料，切勿购买劣质产品，以免损坏发动机，造成不必要的经济损失。

（5）冷却液的膨胀率一般比水大，若无膨胀罐，则冷却液只能加到冷却系统容积的95%，否则会溢出。如果发动机冷却系统原来使用的是水或从一种冷却液换用另一种冷却液，在加入新的一种冷却液之前，务必要将冷却系统冲洗干净。不同种类、不同型号的冷却液不能混装混用，以免起化学反应，破坏各自的综合防腐能力，用剩的冷却液应在容器上注明名称，以免混淆。

（6）在使用后，若因冷却系统渗漏引起散热器冷却液液面降低，应及时补充同一品牌的冷却液；若液面降低是因水蒸发所致，则应向冷却系统添加蒸馏水或去离子水，切勿加入井水、自来水等硬水；当发现冷却液中有悬浮物、沉淀物或发臭时，证明冷却液已起化学反应，已变质失去功效，应及时地清洗冷却系统，并更换新冷却液。若购买的是浓缩冷却液，如乙二醇型浓缩冷却液，可以按比例添加适量的纯水，以配制出适合本地区气温的冷却液。

二、冷却系统主要部件的构造

（一）冷却系统的主要部件

1. 散热器

散热器俗称水箱，安装在发动机前的车架横梁上，其作用主要是散热。

冷却液经过散热器后，其温度可降低$10\sim15\ ℃$。散热器一般用铜或铝制成，其后装有风扇。散热器的结构主要由上水箱、下水箱、散热器芯和散热器盖等组成。在上、下水箱上分别装有进水管及出水管，它们分别用软管与发动机气缸盖上的出水管口及水泵的进水管口连接。上、下水箱上常设有放水开关。散热器芯一般有管片式和管带式两种形式，如图2-5-6所示。图2-5-6(a)所示为管片式散热器芯结构示意。它由散热管和散热片组成。散热管是焊接在上、下水箱之间的直管。作为冷却液的通道，散热管有扁管和圆管之分。扁管与圆管相比，在容积相同的情况下有较大的散热表面积。扁管都焊接在多层的散热片上，这种形式的散热器具有芯部散热面积大、气流阻力小、结构刚度好及承压能力强等优点；缺点是制造工艺比较复杂。

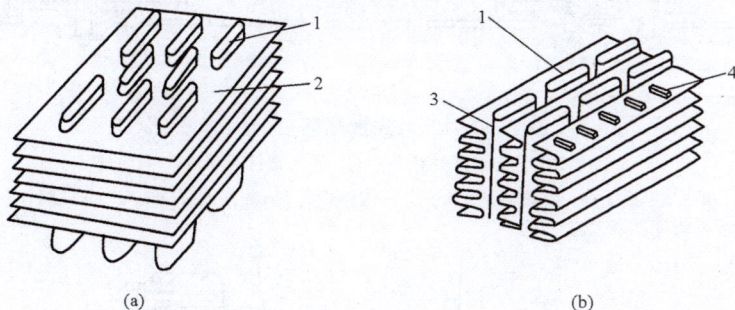

图 2-5-6 散热器芯结构示意

(a)管片式；(b)管带式

1—散热管；2—散热片；3—散热带；4—缝孔

图 2-5-6(b)所示为管带式散热器芯结构示意。它由散热管及波形散热带组成。散热管为扁管并与波形散热带相间地焊接在一起。与管片式散热器芯相比，管带式散热器芯的散热能力强，制造简单，质量轻，成本低，现代发动机应用较多；但其结构刚度差。

传统的散热器芯多由黄铜制造，但近年来更多的是由铝制造，而且有些散热器的上、下水箱由复合塑料制造，使散热器质量大为减轻。

常见水冷系统散热器盖具有自动阀门，发动机热状态正常时，阀门关闭，将冷却系统与大气隔开，防止水蒸气溢出，并使冷却系统内的压力稍高于大气压力，从而增高冷却液的沸点，防止冷却系统发生"开锅"现象。如果冷却系统中水蒸气过多，则将使冷却系统压力过大，可能导致发动机散热器破裂。因此，必须在加水口处设置水蒸气的排出通道。在冷却系统内压力过高或过低时，自动阀门即开启以使冷却系统与大气相通。压力式散热器盖的构造如图 2-5-7 所示。装有空气阀和蒸汽阀的散热器盖紧扣在加水口上。发动机热状态正常时，两阀在弹簧力作用下都处于关闭状态。当冷却系统内蒸汽压力低于大气压力 0.01～0.012 MPa 时，空气阀便开启，如图 2-5-7(a)所示。空气从蒸汽排出管进入散热器，以防止散热器被大气压瘪。当冷却系统内蒸汽压力超过大气压力 0.026～0.037 MPa 时，蒸汽阀便开启，如图 2-5-7(b)所示。此时将从蒸汽排出管中放出一部分冷却液到补偿水桶，使冷却系统内的压力下降。提高冷却系统的蒸汽压力，可以提高冷却液的沸点，从而扩大散热器与大气的温差以增强散热能力。

2. 水泵

水泵也称冷却液泵，其功能是对冷却液加压，使冷却液在冷却系统内循环流动。水泵一般安装在发动机前端，通常与风扇一起用带轮同轴驱动。离心式水泵具有结构简单、尺寸小、排水量大、维修方便等优点。因此，在汽车发动机上被广泛使用。其结构如图 2-5-8 所示。

图 2-5-7　压力式散热器盖的构造

(a)空气阀打开状态；(b)蒸汽阀打开状态

1—溢流管；2—加压盖；3—散热器盖；4—空气阀弹簧；5—蒸气阀弹簧；6—空气阀；7—蒸气阀

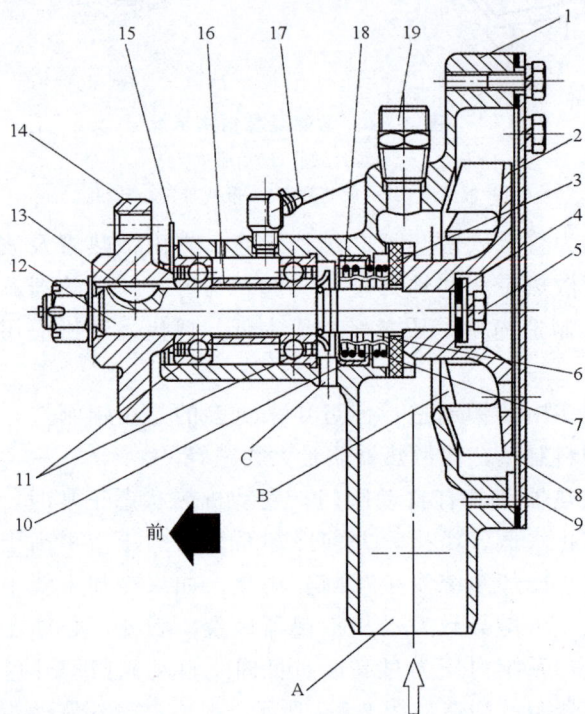

图 2-5-8　离心式水泵的结构

1—水泵壳体；2—叶轮；3—密封垫圈；4、8—衬垫；5—螺栓；6—水封皮碗；7—弹簧；9—水泵盖；
10—水封座圈；11—轴承；12—水泵轴；13—半圆键；14—凸缘盘；15—轴承卡环；16—隔离套；
17—润滑脂嘴；18—水封环；19—管接头；A—进水口；B—水泵内腔；C—泄水孔

　　在叶轮与球轴承之间装有水封，用来防止水泵内的冷却液沿水泵轴渗漏。水封中的弹簧通过水封环将水封皮碗的一端压在水封座圈上，而将皮碗的另一端压在夹布胶木密封垫圈上。夹布胶木密封垫圈在弹簧的压力下与水泵叶轮毂的端面贴合。密封垫圈上有两个凸耳卡在水泵上的槽孔内。因此，在水泵工作时，水封不随水泵轴旋转。水泵壳体上有泄水孔C，位于水封之前。一旦有冷却液漏过水封，便可从泄水孔泄出，以防止冷却液进入轴承而破坏轴承的润滑。

　　离心式水泵的工作原理如图 2-5-9 所示。当水泵叶轮旋转时，水泵中的冷却液被叶轮带动一起旋转，并在离心力的作用下被甩向水泵壳体的边缘，同时产生一定的压力，然后从出水管流出。在叶轮的中心处，由于冷却液被甩出而压力下降，散热器中的冷却液在水泵进口与叶轮中心的压差作用下经进水管流入叶轮中心。

3. 补偿水桶

现代轿车发动机冷却系统都采用自动补偿封闭式散热器，它的特点是在散热器的右侧增设了一个补偿水桶（也可以称作储液罐或副水箱）用软管连接到散热器的蒸汽导出口，如图 2-5-10 所示。

图 2-5-9　离心式水泵工作原理

1—水泵壳体；2—水泵叶轮；3—进水口；
4—水泵轴；5—出水口

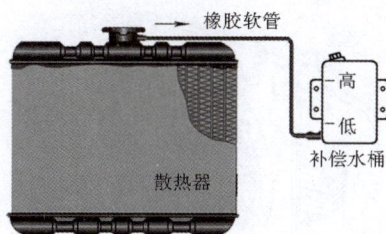

图 2-5-10　补偿水桶与封闭式散热器

补偿水桶的作用是减少冷却液的损失。当冷却液温度升高，体积膨胀时，散热器中多余的冷却液流入补偿水桶中；而当冷却液温度降低，体积收缩时，散热器产生一定真空，补偿水桶中的冷却液又被吸回到散热器中。同时，散热器上的水箱也可以做得小些，这样冷却液损失很少，驾驶人员也不必经常检查冷却液量。补偿水桶上一般印有两条液面高度标记线："DI"（低）与"GAO"（高），或"FULL"（满）与"ADD"（添加）。冷却液温度在 50 ℃以下时，液面高度应不低于"DI"线或"ADD"线，否则应该补充冷却液；同时，注意补充冷却液时不应该超过"GAO"线或"FULL"线，以避免冷却液溢出。

4. 风扇

冷却风扇的功能是吸进空气，加速冷却液的冷却，从而增强散热器的散热能力，同时，对发动机其他附件也有一定的冷却作用。风扇通常安装在散热器后面并与水泵同轴驱动。汽车发动机水冷系统多采用低压头、大风量、高效率的轴流式风扇，其结构如图 2-5-11 所示。该类型的风扇常与发电机一起由曲轴带轮通过 V 带驱动。当发动机工作时，曲轴带动风扇旋转，空气沿着风扇旋转轴的轴线方向流动。在风扇外围设有导风罩，使风扇吸进的空气全部通过散热器，以提高风扇工作效率。

很多轿车开始采用以蓄电池为动力的电动风扇。其转速与发动机转速无关，电动机的开关由位于散热器上的温度传感器控制，需要风扇工作时即自行起动。这种风扇无动力损失，结构简单，布置方便，非常适合轿车使用。

5.冷却液温度显示系统

(1)冷却液温度显示系统的作用。冷却液温度显示系统的作用是由冷却液温度传感器感测发动机冷却液温度的变化,并通过安装在仪表板上的冷却液温度指示表显示出来,以提醒驾驶人注意发动机的温度变化。

(2)冷却液温度传感器的结构及原理。热敏电阻式冷却液温度传感器采用热敏电阻制成,如图 2-5-12 所示,其工作温度范围为 $-20 \sim 130 \ ℃$,一般安装在发动机缸体、缸盖的水套或节温器壳内并伸入水套中,与冷却液直接接触,用来检测发动机的冷却液温度,并向发动机电控单元传送信息。

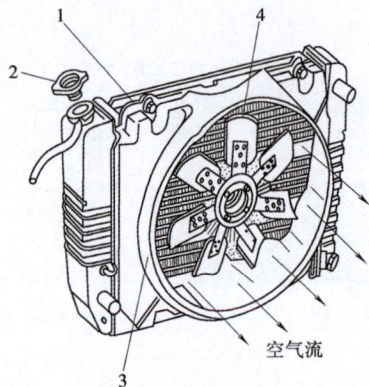

图 2-5-11 冷却风扇

1—散热器;2—水箱加注口;3—电子扇;4—扇叶

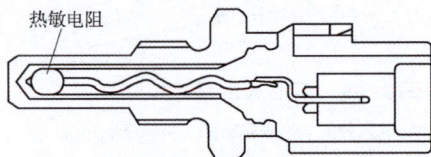

图 2-5-12 冷却液温度传感器

(3)冷却液温度显示系统工作原理。如图 2-5-13 所示是热敏电阻式冷却液温度传感器与电磁式冷却液温度指示表联用的冷却液温度显示系统。电磁式冷却液温度指示表中装有两个垂直安装的线圈 L_1 和 L_2,L_1 和传感器并联,L_2 和传感器串联。线圈 L_1 和 L_2 的中间装有带指针的衔铁。点火开关接通后,电流流过冷却液温度指示表和传感器。当冷却液温度较低时,传感器内热敏电阻的阻值较大,流经线圈 L_1 和 L_2 的电流相差不多,但 L_1 匝数多,产生的磁场强,使衔铁带动指针向左偏转,指针指向低温刻度。冷却液温度升高时,热敏电阻的阻值减小,线圈 L_2 中的电流明显增大,电磁力也增大,使衔铁带动指针向右偏转,冷却液温度指示表的指针指向高温刻度。

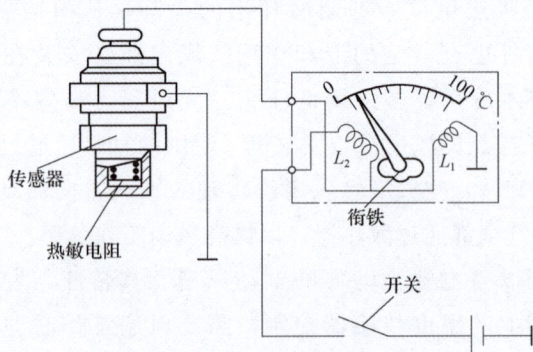

图 2-5-13 冷却液温度显示系统

(二)冷却强度的调节装置

冷却强度的调节装置主要有百叶窗、硅油风扇离合器、节温器等。

1. 百叶窗

有些货车和大客车发动机在散热器前面装有百叶窗。其作用是通过改变吹过散热器的空气量来调节发动机的冷却强度，以保证发动机经常在适当的温度范围内工作。在发动机冷起动或暖机期间，冷却液的温度较低，这时将百叶窗部分或完全关闭，以减少吹过散热器的空气流量，使冷却液的温度迅速升高。百叶窗可由驾驶人员通过驾驶室内的手柄来使其开闭，也可用感温器自动控制。图 2-5-14 所示是货车上使用的散热器百叶窗的自动控制系统。控制系统的感温器安装在散热器进水管上，用来感测来自发动机的冷却液温度。在发动机冷起动或暖机期间，百叶窗关闭。当发动机达到正常工作温度后，感温器打开空气阀，使制动空气压缩机产生的压缩空气进入空气缸，并推动空气缸内的活塞连同调整杆一起下降，带动杠杆使百叶窗开启。

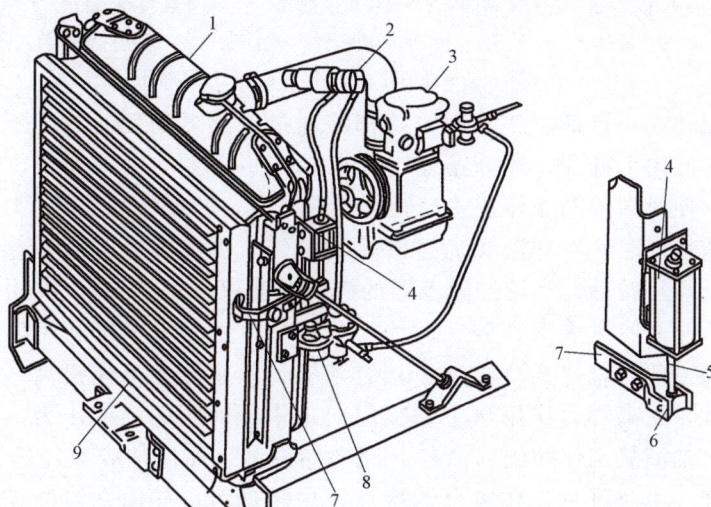

图 2-5-14　百叶窗自动控制系统

1—散热器；2—感温器；3—制动空气压缩机；4—空气阀；

5—调整杆；6—调整螺母；7—杠杆；8—空气滤清器；9—百叶窗

2. 硅油风扇离合器

硅油风扇离合器的作用是利用流经散热器的空气温度来控制风扇转速的变化，其结构如图 2-5-15 所示。硅油风扇离合器安装在风扇和风扇带轮之间。硅油风扇离合器的前盖、壳体和从动板用螺钉组成一体，靠轴承安装在主动轴上。风扇安装在壳体上。为了加强硅油的冷却效果，前盖板上铸有散热片。从动板与前盖之间空腔为储油腔，其中装有硅油(油面低于轴中心线)，从动板与壳体之间的空腔为工作腔。主动板固定连接在主动轴上，主动轴与水泵轴连接。主动板与工作腔壁有一定间隙，用毛毡圈密封防止硅油漏出。从动板上有进油孔 A，平时阀片关闭，若偏转阀片，则进油孔可打开。阀片的偏转靠螺旋状双金属感温器控制。从动板上有凸台限制阀片最大偏转角。感温器外端固定在前盖上，内端卡在阀片轴槽内。从动板外缘有回油孔 B，中心有漏油孔 C，以防止静态时从阀片轴周围泄漏硅油。

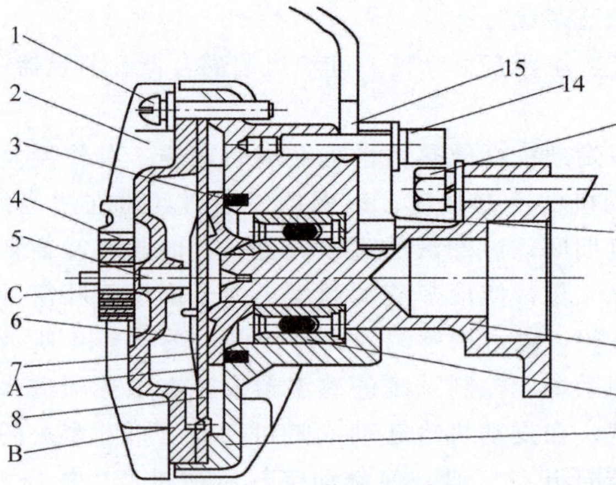

图 2-5-15　硅油风扇离合器

1—螺钉；2—前盖；3—密封毛毡圈；4—双金属感温器；5—阀片轴；6—阀片；7—主动板；
8—从动板；9—壳体；10—轴承；11—主动轴；12—销止板；13—螺栓；14—内六角螺钉；
15—风扇；A—进油孔；B—回油孔；C—漏油孔

发动机冷起动或小负荷下工作时，冷却液通过散热器的气流温度不高，进油孔被阀片关闭，工作腔内无硅油，离合器处于分离状态。当主动轴转动时，因密封毛毡圈和轴承的摩擦，使风扇随同壳体在主动轴上空转打滑，转速极低。

发动机负荷增加时，冷却液和通过散热器的气流温度随之升高，感温器受热变形而带动阀片轴及阀片转动。当流经感温器的气流温度超过 65 ℃时，进油孔 A 被完全打开，于是硅油从储油腔进入工作腔。硅油十分黏稠，主动板即可利用硅油的黏性带动壳体和风扇转动。此时风扇离合器处于接合状态，风扇转速迅速提高。主动板转速高于从动板，因此，受离心力作用从主动板甩向工作腔外缘的油液压力，比储油腔外缘的油液压力高，油液从工作腔经回油孔 B 流向储油腔，而储油腔又经进油孔 A 及时向工作腔补充油液。由此可见，在离合器接合风扇转动时，硅油在储油腔和工作腔之间循环流动，这样可防止工作腔内的硅油温度过高，黏度下降，进而影响离合器的正常工作。为使硅油从工作腔流回储油腔的速度加快，缩短风扇脱开时间，在从动板的回油孔 B 旁，有一个刮油凸起伸入工作腔缝隙内，使回油孔一侧压力增高，回油加快。发动机负荷减小，流经感温器的气流温度低于 35 ℃时，感温器恢复原状，并带动阀片将进油孔关闭，工作腔中的油液继续从回油孔流回储油腔，直到甩空为止。

3. 节温器

(1)节温器的作用。节温器的作用是根据发动机冷却液温度的高低，打开或关闭冷却液通向散热器的通道，保证发动机在最适宜的温度下工作。

(2)节温器的结构。汽车发动机装用的节温器多为石蜡式节温器(图 2-5-16)，它主要由主阀门、副阀门、推杆、壳体和石蜡等组成。推杆的一端固定在支架上，另一端插入胶管的中心孔内。石蜡安装在胶管与节温器壳体之间的腔体内。

(3)节温器的工作原理。如图 2-5-17 所示，温度较低时，石蜡呈固态，主阀门被弹簧推向上方与阀座压紧，处于关闭状态[图 2-5-17(a)]。此时，副阀门开启，冷却液进行小循环，来自发动机水套的冷却液经副阀门、小循环水管直接进入水泵，被泵回到发动机水套内。温度升高时，石蜡逐渐熔化成液态，体积膨胀，迫使胶管收缩对推杆端部产生向上的推力。由于推杆固定在支架上，推杆对胶管、节温器壳体产生向下的反推力。当冷却液温度升高到一定值时，反推力克服弹簧的弹力使胶管、节温器壳体向下运动，主阀门开始开启，同时副阀门开始关闭。当冷却液温度进一步升高到一定值时，主阀门完全开启，而副阀门也正好关闭[图 2-5-17（b）]。此时，来自发动机水套的冷却液全部经过散热器进行大循环。冷却液温度在主阀门开始开启温度与完全开启温度之间时，主阀门和副阀门均部分开启，在整个冷却系统内，部分冷却液进行大循环，部分进行小循环。主阀门从开始开启到开至最大时的温度因车型而异，如桑塔纳 JV 型发动机节温器，主阀门开始开启温度应为 85 ℃，完全开启时的温度应为 105 ℃。一般货车发动机节温器的开启温度较低，如 CA6102 发动机节温器，主阀门开始开启温度应为 76 ℃，完全开启时的温度应为 86 ℃。

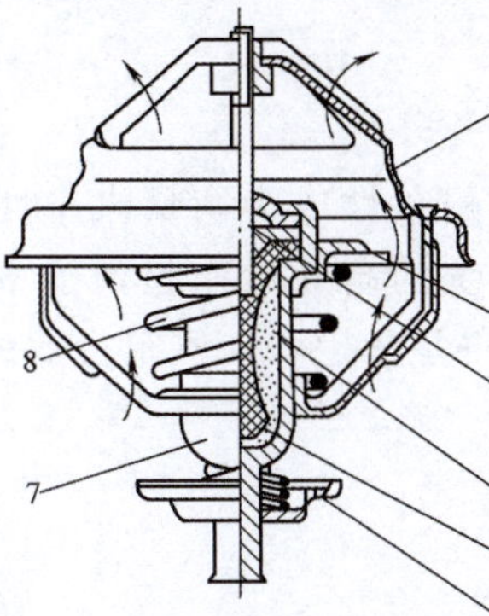

图 2-5-16　石蜡式节温器的构造

1—支架；2—主阀门；3—推杆；4—石蜡；
5—胶管；6—副阀门；7—节温器壳体；8—弹簧

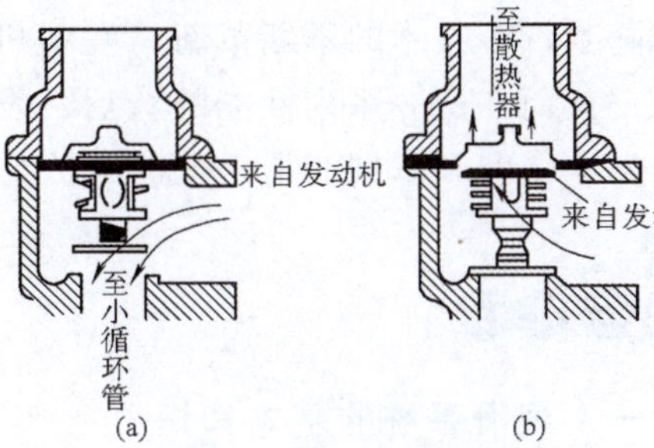

图 2-5-17　节温器工作原理

（a）主阀门关闭；（b）主阀门开启

🏁 学习研讨

背景描述	组织小组活动，设定不同的冷却系统故障案例，如冷却液泄漏、散热器堵塞、节温器卡滞等，要求学生进行团队合作，运用所学知识进行故障排查和解决方案设计
讨论主题	冷却系统故障如何检修？
成果展示	对小组维修成果进行检测

🏁 学习评价

内容组织	素养提升			评价结果
故障诊断准确、维修方法正确	思路清晰、动手能力强、工具使用规范	熟练掌握故障排除的方法	很好地体现团队协作和自学能力	优秀

内容组织		素养提升		评价结果
故障诊断时间较长、维修方法正确	思路清晰、工具使用规范	较熟练掌握故障排除的方法	较好地体现团队协作和自学能力	良好
故障诊断时间较长、维修方法不规范	思路不清晰、工具使用不规范	不能熟练掌握故障排除的方法	不能很好地体现团队协作和自学能力	一般

学习单元六　润滑系统

情境导入

随着汽车技术的不断革新，发动机的可靠性与耐久性成为衡量汽车性能的重要指标之一。而在这一系列性能的背后，发动机润滑系统的高效运作起到了不可替代的作用。深入了解和掌握润滑系统的维护与检修技能，将是学生步入汽车行业的重要一步。

相关知识

一、润滑系统的基本知识

发动机工作时，曲轴轴颈与轴承、凸轮轴轴颈与轴承、活塞环与气缸壁等摩擦表面之间以很高的速度做相对运动，金属表面之间的摩擦不仅增大发动机内部的功率消耗，使零部件工作表面迅速磨损；而且摩擦所产生的热量还可能使某些工作零件表面熔化，导致发动机无法正常运转。因此，为保证发动机正常工作，必须对发动机内相对运动部件表面进行润滑，使金属表面之间有一层薄的油膜，以减小摩擦阻力、降低功率损耗、减轻磨损，延长发动机的使用寿命。

(一)润滑系统的作用

润滑系统的基本作用有润滑、冷却、清洁、密封、防蚀等。

1. 润滑

在发动机工作时，润滑系统连续不断地将数量足够、温度适宜且洁净的润滑油（也称为机油）输送到各传动件的摩擦表面，在摩擦表面形成油膜，实现液体摩擦。

2. 冷却

润滑油流经摩擦表面，带走摩擦副产生的 6%～14% 的热量，维持零件正常工作温度。

3. 清洁

通过润滑油的循环流动冲洗零件表面，带走摩擦副之间的磨损磨屑或其他杂质。

4. 密封

利用润滑油的黏性，使其附着在相对运动零件的表面之间形成油膜，起到密封作用。

5. 防蚀

附着在零件表面的润滑油避免了零件与水、空气、燃气等的直接接触，起到防止或减轻零件锈蚀和化学腐蚀的作用。

(二)润滑方式

发动机各运动零件的工作条件不同，所承受的负荷和相对运动速度不同，因此，对润滑的要求也不同。为此，应根据发动机类型和润滑部位的不同，采用不同的润滑方式。发动机的润滑方式主要有以下几种。

1. 压力润滑

压力润滑是利用机油泵使润滑油产生一定的压力，连续不断地送到各摩擦表面间进行润滑。此法适用于摩擦表面荷载重，运动速度大，且摩擦表面没有外露的运动零件，如主轴承、连杆轴承、凸轮轴轴承和气门摇臂轴等部位。

2. 飞溅润滑

飞溅润滑借助运动零件飞溅起来的油滴或油雾润滑摩擦表面。此法适用于裸露在外面、荷载较轻及相对滑动速度又比较小的零件，如气缸壁、凸轮、正时齿轮、摇臂工作表面与气门杆、活塞销和活塞销座及连杆小头等部位。

3. 注油润滑

在发动机辅助系统中，有些零件需要采用定期加注润滑脂的方式进行润滑，如水泵轴承、发电机轴承、起动机轴承等。

4. 自润滑

近年来，有些发动机上采用了含有耐磨材料(如尼龙、二硫化钼等)的轴承来代替加注润滑脂的轴承。这种轴承使用中无须加注润滑脂，故称为自润滑轴承。

目前，汽车发动机润滑系统多采用压力润滑与飞溅润滑相结合的复合式润滑系统。

(三)润滑系统的组成

发动机润滑系统的一般组成如图 2-6-1 所示。

1. 油底壳

油底壳用来储存润滑油。在大多数发动机上，油底壳还起到为润滑油散热的作用。

2. 机油泵

机油泵将一定量的润滑油从油底壳中抽出加压后，源源不断地传送至各零件表面进行润滑，维持润滑油在润滑系统中的循环。机油泵大多安装于曲轴箱内，也有些柴油机将机油泵安装于曲轴箱外面，机油泵一般通过凸轮轴、曲轴或正时齿轮来驱动。

3. 机油滤清器

机油滤清器用来过滤掉润滑油中的杂质、磨屑、油泥及水分等杂物，使传送到各润滑部位的都是干净清洁的润滑油。机油滤清器可分为粗滤器和细滤器两种，两者并联在油道中。机油泵输出的机油大多数通过粗滤器，只有很少部分通过细滤器。但汽车每行驶 5 km 左右，机油被细滤器滤清一次。

4. 机油集滤器

机油集滤器多为滤网式，能滤掉润滑油中粒度大的杂质，其流动阻力小，串联安装于机油泵进油口之前。

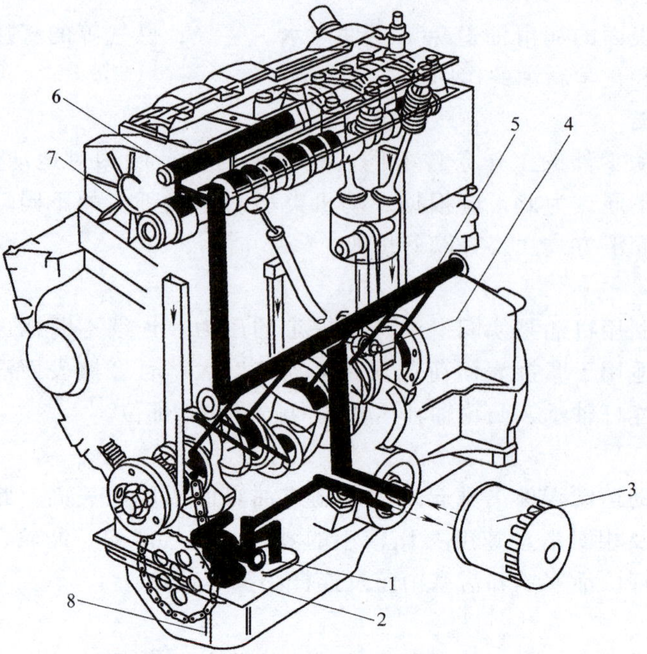

图 2-6-1　润滑系统的一般组成

1—机油集滤器；2—机油泵；3—机油滤清器；4—机油压力传感器；

5—主油道；6—摇臂轴；7—凸轮轴；8—油底壳

5. 主油道

主油道是润滑系统的重要组成部分，直接在缸体与缸盖上铸出，用来向各润滑部位输送润滑油。

6. 旁通阀及限压阀

旁通阀与粗滤器并联，粗滤器发生堵塞时，旁通阀打开，机油泵输出的润滑油直接进入主油道。限压阀用来限制进入细滤器的油量，防止进入细滤器的油量过多，导致主油道压力降低，进而影响润滑。

7. 机油泵吸油管

机油泵吸油管通常带有收集器，浸在机油中。其作用是避免油中泡沫和杂质进入润滑系统。

8. 机油散热器

机油散热器的作用是加强润滑油的冷却，保持润滑油的温度在正常的工作范围（70～90 ℃）内。其主要应用在一些热负荷较高的发动机上。

9. 机油压力表、温度表及机油标尺

机油压力表、温度表及机油标尺主要用于使驾驶人员掌握发动机润滑系统的工作状况。

10. 机油报警装置

在缸盖上凸轮轴主油道的尾端，安装一个机油压力开关，称为最低压力报警开关，打开发动机点火开关，机油压力开关控制的油压指示灯亮，当发动机起动后，该灯熄灭。

如发动机机油压力不足，机油压力开关则将油压指示灯电路接通，油压指示灯闪亮。

(四)润滑系统的油路

发动机润滑系统的油路如图 2-6-2 所示。齿轮式机油泵由位于曲轴一侧的中间轴上的齿轮驱动。在主油道上，有五条分油道分别与曲轴的五道主轴承孔相通，对曲轴各道主轴颈进行润滑，并通过曲轴内部的油道，对连杆轴颈进行润滑。

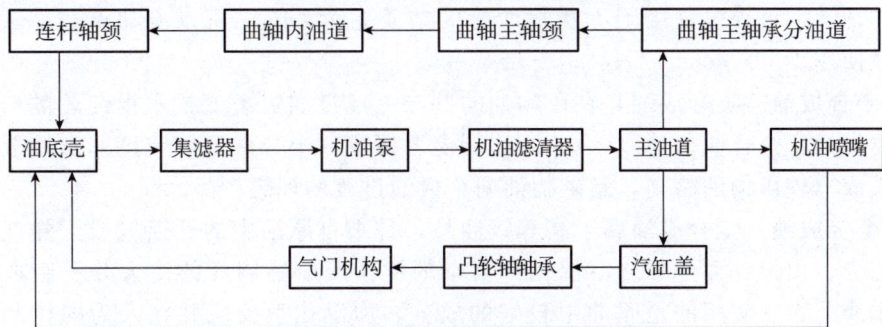

```
┌────────┐   ┌──────────┐   ┌────────┐   ┌──────────────┐
│ 连杆轴颈 │◄─│ 曲轴内油道 │◄─│ 曲轴主轴颈 │◄─│ 曲轴主轴承分油道 │
└────────┘   └──────────┘   └────────┘   └──────────────┘
    ▲                                            ▲
┌──────┐  ┌──────┐  ┌──────┐  ┌──────────┐  ┌──────┐  ┌──────┐
│ 油底壳 │─►│ 集滤器 │─►│ 机油泵 │─►│ 机油滤清器 │─►│ 主油道 │─►│ 机油喷嘴 │
└──────┘  └──────┘  └──────┘  └──────────┘  └──────┘  └──────┘
    ▲                                          │
┌────────┐  ┌──────────┐  ┌────────┐
│ 气门机构 │◄─│ 凸轮轴轴承 │◄─│ 汽缸盖 │
└────────┘  └──────────┘  └────────┘
```

图 2-6-2　润滑系统油路示意

主油道内的机油有一小部分经分油道润滑中间轴后轴承；主油道内的机油还通过一条专门的分油道进入凸轮轴的五个轴承处，对凸轮轴五道轴颈进行润滑。凸轮轴总油道还设有分油道与挺柱导向孔相通，以便对液力挺柱补充油液。以上所述的润滑均为压力润滑，其他部位则采用飞溅润滑。润滑完毕的润滑油靠重力流回油底壳，以便继续循环使用。

(五)润滑系统的主要特点

(1)机油泵限压阀。机油泵限压阀限制润滑系统内的最高油压，防止因压力过高而造成过分润滑及密封垫圈发生泄漏现象。当油压超过正常工作范围时，机油压力克服弹簧张力使球阀打开，部分机油在泵内泄回进油端而不输出，保持润滑油路内油压正常。正常的油压应为 150～600 kPa。

(2)粗滤器旁通阀。粗滤器旁通阀安装在粗滤器上。若粗滤器的滤芯被杂质堵塞，机油便顶开旁通阀直接进入主油道，以保证发动机各部件有足够的润滑油。

(3)细滤器进油限压阀。细滤器进油限压阀安装在细滤器上。当润滑油路中油压低于 100 kPa 时，进油限压阀不开启，机油细滤器停止工作，保证主油道内的油压充足。

(4)机油散热器开关。机油散热器开关安装在细滤器上。气温高于 293 K(20 ℃)时，驾驶人员控制打开此开关，使部分机油流经机油散热器冷却，以保持机油的散热性能。

(5)机油散热器安全阀。机油散热器安全阀安装在细滤器上。油压高于 400 kPa 时，机油散热器安全阀开启，使部分机油经此阀泄入油底壳，防止散热器损坏。

(6)在主油道上安装了机油压力表传感器和机油压力过低警告灯传感器。当主油道内的油压低于 100 kPa 时，传感器的触点接通使警告灯亮起，此时应立即停车检查。

(六)发动机润滑油

机油，即发动机润滑油，能对发动机起到润滑减摩、辅助冷却降温、密封防漏、防锈防蚀、减振缓冲等作用。

1. 机油的种类

机油主要分为矿物油、半合成油和全合成油三种。

(1)矿物油。矿物油是在石油提炼过程中分馏出有用的物质，如汽油和航空用油，之后再将留下来的底油进行加工提取。就本质而言，它运用的是原油中较差的成分。矿物油价格低，使用寿命及润滑性能都不如合成油，同时，还对环境有较大的污染。另外，矿物油在提炼过程中因无法将所含的杂质完全去除，所以流动点较高，不适合低温地区使用。

(2)半合成油。半合成油是在矿物油的基础上经过加氢裂变技术提纯后的产物。它是由矿物机油、全合成机油以 4∶6 的比例混合而成，半合成油的纯度非常接近全合成油，但其成本较矿物油略高，是矿物油向合成油过渡的理想产品。

(3)全合成油。全合成油属于高等级油品，是来自原油中的瓦斯气或天然气所分散出来的乙烯、丙烯，再经聚合、催化等复杂的化学反应炼制成的由大分子组成的润滑液。在本质上，它使用的是原油中较好的成分，加以化学反应并在人为的控制下达到预期的分子形态，全合成油分子排列整齐，抵抗外来变数的能力自然很强，因此，品质较好，热稳定、抗氧化反应、抗黏度变化的能力自然要比矿物油和半合成油强得多。

2. 机油的性能

通常，机油应该具备以下几点性能：

(1)有适当的黏度。发动机的工作压力很高，主轴承、连杆轴承等部位要承受很高的负荷。若机油不能在运动部位形成一定厚度的油膜，发动机磨损就会增大。黏度过低会使气缸密封不严，机油油耗增大；黏度过大会使摩擦阻力增大，造成燃油油耗增大，冷起动困难。

(2)有良好的黏温特性。黏温特性是指润滑油黏度随温度升高而减小，随温度降低而增大的性质。黏度随温度变化越小，机油的黏温特性越好，对使用越有利。

(3)有较低的凝点。若机油的凝点高，冬季气温较低时机油流动困难，甚至会凝固，轻则造成发动机暖机时间长，重则导致发动机无法起动。

(4)有良好的抗氧化性。抗氧化性是指机油抵抗氧化的能力。以汽油机为例，活塞第一道环处温度约为 205 ℃，活塞裙部约为 110 ℃，主轴承处约为 85 ℃，机油在这样的高温下极易被氧化。另外，气缸窜气也会加剧机油的氧化。

(5)有良好的清净分散性。清净分散性是指机油能够防止形成积炭、漆膜和油泥的能力。清净分散性是机油的特殊性质，只有清净分散性好的机油才能有效防止积炭、漆膜和油泥的生成。

3. 机油的级别

机油的级别是以质量等级和黏度等级来划分的。国际上广泛采用的是美国汽车工程师协会(SAE)所制定的黏度等级和美国石油学会(API)的使用级别。

(1)SAE 黏度等级。SAE 按照机油的黏度等级，将机油分为冬季用机油和非冬季用机油。冬季用机油一般有 6 种型号，即 SAE0W、SAE5W、SAE10W、SAE15W、SAE20W 和 SAE25W，数字越小，适用的环境温度越低。非冬季机油通常有 4 种型号，即 SAE20、SAE30、SAE40 和 SAE50，数字越大，适用的环境温度越高。现代汽车一般使用四季用机油，即在春、夏、秋、冬都可以使用，如 SAE5W—30、SAE5W—40。W 表示 Winter(冬季)，其前面的数字越小说明机油的低温流动性越好，表示可供使用的环境温度越低，在冷起动时对发动机的保护能力越好；"W"后面("—"后面)的数字则是机油耐高温性的指标，数值越大说明机油在高温下的保护性能越好。

（2）API 使用级别。字母"S"加上另一个字母（如 SL）表示用于汽油发动机的机油，目前汽油发动机机油的使用级别有 SF、SG、SH、SJ、SL、SM、SN 等；字母"C"加上另一个字母和数字表示用于柴油发动机的机油。目前，柴油发动机机油的使用级别有 CC、CD、CD—Ⅱ、CE、CF—4 等，级别越靠后，使用性能越好。

4. 机油型号的选择

更换机油是车辆日常维护中最重要的工作之一。当更换机油时，需要选择厂商推荐的 SAE 黏度等级和 API 使用级别标准的机油。

（1）根据发动机的强化程度选用合适的机油使用级别（API）。

（2）根据地区不同季节的气温选用合适的机油黏度等级（SAE），如图 2-6-3 所示。

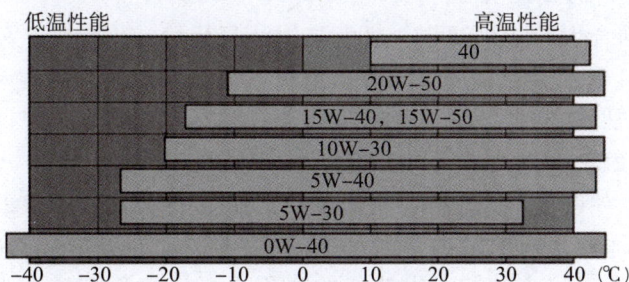

图 2-6-3　机油选择黏度参考

5. 机油的更换周期

所有的汽车或发动机厂商都会推荐机油更换周期，更换周期以行驶里程或时间来表示。大多数的汽车厂商推荐的机油更换周期为 5 000～10 000 km 或六个月。但是，如果存在以下情况，更换周期就应相应缩短：

（1）行驶环境恶劣。

（2）作为牵引拖车使用。

（3）短距离或频繁起动，特别是在冬季。

（4）长时间怠速运转，如出租车或警车。

二、润滑系统主要部件构造

（一）油底壳

油底壳主要用来储存润滑油，其安装在发动机底部。早期发动机油底壳多采用薄钢板冲压而成，现代发动机油底壳一般采用铝合金铸造而成，以提高散热性能，如图 2-6-4 所示。

（二）机油泵

机油泵的作用是将一定量的机油压力升高，强制性地将机油压送到发动机各摩擦表面，保证压力润滑的润滑油循环流动。按结构形式，机油泵通常可分为齿轮式和转子式两类。齿轮式机油泵又可分为内啮合齿轮式和外啮合齿轮式；按机油泵的排量是否可调节，又可分为定量泵和变量泵。

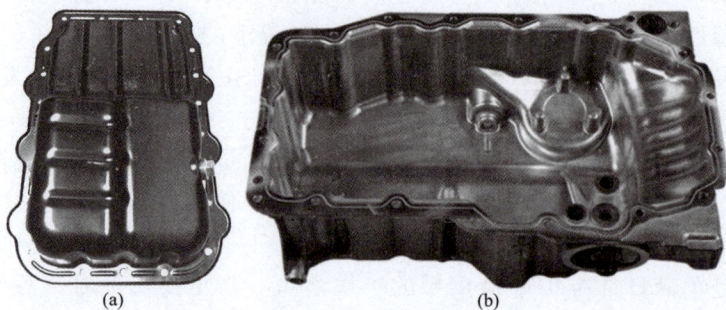

图 2-6-4　油底壳
(a)薄钢板油底壳；(b)铝合金油底壳

1. 内啮合齿轮式机油泵

(1)结构。内啮合齿轮式机油泵一般由泵体、月牙块、内齿轮、外齿轮及泵盖等部件组成，如图 2-6-5 所示。泵体固定在发动机机体前端，内齿轮为主动齿轮，由曲轴直接驱动；外齿轮为从动齿轮，它与内齿轮啮合；月牙块始终保持与内、外齿轮接触，形成密封腔，以便齿轮将机油带到出油腔。

(2)工作原理。如图 2-6-6 所示，曲轴驱动内齿轮转动，进油腔的容积由于内、外齿轮逐渐脱离啮合而增大，油腔内产生一定的真空，机油从油底壳经吸油管被吸入进油腔，随后又被轮齿带到出油腔。出油腔的容积由于轮齿逐渐进入啮合而减小，机油压力升高，机油经出油口被压入发动机机体上的润滑油道，在发动机工作时，机油泵齿轮不停地旋转，机油便连续不断地进入润滑油道，经过滤清之后被送到各润滑部位。

图 2-6-5　内啮齿轮式机油泵

图 2-6-6　内啮合齿轮式机油泵的工作原理

2. 外啮合齿轮式机油泵

(1)结构。外啮合齿轮式机油泵由泵体、驱动轴、主动齿轮、从动齿轮及泵盖等组成，如图 2-6-7 所示。外啮合齿轮式机油泵安装在曲轴箱内，它由曲轴或凸轮轴经中间传动机构驱动，发动机工作时，机油泵向润滑系统不断地供油。如果机油泵磨损，机油泵的出口压力和进口真空度都会下降，从而导致机油压力不足和流速减慢，发动机的零部件可能因为缺少机油而损坏。

(2)工作原理。外啮合齿轮式机油泵的工作原理如图 2-6-8 所示。当齿轮按图示方向旋转时，进油腔的容积由于轮齿向脱离啮合方向运动而增大，腔内产生一定的真空度，润滑油便从进油口被吸入并充满进油腔。旋转的齿轮将齿间的润滑油带到出油腔。出油腔的容积则由于轮齿进入啮合而减小，导致油压升高，润滑油经出油口被输出，输出的油量与发动机转速成正比。外啮合齿轮式机油泵具有结构简单、加工方便、工作可靠、使用寿命长等优点。

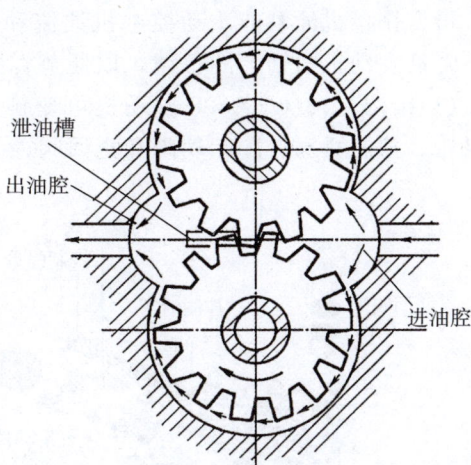

图 2-6-7　外啮合齿轮式机油泵结构

图 2-6-8　外啮合齿轮式机油泵的工作原理

3. 转子式机油泵

（1）结构。转子式机油泵一般由泵体、内转子、外转子、泵盖、限压阀等部件组成，如图 2-6-9 所示。泵体或泵盖上加工有进油槽和出油槽。内转子固定在曲轴（或机油泵传动轴）上，外转子自由地安装在泵体内，并与内转子啮合转动，内、外转子之间有一定的偏心距。转子式机油泵的内转子一般有 4 个或 4 个以上的凸齿，外转子的凹齿数比内转子的凸齿数多 1 个，转子的外廓形状曲线为次摆线。它们与机油泵体和泵盖组成了真空腔、进油腔、过渡油腔及出油腔。

（2）工作原理。转子式机油泵工作原理如图 2-6-9 所示。在内、外转子的转动过程中，转子每个齿的齿形齿廓线上总能互相成点接触。因此，在内、外转子之间形成了 4 个互相封闭的工作腔。由于外转子总是慢于内转子，这 4 个工作腔在旋转过程中不但位置改变，容积大小也在改变。每个工作腔总是在最小时与壳体上的进油孔接通，随后容积逐渐变大，形成真空，将机油吸进工作腔。当该容积旋转到与泵体上的出油孔接通且与进油孔断开时，容积逐渐变小，工作腔内压力升高，将腔内机油从出油孔压出，直至容积变为最小，又与进油孔接通开始进油为止。与此同时，其他工作腔也在进行着同样的工作过程。

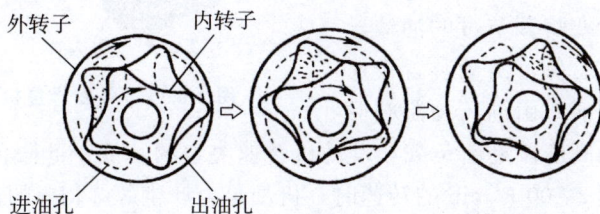

图 2-6-9　转子式机油泵结构和工作原理

转子式机油泵的优点是结构紧凑，供油量大、均匀，噪声小，吸油真空度较高。因此，当机油泵安装在曲轴箱以外或安装位置较高时，采用转子式机油泵比较合适。其缺点是内、外转子啮合表面的滑动阻力比齿轮泵大，因此，功率消耗较大。

4. 可变排量机油泵

可变排量机油泵能主动控制机油流和压力以满足发动机需求，从而消除过量机油流并降低发动机曲轴上的负载，以便节省燃油，使能量损耗降至最低水平。

(1)结构。大众 EA888 发动机可变排量机油泵主要由主驱动链轮、驱动泵轮、从动泵轮、控制活塞、冷起动阀和止回阀等组成，如图 2-6-10 所示。

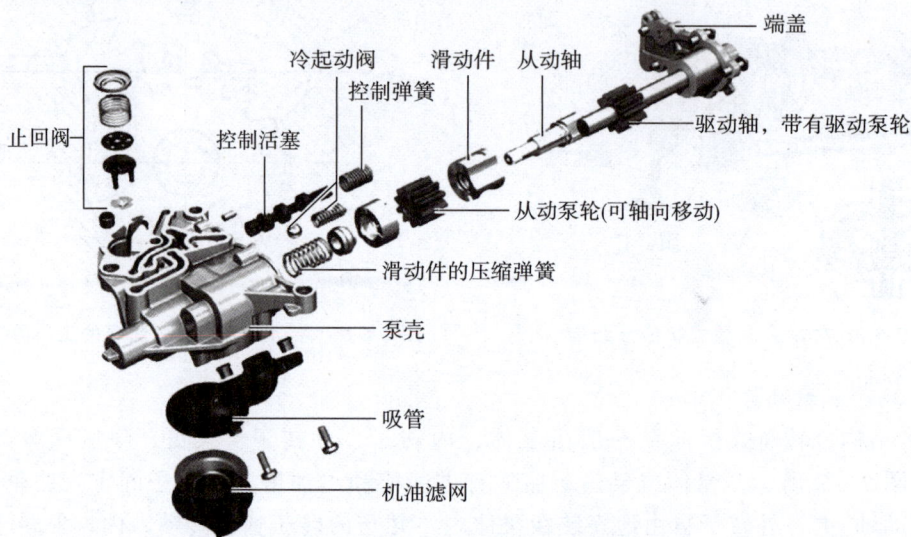

图 2-6-10　可变排量机油泵的组成

可变排量机油泵被集成在油底壳的顶部并且由曲轴通过一个链条驱动装置驱动，如图 2-6-11 所示。机油压力是通过机油泵内部的控制弹簧和控制活塞控制的。滑动装置位于两段式外部齿轮机油泵中，从而能够使两个泵齿轮沿纵向移动，实现两段式泵动力控制。如果两个齿轮的高度完全相等，机油泵以最大的动力运行；如果两个齿轮一起被推动，则机油泵以更小的动力运行。滑动装置是机油泵内的控制活塞，控制活塞将调节过的油液导向滑动装置的左侧或右侧，滑动装置根据油压纵向移动。控制活塞由油压控制阀驱动。

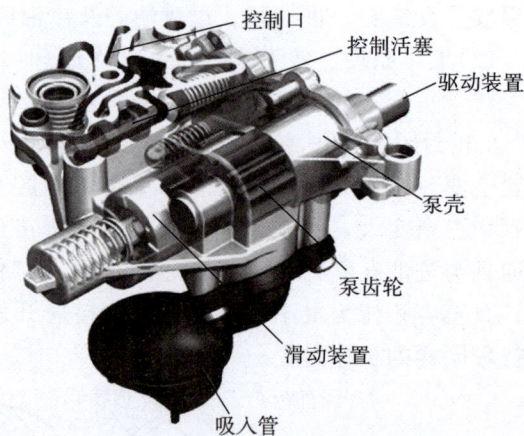

图 2-6-11　可变排量机油泵的结构

由低压段切换到高压段是由负载和发动机转速决定的。低于此限值时，泵以 180 kPa 的压力运行；当达到 3 500 r/min 的转速时，机油泵会产生 3.2 kPa 的油压。

(2)工作原理。

1)低压控制。发动机起动瞬间机油压力为零，随着转速的提高机油压力逐渐上升。当发动机转速达到 1 000 r/min 左右时，机油压力达到 1.8 kPa。在机油压力达到 1.8 kPa 之前，主动齿轮和从动齿轮一直保持全啮合状态。随着输出压力的增大，控制活塞向右移动，当输出压力达到 180 kPa 时，控制活塞的第 4 个孔被堵上，也就是通向从动泵轮调节活塞左侧的机油压力为零，在此之后施加在从动泵轮两边的压力开始不相等，从动泵轮开始轴向移动，如图 2-6-12 所示。

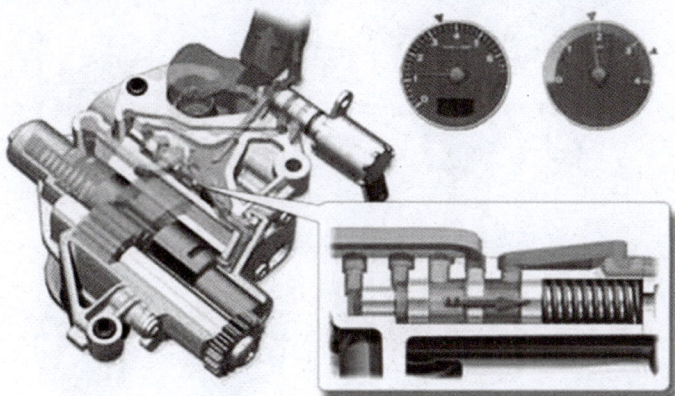

图 2-6-12　油压达到 180 kPa 的控制

随着发动机转速继续升高，控制活塞有向右移动的趋势，其右侧的弹簧开始产生反向力，由于施加在从动泵轮左侧的压力消失，从动泵轮向左移动，结合面积缩小，这种动态的调节使机油压力维持在 180 kPa 左右，如图 2-6-13 所示。

图 2-6-13　油压维持 180 kPa 的控制

2)高压控制。当发动机转速达到 3 500 r/min 时，油压控制阀由发动机控制单元控制搭铁，这时控制活塞第一个孔的油被切断，控制活塞原来的动态平衡被打破，在弹簧的作用下向左移动，第 4 个孔被打开，从动泵轮左右侧的压力重新回到平衡状态，在从动泵轮左侧的弹簧作用下，从动泵轮迅速向右移动，驱动泵轮与从动泵轮达到全啮合状态，该转速下机油压力达到 320 kPa 左右，如图 2-6-14 所示。

当机油压力达到 320 kPa 后，随着发动机转速的提高，机油压力稍微增加，这时控制活塞向右被推动，活塞第 4 个孔被重新堵上，从被动齿轮左侧既有压力消失，在右侧输出的既有压力作用下，从动泵轮向左移动，转速提高而驱动泵轮与从动泵轮的啮合面减小，使机油压力保持在 320 kPa，如图 2-6-15 所示。

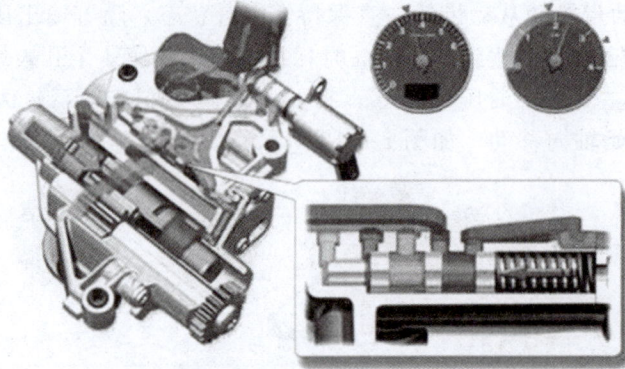

图 2-6-14　油压达到 320 kPa 的控制

图 2-6-15　油压维持 320 kPa 的控制

(三)机油滤清器

机油滤清器串联于机油泵与主油道之间，用来过滤掉润滑油中的杂质、磨屑、油泥和水分等杂物，使传送到各润滑部位的都是清洁的润滑油。

(1)结构。机油滤清器多采用纸质滤芯，结构如图 2-6-16 所示，主要由外壳、滤芯和盖板等组成。滤芯安装于外壳滤芯底座和端盖下端面之间，并用弹簧压紧。密封圈用来防止外壳内的机油不经过滤直接进入芯筒内。端盖与外壳之间用密封圈固定，端盖通过螺栓固定于缸体，并与缸体上相应的油孔对齐。

从机油泵输出的压力油经端盖上的进油孔进入机油滤清器的外壳与滤芯之间，经滤芯过滤后，进入滤芯中间并经端盖上的出油孔进入主油道。旁通阀安装于端盖上，当滤芯发生堵塞而阻力增加时，旁通阀打开，外壳内的机油经旁通阀和端盖出油孔进入主油道。

(2)纸质式滤清器的维护。目前，越来越多的发动机为维修方便，采用旋转式滤芯结构，滤芯为纸质折叠式结构，封闭式外壳，直接旋装于滤清器盖上，以达到规定里程后方便整体更换。在更换机油滤清器时，机架中的聚酰胺材质的锁芯开启，随着锁芯的开启，一根回流管也开启了，这样，还留在机油滤清器中的聚集起来的油能够流回到油盘中。必须将机油滤清器拧下来才能进行更换，在完全取下机油滤清器之前要等待 2～3 s，避免有流出来的机油进入发动机。

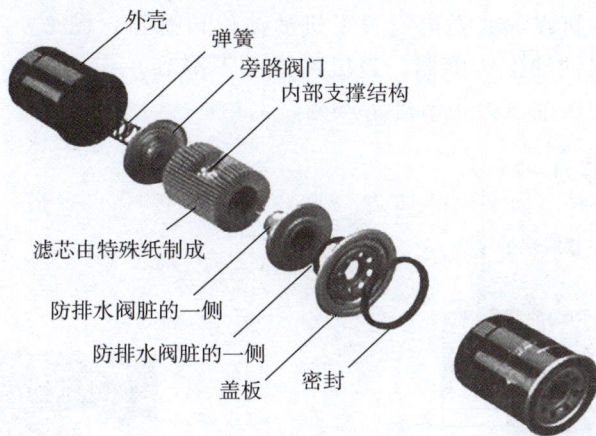

图 2-6-16　机油滤清器结构

(四)集滤器

集滤器一般是滤网式，安装在机油泵前面，滤网位于油底壳中，吸油管与机油泵入口相连接。其主要作用是防止大颗粒杂质进入机油泵。汽车发动机的集滤器可分为浮式集滤器和固定式集滤器。目前，汽油发动机通常采用固定式集滤器，如图 2-6-17所示。固定式集滤器位于机油液面以下，可防止油面上的泡沫被吸入润滑系统，其润滑可靠，结构简单。

当安装集滤器时，吸油管与机油泵连接处必须使用新的 O 形圈，如图 2-6-18 所示，且在其上涂抹适量的洁净机油；否则，机油泵可能无法泵吸机油。

图 2-6-17　固定式集滤器

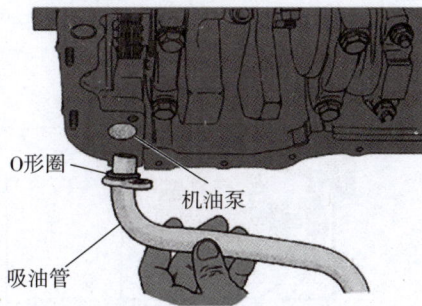

图 2-6-18　安装集滤器

(五)机油压力开关和机油压力指示灯

机油压力开关和机油压力指示灯是用来判断润滑系统的工作状况的，一旦润滑系统内的机油绝对压力降至 120～148 kPa，机油压力开关接通，机油压力指示灯就会点亮。机油压力指示灯由机油压力开关直接控制搭铁，点火开关控制正极，如图 2-6-19所示。机油压力开关安装在主油道上，是一个常闭开关，给机油压力指示灯提供搭铁，只有在正确的机油压力下它才能断开，机油压力指示灯才熄灭。因此，点火开关置于ON时，发动机不起动，机油泵没有工作，机油压力很低，机油压力指示灯点亮。起动发动机后，机油泵工作，机油压力指示灯熄灭。

(六)机油油位传感器

有些最新的发动机在油底壳内设置了机油油位传感器。图2-6-20所示为上汽通用君威2.0 T发动机机油油位传感器。当机油液面下降到一定高度时，传感器内部的电路导通，仪表板上的机油压力指示灯将点亮。

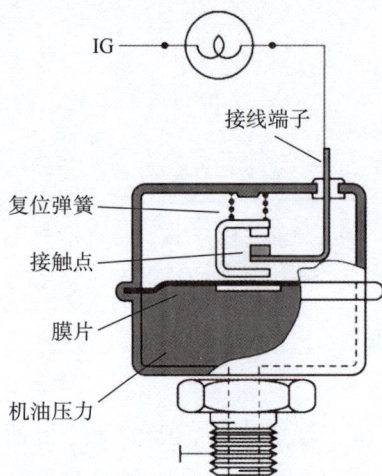

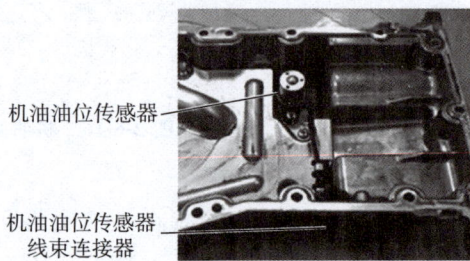

图 2-6-19　机油压力开关　　　图 2-6-20　上汽通用君威 2.0 T 发动机机油油位传感器

机油油位传感器是一个常闭型开关，它利用自身搭铁，并通过一根与ECM相连接的导线传递机油油位信息。当机油液面上升到一定高度时，传感器内部的开关断开，ECM检测到高电平信号；当机油液面下降到一定高度时，传感器内部开关闭合，给ECM一个低电平信号，ECM通过高速CAN总线向车身BCM发送一条信息，然后BCM通过低速CAN总线向组合仪表(IPC)发送一条信息，请求点亮发动机机油压力指示灯，如图2-6-21所示。

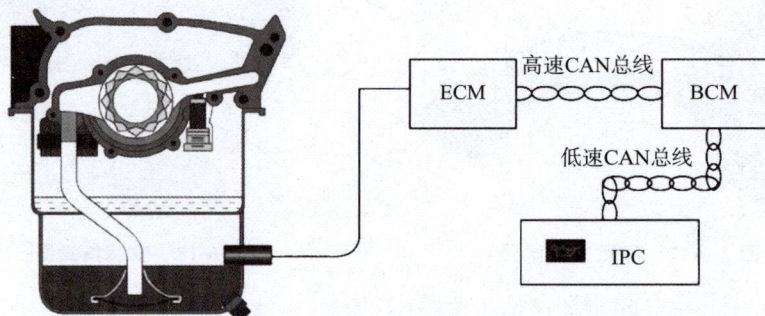

图 2-6-21 上汽通用君威发动机机油油位检测

(七)机油冷却器

一些热负荷较大的发动机，如涡轮增压发动机或大功率柴油机等，除利用油底壳对机油进行散热外，还设有专门的机油散热装置，这些装置称为机油冷却器，一般可分为风冷式和水冷式。机油冷却器布置在润滑油路中，其工作原理与散热器相同。

(1)风冷式机油冷却器。风冷式机油冷却器结构和冷却液散热器结构基本相同，但采用横流式结构，布置在冷却液散热器前面。风冷式机油冷却器油路与主油道并联，利用风扇风力使机油冷却。在汽车行驶时，利用汽车迎面风冷却热的机油冷却器芯子。风冷式机油冷却器要求周围通风好，但普通轿车上很难保证有足够的通风空间，一般很少采用。在赛车上多采用这种冷却器，因为赛车速度快，冷却风量大。

(2)水冷式机油冷却器。水冷式机油冷却器置于冷却系统中，利用冷却液的温度来控制润滑油的温度。当润滑油温度高时，靠冷却液降温，发动机起动时，则从冷却液吸收热量使润滑油温度迅速升高。机油冷却器由铝合金铸成的壳体、前盖、后盖和铜芯管组成。为了加强冷却，管外又套装了散热片。冷却液在管外流动，润滑油在管内流动，两者进行热量交换。也有使润滑油在管外流动，而冷却液在管内流动的结构。

图 2-6-22 所示为大众 EA888 发动机机油冷却器。其与机油滤清器集成一体，机油冷却器安装在辅助机架上，从机油冷却器里流出来的是被冷却了的机油，在压力的作用下涌流着通过机油滤清器，机油滤清器内部的回流阀门开启，这样，经过过滤的机油就能够流回到发动机的润滑循环中。

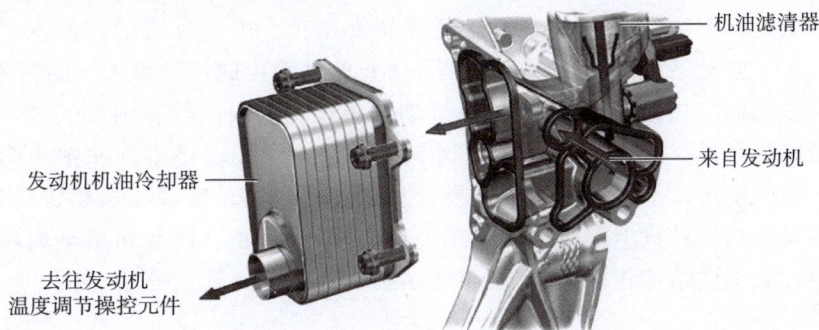

机油滤清器

发动机机油冷却器

来自发动机

去往发动机
温度调节操控元件

图 2-6-22　大众 EA888 发动机机油冷却器

(八)曲轴箱通风装置

1. 曲轴箱通风的作用

当发动机工作时，总有一部分可燃混合气和废气经活塞环窜到曲轴箱内，窜到曲轴箱内的可燃混合气凝结后会使机油变稀，性能降低。废气内含有水蒸气和二氧化硫，水蒸气凝结在机油中形成泡沫，破坏机油供给，这种现象在冬季尤为严重；二氧化硫遇水生成亚硫酸，亚硫酸遇到空气中的氧气生成硫酸，这些酸性物质的出现不仅使机油变质，还会使零件受到腐蚀。而且可燃混合气和废气窜到曲轴箱内，曲轴箱内的压力增大，机油会从曲轴油封、曲轴箱衬垫等处渗出而流失。流失到大气中的混合气会加大发动机对大气造成的污染。

发动机装有曲轴箱通风装置就可以避免或减轻上述现象，因此，发动机曲轴箱通风装置的作用如下：

(1)防止机油变质。

(2)防止曲轴油封、曲轴箱衬垫渗漏。

(3)防止各种油蒸气污染大气。

2. 曲轴箱通风的种类

曲轴箱通风包括自然通风和强制通风。现代汽油发动机常采用强制式曲轴箱通风，又称为 PCV 系统。当发动机工作时，进气管真空度使新鲜空气经空气滤清器、空气软管进入气缸盖罩，再由气缸盖和机体上的孔道吸入曲轴箱。在曲轴箱内，新鲜空气和曲轴箱内气体混合后经气缸盖罩、PCV 阀和曲轴箱气体软管进入进气管，最后经进气门进入燃烧室烧掉。根据不同的发动机工况，PCV 阀的开度不同，通过的空气量也不同。常见的曲轴箱通风方式主要有以下几种：

(1)普通式。普通式即曲轴箱内的油蒸气通过机油管的加油口直接与大气相通。这种通风方式不需要专门的机件，各种油蒸气直接排到大气中，对大气产生了污染，因此，它适用于某些要求不高的拖拉机上的内燃机。

(2)呼吸器式。呼吸器式即曲轴箱内的油蒸气通过一个呼吸器式装置与大气相通。这种呼吸器装置是一个过滤装置，可将有害气体吸附，防止污染大气。呼吸器用螺栓固定在气缸体的一侧，底部的侧面有一进气口与曲轴箱相通，上部的出气口用橡胶管与大气相通。呼吸器内部焊接有两层填满镀铈钢丝的过滤网，以分离油雾和气体。当发动机工作时，窜入曲轴箱的各种气体由呼吸器的进气口进入呼吸器，经过滤网的过滤、分离，最后，干净的空气由出气口经橡胶管排出。由于有两层过滤网，油雾极少排出，既保证了曲轴箱内的压力平衡，又可防止曲轴箱内的油气对大气的污染。

(3)强制通风式。利用发动机进气系统的抽吸作用抽吸曲轴箱内的气体，这种通风方式称为强制通风式。这种通风方式结构有些复杂，但可以将窜入曲轴箱内的可燃混合气和废气回收使用，不仅有利于提高发动机的经济性，还减轻了发动机的排放污染，因此，在现代汽车发动机上广泛使用。图 2-6-23 所示为北京 Jeep 切诺基曲轴箱强制通风装置示意，其主要结构包括 PCV 空气滤清器、计量阀及管道等。

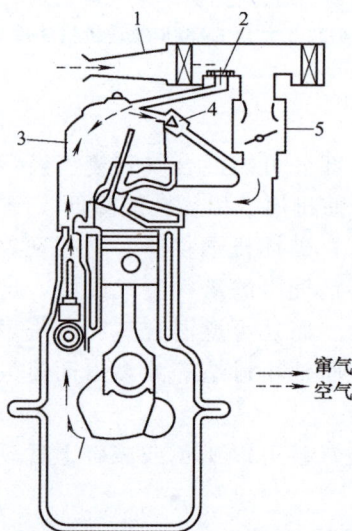

图 2-6-23　北京 Jeep 切诺基曲轴箱强制通风装置示意

1—空气滤清器；2—PCV 空气滤清器；3—气门室罩；4—计量阀；5—化油器

当发动机工作时，在进气管真空度的作用下，新鲜空气由空气滤清器壳上的PCV空气滤清器进入，沿与气门室罩后端相连的软管流到发动机中，并与窜气相混合，再经计量阀，沿与气室门罩前端相连的软管流入进气管。发动机在不同工况下，窜气量有所不同。为使发动机正常工作，要求吸入进气管的气体流量，即通风量应随窜气量的变化而变化，即窜气量多时通风量能自动增大，而窜气量少时通风量能自动减少，这由计量阀来实现。计量阀的工作原理如图2-6-24所示。当发动机负荷较大时，窜气量较多。此时节气门开度较大，进气管真空度较低，计量阀处于图2-6-24（a）所示的位置，气体流通截面较大，通风量相应较大；发动机在怠速或小负荷时，窜气量较少，此时，由于节气门开度较小、进气管真空度较高，计量阀被吸到图2-6-24（b）所示的位置，气体流通截面减小，通风量相应较小；如果发动机发生回火，进气管压力将大大增加，计量阀在进气管压力与弹簧弹力的作用下移到图2-6-24（c）所示的位置，将通风软管堵死，防止了回火火焰沿通风软管传进曲轴箱而引起曲轴箱爆炸。

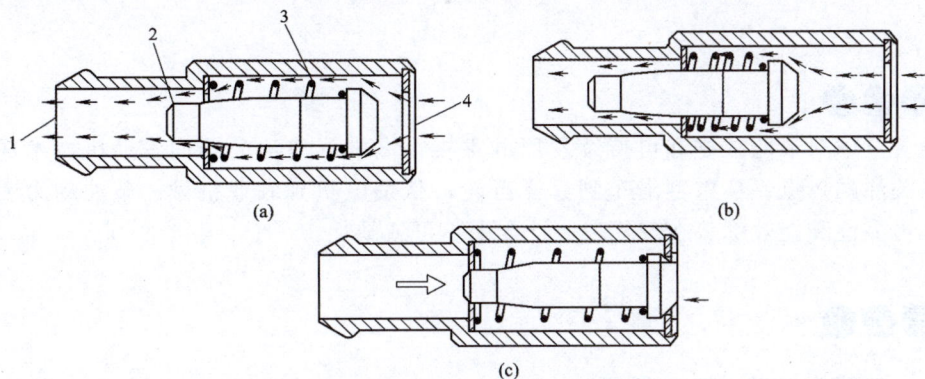

图 2-6-24 计量阀的工作原理
（a）大通风量时；（b）小通风量时；（c）堵死时
1—到进气管；2—计量阀；3—弹簧；4—通气门室罩

学习研讨

背景描述	讨论真实案例，如某次重大赛事中，因润滑系统问题导致的赛车退赛事件，分析其原因、处理过程及后续改进措施，引导学生思考预防性维护和紧急应对策略
讨论主题	如何排除润滑系统故障？
成果展示	维修成果检测

学习评价

内容组织	素养提升			评价结果
故障诊断准确、维修方法正确	思路清晰、动手能力强、工具使用规范	熟练掌握故障排除的方法	很好地体现团队协作和自学能力	优秀

内容组织	素养提升			评价结果
故障诊断时间较长、维修方法正确	思路清晰、工具使用规范	较熟练掌握故障排除的方法	较好地体现团队协作和自学能力	良好
故障诊断时间较长、维修方法不规范	思路不清晰、工具使用不规范	不能熟练掌握故障排除的方法	不能很好地体现团队协作和自学能力	一般

🚗 学习单元七　柴油发动机

🏁 **情境导入**

　　随着全球对节能减排和可持续发展的重视，高效、清洁的柴油发动机技术成为众多领域关注的焦点。从重型卡车到远洋巨轮，从发电机到农业机械，柴油动力无处不在，其可靠性和能效优势在现代工业社会中不可或缺。

🏁 **相关知识**

一、柴油发动机的工作原理

(一)工作行程

　　柴油发动机以柴油作为燃料。一台四行程柴油发动机的工作循环包括进气行程、压缩行程、燃烧行程、排气行程。

　　在进气行程中，只有空气进入气缸。在压缩行程中，活塞压缩吸入的空气使之升温到燃烧前温度点。柴油发动机的压缩比要比汽油发动机的高。汽油发动机压缩比为9~11，柴油发动机压缩比为14~23。在燃烧行程中，燃油被喷射进入燃烧室。燃油与高温的压缩空气混合后，引发自燃和燃烧。最后在排气行程中，活塞推动燃烧过的气体排出气缸。4个行程过程如图2-7-1所示。

　　柴油发动机与汽油发动机相比有一个最大的优点，就是它的燃油消耗更小，因为它的损耗小且压缩比高；另外，柴油机也有一些缺点，如在运行过程中振动大和噪声大，而且尾气中有害物质的数量要比汽油发动机多。

(二)柴油发动机输出功率控制

　　在柴油发动机中，燃油是在空气被压缩形成高温、高压的压缩空气后再喷入。如在发动机低速旋转时要获得高温、高压的压缩空气，就必须吸引大量的空气进入气缸。由于存在进气阻力，所以就不能采用节气门(某种类型发动机使用了进气阀门，它的形状与节气门非常相似)。在柴油发动机中，柴油机的输出功率是通过调节燃油喷油量来控制的。燃油喷油量小，输出功率小；燃油喷油量大，输出功率大。汽油发动机的输出功率是通过节气门的开启和关闭来控制的，还包括控制燃油混合气的吸入量。燃油混合气吸入量小，输出功率小；燃油混合气吸入量大，输出功率大，如图 2-7-2 所示。

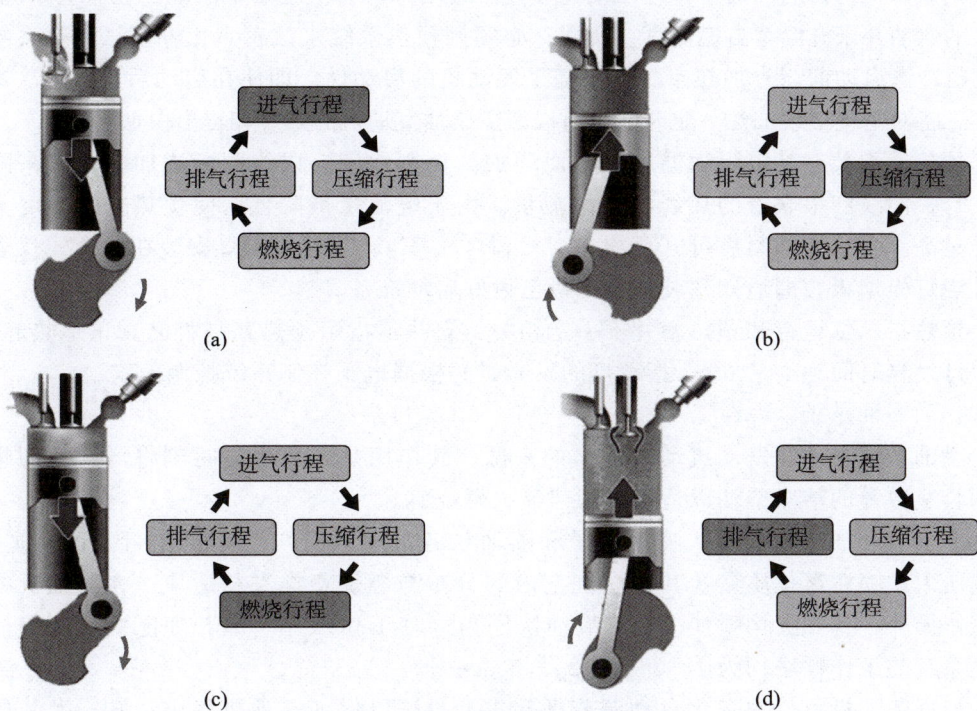

图 2-7-1　柴油发动机工作行程
(a)进气行程；(b)压缩行程；(c)燃烧行程；(d)排气行程

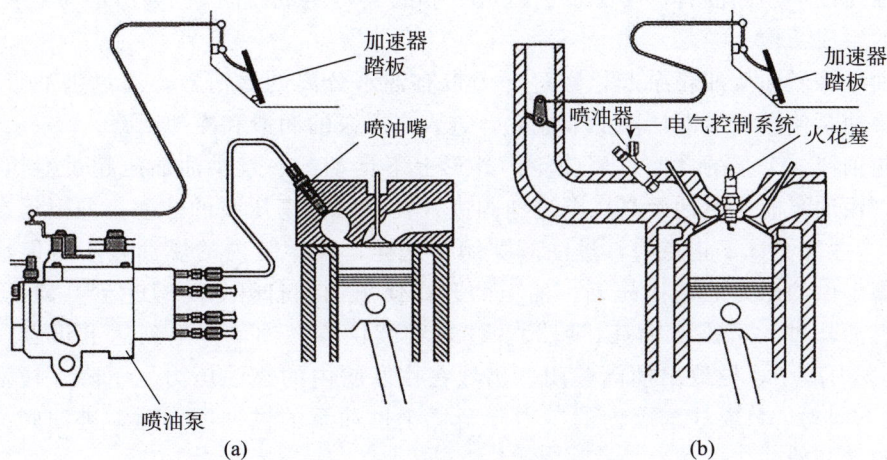

图 2-7-2　发动机输出功率控制对比
(a)柴油发动机调节燃油量控制；(b)汽油发动机调节进气量控制

二、柴油发动机的特点

(一)预加热系统

当发动机冷态启动时，即使压缩充分，压缩压力也会从压缩室泄漏。在有些情况下，喷入的燃油并未升温至自燃温度。所以，必须用预热系统来改善点火性能。预热系统在发动机冷态启动前，先加热空气，提高了发动机的启动性。即使在启动后，依据冷却液温度，将对空气继续加热一定时间，可以减少柴油发动机的爆燃和冒出白烟。

预热塞内装有其电阻随温度上升而增加的控制线圈。以线圈所增加的电阻来降低流往与控制线圈串联着的热线圈的电流量。由于电流量被降低，使预热塞的温度不致上升过高。预热塞的温度可升至约 900 ℃（1 472 ℉）。预热指示灯安装在组合式仪表内部，当灯光熄灭，即通知驾驶员发动机已做好启动准备。

预热指示灯运行和预热塞并不一定相关，它并不指示预热塞是否已真正地热起来。指示灯发光时间为 0～10 s，指示灯的发光时间根据电子控制系统控制而定。

(二)燃油系统

燃油系统是柴油发动机动力输出的来源。其作用是在适当的时刻将增压到理想压力的合适数量的洁净柴油以适当的规律喷入燃烧室。

在喷射燃油的过程中，喷油定时和喷油量各缸相同且与柴油机运行工况相适应；喷油压力、喷注雾化质量及其在燃烧室内的分布与燃烧室类型相适应。在柴油机的每个工作循环，各气缸均喷油一次，喷油次序与气缸工作顺序一致，如电装、德尔福及博世系统的工作顺序均为 1—3—4—2。

根据柴油机负荷的变化自动调节循环供油量，以保证柴油机稳定运转，尤其要稳定怠速，限制超速。高压油路储存一定数量的柴油，保证汽车的最大续驶里程。共轨燃油系统主要由低压油管、柴油滤清器总成、电控高压油泵总成、高压油管、公共油轨、电控喷油器、回油管、传感器、PCM、执行器等组成。图 2-7-3 所示为电装共轨燃油系统的组成结构。

输油泵将燃油从油箱泵起，经过一个带有油水分离的滤清器，通过进油管进入高压泵。输油泵使燃油经泄压阀的节流孔，进入高压泵的润滑和冷却回路。

凸轮轴使 3 个泵的柱塞按照凸轮的外形上下运动。一旦供油油压超过泄压阀的开启压力，输油泵能使燃油经高压泵进油阀进入柱塞腔，高压泵的柱塞正向下运动（吸油行程），当柱塞经过下止点时，进油阀关闭。这样，柱塞腔内的燃油就不可能泄漏了，它将被高于供油压力的油压压缩。油压的升高使出油阀打开，一旦达到共轨压力，被压缩的燃油就进入了高压循环（油路）。柱塞继续供给燃油，直至到达上止点（供油行程）后，压力减小，导致出油阀关闭，仍然在柱塞腔内的燃油压力也下降，柱塞（泵油塞）又向下运动。只要柱塞腔内的压力降至低于供油泵的供油压力时，进油阀又开启，泵油过程又开始。

(三)柴油滤清器总成

在博世系统的燃油滤清器上，有燃油温度传感器、燃油加热器、手油泵、油水分离器及其水位传感器。

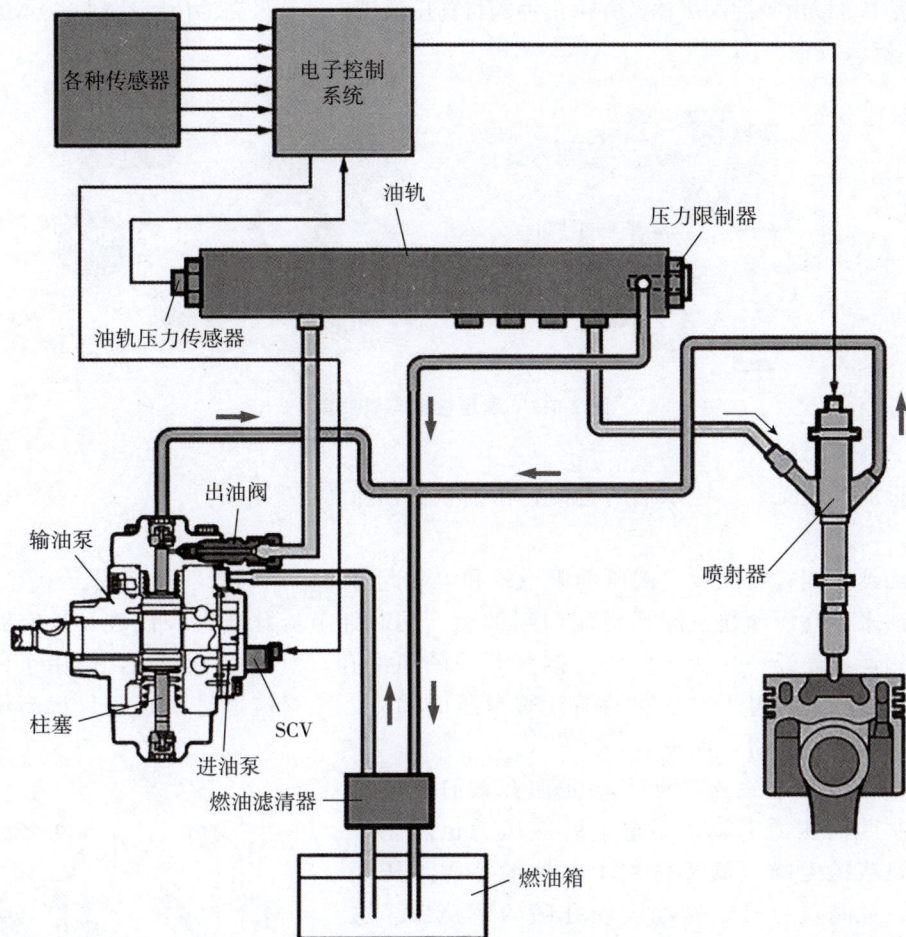

图 2-7-3   电装共轨燃油系统

(四)高压泵总成

博世系统高压泵总成的结构包括驱动轴、输油泵、油压调节器、油量计量阀、高压柱塞与泵油室、限压阀、燃油温度传感器等，如图 2-7-4 所示。

(五)油量计量阀(IMV)

油量计量阀(Intelligent Metering Valve, IMV)安装在高压油泵的进油位置，用于调整燃油供给量和燃油压力值。而其调整要求受电子控制系统控制。在控制线圈没有通电时，进油计量比例阀是全关闭的。电子控制系统通过脉冲信号改变高压油泵进油截面面积而增大或减小油量。

(六)高压柱塞与泵油室

博世的泵油室由 3 个相互成 120°夹角布置的柱塞组成，高压柱塞受驱动凸轮驱动，

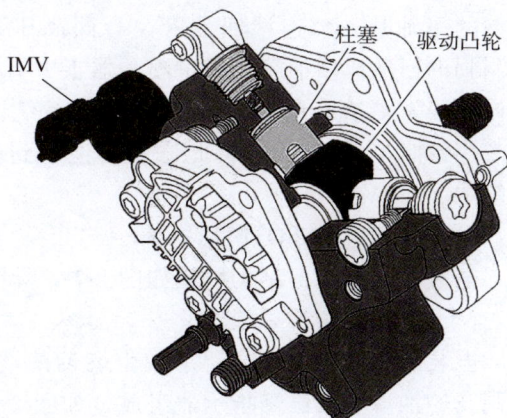

图 2-7-4   博世系统高压泵总成

运转过程中可以由吸油阀吸油,并由出油阀将高压油压出,其最高油压可达到160 MPa,如图2-7-5所示。

图 2-7-5　高压柱塞与泵油室

(七)共轨总成

博世的共轨总成与德尔福的类似,由油轨和油压传感器组成。

(八)喷油器

喷油器由孔式喷油嘴、液压伺服系统和电磁阀等一系列功能部件组成。

燃油来自高压油轨,经通道流向喷油嘴,同时经节流孔流向控制腔,控制腔与燃油回路相连,途经一个受电磁阀控制其开关的泄油孔。泄油孔关闭时,作用于针阀控制活塞的液压力超过了它在喷油嘴针阀承压面的力,针阀被迫进入阀座且将高压通道与燃烧室隔离、密封,如图2-7-6所示。

当喷油器的电磁阀被触发,泄油孔被打开,这引起控制腔的压力下降,活塞上的液压力也随之下降,一旦液压力降至低于作用于喷油嘴针阀承压面上的力,针阀被打开,燃油经喷孔喷入燃烧室。这种对喷油嘴针阀的不直接控制采用了一套液压力放大系统,因为快速打开针阀所需的力不能直接由电磁阀产生,所谓的打开针阀所需的控制作用,是通过电磁阀打开泄油孔使控制腔压力降低,从而打开针阀。另外,燃油还在针阀和控制柱塞处产生泄漏,泄漏的燃油量,经连接回油管,会同高压泵和压力控制阀的回油流回油箱。博世喷油器上方有7位喷油器修正码,更换新喷油器或电子控制系统时需要使用专用诊断工具KT600将此修正码注册到电子控制系统中。

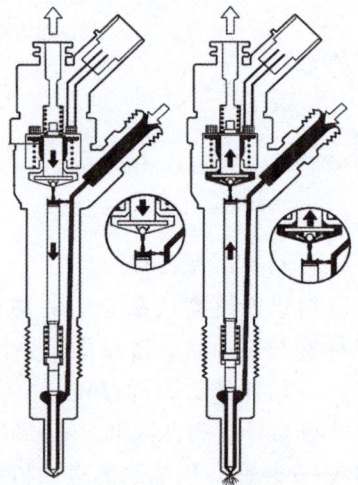

图 2-7-6　喷油器

(九)电装(DENSO)燃油系统

电装燃油系统的结构组成如图2-7-7所示。

(十)柴油滤清器总成

电装系统的柴油滤清器总成由燃油滤清器滤芯、燃油进水传感器、燃油滤清器排水阀及燃油滤清器维修指示器组成,如图2-7-8所示。

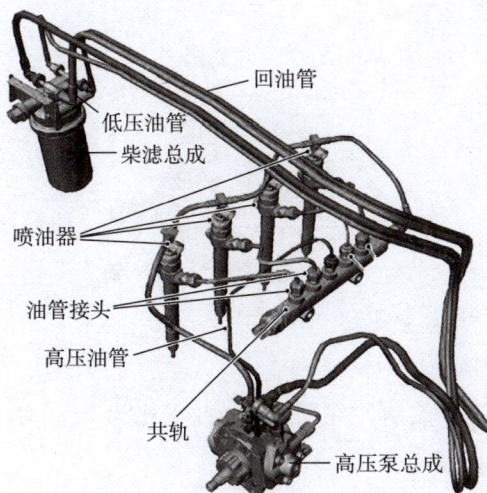

图 2-7-7　电装（DENSO）燃油系统

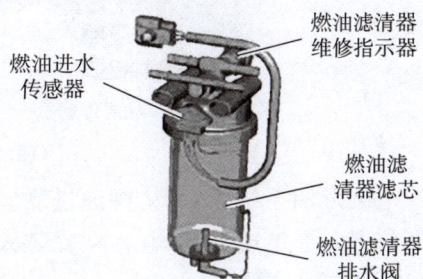

回油管
低压油管
柴滤总成
喷油器
油管接头
高压油管
共轨
高压泵总成

图 2-7-8　柴油滤清器总成

燃油滤清器维修指示器
燃油进水传感器
燃油滤清器滤芯
燃油滤清器排水阀

1. 燃油滤清器滤芯

燃油滤清器滤芯将柴油中的杂质过滤掉，以免高压油泵磨损或卡滞，以及避免喷油器堵死或卡滞。

2. 燃油进水传感器

柴油中的水流经滤清器时被分离并存储在滤清器底部。当水位过高时，燃油进水传感器检测到水位过高并将信号传送给 PCM，PCM 通过 CAN 网络请求仪表模块（IPC）点亮排水指示灯。

3. 燃油滤清器排水阀

当仪表上的排水指示灯点亮后，需要将燃油滤清器中的水分排除干净。排水时将排水阀拧开，使水分流出即可。当有少量柴油被排出时，水分即被排除干净。

4. 燃油滤清器维修指示器

燃油滤清器维修指示器的作用是指示柴油滤芯是否需要及时更换。

（十一）高压油泵总成

高压油泵的作用：燃油通过高压油泵中的输油泵从油箱吸出，经过燃油滤清器滤清后，进入高压油泵的压力室。燃油经过压缩后，产生高压并通过高压油管输送到油轨。

电装系统高压油泵总成的结构：输油泵、油压调节器、油量计量阀（SCV）、高压柱塞与泵油室、燃油温度传感器等，如图 2-7-9 所示。

1. 输油泵

电装系统的输油泵属于次摆线型转子输油泵。其作用是将燃油从油箱吸入，并使油压上升到 3 bar（3×10^5 Pa）左右。

2. 油压调节器

油压调节器的作用是调节输油泵的出油压力，使其稳定在 3 bar 左右。

3. 油量计量阀（SCV）

油量计量阀的作用是调整进入泵油室的油量，从而调节高压泵总成的出油压力。

图 2-7-9　高压泵总成

电装燃油系统的 SCV 阀通过脉宽占空比信号控制,在断电时(占空比为 0%)处于全开位置,通电电流越大(占空比越大),开度越小。

4．高压柱塞与泵油室

高压柱塞与泵油室形成一个高度密封的空间,其作用是压缩燃油,将燃油压力升高到目标油压。电装的高压柱塞由偏心凸轮驱动,在运转过程中可以由吸油阀吸油,并由出油阀将高压油压出,其最高油压可达到 200 MPa。

5．燃油温度传感器

燃油温度传感器的作用是检测燃油的温度,对发动机喷油量与油压进行修正。它使用负温度系数的热敏电阻作为检测元件。

6．高压油管

高压油管承受的燃油压力比较高。所以,安装时必须确保其密封性能,否则会出现燃油泄漏现象,导致发动机工作异常。高压油管安装时,当将油管螺母紧固后,管接头会产生变形。所以,当拆卸高压油管后,一般需要重新更换油管。拆下来的高压油管,一定要注意清洁,使用干净的塑料袋装起来。而且在安装过程中不能弯曲油管。

7．公共油轨(简称共轨)

共轨总成包括油轨、油压传感器与限压阀,如图 2-7-10 所示。

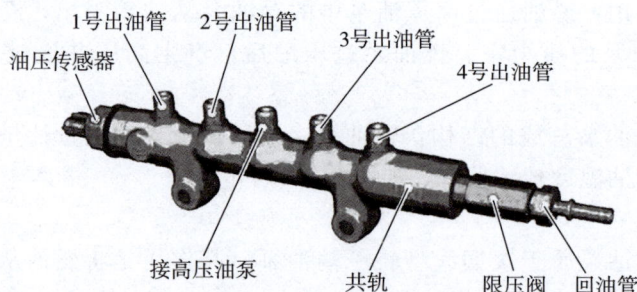

图 2-7-10　公共油轨

油轨的作用是储存高压燃油,并将燃油压力波动减至最小。压力传感器的作用是检测油轨中的燃油压力,并向 PCM 反馈压力信号,以调整油量计量阀的开度,使实际油压与目标油压保持一致。限压阀的作用是当燃油压力超过一定程度时打开阀体并泄压，以保护高压部件与喷油器。限压阀是一个可维修零件，当限压阀被触发打开后，必须安装新的燃油限压阀，限压阀被触发打开后，故障指示灯亮。需要注意的是，电装的共轨总成为整体更换部件，如果某部件损坏，则需要更换共轨总成。

8. 喷油器

喷油器的作用是将适量的燃油按合适的规律喷进气缸中，以使气缸做功输出动力。喷油器主要由电控线圈调节阀、液控燃油喷射阀两部分组成。

注意，喷油器铜垫圈为一次性垫圈。一旦拆动喷油器，必须更换铜垫圈。喷油器通过一个带中心螺栓，能够同时固定两个喷油器的压块。如果两个喷油器中的一个被拆除，用同一个支架固定的另一个喷油器的铜垫圈必须更换。喷油器的头部有一组由 16 位数字组成的修正码，它代表了喷油器因机械加工导致的与标准喷油器的流量差。更换新喷油器或 PCM 时，需使用 IDS 将此组修正码注册到 PCM 中。需要注意的是，如果不注册修正码或注册不正确，将可能导致车辆出现冒黑烟、怠速抖、工作粗暴等故障现象。

学习研讨

背景描述	柴油发动机因其较高的热效率而被广泛应用于重载和长途运输。探讨如何通过优化设计(如涡轮增压技术和中冷器的应用)和操作策略进一步提高其燃油经济性，以及比较柴油机在各种应用场景下的效率，有助于深入理解其商业价值
讨论主题	柴油发动机的优点和发展瓶颈
成果展示	小组以 PPT 的方式展示讨论成果

学习评价

内容组织	素养提升			评价结果
专业词汇定义准确，方案和策略价值大	思路清晰、重点突出、语言流畅	熟练掌握 PPT 等信息化技术	很好地体现团队协作和自学能力	优秀
专业词汇定义准确，方案和策略价值较大	语言通顺简洁、思路较清晰	较熟练掌握 PPT 等信息化技术	较好地体现团队协作和自学能力	良好
专业词汇定义准确，方案和策略价值不大	语言逻辑不够清晰流畅	不能熟练掌握 PPT 等信息化技术	不能很好地体现团队协作和自学能力	一般

知识拓展：涡轮增压技术　　　　课后练习

模块三
汽车电气系统

汽车电气系统作为车辆的重要组成部分，随着汽车工业的不断发展和技术的进步，经历了显著的演变。早期的汽车电气系统相对简单，主要包括照明、启动和点火系统。随着电子技术的进步，现代汽车电气系统变得更加复杂和多样化，不仅包括传统的照明和启动系统，还涵盖了电子控制单元（ECU）、安全系统、娱乐系统和通信系统等。

汽车电气系统的性能和可靠性直接影响车辆的整体性能及用户体验，是现代汽车技术的核心部分。本模块主要介绍汽车电气系统的组成和工作原理，内容包括电源系统、照明系统、启动系统、点火系统和电子控制系统的组成及工作原理。

🏁 学习目标

(1)掌握汽车电源系统组成及工作原理。
(2)掌握启动系统结构及工作原理。
(3)掌握起动机工作原理及组成。
(4)掌握汽车点火系统结构及工作原理。
(5)掌握汽车照明与信号系统分类及工作原理。
(6)掌握汽车基本仪表及报警系统结构与工作原理。
(7)掌握汽车中控系统组成及工作原理。
(8)掌握汽车防盗装置的结构及工作原理。

🎯 学习单元一　汽车电池与发电机

🏁 情境导入

汽车电池与发电机系统的发展经历了显著的演变。早期汽车使用铅酸蓄电池和机械发电机，仅能满足基本的照明和启动需求。随着技术进步，引入了交流发电机和电子电压调节器，提高了电能供应的稳定性和效率。

现代汽车电池技术不断升级，包括使用更高容量和更长寿命的锂电池，适应日益增加的车载电子设备需求。发电机系统也变得更高效，配合智能电源管理系统，优化电能分配，提高燃油经济性。未来，汽车电池与发电机系统将继续向高效、智能和环保方向发展，以支持智能和电动汽车的普及。

相关知识

一、汽车电源

(一)汽车电源概述

1. 汽车电源的组成

汽车电源由蓄电池和发电机两个电源并联而成，如图 3-1-1 所示。

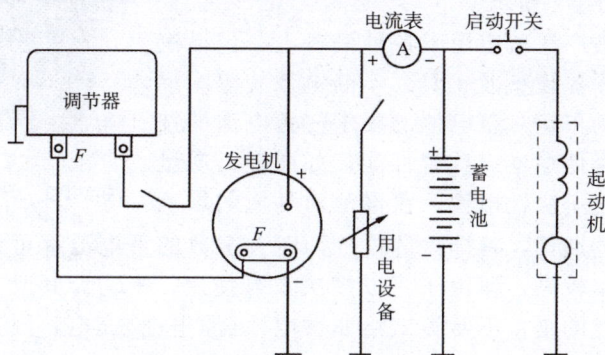

图 3-1-1　汽车电源组成

在发动机工作时，发动机带动发电机发电，向汽车用电设备提供电能，并给蓄电池充电。在启动发动机时，则由蓄电池向起动机及点火系统(汽油发动机)等提供电能。蓄电池的主要用途是启动电源，除此之外，蓄电池还有以下作用：

(1)在发动机怠速运转或停转(发电机电压低或不发电)时，向车载用电设备供电。

(2)当同时启用的车载用电设备功率超过了发电机的额定功率时，协助发电机供电。

(3)当蓄电池存电不足，且发电机负载不多时，可将发电机的电能转换为化学能储存起来。

(4)蓄电池内部的极板构成了一个容量很大的电容器，并联在车载电网中，可以吸收电路中的瞬变电压脉冲，对汽车电路中的电子元件起到了保护作用。

(5)对汽车电子控制系统来说，蓄电池是电子控制器的不间断电源。

2. 对汽车电源的要求

蓄电池是发动机的起动电源，在起动发动机时，需要在短时间内向起动机提供大电流(汽油发动机为 $100\sim600$ A，大型柴油发动机可达 $1\,000$ A)，因而要求其内阻要小，大电流输出时电压要稳定，以确保有良好的起动性能。除此之外，还要求蓄电池的充电性能良好、使用寿命长、维护方便或少维护，以满足良好的汽车使用性能要求。

发动机工作时的转速变化很大，要求发电机在转速变化范围内都能正常发电且电压稳定，以满足用电设备的用电需求；另外，要求发电机的体积小、质量轻、故障率低、发电效率高、使用寿命长等，以确保汽车良好的使用性能。

(二)蓄电池

蓄电池(Storage Battery)又称可充电电池(Rechargeable Battery)、二次电池(Sec-

模块三　汽车电气系统

119

ondary Cell)，俗称电瓶，泛指所有在电量用到一定程度之后可以被再次充电、反复使用的化学能电池。其之所以可以充电是因为在连接外部电源后其化学作用能反向进行。制成蓄电池的化学品有很多种，其设计上也各有不同，因此，其电压、容量、外观大小、质量也各有不同。

汽车中经常使用的低压电池为铅蓄电池，于 1895 年问世，是最早被发明的蓄电池。其容量低、质量重，但可以提供非常稳定的电流，被广泛使用于汽车用电，替代发动机提供启动电流。但因为铅对环境有害，硫酸为腐蚀性液体，使用时应注意，弃置处理时需要注意回收。铅酸电池如图 3-1-2 所示。

目前，蓄电池被广泛地应用于各种设备上，包括汽车起动系统、各种手提设备及工具、不断电系统等。混合动力车辆及纯电动车辆对蓄电池的要求使蓄电池的技术不断改进，以求降低成本、改善性能，如减轻其质量及增加其寿命。相对一次性电池，蓄电池对环境的影响

图 3-1-2　汽车启动用铅酸电池

较小，以整个寿命周期计，碳排放量较少，而大多数的蓄电池都可以循环再制造。虽然蓄电池的起始成本较高，但由于可以多次重复使用，平均计其成本反而比一次性电池成本低。需要注意的是，不要尝试给非蓄电池（原电池）充电，因为这可能引起电源漏出有害的液体、发热、起火甚至爆炸。

(三)汽车启动及控制用蓄电池结构

下面以汽车铅蓄电池为例来了解普通启动型铅蓄电池的内部结构。

铅酸蓄电池又称铅蓄电池，是蓄电池的一种，电极主要由铅制成，电解液是硫酸溶液。其一般可分为开口型电池及阀控型电池两种。前者需要定期注酸维护；后者为免维护型蓄电池。按电池型号可分为小密、中密及大密。俗称的电瓶主要指的是铅酸蓄电池，1859 年由法国物理学家普兰特发明。一般一个汽车启动用铅蓄电池是由 6 个单格蓄电池串联而成的，每个单格蓄电池内部结构都是相同的，标称电压为 2.1 V。

一个单格铅酸蓄电池一般由正极板组、负极板组、隔板、电池槽、电解液和接线端子等部分组成（图 3-1-3）。正极板为二氧化铅（PbO_2）板，负极板为铅（Pb）板。

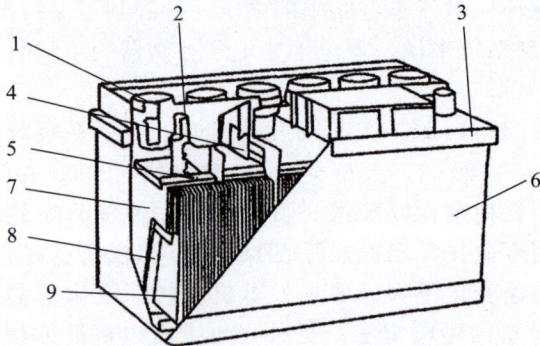

图 3-1-3　蓄电池结构
1—排气栓；2—负极柱；3—电池盖；4—穿壁连接；
5—汇流条；6—整体槽；7—负极板；8—隔板；9—正极板

1. 极板组

每个单格蓄电池都有一个正极板组和一个负极板组，正、负极板组通过极板联条以焊接的方式将所有的单片极板用汇流连接在一起，正、负极板交叉叠加在一起，其间用隔板隔开，一般来说，正极板组的极板片数要比负极板组少一片（图3-1-4）。

单个极板是由栅架和活性物质构成的。正极板上的活性物质是二氧化铅，呈红褐色；负极板上的活性物质是海绵状纯铅，呈淡灰色（图3-1-5）。

图 3-1-4 单格蓄电池结构

1—极板组总成；2—负极板组；3—隔板；
4—正极板组；5—极板联条

2. 隔板

隔板是蓄电池的重要组成部分，不属于活性物质，其本身材料为电子绝缘体，而其多孔性结构使其具有离子导电性（图3-1-6）。隔板的主要作用是防止正、负极短路，它的弹性可延缓正极活性物质的脱落，为了不增加电池内阻，隔板应是多孔质的，允许电解液自由扩散和离子迁移，并具有比较小的电阻。另外，隔板耐酸腐蚀，耐氧化，而且不析出对极板有害的物质。

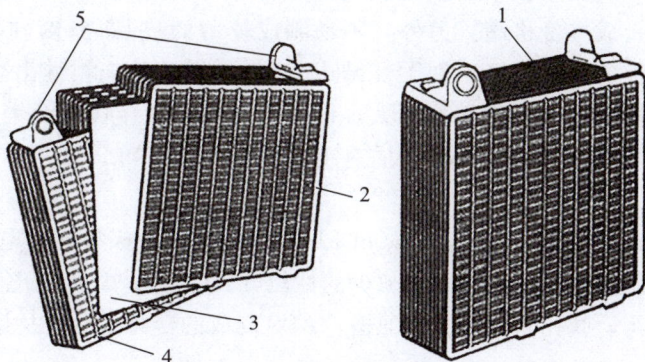

图 3-1-5 负、正极板外观结构

图 3-1-6 隔板外观

20世纪50年代初期，启动用蓄电池主要用木隔板，由于必须在湿润的条件下使用，造成负极板易氧化，初充电时间长，也无法用于干荷式铅蓄电池。尤其是木隔板在硫酸中不耐氧化腐蚀，致使蓄电池寿命短。为了提高铅蓄电池寿命，提出木隔板与玻璃丝棉并用，这使蓄电池寿命成倍地增加，但电池内阻增加，对电池容量、启动放电有不利影响，能满足当时的标准要求。

20世纪60年代中期，出现了微孔橡胶隔板，由于它具有较好的耐酸性和耐氧化腐蚀性，明显地提高了蓄电池寿命。并促进蓄电池结构改进，减小了极板中心距离，使蓄电池启动放电性能和体积比能量有较大的提高。正因为微孔橡胶隔板的优良性能，从20世纪70年代至20世纪90年代初期，在铅蓄电池行业中占统治地位。微孔橡胶隔板的缺点是被电解液浸渍的速度较慢，除热带地区外，缺乏材料资源，制造工艺较复杂，成本价格高。另外，不易制成较薄的成品（厚度在 1 mm 以下）。在生产微孔橡胶隔板的同时，还出现了烧结式 PVC 隔板及后来相继出现的软质聚氧氯乙烯隔板，该种隔板同橡胶隔板相差不大，但在 20 世纪 80 年代很畅销。

目前使用的隔板材质有 PVC、PE、PP 等。

3. 电池槽

电池槽（Battery Case of Ebonite）用来保存极板容放电解液。所以，不怕硫酸侵蚀，坚固耐高温等，是它不可缺少的性能（图 3-1-7）。常见的电池槽有硬质橡胶和聚丙烯制成的汽车、摩托车、牵引电池槽，ABS 制成的密封电池槽及少量的聚苯乙烯电池槽。

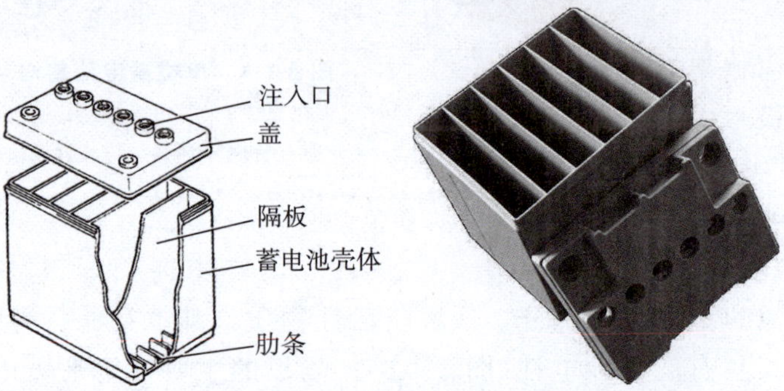

图 3-1-7 电池槽外观及结构

注入口
盖
隔板
蓄电池壳体
肋条

4. 电解液

铅酸蓄电池的电解液用 H_2SO_4 来配制，用于与正极活性物质和负极活性物质一起进行电化学反应，还能在充、放电过程中形成离子导电回路。在铅酸蓄电池内部，电解液在正、负极多孔结构中吸满电解液，有利于化学反应。

铅酸蓄电池使用的电解溶液主要有两种，一种是稀硫酸，制造工艺简单，成本较低，硫酸电解液包含密度为 1.28 g/cm^3 的硫酸及适量的硫酸钠等添加剂；另一种是固态的，即稀硫酸被隔板吸附，二氧化硅在板群两侧和顶部形成凝胶，成为胶体电池。

（1）电解液的导电作用。蓄电池接通外部线路，电流由蓄电池正极经外部线路流入蓄电池负极，在外部电路上有电流流过，而在蓄电池内部 HSO_4^- 离子离开负极向正极迁移，H^+ 则离开正极向负极迁移，使蓄电池内部由于离子的定向运动，形成电流。这样，负极上反应物 $PbSO_4$ 由于得到外电路的电子，而把 HSO_4^- 释放进入电解液，HSO_4^- 又重新迁移到正极表面，完成电荷的转移与传递。

（2）电解液的电阻系数。电解液的电阻系数与温度有关。当温度升高时，电解液黏度变小，离子迁移受阻小，运动活跃，电阻系数将变小。

（3）电解液的密度确定。电解液密度的确定主要依据是确保电解液在活性浓度区间。电解液密度选择要从电池本体结构、供电特性、工作环境等多方面综合考虑。试验证明，电解液理想密度范围为 5.0 mol/L（$D=1.280$）至 1.5 mol/L（$D=1.100$）。电解液由专用硫酸和蒸馏水按一定比例配制而成，密度一般是 1.24～1.30 g/cm^3。在浓度为 12.75～12.85 g/cm^3 的硫酸中加入纯水，如果是电池使用过程中水被消耗了，加入纯水充电即可。

二、交流发电机和电压调节器

(一)交流发电机

1. 交流发电机的分类

汽车交流发电机种类繁多、形式各异,可按总体结构、整流器结构和磁场绕组搭铁形式进行分类。

(1)按总体结构分类。按总体结构不同,交流发电机可分为以下几种类型。

1)普通交流发电机。既无特殊装置,也无特殊功能和特点的汽车交流发电机,称为普通交流发电机,如东风 EQ1090 型载货汽车用 JF132N 型交流发电机。

2)整体式交流发电机。整体式交流发电机即机体上装有电压调节器的交流发电机,如蓝鸟、颐达、捷达和桑塔纳等轿车用 JFZ1913Z 型 14 V 90 A 发电机,南京依维柯(IVECO)汽车用 JFZ1912Z 型 14 V 85 A、JFZ1714Z 型 14 V 45 A 交流发电机。

3)无刷交流发电机。无刷交流发电机即没有电刷和集电环的交流发电机,如东风 EQ2102 型越野汽车用 JFW2621 型 28 V 45 A 整体式发电机。这种发电机的结构与普通交流发电机大致相同。其磁场绕组是静止不动的。因此,磁场绕组的两端引出线可以直接引出,省去了电刷和滑环,被磁化的爪极在磁场绕组的外围旋转扫描定子三相线圈。

4)带真空泵交流发电机。柴油发动机采用带真空制动助力泵的交流发电机,如 JF-Bl712 型交流发电机。

(2)按整流器结构不同分类。按整流器结构不同,交流发电机可分为以下几种类型。

1)6 管交流发电机。6 管交流发电机即整流器由 6 只整流二极管组成三相桥式全波整流电路的交流发电机,如解放 CAI091 型载货汽车用 JF1522A、JF1518、JF1526 型 14 V 55 A 交流发电机。

2)8 管交流发电机。8 管交流发电机即整流器总成由 8 只二极管组成的交流发电机,如天津夏利 TJ7100、TJ7130 型微型轿车用 JFZ1542 型 14 V 45 A 交流发电机。

3)9 管交流发电机。9 管交流发电机即整流器总成由 9 只二极管组成的交流发电机,如斯太尔(STEYR)汽车用 JFZ2518A 型 28 V 27 A 交流发电机,猎豹(PAJERO)汽车 4G64 型发动机用 14 V 75 A 交流发电机。

4)11 管交流发电机。11 管交流发电机即整流器总成由 11 只二极管组成的交流发电机,如捷达、桑塔纳轿车用 JFZ1913Z 型 14 V 90A 发电机,东风 EQ2102 型汽车用 JFW2621 型 28 V 45 A 发电机。

(3)按磁场绕组搭铁形式分类。按磁场绕组搭铁形式不同,交流发电机可分为以下两种类型。

1)内搭铁型交流发电机。内搭铁型交流发电机即发电机磁场绕组的一端与发电机壳体连接的交流发电机,如东风 EQ1090 型载货汽车用 JF132N 型交流发电机。

2)外搭铁型交流发电机。外搭铁型交流发电机即磁场绕组的一端经调节器后搭铁的发电机,如捷达、桑塔纳轿车用 JFZ1913Z 型 14 V 90 A 发电机,东风 EQ2102 型汽车用 JFW2621 型 28 V 45 A 发电机。目前，大多数汽车都采用外搭铁型交流发电机。

另外，按电枢绕组的连接形式不同，发电机的连接方式可分为 Y 形连接和△形连接；按磁场产生形式，发电机可分为永磁式发电机和励磁式发电机两种；按有无电刷发电机，可分为有刷式发电机和无刷式发电机两种。永磁式发电机多用在小型农用车上；汽车上应用的多为励磁式发电机，即先用电产生磁，磁场转动扫描线圈再发出交流电。

图 3-1-8 所示为发电机整流前电压波形和整流后电压波形，由于发电机是交流发电机，发出的电压波形有方向变化，故不能直接供给汽车使用。交流发电机发出的波形经内置在发电机内部的 6 管整流器整流后，尽管顶部有电压大小变化，但方向不发生变化，经滤波后，汽车用电器就可以使用了，故可以称作直流发电机。

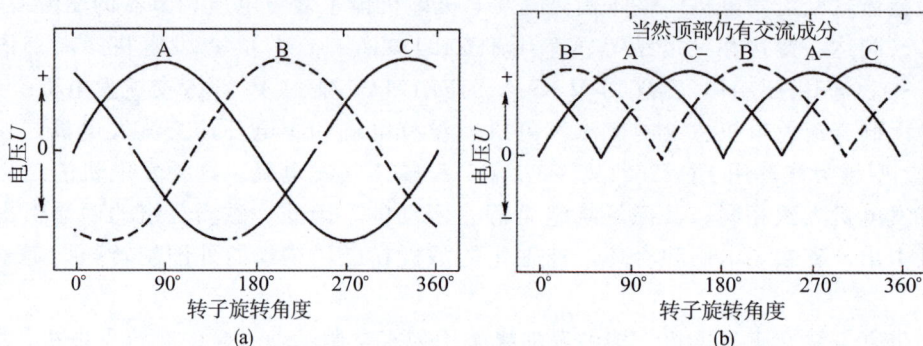

图 3-1-8 发电机整流

(a)整流前电压波形；(b)整流后电压波形

经整流器整流后的波形可以认为是直流电，汽车用电器额定工作电压一般为 12 V，实际发电机发电电压随发动机转速和用电负荷变化而变化，所以需要再加上调压器，控制电压在 13.7～14.4 V 范围内，电压增大了 25% 左右，既保证了能向蓄电池充电，也保证了用电器的正常工作。

整流的原因是汽车上电子设备中的二极管、三极管、场效应管、集成电路、电感元件(线圈类元件)、部分电容元件及直流电动机等是不能使用交流电的。汽车用电器中可使用交流电的有灯泡、继电器等。但灯泡、继电器使用直流电的效果比使用交流电的效果好，如交流电会造成灯泡忽亮忽暗，甚至烧坏灯泡，继电器使用交流电会使触点接触不良发出磁振声等。因此，必须整流，即把相反方向流动的电流变成同向流动的电流。完成整流只需 6 只二极管即可，其余二极管起辅助发电和控制充电指示灯的作用，与整流无关。

电压调节器是控制发电量大小的电子装置。发电机发出的电压随发动机转速提高而提高，这时会造成用电器电压不稳定，并损坏用电器，特别是在电控系统应用越来越多的今天，电压不正常将导致电路板上的许多元件不能正常工作。为此发电机上设有随发动机转速提高而励磁减小的电压调节器，从而保证发电电压基本不变。注意，发电机发电量调节是随用电负荷大小变化而做相应变化的，即用电多时，发电机发出的电量就多，而电压调节器只控制输出电压大小。

充电指示灯在仪表上的作用是通过指示灯"亮"来向驾驶员指示蓄电池正向外输出电流，即放电；用指示灯"熄灭"来表示发电机正向外输出电流，给全车供电，也包括给蓄电池充电。

2. 交流发电机的结构

汽车用交流发电机是三相同步交流发电机、整流器、带电刷的电子调压器的集成体。电子调压器可放在发电机外部，称为外置式发电机；电压调节器部分在发电机内部，称为内置式电压调节器。这里主要介绍三相同步交流发电机、整流器，如图3-1-9所示。

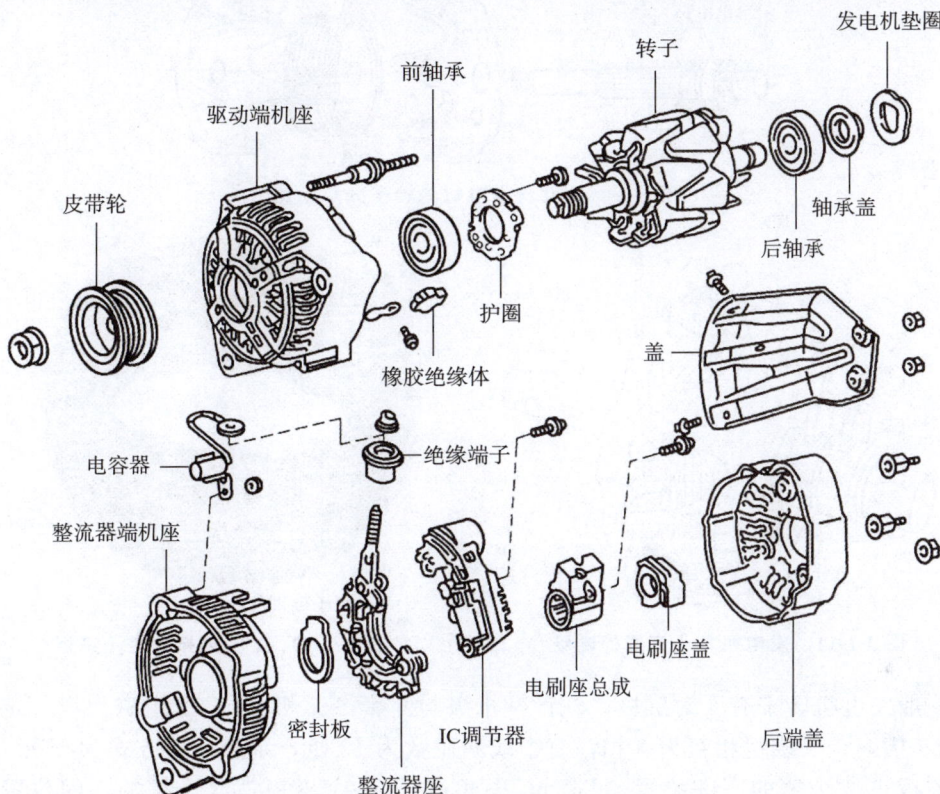

图3-1-9 汽车交流发电机组件(丰田汽车发电机)

（1）三相同步交流发电机。三相同步交流发电机由转子总成、定子总成、传动带轮、风扇、前后端盖及电刷等部件组成。

转子的作用是产生磁场，图3-1-10所示为交流发电机的转子分解示意。由低碳钢制成的两块六爪磁极压装在转子轴上，其空腔内装有导磁用的铁芯，称为磁轭铁芯。其上绕有励磁绕组，励磁绕组的两根引出线分别焊接在与轴绝缘的两个套装在轴上的集电环上。集电环与安装在后端盖内的两个电刷相接触，两个电刷通过引线分别连接在两个接线柱上，这两个接线柱即为发电机的"F"（磁场）接线柱和"－"（搭铁）接线柱。当这两个接线柱与直流电源相接时，便有电流流过励磁绕组，从而产生磁场，图3-1-11所示为发电机转子产生的磁场。发动机拖动爪极轴转动扫描定子线圈，在定子线圈中产生交流电。

定子的作用是产生电流，其由定子铁芯和定子绕组组成。定子铁芯由相互绝缘的内圆带嵌线槽的圆环状硅钢片叠成。嵌线槽内嵌入三相对称的定子绕组。绕组的接法有星形（即 Y 形）、三角形（即 △ 形）两种方式，一般采用星形连接，即每相绕组的首端分别与整流器的硅二极管相接，每相绕组的尾端连接在一起形成中性点 N，图 3-1-12 所示为 Y 形连接的定子绕组。

图 3-1-10　交流发电机的转子分解示意

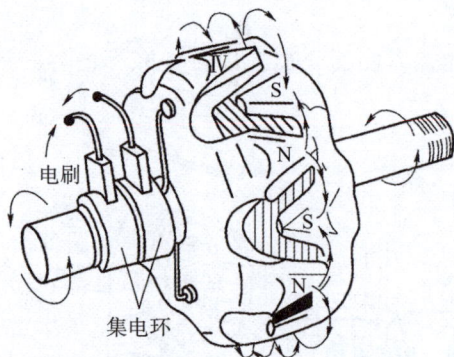

图 3-1-11　发电机转子产生的磁场

图 3-1-12　Y 形连接的定子绕组

一般发电机转子有 6 对磁极，6 个 N 爪极与 6 个 S 爪极形成 12 组磁力线。定子槽数为 36 槽，定子绕组相数为 3 相，每个线圈匝数为 13 匝，绕组连接方式为 Y 形连接。一对磁极占 6 个槽的空间位置（每槽 60° 电角度），一个磁极占 3 个槽的空间位置，所以，每个线圈两条有效边的位置间隔是 3 个槽，每相绕组相邻线圈始边之间的距离为 6 个槽，三相绕组始边的相互间隔可以是 2 个槽、8 个槽和 14 个槽等。

图 3-1-13 所示为交流发电机定子绕组展开示意，其间隔为 2 个槽。交流发电机转子的磁极对数决定了三相定子绕组的个数和定子铁芯的槽数。转子上每对磁极必须对应分布在定子铁芯槽中 3 个绕组的下面，以便产生三相交流电。定子绕组嵌入铁芯槽中用以切割磁力线而产生感应电动势的边称为有效边，每个线圈的两个有效边应分别嵌入定子铁芯的 2 个槽中，以便获得感应电动势。

三相绕组的连接方法有星形连接（简称 Y 形连接）和三角形连接（简称 △ 形连接）两种。当采用 Y 形连接时，三相绕组的 3 个末端 X、Y、Z 连接在一起，称为中性点，3 个始端 U、V、W 作为交流发电机的输出端，如图 3-1-14（a）所示；当采用 △ 形连接时，一相绕组的始端与另一相绕组末端连接，共有 3 个接点，这 3 个接点即交流发电机的输出端，如图 3-1-14（b）所示。

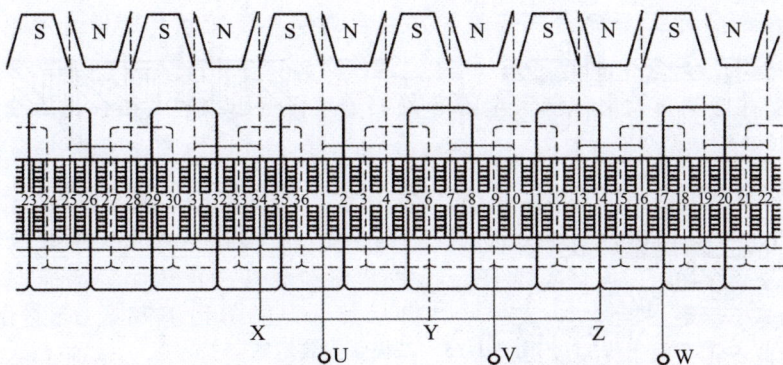

图 3-1-13 交流发电机定子绕组展开示意

图 3-1-14 三相绕组的连接方法

(a)Y形连接和整流器；(b)△形连接和整流器

（2）6 管整流器。整流器的作用是将三相同步交流发电机产生的三相交流电变成直流电输出，它一般由 6 个硅二极管接成三相桥式全波整流电路。汽车交流发电机用整流二极管的内部结构和工作原理与一般工业用二极管基本相同，但其外形结构却与一般二极管不同。有的将二极管外壳锡焊到金属散热板上；有的将 PN 结构直接烧接在金属散热板上；有的将二极管做成扁圆形焊接在金属散热板上或夹在两块金属板之间，如图 3-1-15（a）所示；有的压装在金属散热板上的二极管安装孔中，如图 3-1-15（c）所示。这些二极管的显著特点是工作电流大，反向电压高。根据汽车行业标准《机动车用硅整流二极管》(QC/T 422—2000)规定：ZQ50 型二极管的正向平均电流为 50 A、峰值电流为 600 A、反向重复峰值电压为 270 V、反向不重复峰值电压为 300 V。

1)正极管。正极管中心引线为二极管的正极，外壳为负极，在管壳底一般标有红色标记。在负极搭铁的交流发电机中，3 个正极管的外壳压装在元件板的 3 个座孔内，共同组成发电机的正极，由一个与后端盖绝缘的元件板固定螺栓通至机壳外，作为发电机的火线接线柱 B 或 B＋向蓄电池充电。

模块三 汽车电气系统

127

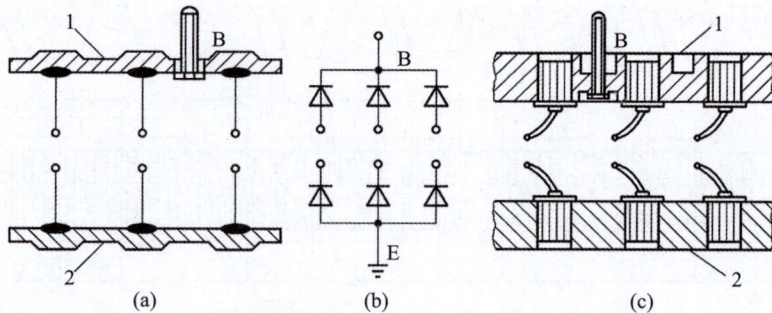

图 3-1-15　二极管安装示意
(a)焊接式；(b)电路图；(c)压装式
1—正整流板；2—负整流板

2)负极管。负极管中心引线为二极管的负极，外壳为正极，管壳底部一般有黑色标记。3 个负极管的外壳压装在后端盖的 3 个孔内，和发电机外壳一起成为发电机的负极。一般交流发电机的整流器采用 6 只二极管。少数定子槽中有两套定子线圈(采用12 管整流)，相当于并联发电。在 6 管基础上增加 3 只小功率磁场(励磁)二极管，专门用来供给励磁电流，这样可以提高发电机的电压调节精度，变成 9 管发电机。采用磁场二极管后，仅用简单的充电指示灯即可指示发电机的发电情况，节省了一只充电指示灯继电器。有些发电机为了提高发电机高速运转时的输出功率，在 11 管的基础上增加了 2 只二极管，对中性点电压进行整流，汇入发电机的输出端，同时，具备上述两种功能的发电机整流器共有 11 只硅二极管。

(二)发电机电压调节器

发电机电压调节器的功用是在发电机转速发生变化时，自动控制发电机电压，使其在规定范围内保持恒定，防止发电机电压过高而烧坏用电设备和导致蓄电池过量充电；同时，也防止发电机电压过低而导致用电设备工作失常和蓄电池充电不足。蓄电池最高调节电压为以刚使蓄电池出气泡但不是大量出气泡时的充电电压为准，对于12 V 发电机，输出电压一般应控制在(14.0±0.2) V(实际可以控制在 13.3～16.3 V)。设计发电机电压调节器时，其调节电压最好随蓄电池的温度和蓄电池容量变化而发生变化。

电压调节器调节电压的原理是当发电机发电电压高时，通过调节器减小励磁电流，转子爪极上的磁通量减少；当发电机发电的电压低时，通过调节器增大励磁电流，转子爪极上的磁通量增多。

1. 电压调节器的分类

电压调节器分为立元件式电子电压调节器和集成电路调节器。立元件式电子电压调节器调节磁场电流的方法是利用功率管的开关特性通过磁场电流的接通与切断来调节；集成电路调节器是利用集成电路(IC)组成的调节器。前者是将二极管、三极管、电阻和电容等电子元件同时控制在一块硅基片上；后者是用厚膜或薄膜电阻与集成的单片芯片或分立元件组装而成。

集成电路调节器除具有晶体管调节器的优点外，其精度可达(14.0±0.3)V 或更高，并可在 130 ℃ 高温下正常工作。

2. 内、外搭铁发电机

发电机内、外搭铁的确定方法：电压调节器控制转子绕组的正极端时为内搭铁发电机，此时转子绕组的负极端接地；电压调节器控制转子绕组的负极端时为外搭铁发电机，此时转子绕组的正极端接电源接线柱，如图 3-1-16 所示。

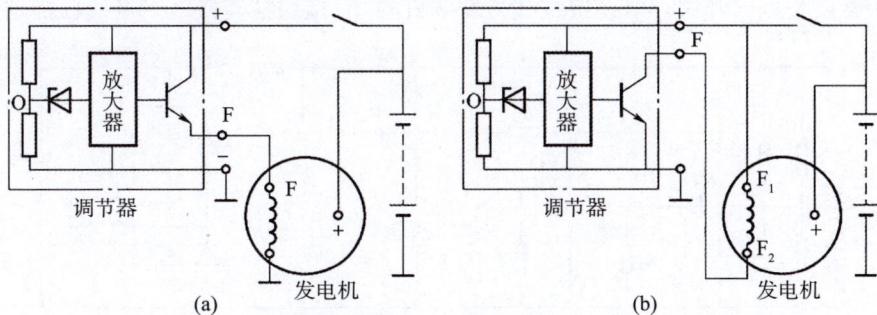

图 3-1-16　发电机搭铁形式

(a)内搭铁式发电机；(b)外搭铁式发电机

在使用中应注意调节器与发电机的电压等级必须一致，否则电源系统不能正常工作；调节器与发电机(磁场线圈)的搭铁形式也必须一致。

这两种形式的发电机与调节器不能互换，否则将会造成发电机电压失调或不发电。所以应先知道车上的调节器是内搭铁电压调节器还是外搭铁电压调节器，然后进行购买。这里要区分调节器的端子和发电机的端子。

3. 调节器的两种电压检测法——S 线和 B 线

先通过电压调节器判断电压是否在控制范围内，然后进行调节。

(1)以蓄电池正极端电压为基准调节的为蓄电池电压检测法。

(2)以发电机的输出电压为基准调节的称为发电机电压检测法。

如果用连接导线(通常为 S 端)检测蓄电池的端电压来调节发电机的输出电压，则称为蓄电池电压检测法。在这两种基本检测法中，采用发电机电压检测法时发电机的引出线可以少一根，但是发电机到蓄电池 BAT(B)接线柱之间的电压降较大时，蓄电池的充电电压将会降低，使蓄电池充电不足，因此，一般大功率发电机宜采用蓄电池电压检测法。采用蓄电池电压检测法时若 S 线断线，调节器便不能检测出发电机的端电压，发电机便会失控。为了克服这一缺点，有些内装集成电路调节器的发电机采取了一定的控制措施。

4. 分立元件式电压调节器

电压调节器是以稳压管作为电压感受元件，控制末级功率晶体三极管的通断来调节励磁电流，使发电机电压保持稳定。电压调节器现在多为集成电路式，可分为非智能型和智能型，但为方便说明其原理仍用分立元件进行说明。对于集成电路式的电压调节器，由于其控制原理与分立元件相同，电压调节器损坏后实际上没有修理价值，故只要会接外围电路即可。

下面介绍 JFT106 型晶体管电压调节器。

JFT106 型晶体管电压调节器属于负极外搭铁式电压调节器，它可与 14 V、750 W 的 9 管交流发电机配套使用，也可与 14 V、功率小于 1 000 W 的负极外搭铁式 6 管交流发电机配套使用。CAⅠ091 型汽车用 JFT106 型晶体管电压调节器的电路原理如图 3-1-17 所示，该调节器共有"＋""F""－"三个接线柱，其中"＋"接线柱与发电机的"F₂"接线柱连接后经熔断器接至点火开关，"F₁"接线柱与发电机的"F"接线柱连接"－"接线柱搭铁。

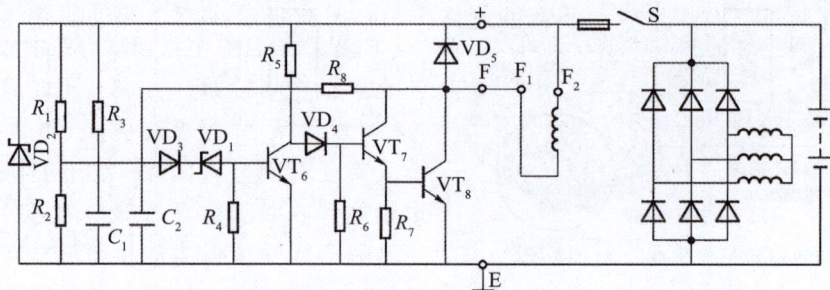

图 3-1-17　CAⅠ091 型汽车用 JFT106 型晶体管电压调节器电路原理

该调节器由电压敏感电路和二级开关电路组成。

R_1、R_2、R_3 和稳压管 VD_1 构成了电压敏感电路，其中 R_1、R_2、R_3 为分压器，将交流发电机的端电压进行分压后反向加在稳压管 VD_1 的两端；稳压管 VD_1 为稳压元件，随时感受着发电机端电压的变化。当交流发电机的端电压在稳压管 VD_1 上的分压低于稳压管 VD_1 的稳压值时，VD_1 稳压管截止；当交流发电机的端电压在稳压管 VD_1 上的分压高于稳压管 VD_1 的稳定电压时，稳压管 VD_1 导通。可见，电压敏感电路可以非常灵敏地感受出交流发电机端电压的变化，起到控制开关电路的作用。

晶体三极管 VT_6、VT_7、VT_8 组成复合大功率二级开关电路，利用其开关特性控制磁场电路的接通或断开。

（1）起动发动机并闭合点火开关时，蓄电池通过分压器将电压加在稳压管 VD_1 两端，由于此电压低于稳压管 VD_1 的稳定电压值，VD_1 截止，使 VT_6 截止，VT_7、VT_8 导通，这时蓄电池经大功率三极管 VT_8 供给励磁电流，使发电机处于他励状态，建立电动势。

（2）发动机带动发电机，转速逐渐升高。当发电机端电压高于蓄电池端电压时，发电机便由他励转为自励的正常发电工作状态。此时转速尚低，输出电压未达到调节电压值，VT_6 仍然截止，VT_7、VT_8 仍然导通，因此发电机的端电压可以随转速和自励电流的增大而升高，逐渐提高输出电压。

（3）当发电机转速升至一定值，使输出电压达到调压值时，经分压器加至稳压管 VD_1 两端的反向电压达到稳定电压值，VD_1 反向击穿导通，使 VT_6 导通，VT_7、VT_8 截止，断开了励磁电路，发电机端电压便下降。当发电机端电压下降到调压值以下时，经分压器加至稳压管 VD_1 两端的反向电压又低于稳定电压值，使 VT_6 又截止，VT_7、VT_8 导通，又一次接通了励磁电路，发电机端电压上升。如此循环，就能自动调控发电机的端电压，使其恒定在调压值上。

JFT106 型晶体管调节器中其他一些电子元件的作用如下:

(1)电阻 R_4、R_5、R_6、R_7 为晶体管的偏置电阻。稳压管 VD_2 起到过电压保护作用,利用稳压管的稳压特性,可对发电机负载突然减小或蓄电池接线突然断开时,发电机所产生的正向瞬变过电压起保护作用,并可以利用其正向导通特性,对开关断开时电路中可能产生的反向瞬变过电压起保护作用。

(2)二极管 VD_3 接在电压敏感电路中的稳压管 VD_1 之前,以保证稳压管安全可靠工作。当发电机端电压很高时,它能限制稳压管 VD_1 电流不致过大而烧坏;当发电机端电压降低时,它又能迅速截止,保证稳压管 VD_1 可靠截止。二极管 VD_4 连接在 VT_6 集电极与 VT_7 基极之间,提供 0.7 V 左右的电压,使 VT_7 导通时迅速导通、截止时可靠截止。二极管 VD_5 反向并联于发电机励磁绕组两端,起续流作用,防止 VT_8 截止时磁场绕组中的瞬时自感电动势击穿 VT_8,从而可保护三极管 VT_8。

(3)反馈电阻 R_8 具有提高灵敏度、改善调压质量的作用。电容 C_1、C_2 能适当降低晶体管的开关频率。

5. 集成电路电压调节器

现代轿车发电机内装集成电路调节器及充电系统,其电路如图 3-1-18 所示。该发电机调节器是由一块单片集成电路和晶体管等元件组成的混合集成电路调节器,安装于发电机内部,构成整体式交流发电机电路。

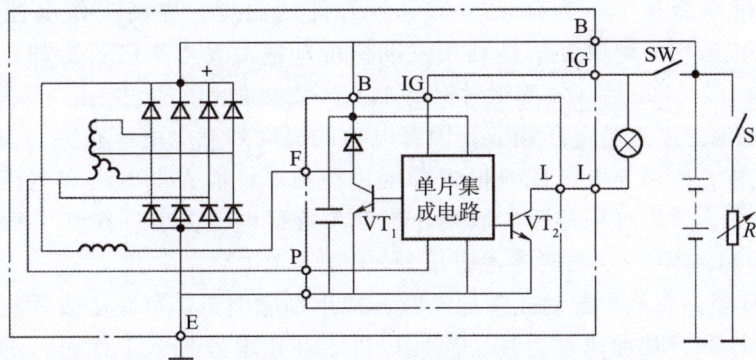

图 3-1-18　车用整体式交流发电机电路原理

调节器的工作过程:点火开关接通且发电机未转动时,蓄电池端电压经接线柱 IG 输入单片集成电路,使三极管 VT_1、VT_2 均有基极电流流过,VT_1、VT_2 同时导通。VT_1 导通,发电机由蓄电池进行他励,磁场绕组中有电流流过,电流流向为蓄电池正极→接线柱 B+→磁场绕组→VT_1→搭铁→蓄电池负极;导通时,充电指示灯亮,表示发电机不发电。

发电机运转后,其端电压高于蓄电池电动势而小于调节电压时,VT_1 仍导通,但发电机由他励转为自励,并向蓄电池充电。同时,由于 P 点电压输入单片集成电路使 VT_2 截止,故充电指示灯熄灭,表示发电机工作正常。

当发电机电压随转速升高到调节电压时,单片集成电路检测出该电压,于是 VT_1 由导通变为截止,磁场绕组中电流中断,发电机电压下降。当电压下降到略低于调节电压时,单片集成电路使 VT_1 又导通,如此反复,发电机输出电压将被控制在调节电压范围内。磁场电路断路时，P 点电压信号异常，被单片集成电路检测到后，控制 VT₂ 导通，点亮充电指示灯，以示异常。当发电机的输出端 B 断线时，发电机无输出，导致 IG 点电位降低。当单片集成电路检测到 IG 点电位低于 13 V 时，令 VT₂ 导通，点亮充电指示灯，同时可根据 P 点电位将发电机端电压控制在 13.3～16.3 V。

6. 智能电压调节器

智能电压调节器能根据车辆的用电负荷需求和蓄电池环境温度的变化而改变输出电压。这种精确地控制使车辆可以采用小一些、轻一些的蓄电池；装备智能电压调节器的系统能减少磁性阻力，并能增加发动机几个马力的功率输出，而且由于能精确地处理充电速率，所以能增加汽车行驶距离，消除潜在的由低怠速时的附加电压降引起的怠速粗暴问题。当今汽车对于充电系统的输出功率要求相当多，其必须在各种工况下满足这些要求：不仅能调节发电机的转子励磁电流，同时，也能干预提升发动机的转速，并保证能够对高温和低温的蓄电池快速充电。充电系统需要解决的问题和对应的办法如下：

(1)改变传动比。如何在发动机低转速时使发电机有较大的功率输出？较好的解决办法是将发电机的皮带轮直径变小，改变原来发动机皮带轮和发电机皮带轮传动比为 0.5 的情况(即发动机 750 r/min 时发电机为 1 500 r/min，发电机开始发电)，现代汽车发动机皮带轮和发电机皮带轮的传动比可以更小。

(2)发电机水冷技术。为降低功率电子元件的温度、提高工作电流，法国法雷奥 Valeo 发电机采用的解决办法是利用发动机冷却液对发电机进行冷却，这样可使发电电流增大至 120～190 A，效率相对提高 10%～25%。

(3)随蓄电池温度进行电压调节。因蓄电池的温度和充电电压有关，温度升高，充电时易产生气体，所以充电电压要根据温度进行控制；而充电电流和电压调节器的基板或散热片有关，所以可用基板或散热片温度参考蓄电池温度，在 0 ℃ 的低温时参考电压为 14.6～14.9 V，50 ℃ 时参考电压为 14.0～14.4 V。

(4)负荷管理。在汽车起动或急加速时，减小励磁电流，可减小发动机负载，提高发动机的起动性和行驶加速动力性。除此以外，在用电器加入工作时，励磁电流缓慢上升。通过确定汽车的电器负载，用车载网络单元监控用电器打开，而对应的接口用电器的功率是确定的，这样可精确确定用电负荷。除此以外，在怠速工况，为稳定怠速转速可减小励磁流；用电负荷大时，可增加怠速工况转速，也可关闭个别用电设备。

(5)采用占空比进行双向通信。交流发电机和发动机计算机之间可利用占空比信号进行双向通信，占空比是频率固定、占空比变化的信号。发动机计算机可根据蓄电池温度、汽车车速、发动机转速先确定调节电压，并将其通过占空比信号传送给电压调节器，控制励磁电流。电压调节器通过传回占空比信号作为响应传回励磁晶体管，这样调节可缩短充电时间，使发动机怠速更加稳定，发动机动力性提高，而且在发动机数据流中能进行故障诊断。

(6)LIN 总线双向通信。这种通信主要应用在有 12 V 蓄电池管理系统的汽车上，如法雷奥多功能调节器。采用 LIN 即可输出发电机状态信号给发动机 ECU，发动机 ECU 也可向发电机电压调节器发送控制信号，这样的系统需要一个蓄电池传感器。蓄电池传感器安装在蓄电池极桩上，可测量蓄电池的电流、电压和温度三个参数。需要说明的是，蓄电池温度是通过测量蓄电池极柱的温度推算出来的，这样的蓄电管理可保证蓄电池总处于较高的充电程度。新的德尔福第四代汽车系统采用 LIN 2.0 通信协议的蓄电池传感器，除有电流、电压、温度检测功能外，还有荷电状态（State of Charge，SOC）、健康状态（State of Health，SOH）和功能状态（State of Function，SOF）的检测功能。

另外，为防止在发生撞车等事故时引起无保险丝的电缆短路失火，在负极端子上增加了蓄电池安全切断电路，安全切断功能能在几毫秒内从蓄电池处切断起动机与发电机之间的这段无保险丝的电缆电路。

（7）计算机的诊断能力。从电控发动机计算机内可读出故障的类型，用于诊断充电系统中利用发动机转速信号、励磁的占空比信号等反馈的诸如低输出电压或高输出电压之类的故障。可提供的故障信息如下：电压调节器与发动机计算机之间无通信、皮带打滑造成的发电机无输出、励磁电路断路或短路造成系统电压不正常、转子或定子线圈故障、二极管故障、与发电机的连线故障等。发动机计算机根据故障状态设定进入安全工作模式，并点亮发动机故障灯。

三、汽车双蓄电池技术

1. 汽车双蓄电池技术概述

高档轿车为了解决因起动机起动时电流大造成蓄电池输出电压低且不稳，导致其他控制单元的供电及点火系统的点火能量出现问题；以及为提高各部分功能的供电可靠性，需要采用双蓄电池技术。另外，双蓄电池形式也可避免因忘关闭车身电器系统或车身电器系统损坏而漏电造成的起动困难。

双蓄电池中的一个称为起动蓄电池，通常置于发动机舱内，如图 3-1-19（a）所示；另一个称为车载电气用蓄电池，通常置于后备厢内（通常采用充电时不产生气体的胶体电池或玻璃纤维网技术的蓄电池），如图 3-1-19（b）所示。

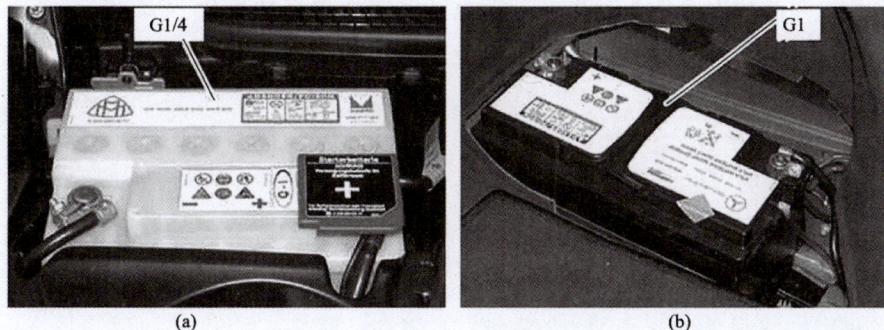

（a）　　　　　　　　　　　　　　　（b）

图 3-1-19　双蓄电池的位置

（a）空调舱内起动蓄电池（12 V，40 A）；（b）后备厢内车载电气用蓄电池（12 V，95 A）

起动蓄电池要求在几秒内给出 1.5～5 kW 的电功率，通常冬季起动电流最大可达几百个安培，为了增加瞬间的功率输出，一般可采用加水蓄电池，蓄电池极板薄，硫酸浓度低，一般为 $1.20\sim1.24$ g/cm³。车载电气用蓄电池通常采用免维护蓄电池，蓄电池极板厚，硫酸浓度高，一般为 $1.27\sim1.30$ g/cm³，电压输出稳定，适合深度放电。采用双蓄电池形式后，可使蓄电池起动压降为 5 V，向负载输出为 8 V 左右，点火系统仍为 13 V 左右，从而保证了点火能量。

2. 汽车双蓄电池技术工作原理

（1）起动工况。当发动机冷态时或蓄电池处于低荷电状态时，通过大功率继电器可以实现两个蓄电池并联，以增大起动功率。

（2）发电机发电工况。发电机发电时向车载电气用蓄电池充电，同时为了防止两个蓄电池之间产生电流补偿，在两个蓄电池之间安装 DC/DC 转换器，起动蓄电池在正常电压和温度情况下，继电器触点断开，发电机要通过 DC/DC 转换器向起动蓄电池充电。当起动蓄电池电压低时，蓄电池控制单元控制继电器触点闭合，此时两个蓄电池变为并联状态，发电机向起动蓄电池充电。

（3）紧急操作工况。紧急操作工况是指车载电气用蓄电池电量低或发电机工作不良时，为防止控制单元供电和点火系统点火能量出现问题，起动蓄电池反过来通过继电器开关向车载电气用蓄电池供电。

隔离继电器在发电机发电时使车载电气用蓄电池和起动蓄电池并联同时充电，当发电机发电的电压低时，隔离继电器触点断开，仅向起动蓄电池充电。为了保证起动蓄电池总处于充满电状态，蓄电池控制单元根据两蓄电池状态控制充电和断电继电器。起动车时控制发电机向主蓄电池充电。

双蓄电池形式设计的目的主要是保证发动机起动及保证起动时车载控制单元的工作和点火能量。通常，起动蓄电池置于发动机舱内，这样供给起动机的电缆长度短，导线的电压损失小。另外，需要说明的是，跨接起动时，充电/起动机只能跨接在起动蓄电池上。

蓄电池电缆脱开后，车身稳定控制 ESP、电子节气门 ETC、自动空调、电控记忆电动座椅、后门关闭辅助、电控记忆转向盘、电控记忆观后镜、天窗和轮胎压力监测等控制单元的存储数据会丢失，更换新蓄电池时需要重新初始化。

学习研讨

背景描述	汽车电气化时代已经到来，现在的汽车内部大量使用电子产品，电子设备的使用和多功能电气化设备的加入，如车载冰箱、高功率音响系统、影视设备等，使汽车的电耗大大增加
讨论主题	请从能量和电机效率方面说说未来汽车的低压电器设备的发展前景
成果展示	小组采用短视频制作等方式展示成果

内容组织	素养提升			评价结果
内容选取很好，内容全面且组织有条理	思路清晰、重点突出、语言流畅	熟练掌握 PPT 和短视频制作等信息化技术	能很好地体现团队协作和自学能力	优秀
内容选取较好，内容全面且组织有条理	思路清晰、语言通顺简洁	能够使用 PPT 和简单的短视频制作等信息化技术	较好地体现团队协作和自学能力	良好
内容选取合理，内容相对完整，有一定的组织条理	逻辑思路一般、语言相对流畅	会使用 PPT 和短视频做简单的处理	团队协作能力和自学能力一般	一般
内容选取一般，内容不全面且组织条理不清晰	语言逻辑不够清晰流畅	不能熟练掌握 PPT 和短视频制作等信息化技术	不能很好地体现团队协作和自学能力	合格

学习单元二　启动系统及起动机

情境导入

　　汽车启动系统的发展经历了从手动到自动的巨大转变。早期汽车依靠手摇曲柄启动，费力且危险。20 世纪初，电动启动系统的发明改变了这一切，利用电池和起动电机，只需要转动钥匙即可启动发动机，大大提高了启动的便利性和安全性。

　　现代汽车普遍采用更高效的起动电机和电子控制单元，无钥匙启动系统也随之普及，只需要按下启动按钮即可启动发动机。未来，随着智能和电动汽车的发展，启动系统将更加智能化和集成化，更进一步提高启动效率和用户体验。

相关知识

　　过去司机靠手摇曲柄拖动发动机曲轴转动而起动汽油机或柴油机，现代多采用电动机代替人力拖动。另外，在起动大功率的柴油发动机时，可采用先起动辅助汽油机再起动柴油发动机的方法。

一、起动机结构及工作原理

(一)起动机分类

　　起动机是起动系统的重要组成部分，种类繁多，大致可按以下几种类型分类。

1. 按结构分类

(1)普通起动机。普通起动机的特点是传动机构无减速，电动机定子用电磁励磁。该类型起动机无特殊结构和装置，如东风 EQ1090 型汽车配用的 QD124 型、QD1212 型，解放 CAⅠ090 型汽车配用的 QD1215 型和桑塔纳轿车配用的 QD1225 型起动机均为普通起动机。

(2)永磁起动机。永磁起动机的电动机定子用永磁磁铁制成。电动机磁极用永磁材料（铁氧体或钕铁硼等）制成，由于取消了磁场线圈，所以，其结构简单、体积小、质量轻。如奥迪 100 型轿车配用的起动机即永磁起动机。

(3)减速起动机。减速起动机采用圆柱齿轮减速或行星齿轮减速，传动机构设有减速装置，其电动机可采用高速、小型、低力矩电动机，质量和体积比普通起动机可减小 30%～35%。其缺点是结构和工艺比普通起动机复杂，如切诺基吉普车配用的 DW1.4 型永磁式减速型起动机、奥迪 100 型轿车 5 缸增压型发动机用起动机及丰田皇冠（CROWN）轿车用日本电装（DENSO）11E14 型起动机。

2. 按控制方式分类

(1)机械控制式起动机。机械控制式起动机由手拉杠杆或脚踏联动机构直接控制起动机的主电路开关来接通或切断主电路。由于机械控制式起动机要求起动机、蓄电池靠近驾驶室而受到安装和布局的限制，且操作不便，所以已很少采用。

(2)电磁控制式起动机。电磁控制式起动机用点火起动开关或按钮控制电磁铁，再由电磁铁控制主电路开关来接通或切断主电路。由于电磁铁可进行远距离控制，且操作方便省力，所以现代汽车大都采用该类型起动机。

3. 按传动机构啮入方式分类

(1)强制啮合式起动机。依靠电磁力或人力拉动杠杆机构，拨动驱动齿轮强制啮入飞轮齿圈。由于该类型起动机工作可靠性高，所以在现代汽车上广泛采用。

(2)惯性啮合式起动机。惯性啮合式起动机是驱动齿轮借旋转时的惯性力啮入飞轮齿圈，工作可靠性较差，已很少采用。

(3)电枢移动式起动机。电枢移动式起动机是依靠磁极磁通的电磁力使电枢产生轴向移动，从而将驱动齿轮啮入飞轮齿圈，该类型起动机结构比较复杂，东欧国家采用较多，如在太脱拉 T111、T138，斯柯达 706R，却贝尔 D250、D420、D450 等类型汽车上的使用。

(4)齿轮移动式起动机。齿轮移动式起动机依靠电磁开关推动电枢轴孔内的啮合杆，从而使驱动齿轮啮入飞轮齿圈，如奔驰 Benz2026 型越野汽车用波许（Bosch）KB 型起动机。

将不同的控制方式与啮合方式进行组合，就可成为不同类型的起动机，如将电磁控制方式和强制啮合方式组合，就形成电磁控制强制啮合式起动机。

(二)起动机结构及组成

直流电动机的作用是产生力矩。为获得较大的起动力矩，一般均采用直流串励式电动机，由于起动机工作电流大、力矩大、工作时间短（一般为 5～10 s），所以要求零件的机械强度高，电路电阻小。

1. 起动机组成

起动系统由起动机及控制电路两大部分组成。起动机用来产生力矩，并通过小齿轮驱动发动机的飞轮转动，起动发动机；控制电路用来控制起动机的工作。起动机由直流电动机、电磁开关、传动机构（拨叉、单向离合器）三大部分组成，其结构如图 3-2-1 所示。起动机控制电路在后面将作详细介绍。

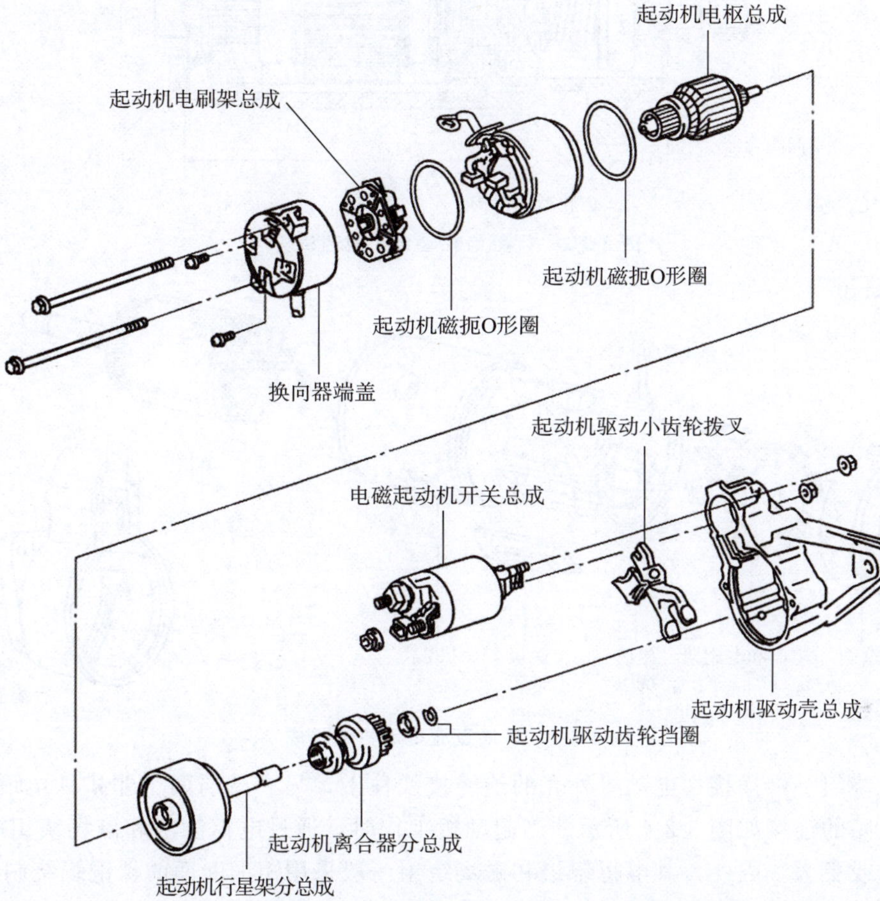

起动机电枢总成

起动机电刷架总成

起动机磁扼O形圈

起动机磁扼O形圈

换向器端盖

起动机驱动小齿轮拨叉

电磁起动机开关总成

起动机驱动壳总成

起动机驱动齿轮挡圈

起动机离合器分总成

起动机行星架分总成

图 3-2-1　减速起动机构造（丰田 8A－FE 发动机起动机）

行星齿轮啮合式减速机构如图 3-2-2 所示。行星齿轮啮合式减速机构结构紧凑、传动比大、效率高。由于输出轴与电枢轴同心、同旋向，且电枢轴无径向荷载，故可使整机尺寸减小。除结构上增加行星齿轮减速机构外，由于行星齿轮啮合式减速起动机的轴向位置结构与普通起动机相同，所以相关配件可通用。

2. 直流电动机构造

直流电动机由磁极、电枢、换向器等组成，电枢绕组与磁场绕组串联的直流电动机又称为串励式直流电动机。

（1）定子励磁磁极。直流电动机的磁极由固定在机壳上的磁极铁芯和磁场绕组组成，如图 3-2-3 所示。其一般采用 4 个磁极，功率大于 7.35 kW 的起动机也有采用 6 个磁极的。

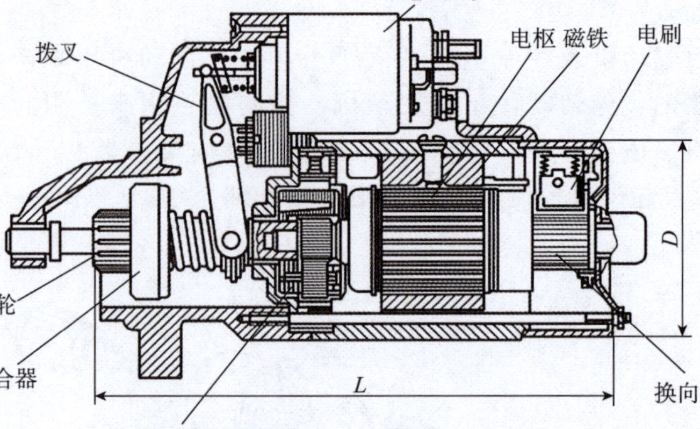

图 3-2-2　行星齿轮啮合式减速机构

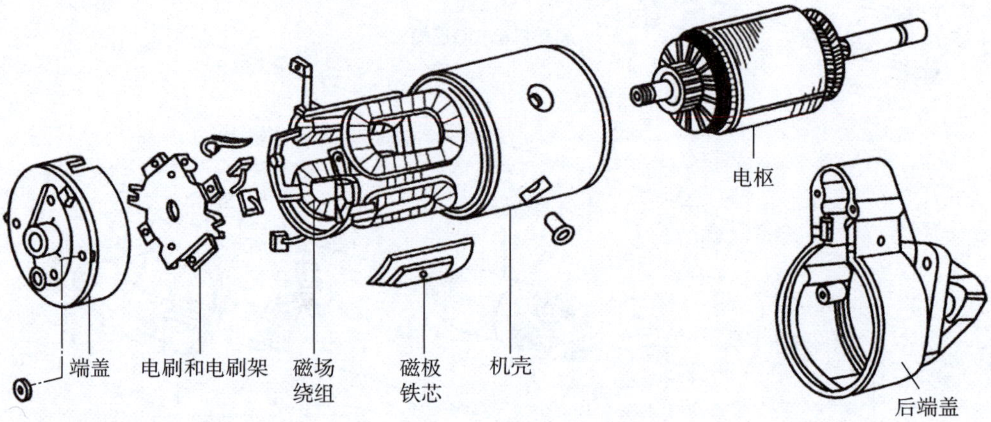

图 3-2-3　普通直流电动机的组成

　　励磁绕组一端连接在电动机外壳的绝缘接线柱上，另一端与两个非搭铁电刷相连。其内部电路的连接如图 3-2-4 所示。当起动机工作时，通过电枢绕组和磁场绕组的电流达几百安或更大，因此，其电枢绕组和磁场绕组一般采用矩形断面的裸铜线绕制。

　　（2）转子电枢。电枢由外圆带槽的硅钢片叠成的铁芯和电枢绕组组成。图 3-2-5 所示为电枢总成。换向器由许多换向片组成，换向片的内侧制成燕尾形，嵌装在轴套上，其外圆车成圆形。换向片与换向片之间均用云母绝缘。电刷和安装在电枢轴上的换向器用来连接磁场绕组及电枢绕组电路，并使电枢轴上的电磁力矩保持固定方向。电刷用含铜石墨制成，安装在端盖上的电刷架中，通过电刷弹簧保持与换向片之间具有适当的压力。

　　4 个磁极的电动机装有 4 个电刷，其中两个与机壳绝缘，接励磁绕组的尾端，电流通过这两个电刷进入电枢绕组；另外两个为搭铁电刷，流过电枢绕组的电流通过这两个电刷搭铁。

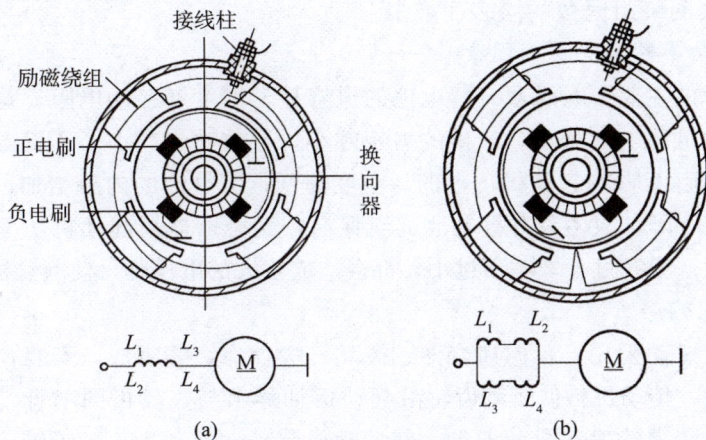

接线柱
励磁绕组
正电刷
负电刷
换向器

图 3-2-4 励磁绕组的接法

(a)四个绕组相互串联;(b)两个绕组串联后再并联

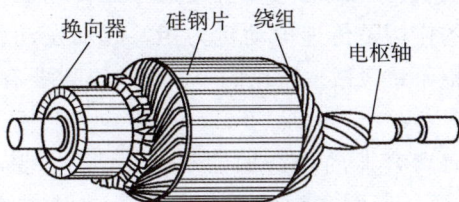

换向器　硅钢片　绕组
电枢轴

图 3-2-5 电枢总成

(三)直流电动机

1. 直流电动机的工作原理

直流电动机是将电能转变为机械能的设备,其是根据载流导体在磁场中受到电磁力作用而运动的原理进行工作的。直流电动机的工作原理如图 3-2-6 所示。

在磁场中放置一个线圈,线圈的两端分别与两片换向片连接,两只电刷分别与两片换向片接触,并与蓄电池的正极和负极接通。电流方向为蓄电池正极→正电刷→换向片→线圈→负电刷→蓄电池负极,如图 3-2-6(a)所示。线圈中的电

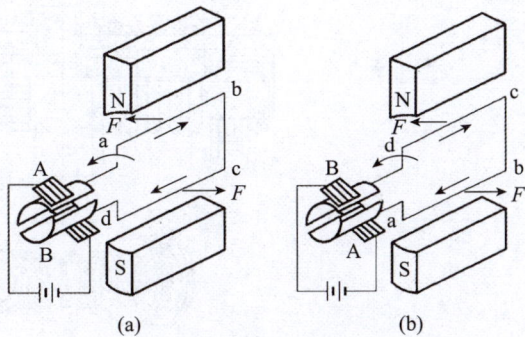

图 3-2-6 直流电动机的工作原理

流方向为 a→b→c→d,由左手定则可以确定导体 a、b 受向左的作用力,c、d 受向右的作用力,整个线圈受到逆时针方向的力矩作用而转动。当线圈转过半周时,如图 3-2-6(b)所示,换向片 B 与正电刷接触,换向片 A 则与负电刷接触,线圈中的电流方向变为 d→c→b→a,线圈受力矩作用仍按逆时针方向转动。这样,在电源连续向电动机供电时,其线圈就不停地按同一方向转动。

在实际项目中,电动机为了增大输出力矩和匀速运转,电枢采用多匝线圈,换向

片的数量也随线圈绕组匝数的增多而增多。

2. 起动机功率的主要影响因素

起动机功率的主要影响因素有蓄电池的电容量、温度和接触电阻。蓄电池的电容量越小，供给起动机的电流越小，产生的力矩越小，导致功率减小。环境温度主要是通过影响蓄电池的内阻而影响起动机功率的。温度降低，蓄电池的内阻增加，容量减小，起动机的功率明显下降，故冬天对蓄电池适当保温，就可以提高起动机功率、改善起动性能。接触电阻大、导线过长及截面过小，都会造成较大的电压降，使起动机的功率减小。

(四)传动机构

传动机构由驱动齿轮、单向离合器、拨叉、啮合弹簧等组成，安装在起动机轴的花键部分。起动时，传动机构使驱动齿轮沿起动机轴移出与飞轮齿圈啮合，将电动机产生的力矩通过飞轮传递给发动机的曲轴，使发动机起动；起动后，飞轮转速提高，通过驱动齿轮带动电动机轴高速旋转，引起电动机超速。因此，在发动机起动后，传动机构应使驱动齿轮与电动机轴自动脱开，以防电动机超速。在传动机构中，单向离合器的结构和工作情况比较复杂，它的作用是传递电动机力矩，起动发动机，并在发动机起动后自动打滑，以保护起动机电枢不致飞散。常用的单向离合器主要有以下几种。

1. 滚柱式单向离合器

(1)构造。滚柱式单向离合器的构造如图 3-2-7 所示。驱动齿轮与外壳制成一体，外壳装有十字块和 4 套滚柱、压帽和弹簧，十字块与花键套筒固连，壳底与外壳相互扣合密封。

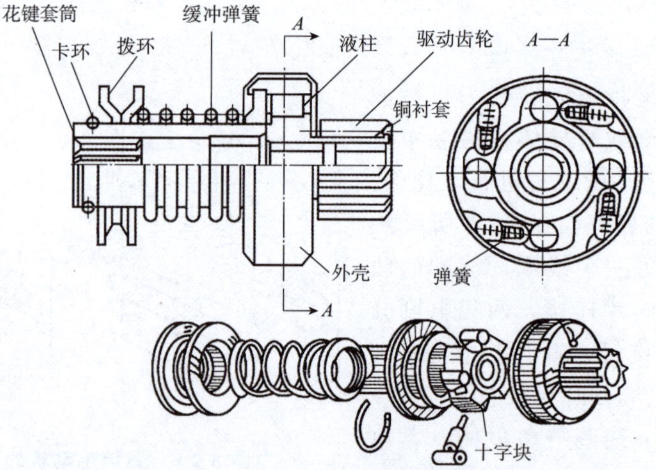

图 3-2-7　滚柱式单向离合器的构造

花键套筒的外面装有啮合弹簧及衬圈，末端安装拨环与卡环。整个离合器总成套装在电动机轴的花键部位，可做轴向移动和随轴转动。在外壳与十字块之间，形成 4 个宽窄不等的楔形槽，槽内分别装有一套滚柱、压帽及弹簧。滚柱的直径略大于楔形槽窄端，略小于楔形槽的宽端，因此，当十字块作为主动部分旋转时，滚柱滚入窄端，将十字块与外壳卡紧，使十字块与外壳之间能传递力矩；当外壳作为主动部分旋转时，滚柱滚入宽端，则十字块与外壳放松打滑，不能传递力矩。

（2）工作过程。

1）起动时，拨叉运作，将离合器推出，驱动齿轮啮入飞轮齿圈后，电动机通电，带动十字块旋转。由于十字块处于主动状态，迫使 4 套滚柱滚入窄端，受力分析如图 3-2-8（a）所示，它将十字块与外壳卡紧，传递力矩，驱动曲轴旋转，起动发动机。

2）起动后，飞轮齿圈带动驱动齿轮与外壳高速旋转，当转速超过十字块旋转速度时，就迫使滚柱滚入宽端打滑，如图 3-2-8（b）所示，其各自自由转动，起飞散保护作用。

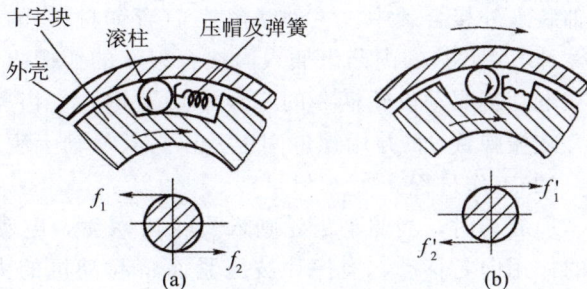

图 3-2-8　滚柱的受力分析

（a）起动时；（b）起动后

汽车起动机上基本采用滚柱式单向离合器，使用多年后会导致冷车时起动打滑，即小齿轮与齿圈啮合，电动机也旋转了，但两者发生松脱，重新起动滚柱换位后也可能不松脱。热车时这种松脱趋势一般会变小，这种情况可通过花费 50～100 元更换单向离合器解决，更换时间大约为 20 min，也可花费 300～400 元更换起动机。

2. 摩擦片式离合器

中等功率和大功率的起动机多采用摩擦片式单向离合器。它是通过摩擦片的压紧（传递力矩）和放松（防止飞散）来实现离合的。其结构和工作原理如图 3-2-9 所示。

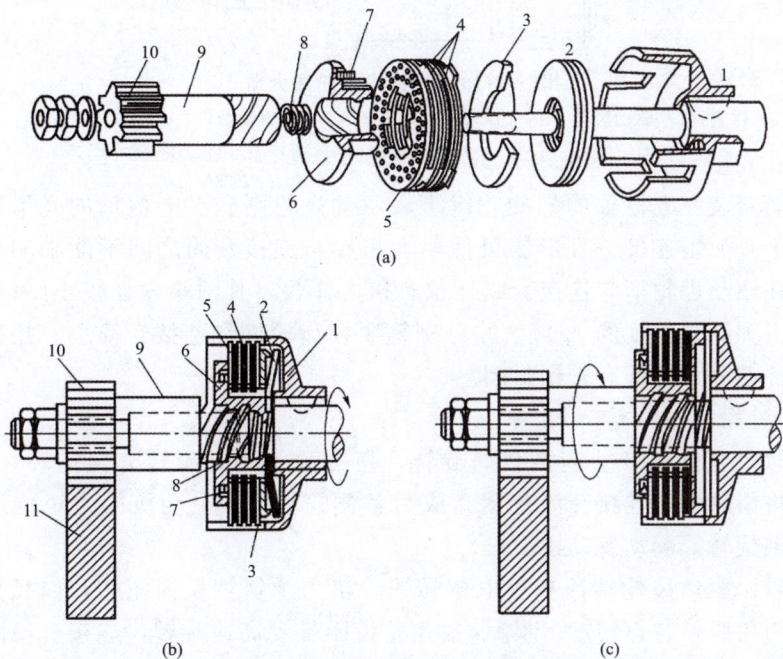

图 3-2-9　摩擦片式离合器的结构和工作原理

（a）结构；（b）压紧；（c）放松

1—外接合毂；2—弹性圈；3—压环；4—主动摩擦片；5—从动摩擦片；
6—内接合毂；7—小弹簧；8—减振弹簧；9—齿轮柄；10—驱动齿轮；11—飞轮

(1)构造。外接合毂 1 用半圆键装配在电动机轴上,弹性圈 2 和压环 3 依次沿电动机轴装入外接合毂中。主动摩擦片 4(青铜材料)的外凸齿装入外接合毂的切槽中,从动摩擦片 5(钢制)的内凸齿插入内接合毂 6 的切槽内。内接合毂的内圆切有螺旋花键,并装在电动机驱动齿轮柄 9 的三线螺旋花键上。齿轮柄则自由地套在起动机轴上,其内垫有减振弹簧 8,并用螺母固定,以防其从轴上脱落。

(2)工作过程。

1)起动时,当驱动齿轮啮入飞轮齿圈后,电动机通电旋转,内接合毂由于螺旋花键的作用向右移动,摩擦片被压紧而将起动机的力矩传给驱动齿轮。当发动机的阻力矩较大时,内接合毂会继续向右移动,增大摩擦片之间的压力,直到摩擦片之间的摩擦力足够传递所需的起动力矩,带动曲轴旋转,起动发动机。

2)起动后,驱动齿轮被飞轮齿圈带动,其转速超过电枢转速时,内接合毂沿螺旋花键向左退出,摩擦片之间的压力消除。这时驱动齿轮虽然高速旋转但不会带动电枢,从而起到飞散保护作用。

3. 弹簧式单向离合器

(1)构造。弹簧式单向离合器的构造如图 3-2-10 所示。

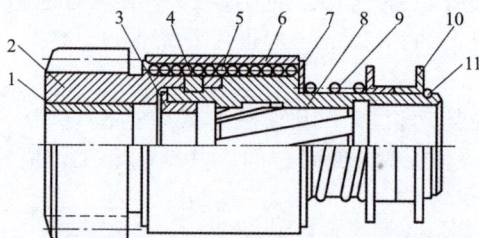

图 3-2-10　弹簧式单向离合器

1—衬套;2—驱动齿轮;3—挡圈;4—月形键;5—扭力弹簧;6—护套;7—垫圈;
8—传动套筒;9—缓冲弹簧;10—移动衬套;11—卡簧

连接套筒套装在电枢轴的螺旋花键上,驱动齿轮则套在电枢轴的光滑部分上,两者之间由两个月形键连接。月形键可使驱动齿轮与连接套筒之间不能轴向移动,但可相对转动。在驱动齿轮柄与连接套筒外包有扭力弹簧,其两端内径较小(每端内径较小部分的长度占弹簧总长度的 1/4),并分别箍紧在齿轮柄和连接套筒上。扭力弹簧有圆形和矩形两种截面,外部有护圈封闭。

(2)工作过程。

1)起动时,电枢轴带动连接套筒旋转,扭力弹簧顺其旋转方向扭转,圈数增加,内径变小,将齿轮柄与连接套筒包紧,成为整体。于是,电动机的力矩传递给驱动齿轮,带动曲轴旋转,起动发动机。

2)起动后,驱动齿轮转速高于电枢转速,扭力弹簧被反向扭转,内径变大,齿轮柄与连接套筒松脱,各自转动(齿轮柄被飞轮齿圈带动高速旋转,连接套筒随电枢低速旋转),使发动机力矩不能传送给电枢,从而起到飞散保护的作用。

(五)减速装置

起动机电枢旋转时,通过齿轮减速装置将力矩传送至单向离合器的起动机称为减速起动机。减速是指在电枢轴与单向离合器之间加装一套减速装置（减速比为 3～5），将电动机的转速降低、力矩增大后驱动齿轮。当电动机功率一定时，为降低电动机的转速、增大电动机力矩，可采用普通齿轮减速和行星齿轮减速两种减速装置。

1. 普通齿轮减速装置

一些柴油货车或轿车为降低成本，多采用平行轴外啮合齿轮减速装置，该装置中设有 3 个或 2 个齿轮，三齿轮式由电枢轴齿轮、中间齿轮（惰性轮）及减速齿轮构成。其结构组成如图 3-2-11 所示。

2. 行星齿轮减速装置

行星齿轮减速装置中设有 3 个行星轮、一个太阳轮（电枢轴齿轮）及一个固定的内齿圈。其结构组成如图 3-2-12 所示，啮合关系如图 3-2-13 所示。

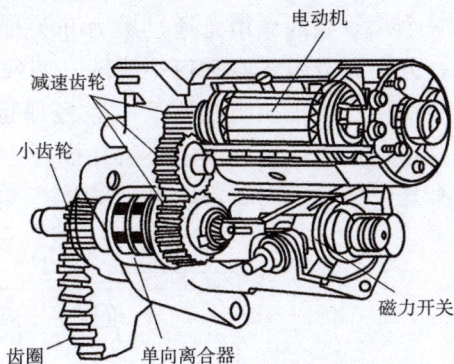

图 3-2-11　普通齿轮减速装置结构组成

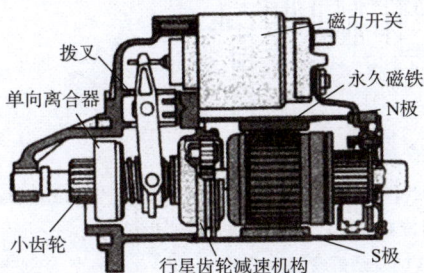

图 3-2-12　具有行星齿轮减速机构的起动机

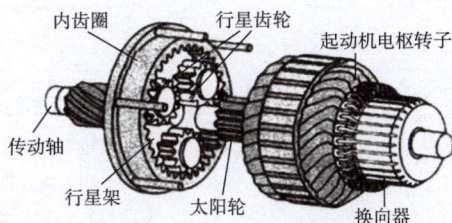

图 3-2-13　带行星齿轮减速机构的起动机电枢

行星齿轮支架是一个具有一定厚度的圆盘，圆盘和驱动齿轮轴制成一体。3 个行星齿轮连同齿轮轴一起压装在圆盘上，行星齿轮在轴上可以灵活转动。驱动齿轮轴一端制有螺旋键齿，与离合器传动导管内的螺旋键槽配合。太阳轮制成 11 个齿，压装在电枢轴上，并保持与 3 个行星齿轮同时啮合。用塑料铸塑的内齿圈制有 37 个齿，3 个行星齿轮在其上滚动。内齿圈的外缘制有凸起，嵌放在后端盖上的凹坑内，以保持固定。该齿轮的减速比为

$$i = 1 + Z_2/Z_1 = 1 + 37/11 = 4.4$$

式中　Z_1——太阳轮齿数；

　　　Z_2——内齿圈齿数。

二、起动机控制电路

起动机控制装置的作用是控制驱动齿轮与飞轮齿圈的啮合和分离；控制电动机电路的接通与切断。常用的起动机控制装置有机械式和电磁式两种。在现代汽车上，起动机均采用电磁式控制电路，电磁式控制元件也称为磁力开关。

(一)磁力开关

磁力开关本质上是一个螺线管继电器，只不过在移动的铁芯上加了拉动拨叉的挂钩。磁力开关上有 3 个接线柱，分别是 2 个主电路接线柱端子常电 30 和控制端子 50，另一个接线柱的作用是通过磁力开关把电流引入直流电动机。磁力开关内部有 2 个线圈，分别为吸引线圈和保持线圈。两线圈外接磁力开关的端子 50，吸引线圈的另一端接起动机开关主接线柱端子 30，经保持线圈的另一端搭铁。活动铁芯与拨叉通过调节螺钉相连，固定铁芯的中心装有推杆，其上套有接触盘、活动铁芯及推杆，接触盘上装有复位弹簧。图 3-2-14 所示为国产 QD254 型减速起动机原理图。

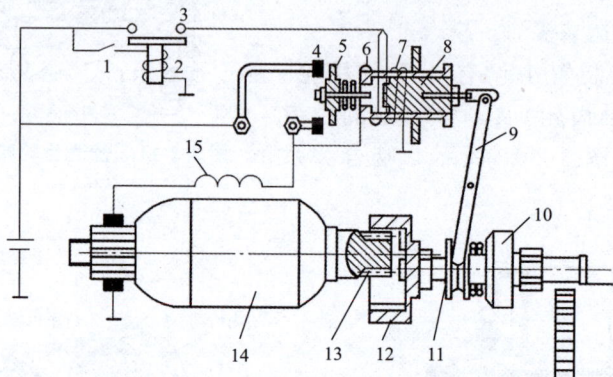

图 3-2-14　QD254 型内啮合式减速起动机

1—起动开关；2—起动继电器；3—起动继电器触点；4—主触点；5—接触盘；6—吸引线圈；7—保持线圈；
8—活动铁芯；9—拨叉；10—单向离合器；11—螺旋花键轴；12—内啮合减速齿轮；
13—主动齿轮；14—电枢绕组；15—励磁绕组

(二)起动继电器

装用起动继电器的目的是减小流过点火开关的电流，防止点火开关烧损。起动继电器有 4 个接线柱，分别接起动机、电池、搭铁和点火开关，点火开关与搭铁接线柱之间是继电器的电磁线圈，起动机和电池接线柱之间是继电器的触点。接线时，点火开关接线柱接点火开关的起动挡，电池接线柱接电源，搭铁接线柱直接搭铁，起动机接线柱接起动机电磁开关上的起动机接线柱，如图 3-2-15 所示。汽油车的起动继电器额定电压通常是 12 V，由于给磁力开关的用电电流较小，故其形状与普通继电器大多相同。柴油车的起动继电器额定电压通常是 24 V，由于给磁力开关的用电电流较大，故其形状与普通继电器相比可能有较大差别。

(三)起动机控制电路

1. 磁力开关控制电路

点火开关打至起动挡，图 3-2-14 中起动开关 1 接通，起动继电器 2 线圈通电，起动继电器触点 3 接通。电流经磁力开关 50 号接线柱(起动机磁力开关供电控制接线柱)进入吸引线圈 6 和保持线圈 7，流经保持线圈 7 的电流在起动机磁力开关上搭铁。流经吸引线圈 6 和电流励磁绕组的电流经电刷再搭铁。两线圈通电后产生较强的电磁力，克服弹簧弹力使活动铁芯移动，一方面通过拨叉带动驱动齿轮移向飞轮齿圈并与之啮合；另一方面推动接触盘 5 移向常电 30 接线柱和输出两个主接线柱触点，在驱动齿轮与飞轮齿圈进入啮合后，接触盘将两个主触点接通，使电动机通电运转。

2. 电动机工作电路

在驱动齿轮进入啮合之前，由于经过吸引线圈的电流经过了电动机，所以电动机在这个电流的作用下会缓慢旋转，以便于驱动齿轮与飞轮齿圈进入啮合。在两个主接线柱触点都接通之后，蓄电池的电流直接通过主触点和接触盘进入电动机，使电动机进入正常运转，此时通过吸引线圈的电路短路，因此吸引线圈中无电流通过，主触点接通的位置靠保持线圈来保持。发动机起动后，切断起动电路，保持线圈断电，在磁力开关内弹簧的作用下，活动铁芯回位，切断了电动机的电路，同时，也使驱动齿轮退出与飞轮齿圈的啮合。

起动机工作时电流大、转速高，因此，在使用起动系统时，应当注意以下几点：

(1)每次接通起动开关使用起动机的时间不得超过 5 s；连续两次接通起动机应间隔 15 s 以上；当连续三次接通起动机仍不能起动发动机时，应查明原因并排除故障后再接通起动开关进行起动。

(2)接通起动机时，如测量蓄电池端电压低于 9.6 V，则说明蓄电池存电不足或有硫化、短路等故障，应及时充电或更换电池。

(3)汽车每行驶 6 000～7 500 km，应检查起动机工作是否正常，有无异常噪声；每行驶 12 000～15 000 km，应检查起动机外观、导线连接与紧固情况是否正常。

发动机起动的最低转速是要保证曲轴位置传感器输出可识别的信号。发动机旋转阻力受发动机式样(排气量、气缸数、压缩比、周期数、行程、气门数等)、变速器油黏度、在变速器油底壳内油面以下齿轮数目、工作温度及发动机油底壳润滑油黏度的影响。

起动机的功率取决于蓄电池的容量，小容量蓄电池即使配备高功率的起动机也不能发挥起动机的实力；电缆铜线发生铜锈变绿而电阻增大，会导致铜线电压压降增大和电缆线过热，从而减小了起动机的输入电压。

当了解了起动机总成内部电路的工作原理后，修理人员修理时只分析起动机外部的电路即可。

(四)30 号端子断电继电器

蓄电池正极与起动机磁力开关 30 号电源接线柱连接的大电流电源线始终是带电的，由于起动机在起动瞬间的电流很大(可达几百甚至上千安培)，所以基本上都未设置熔断器等保护装置，若安装、维护或使用不当，极易引发自燃事故。另一种故障是当起动机磁力开关内的两个触点烧熔短接而不能断开，或起动机驱动齿轮与发动机飞轮齿圈不能回位断开，此时起动机不受点火开关的控制而处于长期通电状态，因起动机电枢线圈匝数少，通过大电流会发热而损坏起动机，若不及时断开蓄电池正极点电源，甚至会发生火灾。

图 3-2-15 所示为 30 号端子断电继电器外形：A 端就近接蓄电池正极；B 端经大电流导线接起动机磁力开关电源接线柱；C 端接点火开关起动挡；D 端接蓄电池负极或搭铁；故障指示灯在 C、D 之间。

当起动开关闭合时，C、D线圈导通使A、B端内部开关导通，蓄电池电压经A、B接点到磁力开关常电30号接线柱供电。起动开关断开后，A、B内部断开，因此B端连接起动机的大电流导线无电源电压，从而彻底解决了蓄电池电压与起动机连接的大电流导线长期带电的不安全缺陷，并可大大减少汽车在行驶途中或停车时发生的自燃事故。

其功能如下：30号接线柱断电继电器与磁力开关常电30号接线柱间无工作电流，起动开关刚打开的一瞬间，这段线上有几个毫安的故障诊断电流，监控元件内置在继电器内部。当与起动机连接的大电流导线任一点因某些原因搭铁短路时，监控装置内设的

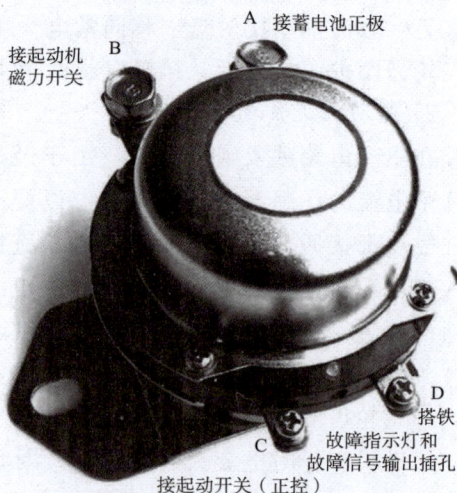

图 3-2-15　30 号端子断电继电器

故障自诊断电路立即起动自动保护措施，并随即输出一故障信号。在这种状态下，若接通起动开关，因监控装置内部已受保护，B端无电压输出，起动机不工作。若将此故障信号用一导线接到驾驶室仪表台上，可为驾驶员提供故障信息，从而为检修此类故障提供了方便。

若起动机磁力开关的两个触点烧熔短接而不能断开，或起动机驱动齿轮与发动机飞轮齿圈不能回位断开而使起动机磁力开关触点闭合，监控装置立即开始自动保护，并随即输出一故障信号，在这种状态下，若接通起动开关，则起动机也不工作，从而保护了起动机，还可避免因起动机烧毁而引发的火灾事故。

在起动过程中，若与起动机连接的大电流导线任一点搭铁短路，则监控装置立即开始自动保护，A、B端内部开关断开。监控装置只在起动开关闭合的较短时间内工作，断开起动开关后监控装置不工作。

一旦指示灯显示有故障信号输出，驾驶员看到故障灯亮后应立即熄火。

(五)汽车的几种起动电路

除起动机本身电路外的起动系统电路称为起动系统的控制电路。起动系统的控制电路随车型的不同而有所不同。

1. 起动电路分类

(1)按变速器配置不同，起动电路可分为手动变速器车的起动电路和自动变速器车的起动电路。为了防止起动机起动引起车辆前移危险，驾驶上要求变速器在空挡起动，一般不把空挡开关串入起动电路。自动变速器上设计有操纵手柄，在P、N挡时才能将起动控制电路接通，若有起动继电器，则起动继电器的线圈可串入防盗器的防盗继电器上。

(2)按控制方式不同，起动电路可分为直接控制型和间接控制型。直接控制型是点火开关起动挡直接控制起动机磁力开关电路，也可通过起动继电器控制；间接控制型是点火开关起动挡仅作为一路输入，P挡或N挡位中的一个作为另一路输入，两者逻辑相"与"同时成立时，输出一路控制电流送往磁力开关，完成起动控制。例如，起动

挡、P 挡或 N 挡位两路信号输入起动继电器后控制起动电路（如大众配备自动变速器的起动电路）；三路"与"的情况可以是再加入 BRAKE 制动开关信号（如大众配备 DSG 自动变速器的起动电路）；四路"与"是把防盗器输出作为一路信号，一般不这样做，因为前三路是防止起动时发生意外事故，具有共性，而第四路即使工作，也不能起防盗车作用，因为仍可在发动机舱内通过螺丝刀将磁力开关的 30 接柱和 50 接柱短接来起动发动机，下车锁车后，防盗起动，常闭继电器断开点火器、喷油器和油泵继电器，所以阻止发动机着火的方法很多，其中以阻止点火应用最多。

2. 典型起动电路举例

（1）直接型起动电路。

1）手动变速器起动机电路。直接型手动变速器起动机电路和自动变速器起动电路，可分为有起动继电器和无起动继电器两种，如图 3-2-16 和图 3-2-17 所示。

如图 3-2-18 所示，一般后装防盗器的起动系统，防盗器内的继电器开关电路可接入起动继电器线圈电路的搭铁回路上，即经防盗器外部的常闭继电器触点后再搭铁。

2）自动变速器起动电路。如图 3-2-19 所示，装用自动变速器的车辆只有操纵手柄在 P 挡和 N 挡时才能起动起动机。带自动变速器的起动机控制电路，按多功能开关形式可分为普通型和编码型。普通型多功能开关位于变速器壳体上，磁力开关的电流要流过多功能开关。

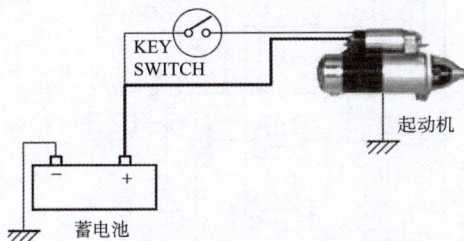

图 3-2-16　直接型无继电器起动电路

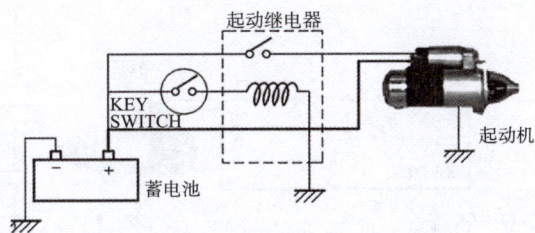

图 3-2-17　直接型有继电器起动电路

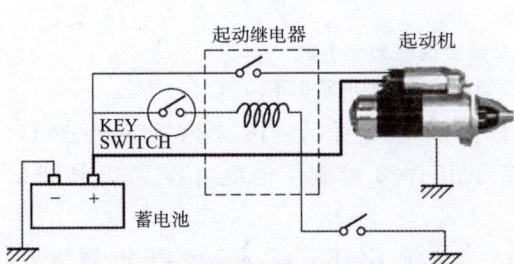

图 3-2-18　直接型起动继电器＋防盗器

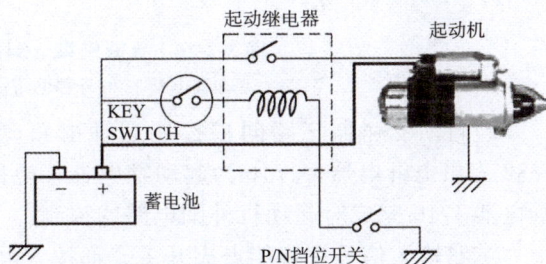

图 3-2-19　直接型自动变速器的起动电路

（2）间接控制型起动电路。

1）自动变速器带编码式多功能开关的两路控制起动电路。

如图 3-2-20（a）所示，编码式多功能开关把 P 挡或 N 挡的信号输入起动继电器，起动信号输入，由点火开关起动挡输出。编码式多功能开关多位于变速器壳体上，少数车多功能开关位于变速器内部的计算机板上，磁力开关的电流不流过多功能开关，多功能开关在识别 P 挡和 N 挡后控制起动继电器工作。在大众汽车系列中，起动继电器和倒车继电器通常集成在一起。

图 3-2-20(b)所示为大众汽车 AG4 自动变速器起动机及倒车灯继电器 J226 的工作原理图。继电器位于中央保险丝盒继电器板上，为组合式继电器。倒车信号灯继电器控制倒车信号灯开关，起动机继电器可保证发动机只能在 P 挡和 N 挡位起动。继电器中 2、5 接电源正极，点火开关打到起动挡时，6 脚供电，7 脚搭铁，4 接倒车信号灯，8 接起动机，1、3、9 接控制单元 J204 和多功能开关 F125，5 和 4 之间为倒车继电器触点，2 和 8 之间为起动继电器触点。

当 9 为低电平时，5 和 4 不通，2 和 8 也不通，倒车信号灯继电器开关和起动电动机继电器开关均断开，对应 D、3、2、1 挡。当 9 为高电平时，1 和 3 也同时为高电平时，5 和 4 接通，倒车信号灯继电器开关闭合，倒车信号灯亮，而 2 和 8 不通，起动电动机继电器开关断开，对应 R 挡。

当 9 为高电平，1 和 3 不同为高电平时，5 和 4 不通，倒车信号灯继电器开关断开，而 2 和 8 接通，起动电动机继电器开关闭合，对应 P 挡、N 挡。

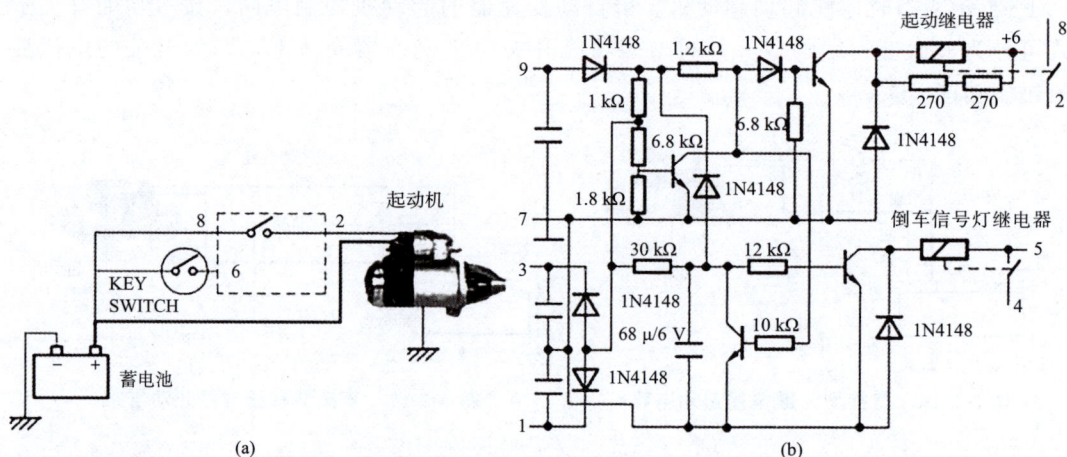

图 3-2-20　大众汽车 AG4 自动变速器起动电路
(a)起动继电器 J226 外部电路；(b)J226 继电器内部电路

2)自动变速器三路间接控制起动电路。如图 3-2-21 所示，J623 为发动机 ECU，J682 为供电继电器，J710 为起动继电器，电路中由 J623 控制供电继电器 J682 和起动继电器 J710 完成对起动机外围电路的控制。

三路输入信号是智能点火开关全部按入电子点火锁 E415 产生的起动挡 50 线信号，变速器操纵手柄在 P 挡、N 挡，制动踏板踏下信号，制动灯开关闭合信号。发动机控制单元 J623 收到三个信号控制 J682 供电继电器和 J710 起动继电器。

由于点火开关采用插入式一键起动，为了使起动电路工作可靠，设计有模拟点火开关起动挡开关的起动供电继电器 J682。在图 3-2-21 中设计了监测继电器工作的反馈线，将起动信号反馈给计算机 J623 的 T94/74 引脚，这样在两继电器线圈串联通电时，计算机 J623 的 T94/74 引脚应收到高电位，否则说明两个继电器中有一个有故障。采用两个继电器开关串联的目的是防止其中一个继电器触点开关熔焊出现不能断开，导致起动电路出现无法退出工作的危险情况。同时，这样的电路设计还有一个好处，在没有一键起动的传统汽车上，司机在起动车辆后可依靠发动机起动后的突然振动来判断出发动机已起动并放开对点火开关的控制。对于双继电器控制起动电路，在发动机电子控制系统通过发动机转速传感器 G28 识别出发动机已经起动后，迅速控制供电继电器 J682 和 J710 退出工作，从而防止了在发动机起动后仍向起动机供电的现象发生。

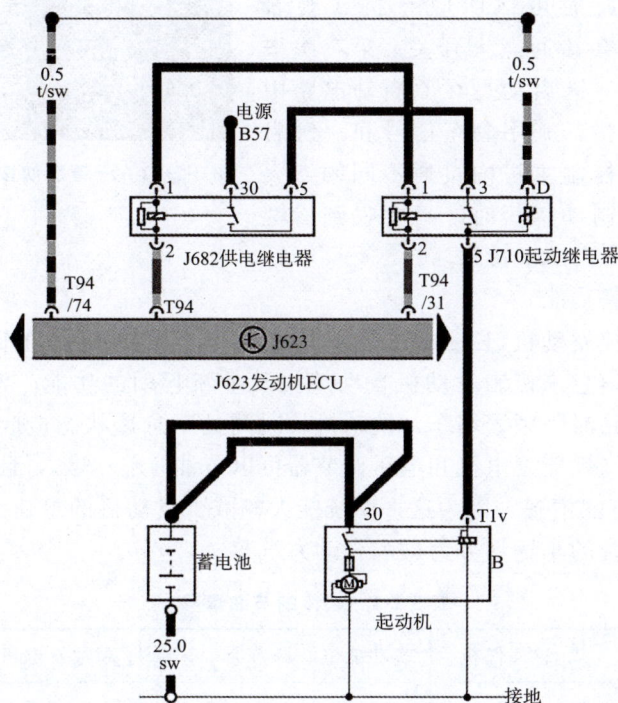

图 3-2-21　大众汽车三路间接型自动变速器的起动电路

三、一键启动系统和起停系统

(一)一键启动系统

采用机械钥匙，驾驶员会有找钥匙开门和接通机械式点火开关的麻烦，使起动受点火开关控制，无法加入其他起动控制策略。采用如图 3-2-22 所示的一键启动按钮（START/STOP），主机通过制动开关信号和按动一键启动按钮的次数来确定要把原车点火开关电源和 ACC、ON 与 START 三路中的哪路通过继电器接通，即原车点火开关的机械触点开关转至一键启动主机内部。这样做使起动有了更多的控制策略，如急速的起停系统是必须在一键启动的基础上才能设计出来的。

一键启动功能的使用方法如下：

(1)车主携带智能钥匙靠近汽车，在熄火状态下，将挡位挂到 P 挡或 N 挡，踩住脚刹，按一下启动按钮汽车起动。

(2)熄火：在起动状态或 ACC 电源打开状态下轻按下启动按钮即可熄火。

（3）当无钥匙进入功能被关闭或遥控器没电时，进入车内长时间按启动键 5～7 s，启动键的指示灯闪亮时，再用感应卡去触碰感应启动键，指示灯由闪亮会变常亮。此时，踩脚刹并重新按启动键即可正常起动车辆。

不踩住脚刹按下启动按钮，第一次按下会开启 ACC 电源，此时可以听收音机或观看 DVD；第二次按下会接通点火开关；第三次按下为回退至关闭。一键启动是在原启动电路中加上了一键启动主机，利用刹车信号和一键启动按钮接通次数来控制主机内接通不同的点火开关挡位。当踩下制动踏板时，只要收到一键启动信号，即控制 START 接通。

图 3-2-22　一键启动按钮(START/STOP)

(二) 发动机起停功能

起停功能是电控发动机(Engine Control Module，ECM)通过车辆上的传感器信号和发动机自身工作信息来控制发动机自动熄火及重新起动的功能。该功能可有效解决车辆行驶在城市道路时因频繁堵车，发动机长时间处于急速状态造成的油耗偏高问题。起停控制技术配合高性能发电机和电压调节器可以节油 4%～6%，且有利于降低排放。表 3-2-1 为起停的节油情况。因为这一系统能大幅减少发动机的急速工况，在学术上把具有起步—停车系统的车辆划分为微混合动力汽车。

表 3-2-1　起停的节油情况

起动方式	急速停机	多功能电压调节器(M-F)	高效发电机(H-E)	燃油节省
增强型起动机	4	0	0	4
用代 M-F 电压调节器或 H-E 的发电机	4	1	1	6
高效发电机	4	1	1	6

图 3-2-23 所示为起停系统通常采用增强型起动电动机或皮带起动/发电机(Belt Starter & Generator，BSG)的两种解决方案。在两种方案中都要配有蓄电池传感器和 AGM 蓄电池。

为完成起停功能，发动机 ECM 从全车收集信息，包括车速、大气压力、水温、离合器开关状态、门控开关状态、空挡开关状态、前发动机舱盖开关、空调加热器开关等，以及发动机控制单元是否存储有故障等信息。其中，门控开关、空挡起动开关、前发动机舱盖开关和空调加热器开关为低电位使能。也可通过在座椅上加压力传感器或压力开关来识别驾驶员是否坐在座椅上，ECM 只是通过驾驶员一侧车门处于关闭状态和离合器开关动作来确定驾驶员在座位上，这是一个重要的识别条件。

与传统汽车相比，现代汽车还在 ECM 外围增加电池传感器和制动真空度传感器，以及启动开关和起停关闭开关，其中启动开关和起停关闭开关为高电位使能。

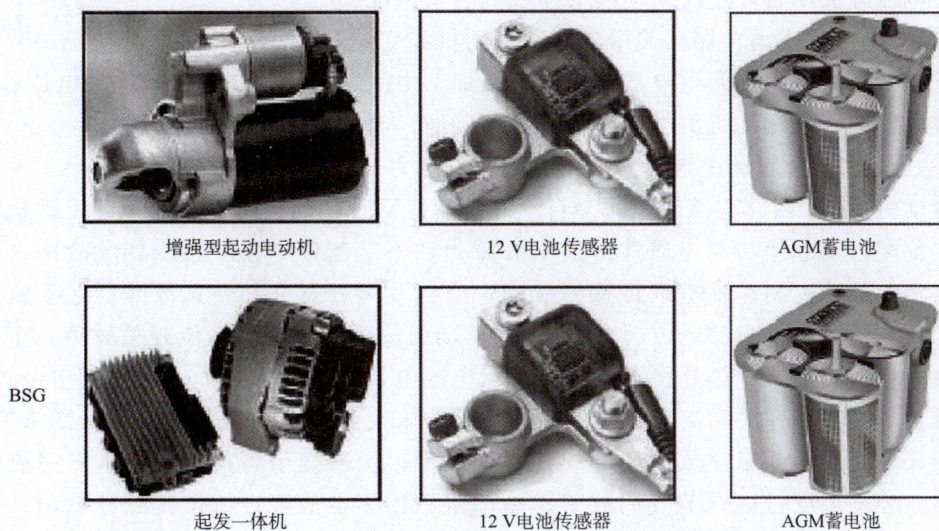

图 3-2-23　增强型起动电动机和 BSG 两种起停系统

（三）起停工作条件

如图 3-2-24 所示，其中蓄电池容量、温度等信息通过 LIN 通信（本图中未画出）起动条件满足时起停系统工作原理如下：

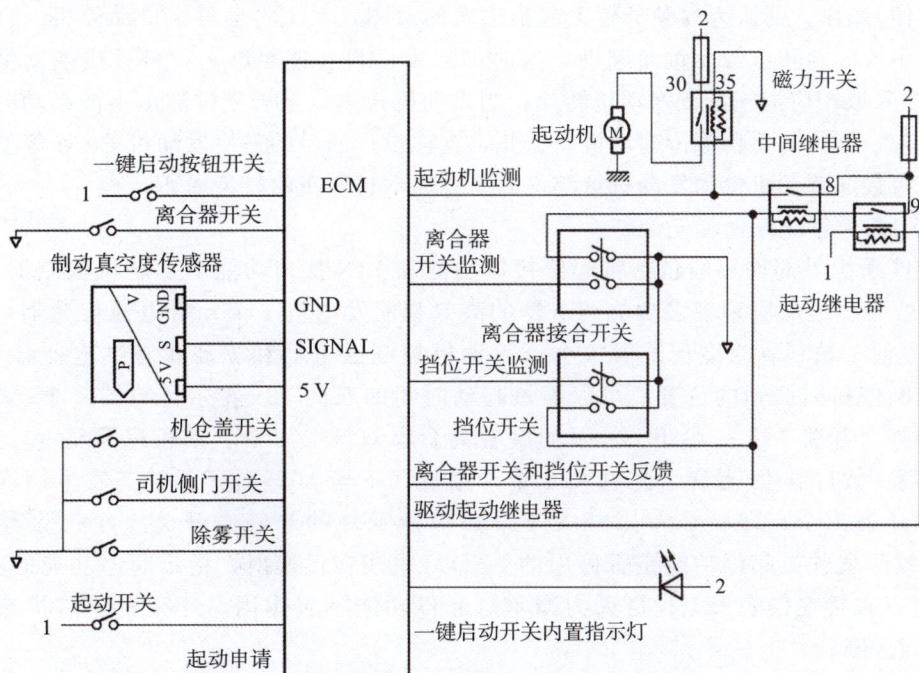

图 3-2-24　起停系统工作电路

模块三　汽车电气系统

(1)起动条件应满足电流经 1→起动继电器→ECM 的起动继电器接口→内部接地，起动继电器开关闭合，这时驱动继电器线圈有了供电。

(2)空挡开关或离合器开关用来识别发动机和变速器之间的动力中断情况，若动力是中断状态，则可将中间继电器线圈外部接地，中间继电器触点闭合，这时电流经 2→中间继电器触点→起动机继电器线圈→外部接地，起动机继电器触点闭合。

(3)电流经 2→起动机继电器触点→起动机磁力开关→起动机电动机。

发动机 ECM 内部存储故障时会自动停止起停系统功能，但不是任意的发动机故障码存储都能取消起停功能，通常是以下故障导致不能起停：LIN 总线相关故障；电池传感器相关故障；制动真空度传感器故障；空挡及离合器底部开关故障；起动机控制电路和继电器故障；起动机控制电路 ECU 驱动级故障；离合器高位开关故障；车速传感器故障；前舱盖处于打开状态（可标定）；电池电量起动能力过低；制动真空度过低；起动机过热；空挡开关和离合器底部开关的预检未完成；离合器顶部开关诊断未完成；起动相关继电器诊断未完成；环境大气压力过低；炭罐处于高负荷状态；未完成过怠速学习；环境温度过高；节气门故障；冷却水温传感器故障；相位传感器故障；炭罐诊断故障；转速传感器故障（用来识别停车）；发动机水温过高或过低；催化器正处于加热状态。

在没有起停系统相关故障、起动机结合的前提条件满足（发动机停转）、驾驶员在驾驶座上、前舱盖关闭（可标定为屏蔽）、连续自动起动的失败次数小于一定限值时才能自动起动。自动起动成功后，如果在一定时间范围内，驾驶员没有任何踏板（离合器、油门）操作，则认为驾驶员暂无起步出发的意图，系统将会再次自动停机。自动停机过程中恰好驾驶员触发重新起动，这时如果发动机转速足够高，可直接恢复供油并由 ECU 采取相应措施恢复发动机转速；当发动机转速低至恢复供油也不能起动时，起动机介入，但是需要稍等待起动机一会儿，这样设计的目的是使发动机 ECM 等发动机停转后再接通起动机带动发动机重起，以防止起动机和飞轮打齿损坏。

（四）起停系统元件和元件特性

起停系统零部件一般包括带起停接口功能和 LIN 接口功能的发动机控制器 ECM 1 个；增强型起动机和带多功能调节器的高效智能发电机 1 个；带电池传感器（IVT）AGM 电池 1 块；真空度传感器 1 个；起动机控制继电器和驱动状态继电器各 1 个；用来判断停机时曲轴的位置，可以缩短起动时间的双向 58x 霍尔传感器 1 个；常开、常闭空挡双开关 1 个；常开、常闭的底置离合器双开关 1 个，踏板踩下至 90% 时开关状态发生切换；顶置离合器开关 1 个，踏板踩下至 10% 时开关状态发生切换；发动机盖开关 1 个；驾驶员车门开关 1 个；带指示灯的起停主开关 1 个；除雾开关1 个；提醒驾驶员起停功能是否可用的 LED 灯集成在仪表内，指示起停功能的状态，LED 可以布置在仪表板上，灯灭为指示灯起停功能不起作用，灯亮为当前状态下允许怠速起/停。

起停的关键零部件包括起动机、高效发电机及多功能调节器、电池传感器、智能转速传感器、AGM 蓄电池、制动真空度传感器等，如图 3-2-25 所示。

国内中高档汽车多采用带多功能电压调节器的法雷奥发电机，这种发电机采用

LIN 通信方式。LIN 通信的发电机电压调节器和 Cterm(C 端子)的发电机电压调节器的区别是 LIN 是双向通信线,既输出发电机信号,也输入控制励磁信号。而 C 端子是电压调节器的控制端,信号为占空比。LIN 通信方式可将电池传感器产生的蓄电池电流、电压、温度三个参数传至发动机控制单元。最新的第四代德尔福电池传感器采用 LIN 2.0 通信协议,传感器本身除有高精度电流、电压、温度检测功能外,还有荷电状态(State of Charge,SOC)、健康状态(State of Health,SOH)和功能状态(State of Function,SOF)的检测功能。

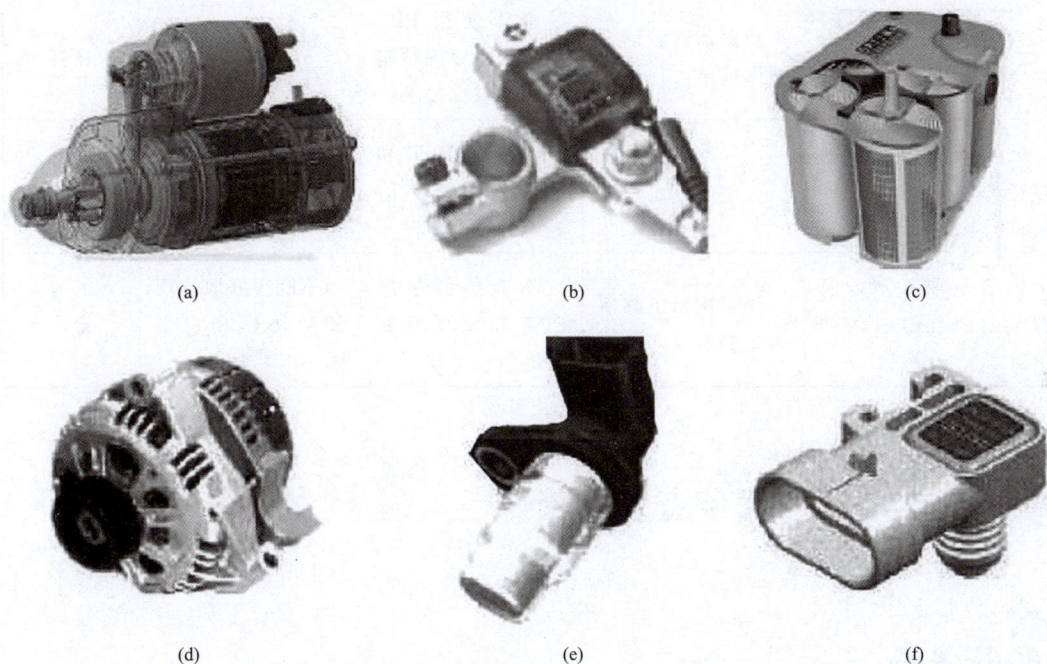

(a)   (b)   (c)

(d)   (e)   (f)

图 3-2-25　起停关键零部件外形

(a)增强型起动机;(b)电池传感器;(c)AGM 蓄电池;(d)高效智能发电机;
(e)智能转速传感器;(f)制动真空度传感器

学习研讨

背景描述	汽车起动机发展至今已有很大改进,从原来的普通起动机到带有起停系统的起动机,再到起动发电一体机,乃至现在的 48 V 轻混电动机及更多的新能源汽车起动技术,发展非常迅速
讨论主题	请对 48 V 轻混系统的电动机结构进行展示讲解
成果展示	小组采用短视频、PPT 制作等方式展示成果

模块三

汽车电气系统

🏁 学习评价

内容组织	素养提升			评价结果
内容选取很好，内容全面且组织有条理	思路清晰、重点突出、语言流畅	熟练掌握 PPT 和短视频制作等信息化技术	能很好地体现团队协作和自学能力	优秀
内容选取较好，内容全面且组织有条理	思路清晰、语言通顺简洁	能够使用 PPT 和简单的短视频制作等信息化技术	较好地体现团队协作和自学能力	良好
内容选取合理，内容相对完整，有一定的组织条理	逻辑思路一般、语言相对流畅	会使用 PPT 和短视频做简单的处理	团队协作能力和自学能力一般	一般
内容选取一般，内容不全面且组织条理不清晰	语言逻辑不够清晰流畅	不能熟练掌握 PPT 和短视频制作等信息化技术	不能很好地体现团队协作和自学能力	合格

🎯 学习单元三　汽车点火系统

🏁 情境导入

　　汽车点火系统的发展经历了从机械到电子的变革。早期的汽车使用机械触点式点火系统，通过电池和点火线圈产生高压电火花，来点燃燃料混合气。这种系统虽然简单，但维护频繁且效率不高。

　　随着技术的进步，电子点火系统逐渐取代机械触点式点火系统，使用 ECU 和传感器来精确控制点火时机，提高了发动机的性能和燃油效率。现代汽车普遍采用分布式点火系统，每个气缸配备独立的点火线圈，实现了更精准的点火控制。

　　未来，随着智能和电动汽车的发展，点火系统将更加高效和智能，为提升发动机的性能和减少排放提供了更好的支持。

🏁 相关知识

一、传统点火系统简介

　　传统三代点火系统的名称分别是分电器白金触点点火系统、电子无触点点火系统和无分电器电子点火系统。现代汽车点火系统是由微机控制的。

早期点火系统包括机械触点式点火系统、电磁式点火系统和霍尔式点火系统。

(一)机械触点式点火系统

如图 3-3-1 所示，机械触点式点火系统由分电器总成（又包括分电器分电部分、断电器部分、真空离心装置）、点火线圈、高压线、火花塞、点火开关组成。如图 3-3-2 所示，分电器轴在发动机凸轮轴的驱动下转动，分电器的下轴和上轴采用由转速控制的离心飞块实现角度上的错位，转速不同，上轴和下轴错位的角度不同，发动机转速越高，上轴超前下轴角度越大，上轴和凸轮是一体的，凸轮上有与发动机缸数相等的凸轮数，用于顶开断电臂，从而控制触点的开闭，控制初级线圈通断电。

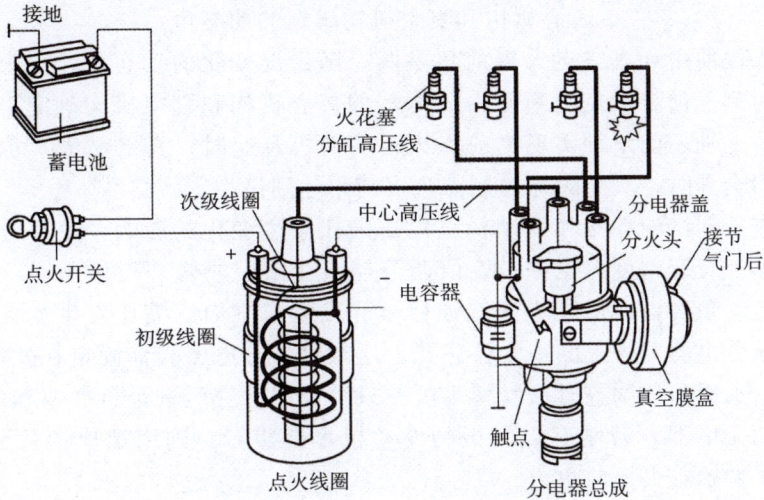

图 3-3-1　机械触点式点火系统组成

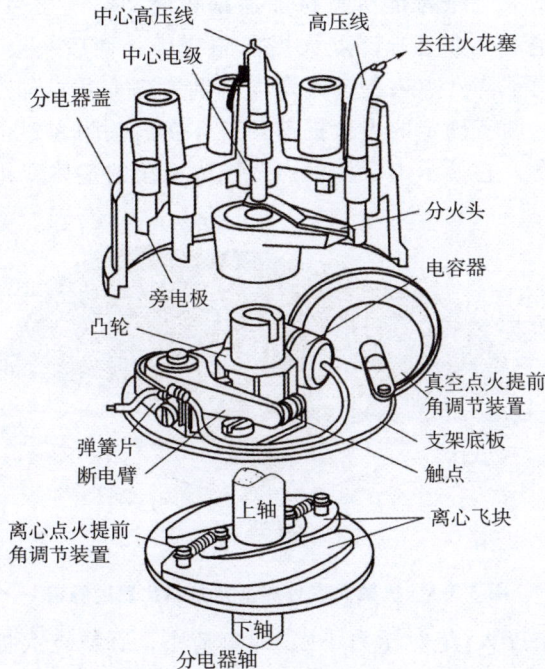

图 3-3-2　分电器结构

真空调节机构是个真空膜盒，膜盒上有根通往发动机化油器节气门后的真空管，发动机节气门后部真空度大时，膜盒拉杆拉动断电器支架逆时针转动，使断电臂提前被凸轮顶开，实现断电。在点火线中感应出的电压经中心高压线至分火头，分火头转动时，高压电到达分电器壳体的旁电极，经旁电极到分缸高压线，电流从缸体搭铁构成回路。电容器可以防止燃烧触点。其工作原理为：初级电路是蓄电池→点火开关→初级线圈→断电器→分电器壳体→地；次级电路是次级线圈→中心高压线→分火头→分缸高压线→火花塞→缸体→地。

传统点火提前角＝辛烷值调节器确定的初始角＋
离心机构和真空机构确定的动态角

离心点火提前角和真空点火提前角是两个随工况变化的动态角。点火时刻即白金触点断开的时刻。白金触点的断开由分电器的离心机构和真空机构确定，具体为发动机转速高时，上轴超前下轴实现提前点火；发动机怠速时，真空度大，也实现提前点火。在节气门全开时，真空膜盒控制点火提前角达到最小。

为了适应不同汽油标号和发动机缸内压缩比发生变化的影响，允许分电器壳体转动，这时壳体上会有刻度，也称辛烷值调节器。在出厂或修理厂修理时，可调节辛烷值调节器稍转动角度，以适应不同汽油标号和发动机缸内压缩比发生变化。辛烷值调节器本质上是分电器壳体上的一个长条孔，用螺钉将分电器壳体固定在发动机缸体上。在进行初始点火提前角调节时，修理人员一只手控制节气门进行急加速和急减速操作，另一只手转动分电器，若刚有点轻微的发动机爆燃声音，则用螺栓锁死分电器壳体，这样就确定了初始点火提前角。

在发动机空载急踩加速踏板时，使用正时枪测量出发动机的点火提前角，可看到点火提前角先减小后增大。原因是在急踩加速踏板时，空气质量轻，惯性小，迅速占领进气管，使进气管绝对压力上升，点火提前角变小；稍后一会儿，发动机转速上升后，使进气管绝对压力下降，点火提前角又向提前方向变化；加之发动机转速上升后，离心点火提前角变大，两者确定的点火提前角整体变大。图 3-3-3 所示为机械式点火提前角数字化后的脉谱图，它显示出机械触点式点火系统的整体变化规律。

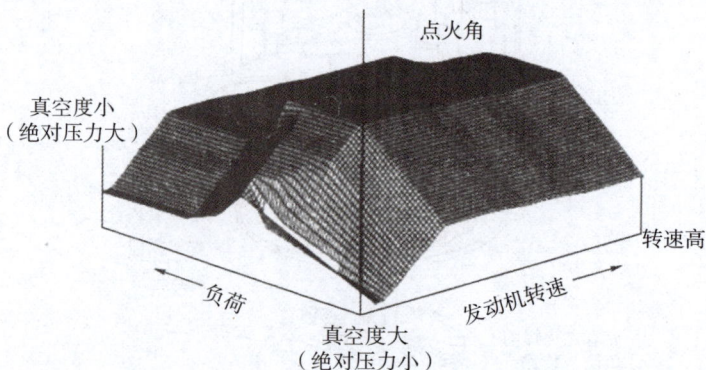

图 3-3-3　机械式点火提前角数字化后的脉谱

急速时进气管真空度大（绝对压力小），即负荷小，真空点火提前角需要提前控制。若发动机转速较低，离心点火提前角较小，最终两者决定的最后点火提前角较小。

发动机在部分负荷时，节气门开度小，发动机转速高，进气管真空度较大，点火提前角较大；加之发动机转速很高，离心提前角也大，两者决定的最后点火提前角达到最大。

在上坡时，发动机进气管真空度小，绝对压力大，真空提前角较小，但发动机转速较高，两者决定的最后点火提前角也较大。

传统点火系统点火能量即初级线圈电流的大小，可通过调节支架在支架底板上的位置实现，但可调范围较窄，特别是多缸发动机，可能提供的触点闭合时间不够。传统点火系统也不能在发动机低速时实现初级线圈内电流的最大限制。

传统点火系统有机械触点损坏较快、点火能量较低等诸多缺点，被后来出现的电磁式点火系统或霍尔式点火系统取代。电磁式点火系统和霍尔式点火系统是在分电器凸轮上把分电器内凸轮做成信号轮，信号轮轮齿或窗口个数与发动机缸数对应。当分电器转动时，信号轮扫描传感头，产生磁脉冲信号或霍尔信号，信号传递给点火模块，点火模块控制末级功率晶体管进而控制初级线圈开关完成点火。点火提前角由分电器内的离心机构和真空机构控制，也包含辛烷值调节器。

(二)电磁式点火系统

电磁式点火系统在点火模块内增加了低速恒流控制、闭合角控制、停车初级线圈断电控制等。转速信号由霍尔信号提供给点火模块，用于实现闭合角控制。恒流和停车断电保护是点火模块设计的一个重要功能。

磁脉冲式点火系统从分电器内分出两根线，有正负之分。图 3-3-4 所示为电磁式点火系统组成。

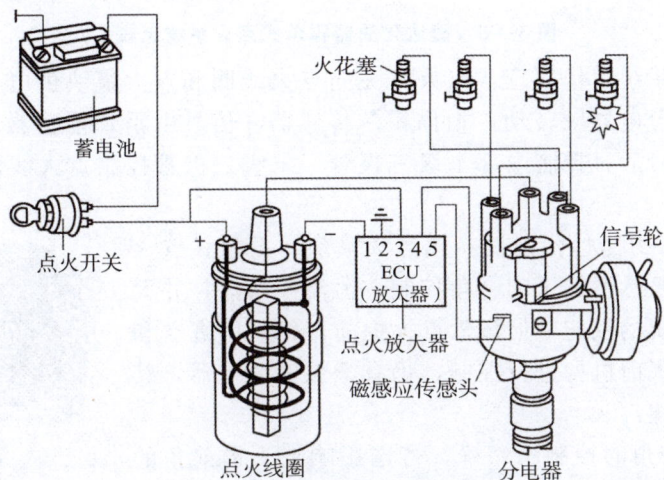

图 3-3-4　电磁式点火系统组成

电磁式点火系统工作原理：首先考虑供电，点火开关向点火线圈和点火模块供电，磁感应传感器的传感头被分电器轴上的信号轮扫描，产生近似正弦的信号输出，点火模块接收信号后，控制内部末级三极管，末级三极管控制点火线圈负极端导通或截止。

电磁式点火系统点火模块内虽增加了闭合角控制、低速恒流控制等，并大大提高了点火系统的性能，但电磁式点火系统点火提前角仍采用真空和离心机械式点火提前机构进行控制，仍有辛烷值调节器。

(三)霍尔式点火系统

图 3-3-5 所示为捷达化油器霍尔式点火系统组成。霍尔式点火系统从分电器内分出三根线，端口引脚以"＋""0""－"标定，分别为霍尔电源、信号输出和接地。

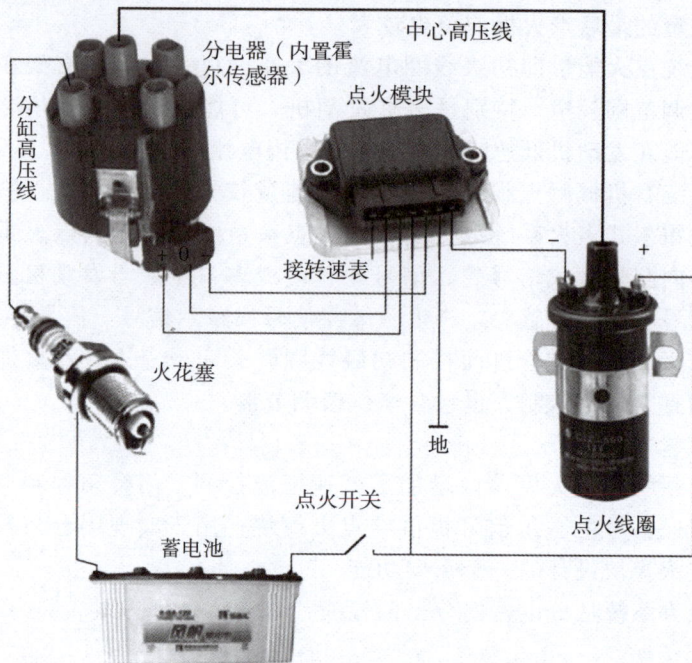

图 3-3-5　捷达化油器霍尔式点火系统组成

霍尔式点火系统工作原理：点火开关向点火线圈和点火模块供电，霍尔传感器由点火模块供电，分电器轴转动，扫描霍尔传感器，信号由霍尔传感器 0 脚输出，点火模块接收霍尔信号后，控制内部末级三极管，末级三极管控制点火线圈负极端导通或截止。

图 3-3-6 所示为捷达化油器霍尔点火模块，霍尔式点火系统点火模块内虽然增加了闭合角控制、恒流控制等，并大大提高了点火系统的性能，但霍尔点火提前角仍采用真空和离心机械式点火提前机构进行控制，仍有辛烷值调节器，其主要缺点如下所述。

(1)点火提前角的控制不精确，考虑影响点火提前角的因素(如发动机水温)不全面。

(2)为了避免大负荷时的爆燃，必然采用妥协方式降低点火提前角。

(3)仍脱离不开机械控制范围，造成点火提前角脉谱图山顶较平缓。

图 3-3-6　捷达化油器霍尔点火模块

从 1997 年开始我国即大量采用电控发动机控制的微机点火系统，截至 2001 年 9 月国内不再生产霍尔式点火系统。现代微机控制点火系统在点火正时控制上更加精确，同时，还保留了霍尔式点火系统的闭合角控制、恒流控制和停车断电控制功能。微机控制的点火系统除能随发动机转速控制初级线圈的通电时间外，还可以通过电子手段控制发动机各工况时的点火提前角，使发动机在动力性、经济性、加速性和排放等方面达到最优。

微机控制点火系统主要由下列元件组成：第一是监测发动机运行状况的传感器；第二是处理信号、发出指令的微处理机；第三是响应微机发出指令的点火器、点火线圈等。

该点火系统主要有以下优点。

(1)废除真空、离心点火提前装置，由发动机负荷信号和发动机转速信号代替控制基本点火提前角。

实际点火提前角＝初始点火提前角＋基本点火提前角＋修正点火提前角

动态的实际点火提前角由微机控制，从而使发动机在各种工况下都可以最佳地调整点火时刻，而不影响其他范围的点火调整。

(2)修正点火提前角中最主要的是爆燃修正。一旦爆燃，计算机推迟点火提前角，它可以保证在各种工况下将点火提前到发动机刚好不致产生爆燃的范围。

二、微机控制点火系统基础

微机控制点火系统的作用是确定最佳点火提前角和点火能量(也就是闭合角)。

(一)最佳点火提前角的确定

因为点火提前角的大小会对发动机油耗、动力、排放污染、爆燃情况及行驶特性等产生较大的影响，而影响点火提前角大小的两个主要因素就是发动机的转速和负荷，即传统点火系统介绍的离心点火提前角和真空点火提前角，其他为修正量。

根据汽车实际运行状况及不同工况的各种要求，在实验室中将获得的各种工况下的最佳点火提前角数据写在微机的存储器中。例如，在怠速时，最佳点火提前角就是使有害气体排放量最低、运转最平稳和油耗最小的点火提前角；而在部分负荷范围，主要要求提高行驶特性和降低油耗；在大负荷工况，重点是提高最大扭矩，避免产生爆燃。图 3-3-7 所示为存于存储器中的一个标准的三维点火特性曲线图。图中三个轴分别代表发动机转速、负荷和点火提前角。例如，若已知转速和负荷，就可以从图中 z 轴找出相应的最佳"基本点火提前角"。

事实上节气门开度是反映驾驶员动力需求的信号。

从传感器角度讲，发动机的进气歧管真空度小时表明发动机负荷大，若汽车装有进气歧管压力传感器，则负荷由压力传感器确定；若装有空气流量计，则负荷由空气流量计确定。从控制系统内部讲，根据空燃比公式，由进气量可以推出基本喷油量，基本喷油量由基本喷油时间决定，所

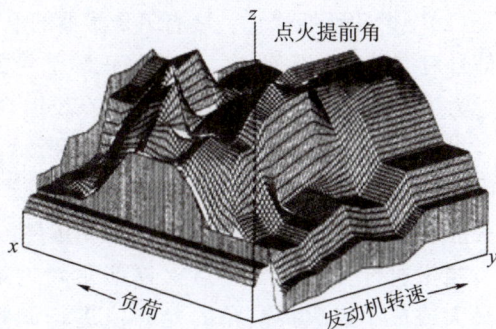

图 3-3-7　微机基本点火提前角脉谱图

以基本喷油时间代表负荷。

基本点火提前角不能直接用作点火提前角。如果直接使用这个角，则与传统的真空和离心机构确定的点火提前角就没有太大区别了。实际点火提前角应依据不同厂家采用的不同控制方法确定。下面以丰田汽车电控点火系统为例，讲述其实际点火提前角的控制方法。

丰田汽车确定实际点火提前角的依据为：

实际点火提前角＝原始设定点火提前角＋基本点火提前角＋修正点火提前角

1. 原始设定点火提前角

原始设定点火提前角也称为固定点火提前角，其值为上止点前10°。

2. 基本点火提前角

基本点火提前角储存在微机的 ROM（只读存储器）中。它可分为怠速时的基本点火提前角和正常行驶时的基本点火提前角两种。

（1）怠速时的基本点火提前角。怠速时的基本点火提前角是指节气门位置传感器的怠速触点闭合时的基本点火提前角。其值根据空调是否工作而略有不同，空调工作时其基本点火提前角为8°，不工作时其值为4°。也就是说在同样怠速运转时，若空调工作，其实际点火提前角将从上止点前14°增加到18°，以防止因空调负荷使发动机运转不稳。

（2）正常行驶时的基本点火提前角。正常行驶时的基本点火提前角是指节气门位置传感器怠速触点打开时的基本点火提前角。其值是微机根据发动机的转速和负荷（用进气量表示），从微机的 ROM 中进行查表，选择出来的最佳点火提前角。

3. 修正点火提前角

原始设定点火提前角加上基本点火提前角所得的点火提前角，必须根据相关因素加以修正。修正的点火提前角具有暖机和稳定怠速两种点火提前特性，分述如下。

（1）暖机点火提前角。暖机点火提前角是指在节气门位置传感器怠速触点闭合时，微机根据发动机冷却水温修正点火提前角。当冷却水温较低时，必须增大点火提前角，以促使发动机尽快暖机。

为使怠速稳定运转，例如，使用空调或使用动力转向时，微机控制增大点火提前角。

点火提前角的修正值（修正信号）除上述暖机修正和怠速稳定性修正外，还包括空燃比反馈修正和爆燃修正。

（2）空燃比反馈修正。装有氧传感器的电子控制燃油喷射系统，微机根据氧传感器的反馈信号对空燃比进行修正。随着修正喷油量的增加和减少，发动机的转速在一定范围内波动。为了提高发动机转速的稳定性，在反馈修正喷油量减少时，点火提前角应适当增加。

（3）爆燃修正。爆燃修正如图 3-3-8 所示。在通过曲轴和凸轮轴位置传感器及爆燃传感器确定某缸爆燃后，实际点火提前角会快速推迟，不爆燃时再缓慢提前。通过读数据流观察点火推迟角，点火提前角有推迟，说明爆燃传感器的信号传送给微机后正在进行爆燃修正。

当微机计算出的实际点火提前角超过最大或最小点火提前角的允许值时，则微机以最大或最小点火提前角的允许值进行调整。其他车点火系统的点火提前角控制可参考丰田车点火系统。

当传感器检测出发动机的转速和负荷有变化时，微机就会使点火提前角作出相应的改变，发动机每旋转1周，微机就可计算并输出一次点火提前角的刷新数据。

图 3-3-9 所示为最佳点火设置的逻辑选择流程图，不同车系统可能略有差别。

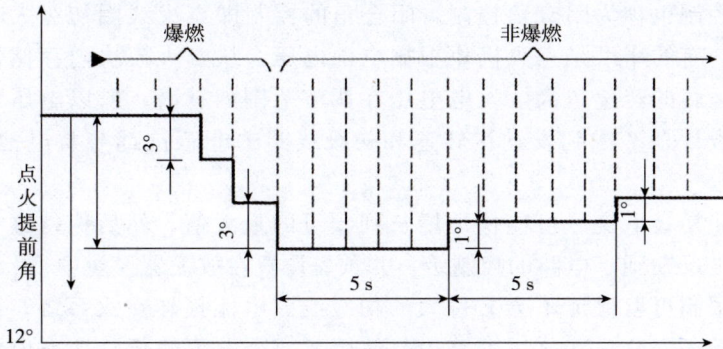

图 3-3-8　爆燃修正

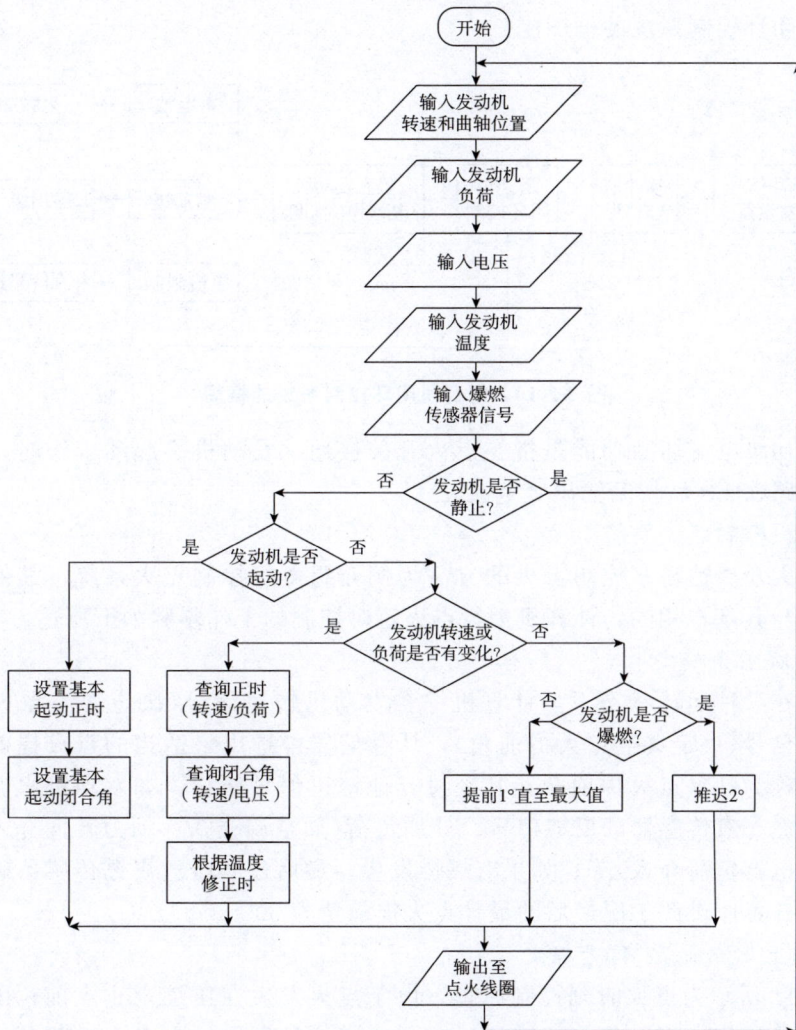

图 3-3-9　最佳点火设置的逻辑选择流程

(二)点火能量控制

点火能量控制也称为闭合角控制,闭合角的控制即点火线圈初级大功率晶体管导通时间的控制。有的车型是点火模块根据电源电压,从点火模块内存储器中查得导通时间。发动机运转的转速越高,发电电压在调节范围内越高,所以电压可以反映发动机转速。这样设计是考虑到发动机转速和初级线圈的电感抗都与蓄电池电压有关系,可简化设计。

该系统能使初级电流尽可能快地增长到预设的最大值,然后保持这一数值。初级电流的实际值被反馈到了电路的控制级,并预先设置在放大器模块中。

初级电流限制可以保证不会有过大的初级线圈电流损坏点火系统,同时,它也是恒定能量系统的一部分。在这一电路中,使用了一个电阻值低、功率值精度高的电阻器,该电阻器与功率晶体管及点火线圈串联。有一个电压传感电路跨接在这一电阻器上,可以获取预设电压(与电流成正比),这将使输出级电流值保持不变。图 3-3-10 所示为闭合角闭环控制系统的框图。

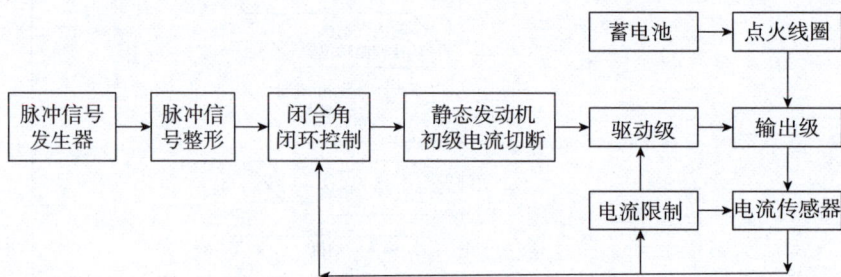

图 3-3-10 闭合角闭环控制系统的框图

发动机初级电流切断功能是指在点火开关接通、发动机不起动工作时,由一个简单的定时电路在 1 s 后切断输出级电流。

(三)微机控制点火系统

下面以大众捷达轿车控制点火的方法为例介绍微机控制点火系统,其他汽车发动机控制方式与其基本相同,计算机进行点火正时控制的工作步骤如下所述。

1. 点火提前角确定

例如,在某种运转状态下,计算机综合发动机转速信号(决定离心点火提前角)、发动机负荷信号(决定真空点火提前角),从存储器中选出最适当的点火提前角,这个点火提前角称为基本点火提前角,其经过其他修正信号修正,如发动机水温、节气门怠速开关状态、氧传感器的反馈信号、外加负荷(如空调介入、动力转向介入、变速换挡介入、用电器负荷介入)等。如果有爆燃发生,最后还要经过爆燃传感器确定的爆燃推迟角修正,可假设此工况最后的最佳点火提前角为 30°。

2. 压缩上止点前 72°信号确定

图 3-3-11 所示为点火时刻控制原理。由于点火发生在压缩上止点前,因此,凸轮轴位置传感器的信号要提前向计算机反映,这个信号要比最大点火提前角提前,如大众汽车的凸轮轴位置传感器信号在压缩上止点前 72°出现。

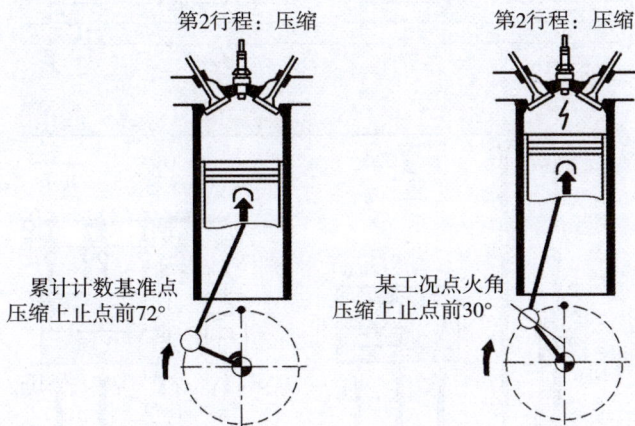

图 3-3-11　点火时刻控制原理

3.1°计算机时间计算

要利用曲轴转速计算出在此转速下，曲轴转动 1°曲轴转角计算机需要多少时间。由 72°−30°＝42°，推出当微机收到 72°后，再等 42 个 1°计算机时间即可点火。其他汽车系统 1 缸压缩上止点前是多少度，可查看相关资料。

三、大众汽车点火系统

1997 年年末，一汽大众停止生产化油器汽车；1998 年以后，一汽大众生产的大众电喷车直接采用无分电器点火系统。大众汽车无分电器的点火系统可分为双缸同时点火式和单缸独立点火式两种方式，捷达轿车采用双缸同时点火式。图 3-3-12 所示为捷达 1.6 L ATK 发动机双缸同时点火系统电路。就点火而言，如果是四缸发动机，则点火顺序为 1—3—4—2，点火线圈 1、3 缸配一组，2、4 缸配一组。图 3-3-13 所示为集成在一起的双缸同时点火线圈和点火模块。

发动机两个气缸合用一个点火线圈，即一个点火线圈有两个高压输出端，分别与一个火花塞相连，负责对两个气缸点火。当气缸配对选择时，应注意当一个气缸处于压缩行程时，另一个气缸应处于排气行程。必须确保在排气行程中所产生的点火火花既不点燃要排出的残余废气，也不点燃刚要进来的新鲜混合气。双缸同时点火的缺点是对点火提前角调整的范围有一定的限制。

当初级电流接通时，次级线圈中会感应出 1~2 kV 系统并不需要的电压，它的极性与点火高压的极性相反。对于分电器点火系统，由于有中心电极和旁电极的间隙，故可以有效地消除这种现象。对于单缸独立点火的系统来说，一般是在点火线圈中串联二极管来避免初级线圈通电跳火。当两个火花塞串联在一起时，火花塞上的感应高压相互抵消，消除了开关跳火现象。所以，此时可以不必在点火线圈上再附加二极管。

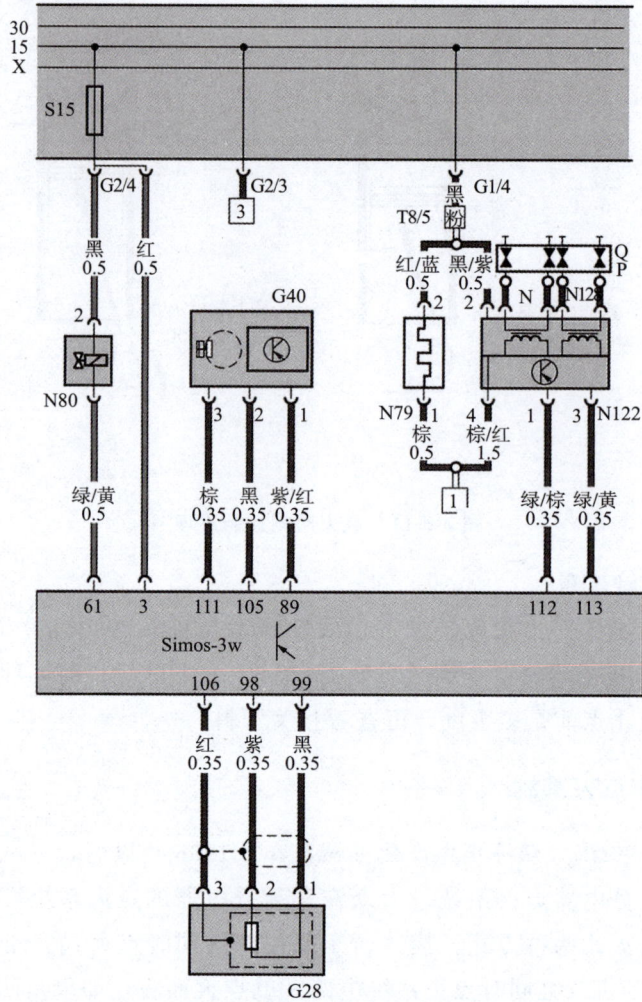

图 3-3-12　捷达 ATK 发动机双缸同时点火系统电路

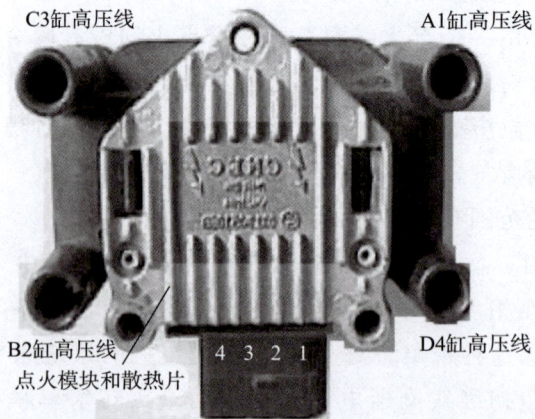

图 3-3-13　集成在一起的双缸同时点火线圈和点火模块

1.1 缸压缩上止点前 72°信号

图 3-3-14 所示为凸轮轴位置传感（霍尔传感器）器 G40 的位置。其具有曲轴转两周而凸轮轴转一周的特点。由于凸轮位置和配气机构进排气门是一一对应关系，因此，凸轮轴位置信号可确定 1 缸压缩上止点前 72°信号。设计时信号轮安装在凸轮轴上，当活塞位于压缩上止点前 72°时，信号轮即可扫描霍尔传感头。

传感器插头
传感器信号轮
传感器线

图 3-3-14 凸轮轴位置传感器 G40 位置

图 3-3-15 所示为霍尔传感器 G40 的工作原理。霍尔传感器 G40 由 ECU 供电，随凸轮轴一起旋转的触发轮控制触发三极管，从而拉低计算机内高电位。具体来说，当三极管不导通时，信号线为高电位 12 V（根据计算机内电源高低而定），一旦饱和导通，则信号线为低电位，接近 0 V。高、低电位变换点的时刻反映了凸轮轴的位置。

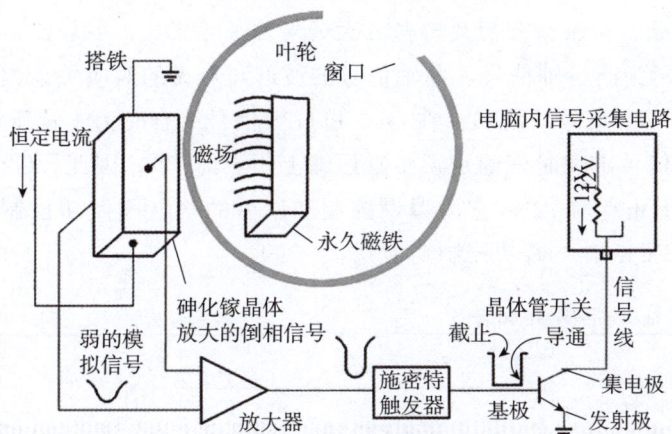

图 3-3-15 霍尔传感器 G40 的工作原理

2. 曲轴转速信号

发动机转速是电控系统中重要的输入变量之一。图 3-3-16 所示为发动机曲轴转速和位置传感器 G28（为简化名称，一般称为曲轴位置传感器 G28），G28 传感器不但产生发动机转速信号，同时，也产生 1 缸上止点前 72°信号。曲轴每转两周产生两个信号，其中一个信号是 1 缸压缩上止点前 72°信号；另一个信号是 1 缸排气上止点前 72°信号。

图 3-3-17 所示为曲轴位置传感器 G28 和曲轴信号轮，曲轴信号轮一周有 60 个齿位，实际为 58 个齿，微机采集到的每个齿形的正向波形或负向波形均代表曲轴转过 3°（60×6°＝360°），经转化可变成曲轴转 1°需要的计算机时间，称其为 1°计算机时间。72°－30°＝42°，计算机延时 42 个 1°时间开始断开初级线圈的电子开关。曲轴信号轮缺少两齿的部分会在 1 缸上止点前 72°扫过 G28，因缺口较大，故会产生突变信号。

汽车发动机起动后，曲轴转速很高，大多数车系为降低成本，曲轴位置传感器都采用磁感应式，德国汽车的信号轮采用 60 齿位、58 齿形式，这种结构在欧洲有统一的趋势，而丰田汽车系统则为 36 齿位、34 齿形式。现代汽车曲轴位置传感器少数采用了两线电流型霍尔传感器，如美国通用的别克汽车（三线霍尔式用在凸轮轴上）。

图 3-3-16　发动机曲轴转速和位置传感器 G28

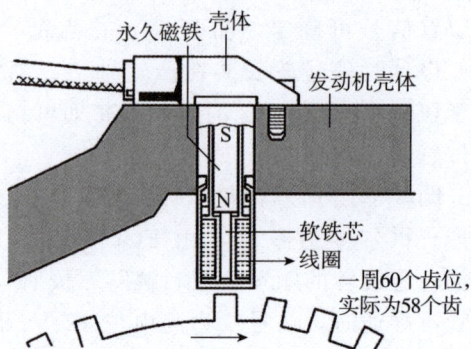

图 3-3-17　曲轴位置传感器 G28 和曲轴信号轮

3. 凸轮轴信号、曲轴信号的波形与点火的对应关系

图 3-3-18 所示为凸轮轴信号、曲轴信号的波形与点火的对应关系（4 缸发动机），图中显示出 G40 和 G28 信号的波形。在 G40 和 G28 信号重合时为 1 缸压缩上止点前 72°，事实上单独 G40 信号出现时就确定了 1 缸压缩上止点前 72°，因此，G28 信号单独出现时确定 4 缸压缩上止点前 72°，它为爆燃控制和以后的气缸不做功控制提供了依据（前提是所配发动机 ECU 有不做功控制功能）。

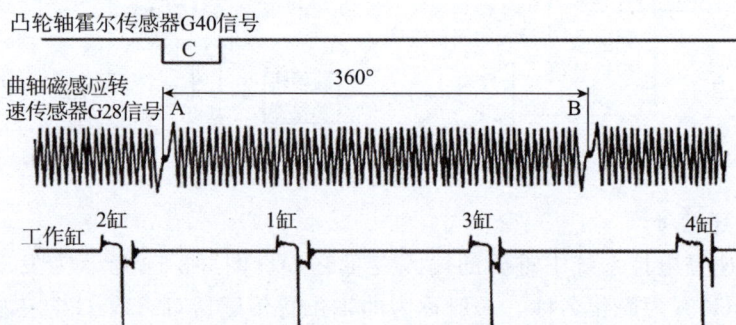

图 3-3-18　凸轮轴信号、曲轴信号的波形与点火的对应关系（4 缸发动机）

如果点火系统采用分电器点火，则正确安装分电器后，分电器中的分火头将自动指向对应气缸的火花塞。这时 ECU 不需要曲轴的位置信息，但需要凸轮轴位置和曲轴转速信息。

（二）单缸独立点火方式

1. 单缸独立点火方式

一汽奥迪在 1999 年就开始在 1.8 T AWL 发动机上采用单缸独立点火方式，单缸独立点火方式需要提供更多的信息给 ECU，使它能够确定哪个点火线圈应该被触发。因此，系统必须获得凸轮轴的位置信息。

霍尔传感器 G40 位于发动机气缸盖上或凸轮轴正时齿轮的后侧，负责采集发动机 1 缸压缩上止点前 72°信号。发动机控制单元通过此传感器判别 1 缸是否处于压缩行程，以确定爆燃所在缸并确定喷油顺序。信号中断后不能识别爆燃所在缸，发动机爆燃控制从单独调节变为控制模式，即点火提前角均向后推迟约 15°。齿形皮带错齿，记忆为传感器有故障。

2. 点火线圈结构

点火线圈由一块铁芯构成，形成一个封闭的磁回路，并且有一个塑料外壳。在壳体内，初级绕组直接安装在铁芯的绕线管上，其外部缠有次级绕组。为了提高抗击穿能力，将绕组制成盘式或盒式（图 3-3-19）。为使两级绕组之间及绕组同铁芯之间实现有效绝缘，壳体内灌满环氧树脂。这种设计形式可与各个应用机型相匹配。

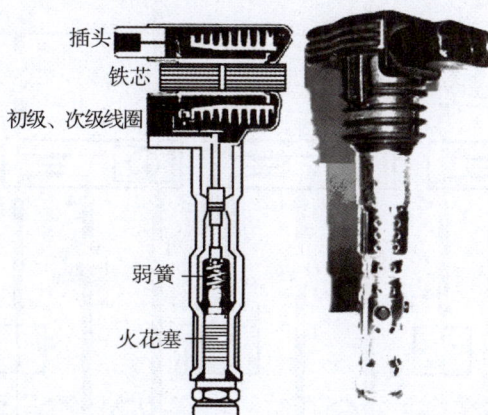

图 3-3-19　奥迪 1.8 T 的点火线圈和点火放大器

由于增压发动机压缩终了的气缸压力较高，放电较为困难，因此，所需击穿电压较高，导致实际中点火线圈损坏的概率很高。

3. 单缸独立点火方式电路图

图 3-3-20 所示为奥迪 1.8 T 发动机点火系统。在分电器点火系统中，用示波器的高压感应钳可以测量高压线的电压波形，通过分析点火波形可确定故障点。在单缸独立点火系统中，在分电器和点火线圈之间没有中心高压线，也没有分缸高压线，这时必须用专用感应元件进行高压测量。

单缸独立点火系统中每个气缸安装一个线圈和一个放大器，由控制单元按点火次序触发。这种分电器系统可以灵活安装，用于任何缸数的发动机上，而且它在点火提前角的调整方面也没有任何限制。但是必须注意的问题是，这种形式的分电器必须安装同步装置，同步信号由凸轮轴位置传感器 G40 产生。

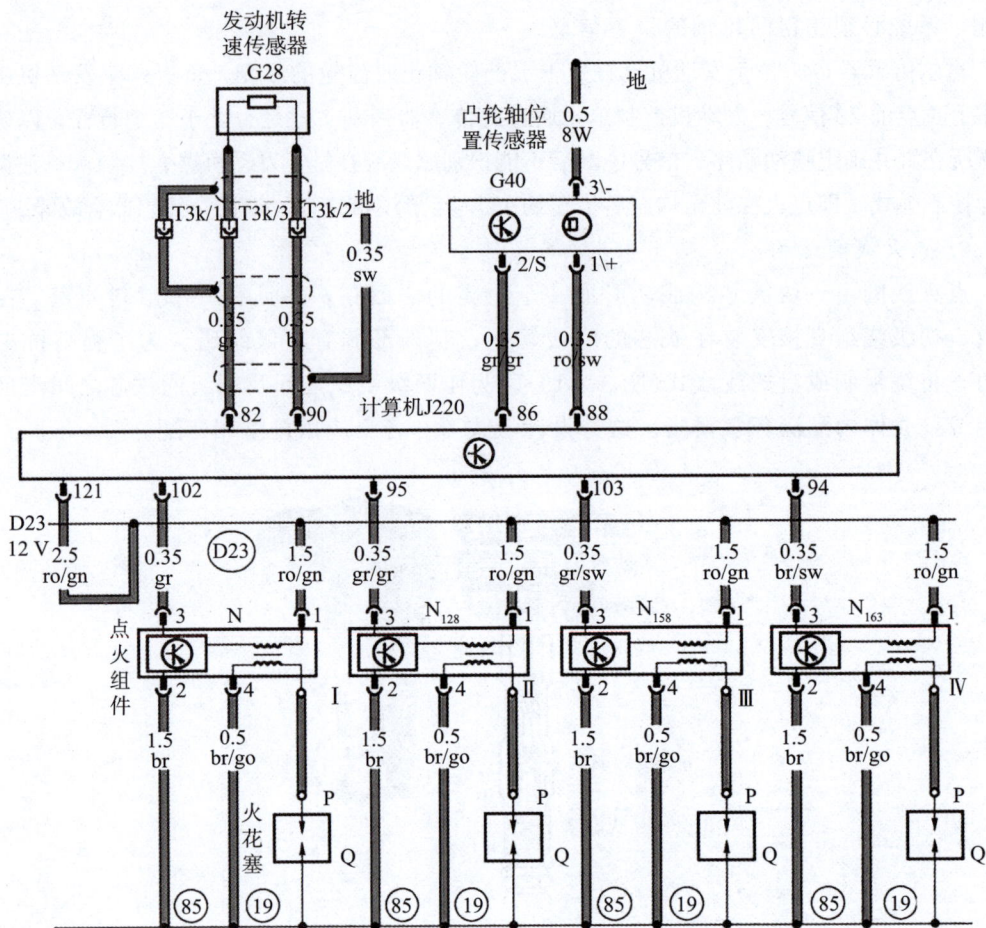

图 3-3-20　奥迪 1.8 T 发动机点火系统

学习研讨

背景描述	随着汽车技术的不断进步，点火系统也经历了显著的发展和改进。当下汽车点火系统已经普及到了点火控制系统自动化、智能化，绝大部分家用车辆都使用直接点火或多火花点火技术，未来在激光点火技术方面的探索会不断加强
讨论主题	查阅相关资料并整理，请对激光点火技术进行讲述
成果展示	小组采用短视频制作或 PPT 展示等方式进行成果展示

内容组织	素养提升			评价结果
内容选取很好，内容全面且组织有条理	思路清晰、重点突出、语言流畅	熟练掌握 PPT 和短视频制作等信息化技术	能很好地体现团队协作和自学能力	优秀
内容选取较好，内容全面且组织有条理	思路清晰、语言通顺简洁	能够使用 PPT 和简单的短视频制作等信息化技术	较好地体现团队协作和自学能力	良好
内容选取合理，内容相对完整，有一定的组织条理	逻辑思路一般、语言相对流畅	会使用 PPT 和短视频做简单的处理	团队协作能力和自学能力一般	一般
内容选取一般，内容不全面且组织条理不清晰	语言逻辑不够清晰流畅	不能熟练掌握 PPT 和短视频制作等信息化技术	不能很好地体现团队协作和自学能力	合格

学习单元四　照明与信号装置

情境导入

　　汽车照明与信号装置的发展经历了从简单到复杂的转变。早期汽车使用白炽灯，照明效果有限，能耗较高。随着技术的进步，卤素灯、氙气灯逐渐普及，提供了更强的亮度和更长的使用寿命。

　　近年来，LED 照明技术的广泛应用，进一步提升了汽车灯具的能效和可靠性，同时带来更灵活的设计和更快的响应时间。现代汽车还集成了智能信号系统，如自适应大灯和动态转向灯，提高了行车安全性和驾驶体验。未来，随着智能驾驶技术的发展，汽车照明与信号装置将更加智能化和多样化，为安全出行提供更全面的保障。

相关知识

　　汽车照明灯是汽车夜间行驶必不可少的照明设备，为了提高汽车的行驶速度并确保夜间行车安全，汽车上装有多种照明设备。汽车照明灯根据安装位置和用途不同，一般可分为外部照明装置和内部照明装置。汽车照明灯的种类、特点及用途见表3-4-1。

表 3-4-1 汽车照明灯的种类、特点及用途

种类	外照明灯			内照明灯		
	前照灯	雾灯	牌照灯	顶灯	仪表灯	行李箱灯
工作时的特点	白色常亮 远近光变化	黄色或白色 单丝常亮	白色 常亮	白色 常亮	白色 常亮	白色 常亮
用途	为驾驶员安全行车提供保障	雨、雪、雾天气，保证有效照明及提供信号	用于照亮汽车尾部牌照	用于夜间车内照明	用于夜间观察仪表时的照明	用于夜间拿取行李物品时的照明

一、前照灯系统

前照灯又称车头灯、头灯、大灯，是各种运输机械上的一种向行驶方向产生定向光束的照明灯具。例如，在道路上行驶的汽车，前照灯将光源产生的光线反射到汽车行驶的前方，用于夜间行驶时照明前方路面。前照灯也广泛用于铁路机车车辆、自行车、摩托车、飞机等交通工具，以及耕耘机等工作机械。

前照灯的灯光颜色通常是白色或暖黄色，最初主要使用白炽灯[图 3-4-1(a)]和卤钨灯[图 3-4-1(b)]作为照明光源。从 20 世纪 90 年代起，开始出现了以氙气灯为代表的高强度气体放电灯（HID）[图 3-4-1(c)]及发光二极管（LED）[图 3-4-1(d)]作为前照灯光源，并逐渐成为主流产品，以上灯光类型如图 3-4-1 所示。

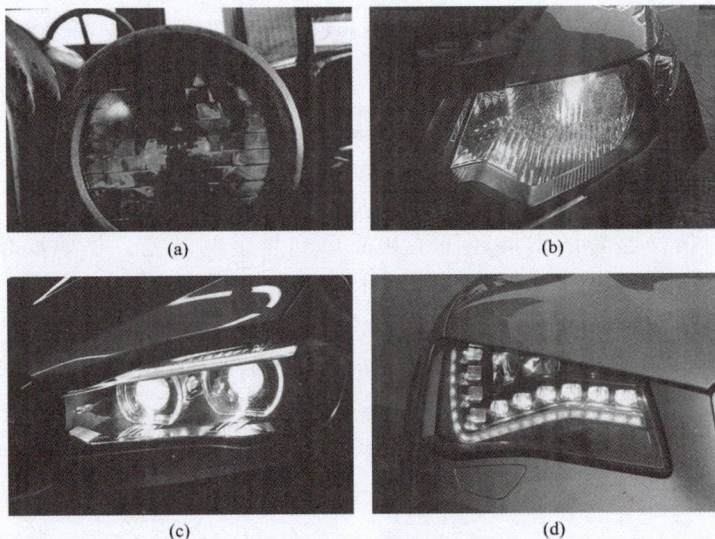

图 3-4-1 灯光类型
(a)白炽灯；(b)卤钨灯；(c)氙气灯；(d)LED灯

《机动车运行安全技术条件》（GB 7258—2017）对前照灯主要有照明距离和位置、防眩目和发光强度的要求。

（1）前照灯照明距离和位置的要求。为保证行车安全，前照灯要保证使驾驶员能辨

明车前 100 m 以内路面上的任何障碍物，要求汽车远光灯的照明距离大于 100 m，这个数据是依据汽车的行驶速度而定的。随着现代汽车行驶速度的提高，照明距离的要求会有所增大。汽车近光灯的照明距离在 50 m 左右，位置的要求主要是照亮照明距离内的整段路面和不得偏离路面。

(2)前照灯防眩目要求。汽车前照灯应具有防眩目装置，以免夜间两车交会时使对面汽车的驾驶员眩目而导致交通事故。夜间两车交会使用前照灯时，光束向下倾斜，照亮车前 50 m 内路面，从而避免迎面来车的驾驶员眩目。

(3)前照灯发光强度的要求。在用车远光发光强度：两灯制不小于 15 000 cd(坎德拉)，四灯制不小于 12 000 cd(坎德拉)；新注册车远光发光强度：两灯制不小于 18 000 cd(坎德拉)，四灯制不小于 15 000 cd(坎德拉)。

随着车辆高速化的发展，有些国家开始试行三光束系统。三光束即高速远光、高速近光、近光。在高速公路上行驶时，用高速远光；在无迎面来车的道路上行驶或在高速公路会车时用高速近光；在有迎面来车和在市区运行时，使用近光。

(一)前照灯结构

汽车前照灯一般由光源(灯泡)、反光镜、配光镜(散光镜)三部分组成，如图 3-4-2 所示。

1. 光源(灯泡)

常见汽车前照灯所用的灯泡有普通灯泡(白炽灯泡)和卤素灯泡，两种灯泡的灯丝均采用熔点高、发光强的钨丝制成(图 3-4-3)。

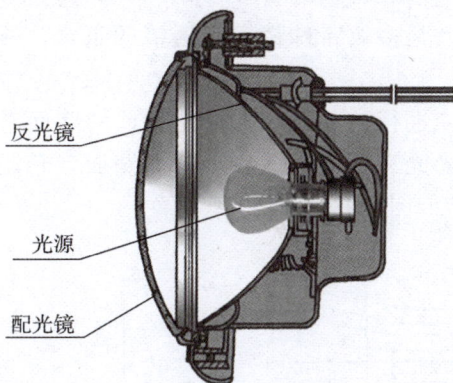

图 3-4-2　前照灯结构

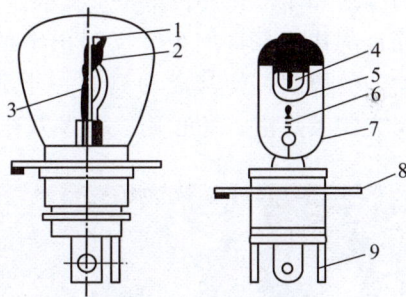

图 3-4-3　前照灯结构
1、7—配光屏；2、4—近光灯丝；
3、5—远光灯丝；6—定焦盘；8—底座；9—插片

普通灯泡的灯丝用钨丝制成，玻璃泡内抽出空气，然后充以 86% 的氩气和约 14% 的氮气的混合惰性气体以减少钨丝受热蒸发，延长其使用寿命，灯丝制成紧密的螺旋状。灯泡在长期使用后发黑，表明灯丝的损耗依然存在，因此，并不能阻止钨丝的蒸发。卤素灯泡是在惰性气体中加入了一定量的卤族元素(如碘、溴)，使从灯丝上蒸发出来的气态钨与卤族元素反应生成了一种挥发性的卤化钨，在扩散到灯丝附近的高温区域后又受热分解，使钨重新回到灯丝上，如此循环防止了钨的蒸发和灯泡黑化的现象。白炽灯发光效率一般为 8~12 lm/W，卤素灯发光效率可达 18~20 lm/W，比白炽

灯高 20%以上。由于卤钨灯灯泡体积小、耐高温、发光强度高、使用寿命长，故而取代了早期的白炽灯灯泡。现代汽车还广泛应用 LED 灯泡。

2. 反光镜

反光镜的表面形状呈旋转抛物面，如图 3-4-4 所示，一般由 0.6～0.8 mm 的薄钢板冲压而成或由玻璃、塑料制成。其内表面镀银、镀铝或镀铬，然后抛光处理；目前，反光镜内面采用真空镀铝的较多。

反光镜的作用是将灯泡的散射（直射）光反射成平行光束，使光度大大增强，增强几百倍乃至上千倍，以保证汽车前方 150～400 m 范围内有足够的照明。

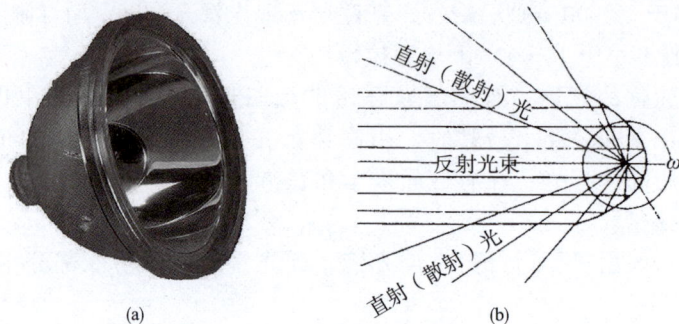

图 3-4-4　反光镜

（a）反光镜实物；（b）反光镜聚光示意

3. 配光镜

配光镜又称散光玻璃，由透光玻璃压制而成，是多块特殊棱镜和透镜的组合，外形一般为圆形和矩形，如图 3-4-5 所示。

配光镜的作用是将反光镜反射出来的集中光束进行折射与散射，使车前的路面有良好且均匀的照明，使其成为具有一定分布的灯光光束，均匀照亮车前的路面。它还能保护反光镜及灯泡，防止雨、雪及灰尘的侵蚀，如图 3-4-6 所示。

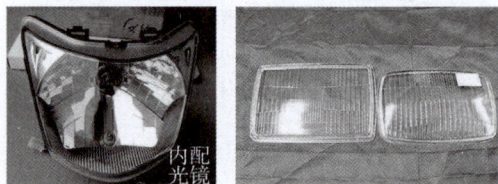

图 3-4-5　配光镜

图 3-4-6　配光镜的工作原理

（二）前照灯防眩目措施

眩目就是指人的眼睛突然受到强光照射时，由于视觉神经受刺激而失去对眼睛的控制，本能地闭上眼睛或看不清楚暗处物体的生理现象。眩目可分为心理眩目和生理眩目两种。在开车时，驾驶员很容易产生眩目现象，这里的眩目大部分是生理眩目。为了防止眩目情况的发生，在设计汽车灯光系统时就需要考虑到防眩目设计方案。常见的防眩目措施包括采用双丝灯泡，采用带遮光罩的双丝灯泡，采用非对称光形，采用前照灯自动变光器、矩阵式 LED 前照灯、DMD（数字矩阵技术）前照灯。本书着重介绍前四种基本的防眩目技术，至于矩阵式 LED 前照灯和 DMD（数字矩阵技术）前照灯技术请同学们课下自行学习。

1. 采用双丝灯泡

功率较大的远光灯丝位于反光镜的焦点处，功率较小的近光灯丝在焦点上方。夜间迎面会车时，通过变光开关将远光改为近光，经反光镜反射的光线绝大部分投向路面，从而具有一定的防止眩目的作用，如图 3-4-7 所示。

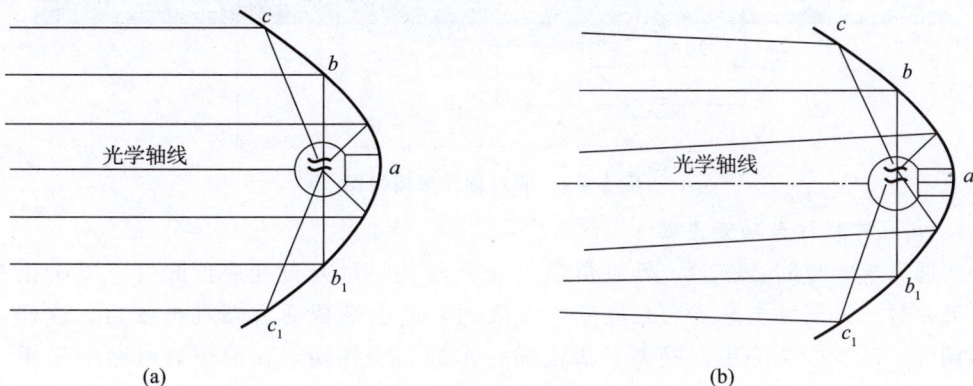

(a)　　　　　　　　　　　　　　(b)

图 3-4-7　双丝灯泡的工作情况

（a）远光；（b）近光

2. 采用带遮光罩的双丝灯泡

在近光灯丝的下面装有一金属配光屏，它挡住了近光灯丝 1 射向反射镜下半部分的光线，从而消除了近光灯光束向斜上方照射的部分，使防眩目效果得到进一步提高，如图 3-4-8 所示。

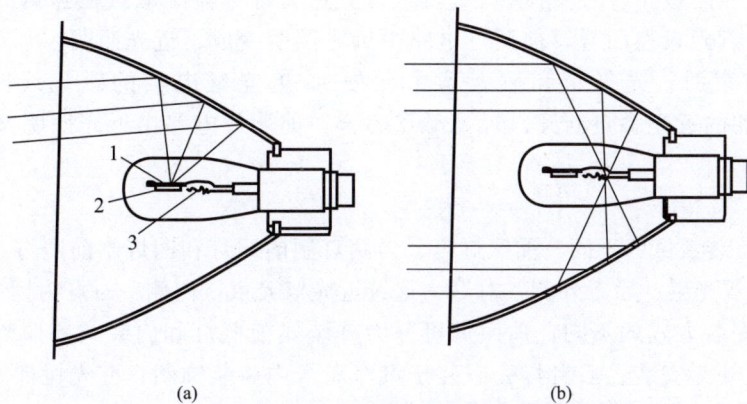

(a)　　　　　　　　　　　　　　(b)

图 3-4-8　具有配光屏的双丝灯泡工作情况

1—近光灯丝；2—配光屏；3—远光灯丝

3. 采用非对称光形

配光屏安装时偏转一定的角度，与新型配光镜配合使用后，其近光的光形分布不对称，符合欧洲经济委员会制定的 ECE 配光标准，可将车前路面和右方人行道照亮，这是一种比较理想的配光，如图 3-4-9 所示。

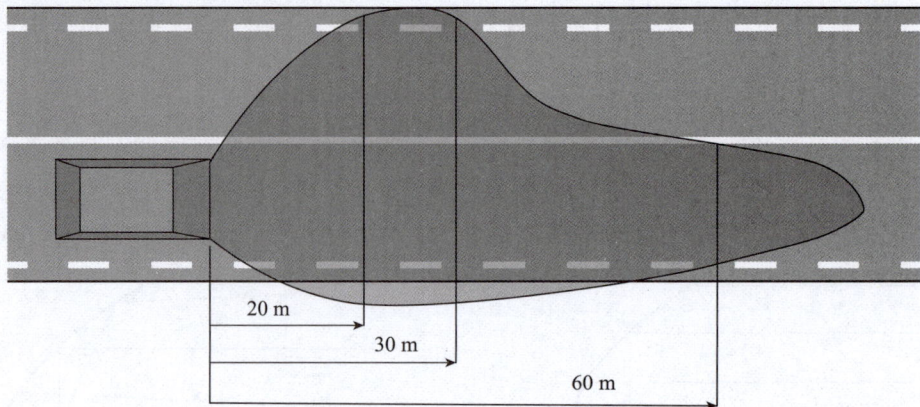

图 3-4-9　非对称光形俯视图

4. 采用前照灯自动变光器

普通车辆在夜间会车时，驾驶员通过变光开关将远光灯变成近光灯，以防止对面驾驶员眩目。若驾驶员忘了变光或变光不及时，就会造成对方驾驶员眩目。这样，有些车辆为了减少安全隐患，提高车辆夜间行车的安全性能，在前照灯电路中采用了自动变光系统。该系统主要由光敏管（光敏电阻）及放大器单元（感光器）、灵敏度调节器、远/近光继电器、变光开关、闪光超车开关等部件组成。其工作原理是：当变光开关置于自动挡时，远/近光继电器的磁化线圈通过光敏管及放大器单元搭铁，其电路是蓄电池→电路断电器→灯光开关总成→507线→自动挡→远/近光继电器的磁化线圈→光敏管及放大器单元→搭铁。此时远/近光继电器控制远光灯的触点闭合，远光灯亮。

当对面来车时，光敏管及放大器单元（感光器）内的电阻发生变化，使远/近光继电器的磁化线圈电路截止（不能搭铁）。这样，远/近光继电器的触点在弹簧的作用下，远光触点断开，近光触点闭合，前照灯电路由远光照明变成了近光照明。

当会车结束时，光敏管和放大器单元使远/近光继电器的磁化线圈再次搭铁，远/近光继电器的近光触点断开，远光触点闭合，前照灯电路由近光照明又变回了远光照明。

（三）前照灯分类

（1）按照安装数量的不同，前照灯可分为两灯制前照灯和四灯制前照灯。前者每只灯具有远、近光双光束；后者外侧一对灯为远、近光双光束，内侧一对灯为远光单光束。

（2）按照安装方式的不同，前照灯可分为外装式前照灯和内装式前照灯。前者整个灯具在汽车上外露安装；后者灯壳嵌装于汽车车身内，装饰圈、配光镜裸露在外。

（3）按照灯的配光镜形状不同，前照灯可分为圆形、矩形和异形三类。

（4）按照发射的光束类型不同，前照灯可分为远光前照灯、近光前照灯和远近光前照灯三类。

（5）按照前照灯光学组件的结构不同，前照灯可分为以下几种。

1）可拆式前照灯：该灯气密性差，反光镜易受湿气和尘埃污染而降低反射能力，严重降低照明效果，目前已很少采用。

2）半封闭式前照灯结构如图 3-4-10 所示。

3)封闭式前照灯结构如图 3-4-11 所示。

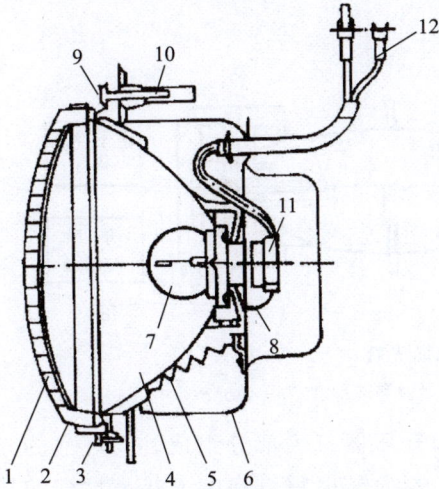

图 3-4-10　半封闭式前照灯

1—配光镜；2—固定圈；3—调整圈；
4—反射镜；5—拉紧弹簧；6—灯壳；
7—灯泡；8—防尘罩；9—调节螺钉；
10—调整螺母；11—胶木插座；12—接线片

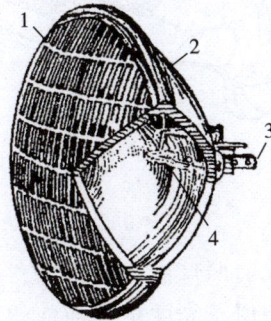

图 3-4-11　封闭式前照灯

1—配光镜；2—反射镜；3—插头；4—灯丝

4)投射式前照灯如图 3-4-12 所示。

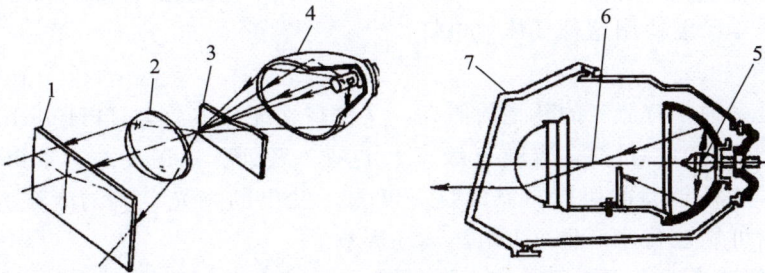

图 3-4-12　投射式前照灯

1—屏幕；2—凸形配光镜；3—遮光镜；4—椭圆反射镜；5—第一焦点(F_1)；6—第二焦点(F_2)；7—总成

　　投射式前照灯的反射镜近似椭圆形状，它具有两个焦点：第一焦点处放置灯泡，第二焦点是由光线形成的，凸形配光镜聚成第二焦点，再通过配光镜将聚集的光投射到前方，投射式前照灯所采用的灯泡为卤钨灯泡。第二焦点附近设有折光板，可遮挡上半部分光，形成明暗分明的配光。由于它的这种配光特性，因此也可用作雾灯。

(四)其他形式前照灯

1. 高亮度弧光灯

　　高亮度弧光灯的结构如图 3-4-13 所示。这种灯的灯泡内没有灯丝，取而代之的是安装在石英管内的两个电极，管内充有氙气及微量金属(或金属卤化物)。在电极上加上 5 000～12 000 V 电压后，气体开始电离而导电。由气体原子激发到电极间的少量水银蒸气弧光放电，最后转入卤化物弧光灯工作，采用多种气体是为了加快起动。

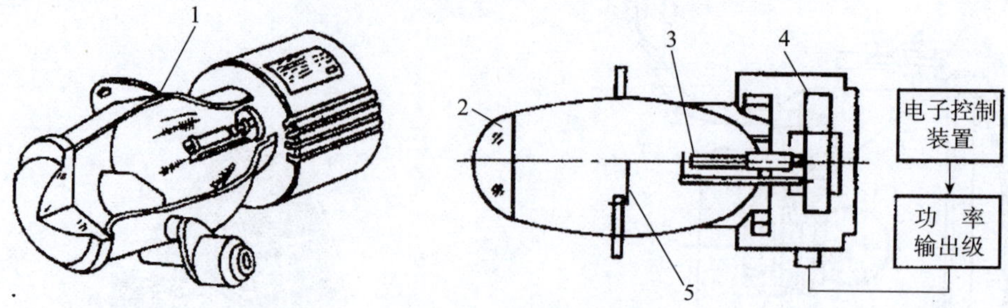

图 3-4-13　高亮度弧光灯

1—总成；2—透镜；3—弧光灯；4—引燃及稳弧部件；5—遮光板

弧光式前照灯由弧光灯组件、电子控制器和升压器三大部分组成。其灯泡的光色和日光灯相似，亮度是目前卤钨灯泡的 2.5 倍，寿命是卤钨灯泡的 5 倍，灯泡的功率为 35 W，可节能 40%。

2. 气体放电灯

近年来，德国宝马公司和博世公司携手研制了一种更新颖的前照灯——气体放电灯。气体放电灯是由小型石英灯泡、变压器和电子控制器组成的，通过变压器升压到 0.5～1.2 kV 的高压电，激励小型石英灯泡发亮，其亮度比现在用的卤素灯亮 2.5 倍，发出的亮光色调与太阳光十分相似，而且气体放电灯发亮并达到规定的工作温度时，功率消耗只有 35 W，比卤素灯低 33.3%，非常经济，很适宜用作轿车前照灯。目前，一些中高级轿车已经使用这种气体放电灯。

3. 氙气灯

氙气灯是一种含有氙气的新型前照灯，又称高强度气体放电灯（High Intensity Discharge Lamp，HID）。目前，奔驰 E 级车、宝马 7 系列、丰田凌志、本田阿库拉等高档车都使用了这种新型前照灯。氙气灯亮度大，发出的亮光色调与太阳光比较接近，消耗功率低，可靠性高，不受车上电压波动影响。

4. LED 车灯

现在汽车照明灯已有白炽灯、卤素灯、氙气灯等。除前照灯外，其他灯具如小灯、指示灯、厢内照明灯等多是采用白炽灯。但近年也流行 LED 作指示灯，如刹车指示灯、转向指示灯等。

二、汽车信号及室内照明灯

汽车上除照明灯外，还有用以指示其他车辆或行人的灯光信号标志，这些灯称为信号灯。其具体功能和颜色见表 3-4-2。

信号灯也可分为外信号灯和内信号灯。外信号灯是指转向灯、制动灯、停车灯、示宽灯、倒车灯；内信号灯泛指仪表板的指示灯，主要有转向、充电、制动、关门提示等仪表指示灯。各种信号灯的特点及用途见表 3-4-2。

表 3-4-2　信号灯的种类、特点及用途

种类	外信号灯					内信号灯	
	转向灯	示宽灯	停车灯	制动灯	倒车灯	转向指示灯	其他指示灯
工作时的特点	琥珀色交替闪亮	白色或黄色常亮	白色或红色常亮	红色常亮	白色常亮	白色闪亮	白色常亮
用途	告知路人或其他车辆将转弯	标志汽车宽度轮廓	表明汽车已经停驶	表示已减速或将停车	告知路人或其他车辆将倒车	提示驾驶员车辆的行驶方向	提示驾驶员车辆的状况

(一)转向灯

汽车转向灯主要是用来指示车辆的转弯方向，以引起交通民警、行人和其他驾驶员的注意，提高车辆行驶的安全性，在机动车辆转向时开启以提示前后左右车辆及行人注意的重要指示灯(图 3-4-14)。

图 3-4-14　转向灯

另外，汽车转向灯同时闪烁还用作危险警报的指示。转向灯灯管采用氙气灯管，单片机控制电路，左右轮换频闪不间断工作。转向灯采用闪光器，实现灯光闪烁。过去汽车转向灯闪光器多采用电热式结构，由于它们工作稳定性差、寿命短、信号灯的亮暗不够明显，因而目前多采用结构简单、体积小、工作稳定、使用寿命长的电子式闪光器，即晶体管式和集成电路式两大类。

1. 分类

汽车转向灯的闪烁是通过闪光器来实现的，通常按结构和工作原理的不同可分为电热丝式、电容式、翼片式、水银式、晶体管式、集成电路式等；按使用材料不同可分为气体汽车转向灯和 LED 汽车转向灯；按底座形式可分为 P21W、PY21W、W21W、P27W、W5W、H5W 等。

2. 安装位置及使用

汽车转向灯按安装位置不同可分为前转向灯、后转向灯和侧转向灯。

转向灯是表示汽车动态信息的最主要装置，安装在车身前后，在汽车转弯时开启，它为行车安全提供了保障。

（二）驻车灯

驻车灯（汽车警示灯）是在汽车临时停车熄火时对车辆、路人等周边环境起安全提醒作用的警示信号灯，以提示汽车位置。该灯开启时，大灯会亮起，灯光强度较弱，尾灯同时亮起，起到安全提醒的作用。

驻车灯开启由转向控制手柄触发完成。个别车系统有专门设计驻车灯操控按钮，一般设计在大灯开关旋钮中左旋转最后两项，可分为左驻车灯开关和右驻车灯开关。

夜间临时停车熄火时，扳动转向控制手柄至左转向或右转向，驻车灯效果开启。可根据汽车停放位置判断开启左或右驻车灯。

驻车灯适用于黑暗环境中临时停车时，防止路过的行人、自行车等交通个体撞上汽车，开启驻车灯可以起到有效、安全提示和示廓的作用，夜间在狭窄的省、县、乡道临时停车离开时，驻车灯效果显著。

（三）行车灯

行车灯属于示廓灯的一种，家用轿车的行车灯可分为日间行车灯和夜间行车灯两种。

1. 日间行车灯

日间行车灯是为白天向前方提示车辆存在而设置的，安装在前端的两侧。其作用是使车辆在白天行驶时更容易被人认出来。它的功效不是使驾驶员能看清楚路面，而是为了使车外的行人或其他车辆驾驶员知道车辆的存在。因此，这种灯具不是照明灯，而是一种信号灯。

由于我国制定的车辆配备日间行车灯标准的时间较欧洲国家晚一些，又恰逢赶上LED灯光技术的普及，因此，大部分日间行车灯都是采用LED光源的。LED日间行车灯最重要的一点就是配光性能，白天行车灯要满足基本的亮度要求，但也不能太亮，以免干扰他人。

2. 夜间行车灯

夜间行车灯的作用与日间行车灯基本相似，不同之处是夜间行车灯在车辆的前部和后部都有设置。这是因为在夜间，车辆的反光度下降，即使有灯光的照射，由于周围的黑色吸收光波的能力要大于其他颜色，因此，车身吸收光线并反射出去的能力也大大下降。所以，在车辆前部和尾部都设置灯光提醒是十分必要的。部分大型拖挂车辆还需要在车辆最高点位设置灯光，以作为提醒之用。这就是为什么把夜间行车灯又称为示廓灯的原因。

（四）倒车灯

汽车倒车灯安装在汽车的尾部，用于在倒车时照亮车后的路面，并起到警示车后车辆和行人的作用。倒车灯全部是白色的。

（五）制动灯

制动灯安装在汽车后部。驾驶员踏下制动踏板时，制动灯发出强烈的红光，提醒后车驾驶员注意。制动灯既可单独设置，也可与后位灯组成一体。

背景描述	汽车照明系统发展至今已经进入了节能、高亮、多功能时代。早期的卤素灯和氙气灯系统已经逐渐被淘汰，取而代之的是更为先进的 LED、OLED、激光大灯、智能灯光控制系统等
讨论主题	以小组为单位，讲述一种较为先进的灯光照明系统的工作原理
成果展示	小组采用短视频、PPT 制作等方式展示成果

学习评价

内容组织	素养提升			评价结果
内容选取很好，内容全面且组织有条理	思路清晰、重点突出、语言流畅	熟练掌握 PPT 和短视频制作等信息化技术	能很好地体现团队协作和自学能力	优秀
内容选取较好，内容全面且组织有条理	思路清晰、语言通顺简洁	能够使用 PPT 和简单的短视频制作等信息化技术	较好地体现团队协作和自学能力	良好
内容选取合理，内容相对完整，有一定的组织条理	逻辑思路一般、语言相对流畅	会使用 PPT 和短视频做简单的处理	团队协作能力和自学能力一般	一般
内容选取一般，内容不全面且组织条理不清晰	语言逻辑不够清晰流畅	不能熟练掌握 PPT 和短视频制作等信息化技术	不能很好地体现团队协作和自学能力	合格

学习单元五　中控门锁和防盗装置

情境导入

汽车中控（中央控制）门锁和防盗装置的发展、进步显著。早期汽车使用手动门锁和简单的机械防盗装置，安全性较低。随着技术的进步，集中控制门锁系统出现，驾驶员可以通过一个按钮控制所有车门的锁闭，大大提高了便利性和安全性。

现代汽车普遍配备电子防盗装置，如防盗报警系统和发动机防启动系统，利用电子芯片和传感器技术，有效防止未经授权的车辆使用。无钥匙进入和启动系统的普及，进一步提高了安全性和用户体验。未来，随着智能技术的发展，汽车中控门锁和防盗装置将更加智能化和集成化，提供更高的安全保障。

相关知识

汽车门锁是汽车防盗的第一步，采用中央门锁系统的车辆，当驾驶员锁住驾驶员一侧车门时，其他几个车门（包括后车门及后备厢等）能同时自动锁住；当打开驾驶员一侧车门时，其他几个车门能同时打开，并且仍可用各车门的机械或弹簧锁开关车门。

一、中控电动门锁

（一）中控门锁功能

中央控制门锁系统主要具有钥匙联动锁门和开门（钥匙联动开锁）功能及钥匙禁闭预防功能，具体如下所述。

（1）两级开锁功能：在钥匙联动开锁功能中，一级开锁操作，只能以机械方法打开钥匙插入的门；两级开锁操作则同时打开其他车门。

（2）钥匙禁闭预防功能：防止钥匙插入点火开关时，没有钥匙而将车门锁住。

（3）安全功能：当钥匙从点火开关中拔去而门已锁住时，无论用钥匙或不用钥匙锁门，门都不能用门锁控制开关打开。

（4）电动窗不用钥匙的动作功能：驾驶员和乘客的车门都关上，点火开关断开后，电动窗仍可动作约 60 s。

除此之外，中控门锁还具备中央控制功能、速度控制功能、单独控制功能。

（1）中央控制功能：驾驶员可通过门锁开关同时打开各个车门，也可单独打开某个车门，当驾驶员一侧车门锁住时，其他三个车门也同时锁住。

（2）速度控制功能：当行车达到一定速度时，各个车门能自行锁定，防止乘坐人员误操作车内门把手而导致车门打开。

（3）单独控制功能：驾驶员车门以外的三个车门设置有单独的弹簧锁开关，可以独立地控制一个车门的打开和锁住。

一般来说，所有车门都可以通过前右或前左侧门上的钥匙操纵同时关闭和打开。若已执行了锁门操纵，而一侧前门打开并且点火开关钥匙仍插在锁芯内，则所有的车门会自动打开，以防止点火开关钥匙遗忘在汽车内。

（二）中控门锁的分类

汽车电子锁的分类方法有很多，既可以按照控制部分中主要元器件的异同进行分类，也可以按照编码方式的异同进行分类。

（1）按键式电子锁。按键式电子锁采用键盘或组合按钮输入开锁密码，操作方便。内部控制电路常采用电子密码专用集成电路。此类产品包括按键式电子锁和按键式汽车点火锁。

（2）拨盘式电子锁。拨盘式电子锁采用机械拨盘开关输入开锁密码。很多按键式电子锁可以改造成拨盘式电子锁。

（3）电子钥匙式电子锁。电子钥匙式电子锁使用电子钥匙作为开锁密码，它由元器件搭成的单元电路组成，做成小型手持单元形式，通过光、声、电或磁等多种形式与主控电路联络。此类产品包括各种遥控汽车门锁、转向锁和点火锁及电子密码点火钥匙。

(4)生物特征式电子锁。将声音、指纹等人体生物特征作为密码输入，由计算机进行模式识别控制开锁，智能化程度相当高。

(三)中控门锁的结构

1. 电子门锁结构

中央控制电动门锁主要由门锁开关、门锁执行机构和门锁控制器三部分组成。

(1)门锁开关。门锁开关是指中央门锁开关，其对中央控制电动门锁系统集中控制，开、关全部或单个车门。常用的电子遥控式门锁开关的联络信号可以是声、光、电或磁中任何一种，这种门锁开关由电子指令发射器和指令接收器组成。

(2)门锁执行机构。门锁执行机构是在门锁控制电路的控制及驱动下，执行门锁锁定和开启任务。

1)电磁式门锁执行机构。电磁式门锁执行机构的优点是结构简单、内部摩擦力小、动作敏捷、操作方便；缺点是耗电量大、铁芯质量重且衔铁移动时有冲击声。

汽车电子门锁的执行机构一般采用电磁铁或微型电动机控制。

2)电动机式门锁执行机构。电动机式门锁执行机构由微型可逆直流电动机、齿轮齿条传动机构等组成。当电动机通电正转时，带动齿条连杆左移锁门；当电动机通电反转时，带动齿条连杆右移开锁(图 3-5-1)。

电动机式门锁执行机构的优点是体积小、耗电少、动作迅速；缺点是

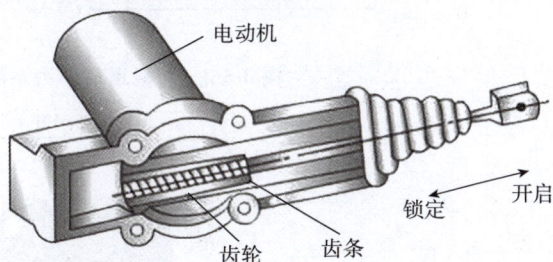

图 3-5-1　电动机式门锁执行机构

当门锁已经锁定或开启时，应即时切断电源，避免电动机长时间带电工作而烧坏。

(3)门锁控制器。门锁控制器是控制部分的主要部件。其包括编码器、输入器、存储器、鉴别器、驱动级、抗干扰电路、显示装置、保险装置和电源等部分。门锁控制器为门锁执行机构提供开锁和闭锁脉冲电流，有晶体管式门锁控制器、电容式门锁控制器和车速感应式门锁控制器。

无论是电磁式门锁执行机构，还是电动机式门锁执行机构，都是通过改变执行机构通电电流方向来控制锁扣连杆左、右移动，实现门锁的锁定或开启，因此，门锁控制器应具有控制门锁执行机构通电电流方向的功能。同时，由于门锁执行机构长期带电要消耗较大的电能，为了缩短工作时间，门锁控制器应具有定时功能，即当锁扣连杆移动到位、门锁已锁定或开启时，应控制门锁执行机构的通电电流自动中断。

2. 遥控门锁结构

遥控门锁系统的作用是不使用钥匙，利用遥控器在一定距离内完成车门的打开及锁定。遥控门锁系统不但能控制驾驶员一侧车门，还可控制其他车门和后备厢。遥控门锁系统由发射器、接收器、门锁遥控控制组件、门锁控制组件及执行器等组成。无线遥控门锁系统零部件位置如图 3-5-2 所示。

发射器(图 3-5-3)也称遥控器，作用是利用发射开关发射规定代码的无线遥控信号，控制驾驶员一侧车门、其他车门、后备厢等的开启和锁闭，而且具有寻车功能。

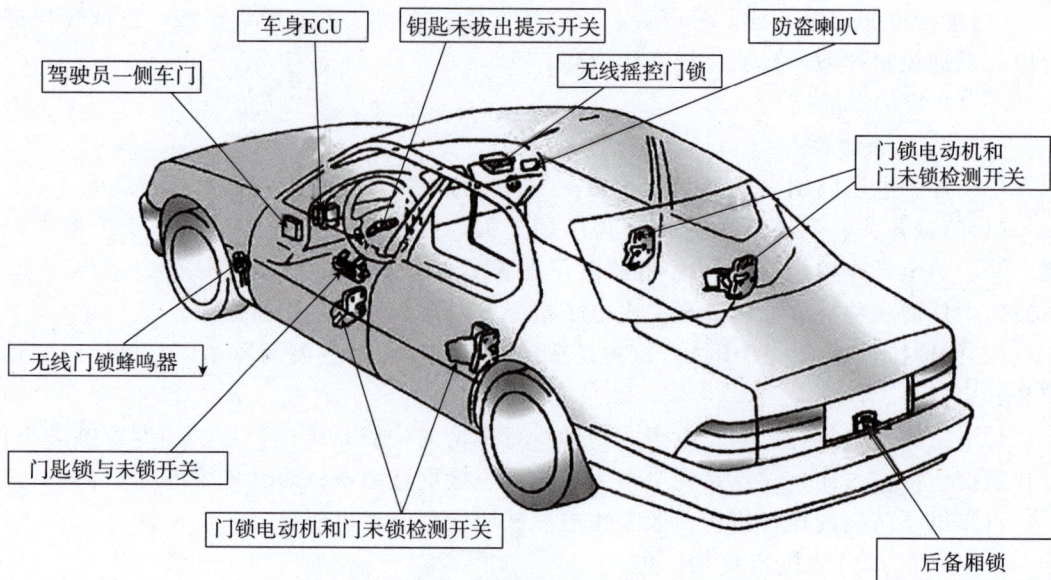

图 3-5-2　无线遥控门锁系统零部件位置示意

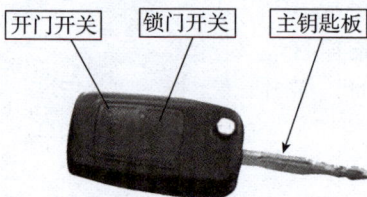

图 3-5-3　发射器

(四)中控门锁工作原理

1. 电控门锁工作原理

(1)电控门锁。电控门锁的作用是通过电磁铁机构或电动机式门锁执行机构来打开及锁定车门锁,由门锁执行机构及联动机构、门锁控制开关、门锁控制继电器等主要部分组成。目前,高档车一般采用的是自动锁门式,它可以在手动控制门锁开闭的基础上,根据汽车车速自动锁死车门。

(2)门锁操纵。在车门开启和闭锁的操纵机构中,通常采用动力车门锁定装置。在门锁总成中,由锁止杆控制转动,决定门锁开/闭状态(图 3-5-4)。"位置开关"用于测定锁止杆是否进行门锁开/闭;"门锁开关"则是用于检测锁止机构是否进行门锁的开/闭。此外,锁止杆随着门锁电动机的通电,做正向/逆向旋转;或者把钥匙插入锁孔中,用于操作。也可按车厢内的按钮进行多种操作。当"门锁开关"用作操作钥匙,将它向开/闭方向转动时才能输出信号。

2. 遥控门锁工作原理

从发射器发出的红外线信号或电磁波信号,被接收并输送到门锁遥控组件中。门锁遥控组件对接收器接收到的信号进行比较、判别,若为正确代码,则通过其内部的输出电路将开门或锁门信号交替输入到自动车门锁控制组件中,通过门锁电动机或电磁铁来完成车门的打开或锁止动作。若连续输入被门锁遥控组件判别为不正

182

确的代码，门锁遥控组件会通过其内部的限时锁定电路在一定时间内停止输入。

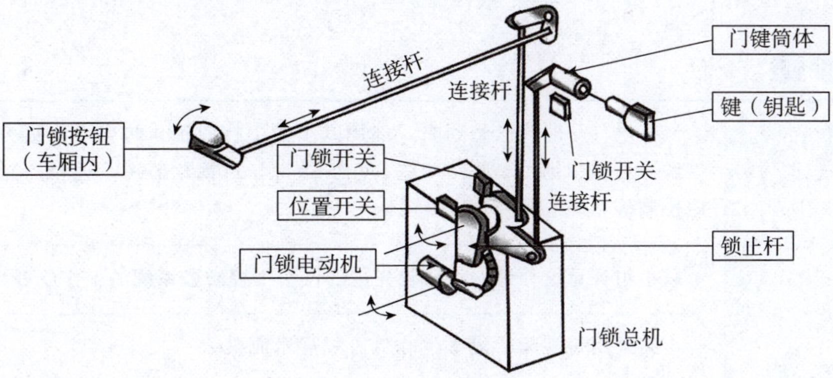

图 3-5-4　门锁执行机构

二、汽车防盗系统

随着科学技术的进步，为应对不断升级的盗车手段，人们研制出一代又一代各种方式、不同结构的防盗器。不同时期的防盗器具有不同的结构及功能。

常用的防盗装置由转向锁、燃油切断装置、蓄电池接线柱断路装置、点火系统关断装置、各种电子报警器、各种外用机械防盗锁及电子控制防盗系统等组成。汽车防盗器按其结构可分为机械式、电子式、网络式三大类。

1. 机械式防盗器

机械式防盗器主要是靠锁定离合、制动、节气门或转向盘、变速杆来达到防盗的目的，它只防盗不报警。

转向锁安装在转向柱上，由点火开关控制。当驾驶员从点火开关上拔下钥匙时，转向柱即被锁死，盗车者在不用钥匙起动发动机后，汽车也不能驾驶。

2. 电子式防盗器

电子式防盗器(也称微机汽车防盗器)主要是靠锁定点火或起动来达到防盗的目的，同时具有防盗和声音报警功能。

电子式防盗器是目前使用最广泛的类型，包括插片式、按键式和遥控式等。其有以下四种功能。

(1)服务功能。

(2)警惕提示功能。

(3)报警提示功能。

(4)防盗功能。

电子式防盗器通过电路控制喇叭鸣叫报警，可以更有效地防止他人私自进入车内拆卸零件、起动发动机甚至盗走车辆。

3. 网络式防盗系统

网络式防盗系统可分为卫星定位跟踪系统和利用车载台通过中央控制中心定位监控系统。GPS卫星定位汽车防盗系统主要靠锁定点火或起动来达到防盗的目的，同时还可通过GPS卫星定位系统(或其他网络系统)将报警信息和报警车辆所在位置无声地传送到报警中心。

学习研讨

背景描述	汽车电气化时代已经到来，现代汽车的中控门锁与防盗系统更为先进，如指纹、人脸识别，车联网防盗，GPS追踪，可视化监视，远程控制及手机应用控制等系统
讨论主题	以小组为单位介绍一种比较先进的汽车中控防盗系统的工作原理与应用
成果展示	小组采用短视频、PPT制作等方式展示成果

学习评价

内容组织		素养提升		评价结果
内容选取很好，内容全面且组织有条理	思路清晰、重点突出、语言流畅	熟练掌握PPT和短视频制作等信息化技术	能很好地体现团队协作和自学能力	优秀
内容选取较好，内容全面且组织有条理	思路清晰、语言通顺简洁	能够使用PPT和简单的短视频制作等信息化技术	较好地体现团队协作和自学能力	良好
内容选取合理，内容相对完整，有一定的组织条理	逻辑思路一般、语言相对流畅	会使用PPT和短视频做简单的处理	团队协作能力和自学能力一般	一般
内容选取一般，内容不全面且组织条理不清晰	语言逻辑不够清晰流畅	不能熟练掌握PPT和短视频制作等信息化技术	不能很好地体现团队协作和自学能力	合格

知识拓展：智能网联汽车　　　　　　课后练习

汽车底盘由传动系统、行驶系统、转向系统和制动系统四部分组成。底盘的作用是支承、安装汽车发动机及其各部件、总成，使汽车的整体造型成型，并接受发动机的动力，使汽车产生运动，保证正常行驶。作为汽车的核心组件之一，底盘不仅指代车辆底部的金属板，还是其他组件的基石，更承载着整车的结构与功能。

🏁 **学习目标**

（1）能够准确指出汽车底盘系统各总成的名称和位置。

（2）能够掌握汽车底盘系统各机构的结构和特点。

（3）具备图形分析能力，能够根据示意图分析汽车底盘相关系统的工作过程。

（4）具备对不同底盘构造车型的底盘系统进行对比、分析、评价的能力。

（5）能够使用互联网工具或新媒体工具进行相关资料查询。

（6）能够正确表述相关系统的工作过程，并做相应系统分析。

⊙ 学习单元一　典型货车的传动系统

🏁 **情境导入**

汽车在行驶过程中采用的传动系统是由离合器、变速器、万向转运传动设备及相关的驱动桥共同构成的，也就是发动机和汽车四轮驱动器之间互相连接的动力传输设备。早期的汽车大多采用前置后驱的传动系统布置形式，时至今日，这种经典的传动系统布置形式大多被货车所继承，而传动系统中更为简单、耐用的机械离合器配合手动变速器的经典组合如今也多见于一些货车车型中。因此，学习典型的货车传动系统是学习汽车传动系统的基础。

相关知识

一、汽车传动系统概述

传动系统的基本作用就是将发动机发出的动力按照需要传递给驱动轮。

(一)传动系统的布置形式

1. 发动机前置、后轮驱动

发动机前置、后轮驱动(FR 型)是目前普通汽车广泛采用的一种传动系统布置形式。它一般是将发动机、离合器和变速器连成一个整体安装在汽车前部,而主减速器、差速器和半轴则安装在汽车后部的后桥壳中,两者之间通过万向传动装置相连。这种布置形式的发动机散热条件好,便于驾驶员直接操纵发动机、离合器和变速器,操纵机构简单,维修方便,且后驱动轮的附着力大,易获得足够的牵引力,主要用在高级轿车或货车上,如图 4-1-1 所示。

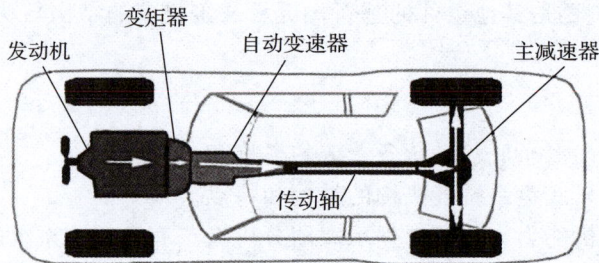

图 4-1-1 发动机前置、后轮驱动

2. 发动机前置、前轮驱动

发动机前置、前轮驱动(FF 型)传动系统的变速器、主减速器和差速器合为一体并同发动机、离合器一起集中安装在汽车前部。发动机有纵向布置和横向布置之分。这种布置形式,除具有发动机散热条件好、操纵方便等优点外,还省去了很长的传动轴,传动系统结构紧凑,整车重心降低,汽车高速行驶稳定性好。但上坡时前轮附着力减小,易打滑,下坡制动时前轮载荷过重,高速时易发生翻车现象。故其主要用于重心较低的轿车上,如上海桑塔纳、帕萨特等,如图 4-1-2 所示。

图 4-1-2 发动机前置、前轮驱动

3. 发动机后置、后轮驱动

发动机后置、后轮驱动(RR 型)传动系统的发动机、离合器和变速器合为一体布置在驱动桥之后。这样可以大大缩短传动轴的长度,传动系统结构紧凑,重心有所降低,前轴不易过载,后轮附着力大,并能更充分地利用车厢面积。但由于发动机后置,其散热条件差。发动机、离合器、变速器的远距离操纵使操纵机构变得复杂,维修调整不便。除多用在大型客车上外,某些微型或轻型轿车也采用这种布置形式。发动机也有横向布置和纵向布置之分。

4. 越野汽车传动系统布置形式

为了充分利用所有车轮与地面之间的附着力,以获得尽可能大的牵引力,越野汽车必要时可采用全轮驱动。4×4 越野汽车传动系统布置形式与发动机前置、后轮驱动的 4×2 汽车相比较,其前桥既是转向桥也是驱动桥。为了将发动机传送给变速器的动力分配给前后驱动桥,在变速器后增设了分动器,并相应地增设了从变速器通向分动器、从分动器通向前后两驱动桥之间的万向传动装置。由于前驱动桥又是转向桥,因此,左右两根半轴均分。

(二)传动系统的组成和特点

按照结构和传动介质的不同,传动系统可分为机械式、液力机械式和电力式等。手动挡的汽车就是采用机械式传动系统。

典型货车通常采用的机械式传动系统是由离合器、变速器、传动轴和万向节组成的万向传动装置,以及由安装在驱动桥壳中的主减速器、差速器和半轴等组成。发动机发出的动力依次经离合器、变速器、万向传动装置、主减速器、差速器和半轴,最后传递给驱动轮。

传动系统各总成的基本作用如下所述。

1. 离合器

离合器可按照需要适时地切断或接合发动机与传动系统之间的动力传递。

2. 变速器

变速器用于改变发动机输出转速的高低、转矩的大小及输出轴的旋转方向,也可以切断发动机向驱动轮的动力传递。

3. 万向传动装置

万向传动装置将变速器输出的动力传递给主减速器,并适应两者之间距离和轴线夹角的变化。

4. 主减速器

主减速器用于降低转速,增大转矩,改变动力的传递方向。

5. 差速器

差速器将主减速器传来的动力分配给左右半轴,左右半轴可以以不同角速度旋转,以满足左右驱动轮在行驶过程中差速的需要。

6. 半轴

半轴将差速器传来的动力传递给驱动轮,使驱动轮获得旋转的动力。

液力机械式传动系统的特点是组合运用液力传动和机械传动,以液力机械变速器代替机械式传动系统的摩擦式离合器和普通齿轮式变速器，其他组成部件及布置形式与机械式传动系统(图 4-1-3)相同，这种传动系统通常指的是自动挡型的汽车。

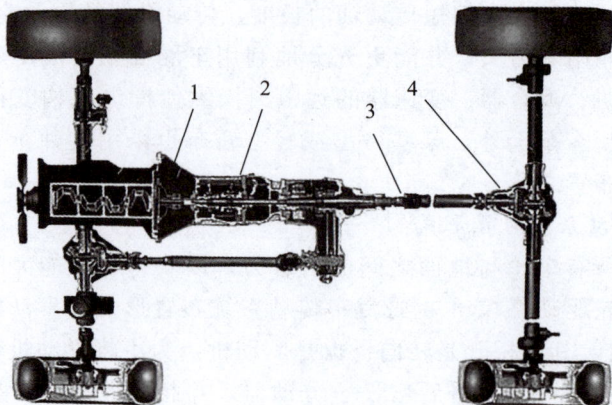

图 4-1-3　机械式传动系统组成

1—离合器；2—变速器；3—万向传动装置；4—驱动桥(主减速器和差速器)

二、离合器

离合器位于发动机与变速器之间，是汽车传动系统中直接与发动机相联系的总成，用来切断和实现发动机对传动系统的动力传递。在汽车机械式传动系统中广泛采用摩擦式离合器。

当驾驶员踩下离合器踏板后，切断了从发动机传递到变速器/驱动桥的动力。随着驾驶员慢慢抬起离合器踏板，离合器将发动机和变速器/驱动桥逐渐连接起来，车辆开始移动。离合器的设计目的是使连接(离合器接合)和断开(离合器分离)的操作平缓进行，不能猛然把离合器从完全分离状态直接生硬地转换为接合状态。要使车辆行驶，发动机必须提高转速并达到足够的动力。但是发动机不能马上把车轮转速提高到与发动机转速相匹配的程度。车辆行驶换挡时也会产生类似的情况。此时驱动轮的转速并不等于发动机的转速。要实现不同挡位的平滑换挡，离合器需要先滑转，然后轻柔接合并逐渐加大接合力度，最终紧密接合。因此，驱动轮开始时缓慢转动并逐渐加速，最终离合器各元件达到相同的转速，离合器稳固接合。在紧急制动时，由于离合器在过载时自动打滑，可以防止发动机和传动系统的过载。

(一)离合器的功用和要求

1. 离合器的功用

(1)传递转矩。在汽车机械式传动系统中，发动机的转矩是利用离合器的摩擦力矩传递给驱动轮的。

(2)保证汽车平稳起步。汽车起步前，变速器处于空挡位置(以解除发动机负荷)，先起动发动机，发动机已起动并开始正常急速运转，方可将变速器挂上低挡位使汽车起步。起步时，先踩下离合器踏板使离合器分离，暂时切断发动机与变速器之间的联系，然后将变速器挂上挡，并逐渐踩下加速踏板使发动机发出的动力增加，同时再缓慢放松离合器踏板使离合器逐渐接合，此时离合器处于滑摩状态，它所传递的转矩逐渐增大，驱动轮获得的转矩也逐渐增大，直至牵引力足以克服汽车起步阻力时，汽车即从静止开始运动并逐步加速，从而保证汽车平稳起步。

（3）便于换挡。汽车在行驶过程中，为了适应行驶条件的不断变化，变速器经常需要换用不同的挡位工作。而普通齿轮式变速器的换挡是通过拨动换挡机构来实现的，即原挡位的啮合齿轮副脱开，新挡位的齿轮副开始啮合。换挡时如果没有离合器将发动机与变速器之间的动力暂时切断，即原挡位的啮合齿轮副因压力过大而很难脱开，新挡位的齿轮副因两者圆周速度不等而难以进入啮合，即使能进入啮合，也会产生很大的冲击和噪声，损坏机件。装设了离合器后，换挡前先踩下离合器，使其分离，暂时切断动力传递，然后进行换挡操作，以保证换挡操作过程的顺利进行，并减轻或消除换挡的冲击。

（4）防止传动系统过载。汽车紧急制动时，车轮突然急剧降速。有了离合器，当传动系统承受载荷超过离合器所能传递的最大转矩时，离合器即会自动打滑以消除这一危险，从而起到过载保护的作用。

（5）减振。大多数离合器上还装有扭转减振器，能减弱发动机和传动系统的扭转振动。

2. 离合器的要求

（1）具有合适的转矩储备能力，在保证能传递发动机输出的最大转矩而不打滑的同时，又能防止传动系统过载。

（2）分离迅速、彻底，接合平顺、柔和，以便于换挡和保证汽车平稳起步。

（3）具有良好的散热能力，将离合器滑转产生的热量及时散出，保证离合器工作可靠。

（4）离合器从动部分的转动惯量要尽可能小，以减轻换挡时齿轮的冲击。

（5）操纵轻便，以减轻驾驶员的疲劳感。

（二）摩擦式离合器

离合器是一个传动机构，其主动部分和从动部分可以暂时分离，又可以逐渐接合，并且在传动过程中还可能相对运动。因此，离合器的主动部分和从动部分不可能采用刚性连接，而是借助两者之间的摩擦力（摩擦式离合器）或液力（液力耦合器）或电磁吸力（电磁离合器）来传递转矩。

1. 摩擦式离合器的组成

摩擦式离合器由主动部分、从动部分、压紧装置和操纵机构四大部分组成。

（1）离合器的主动部分包括飞轮、离合器盖和压盘。只要曲轴旋转，发动机发出的动力就可经飞轮、离合器盖传递给压盘，使它们一起旋转。

（2）离合器从动部分一般是指从动盘。从动盘通过花键与变速器第一轴（从动轴）相连。从动盘两面带有摩擦衬片，安装在飞轮和压盘之间。

（3）离合器压紧装置是安装在压盘与离合器之间的压紧弹簧，用于对压盘产生压紧力，将从动盘夹紧在飞轮与压盘之间。常见的压紧弹簧有沿圆周均布的螺旋弹簧、中央螺旋弹簧及脉片弹簧等。

（4）离合器的操纵机构由踏板、拉杆、拉杆调节叉、分离拨叉、分离套筒、分离轴

承、分离杠杆及回位弹簧等组成。分离杠杆外端是重点，与压盘相连接；中间是支点，安装在离合器上；内端为力点，处于自由状态。

摩擦式离合器有不同的类型。按从动盘的数目不同可分为单片、双片和多片离合器。按弹簧的类型和布置形式不同可分为周向布置多个弹簧离合器、中央弹簧离合器、斜置弹簧离合器及膜片弹簧离合器。按操纵机构的不同又可分为机械式、液压式、空气式和空气助力式。目前，小型货车和手动挡轿车采用的离合器多为单片膜片弹簧机械式离合器，而大一点的货车多采用螺旋弹簧周布式离合器。

2. 摩擦式离合器的工作原理

驾驶员踩下离合器踏板（离合器分离）时，离合器压盘受力脱离飞轮，离合器片不再压在飞轮表面，发动机停止驱动离合器片和变速器输入轴。离合器分离后变速器输入轴停止转动，因此，车辆能够在发动机保持运转的情况下静止。如果车辆在运动中，切断发动机转矩输出可以使变速器/驱动桥在无负荷状态下平稳换挡。抬起离合器踏板（离合器接合），压盘总成将离合器片压到飞轮盘上。飞轮盘带动离合器片转动驱动变速器输入轴，如图 4-1-4 所示。

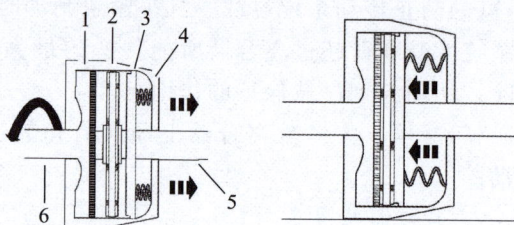

图 4-1-4　离合器分离与接合

1—飞轮；2—离合器从动盘；3—离合器压盘；
4—离合器盖；5—变速器输入轴；6—发动机曲轴

（1）接合状态。当离合器处于接合状态时，踏板处于最高位置，分离杠杆与分离轴承之间存在间隔，压盘在压紧弹簧的作用下压紧从动盘，发动机的转矩经飞轮及压盘传递给从动盘，再由从动盘传递给变速器第一轴。离合器所传递的最大转矩取决于从动盘摩擦表面的最大静摩擦力。它与摩擦表面间的压紧力大小、摩擦面积的大小及摩擦材料的性质有关。对一定结构的离合器而言，其最大静摩擦力是一个定值，若传动系统传递的转矩超过这一定值，离合器就会打滑，从而起到了过载保护的作用。

（2）分离过程。当离合器分离时，需要踩下离合器踏板，通过拉杆、分离拨叉、分离套筒消除间隙后，使分离杠杆外端拉动压盘克服压紧弹簧的压力向后移动，压盘与从动盘之间产生间隙，摩擦力矩消失，离合器主、从动部分分离，中断动力传递。

（3）接合过程。当需要动力传递时，缓慢抬起离合器踏板，在压紧弹簧的作用下，压盘向前移动并逐渐压紧从动盘，摩擦力矩也渐渐增大。压盘与从动盘刚接触时，其摩擦力矩比较小，离合器主、从动部分可以不同步旋转，即离合器处于打滑状态。随着压紧力的逐步加大，离合器主、从动部分的转速也渐趋相等，直至完全接合而停止打滑。

3. 离合器的自由间隙及自由行程

为了保证离合器在传递转矩时处于完全接合状态，不会出现打滑现象，离合器在接合状态时，在分离杠杆内端与分离轴承之间必须预留一定量的间隙，即离合器的自由间隙。当踩下离合器踏板时，首先必须消除这一间隙，然后才能开始分离离合器。为消除这一间隙所需要的离合器踏板行程称为离合器踏板的自由行程。从动盘摩擦片经使用磨损后，离合器的自由间隙及自由行程会变小，应及时调整。

离合器踏板自由行程和分离行程对于路试检测是非常重要的参数。通过它能够判断离合器是否接合和分离。离合器踏板自由行程是指在离合器开始分离之前离合器踏板能够踩下去很小一段距离。这段行程表明离合器踏板放松后离合器能够完全接合。如果离合器踏板没有自由行程，则表明离合器没有完全接合。这有可能是离合器拉索或离合器过度磨损造成的。而且通常会伴随着离合器打滑的现象。

从离合器踏板释放到离合器开始接合之间移动的一段距离（约为 25 mm）称为分离行程，占总行程的 20%～30%。在这段行程内离合器是完全分离的。如果分离行程不足，那么离合器可能无法完全分离。造成这种现象的原因可能是离合器操纵机构或压盘总成存在问题。随之而来的是换挡困难和冲击，如图 4-1-5 所示。

各个车型测量和调整方法大致相同，通过调整螺栓和螺母 A、B 调整踏板高度，通过推杆和螺母 C、D 调整离合器踏板自由行程。

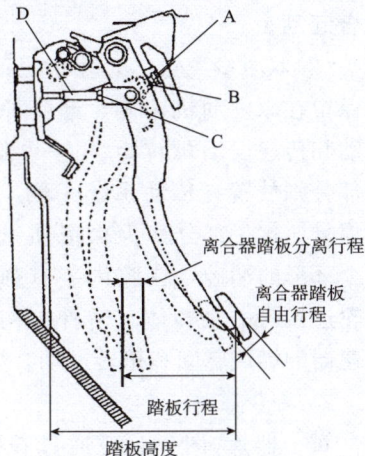

图 4-1-5　离合器踏板
A、B、C、D—螺母

（三）典型离合器构造

离合器工作原理基本相同，都由主动部分、从动部分、压紧装置和操纵机构四大部分组成。以螺旋弹簧周布的单片多簧式离合器为例（图 4-1-6），它的构造包括以下部分。

（1）主动部分。飞轮、离合器盖和压盘是离合器的主动部分。离合器盖通过螺钉与飞轮固定。离合器盖通过四组传动钢片将动力传递给压盘。传动片用弹簧钢片制成，沿圆周方向均匀分布，每组两片。

（2）从动部分。从动部分由带扭转减振器的从动盘组件和从动轴组成，如图 4-1-7 所示。

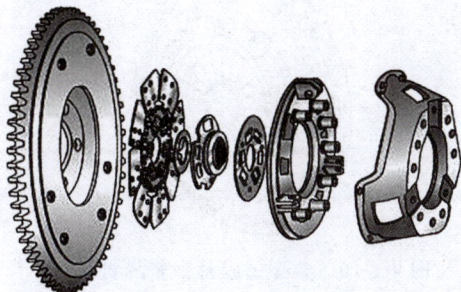

图 4-1-6　离合器构造

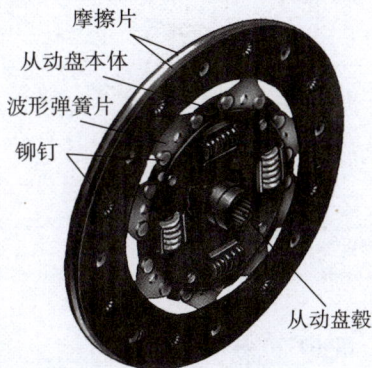

图 4-1-7　离合器从动盘总成

（3）压紧装置。压紧装置由压盘和离合器盖之间周向均布的十六个螺旋弹簧组成。

（4）操纵机构。操纵机构中的分离杠杆、分离轴承、分离套筒、分离拨叉装在离合器壳内，而分离拉杆和踏板等则装在离合器壳外。

1. 飞轮

（1）典型的飞轮。飞轮是整个离合器的基础，其他部件都安装在其上。飞轮通过螺栓安装在曲轴后端并随之一起转动。飞轮提供了一个平稳的均匀摩擦表面。因为它转动惯量很大，可以消除发动机工作产生的扭转振动。飞轮盘上安装了齿圈，供起动机啮合起动。

（2）双质量飞轮。驭胜车配备了双质量飞轮，一部分保留在原发动机一侧，起到原来飞轮的作用，用于启动和传递发动机转矩，这一部分称为初级质量；另一部分则放置在传动系统一侧，用于提高变速器的转动惯量，这一部分称为次级质量。两部分飞轮之间有一个环形的油腔，在腔内装有弹簧减振器，将两部分飞轮连接为一个整体。这种结构减少了发动机传递给变速器的燃烧脉动和扭转振动，如图 4-1-8 所示。

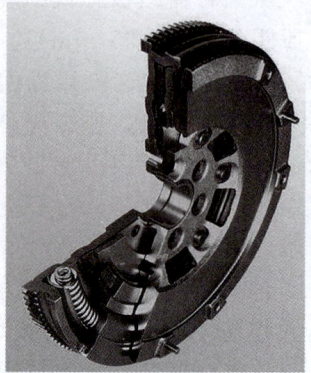

图 4-1-8 双质量飞轮

2. 离合器片

离合器片（图 4-1-9）通过花键将发动机转矩传递给变速器输入轴。离合器片两面与飞轮和压盘接合处都有开槽的摩擦材料。这些凹槽对于离合器彻底分离和冷却起着重要的作用。离合器片和发动机飞轮接合过程中会产生振动，降低发动机动力传递效率，同时导致车辆振动，因此，在离合器片上一般带有扭转减振器，吸收离合器片和飞轮接合过程中产生的振动。离合器片有带扭转减振器和不带扭转减振器两种类型。双质量飞轮离合器片为不带扭转减振器的刚性片。

压盘总成用螺栓固定在飞轮上。离合器接合时，压盘将离合器片紧压到飞轮表面。压盘与离合器片的接触表面加工得很平滑。压盘的另一面是离合器盖。离合器盖通过螺栓安装在飞轮上，为离合器弹簧压紧离合器片和飞轮提供受力基础。膜片弹簧压盘利用锥形膜片弹簧将压盘和离合器片及飞轮压紧（图 4-1-10）。

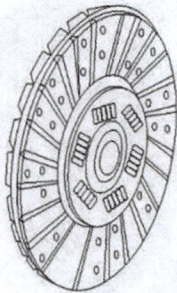

图 4-1-9 典型的离合器片

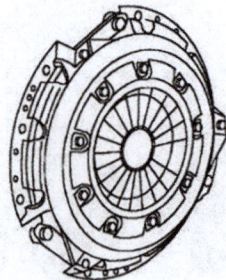

图 4-1-10 典型的膜片弹簧压盘总成

3. 分离拨叉和分离轴承

有些离合器系统采用分离拨叉带动分离轴承推动分离指或分离杠杆工作。分离拨叉安装在变速器体的球状支点上，利用杠杆原理使压盘分离或接合（图 4-1-11）。

分离轴承是两端密封的滚珠轴承，作用于离合器压盘上的膜片弹簧或分离杠杆使离合器分离。分离轴承安装在分离套筒上由分离拨叉驱动。当驾驶员踩下离合器踏板时,分离轴承推动压盘分离指或分离杠杆向前移动,从而释放压盘的作用力,使离合器分离。很多分离轴承被设计成在离合器踏板完全放松的状态下也保持与压盘分离指接触的结构(图 4-1-12)。

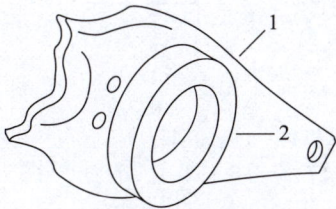

图 4-1-11 典型的离合器

1—分离拨叉;2—分离轴承

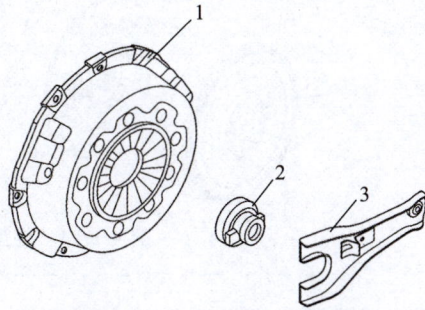

图 4-1-12 皮卡车型分离轴承

1—离合器压盘;2—分离轴承;3—分离拨叉

(四)离合器操纵机构

离合器的操纵机构有机械式、液压式和弹簧助力式操作机构。

1. 机械式操纵机构

机械式操纵机构有杆式和绳索式两种。

杆式最简单,包括踏板、拉杆、调节叉、分离叉及回位弹簧等,通过调节叉来调节拉杆的长度,实现踏板自由行程的调节。绳索式可以消除位移和变形等缺点,多用于微、轻型车。

2. 液压式操纵机构

液压式操纵机构一般由主缸、工作缸和管路系统组成(图 4-1-13)。

(1)主缸:机械能转化为液压能。

(2)工作缸:液压能转化为机械能。

3. 弹簧助力式操纵机构

为了尽可能减小作用在踏板上的力,减轻驾驶员的劳动强度,在离合器操纵机构中运用弹簧助力。助力作用由负变正的过程是允许的,因为在踏

图 4-1-13 液压式操纵机构

板前一段行程中,要消除自由间隙,离合器压紧弹簧的压缩力不大,总的阻力在允许范围内。在踏板后段行程中,压紧弹簧的压缩量和相应的作用力继续增到最大值。在离合器彻底分离后,为了实现变速器换挡和制动,往往需要将踏板踩至最低位置保持一段时间,这样容易导致驾驶员疲劳,这时最需助力。

4. 典型离合器操纵机构

离合器依靠离合器操纵机构连接离合器踏板和分离杠杆。江铃汽车当前使用的是液压式操纵机构。图 4-1-14 所示为轻型卡车离合器操纵机构。

图 4-1-14　轻型卡车离合器操纵机构

1—摩擦片；2—离合器压盘；3—分离轴承；4—分离拨叉；5—分离叉臂；6—衬套

离合器液压式操纵机构是利用液压力操纵分离轴承的移动。其原理和结构与制动系统相似，部件包括离合器总泵、液压管路和离合器分泵。当驾驶员踩下离合器踏板后，与踏板连接的总泵顶杆将离合器总泵活塞向内推；离合器总泵产生的液压力通过管路传递到离合器分泵（图 4-1-15）。离合器分泵活塞受液压力作用向外运动，将液压力转换为机械力。机械力推动分离轴承压紧分离指或分离杠杆，使离合器分离。

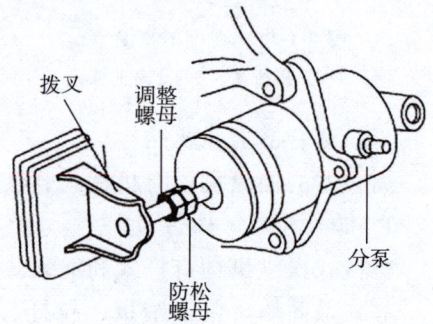

图 4-1-15　离合器分泵

江铃汽车除轻卡车、皮卡车外，离合器液压式操纵系统一般采用了带自动调节功能的离合器分泵。图 4-1-16 所示为江铃域虎车型离合器操纵系统结构。

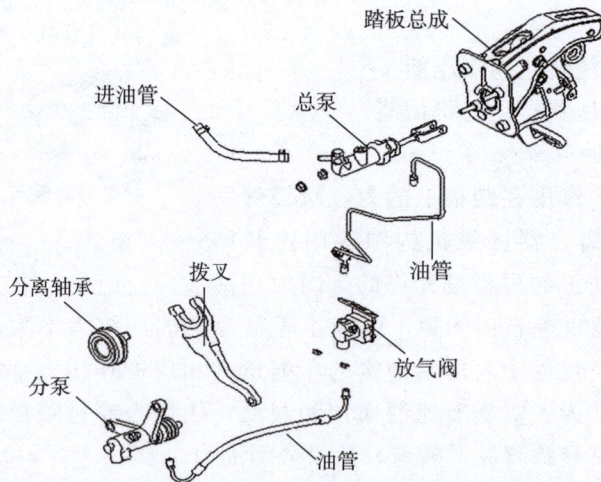

图 4-1-16　江铃域虎车型离合器操纵系统结构

离合器分泵的压缩弹簧在离合器释放状态为分离轴承提供大约 50 N 的预载力，使分离轴承总是与分离指接触并保持转动，依靠弹簧消除分离轴承的自由间隙。

三、变速器

(一)变速器概述

1. 变速器的功用

(1)改变传动比，变速变扭，适应经常变化的行驶条件；同时，使发动机在最有利的条件下工作。

(2)发动机旋转方向不变的条件下，使汽车能倒向行驶。

(3)中断发动机向驱动桥的动力传递，使发动机能够起步、怠速，满足汽车暂时停车的需要。

2. 变速器的类型

(1)按传动比变化方式分类。

1)有级式变速器。有级式变速器应用最广，用齿轮传动，有若干个定值传动比。一般轿车、轻中型货车有 3～5 个前进挡和一个倒挡。重型货车的组合式变速器挡位更多。变速器挡数是指前进挡数。传动比变化具有台阶性，主要有定轴齿轮变速器、行星齿轮变速器两种。

2)无级式变速器。无级式变速器的传动比在一定范围内无级变化，有电力式和液力式两种。电力式无级变速器的变速传动部件为直流串励电动机，应用于无轨电车、超重型自卸车；液力式无级变速器的传动部件是液力变矩器。无级式变速器不像手动变速器或自动变速器那样用齿轮变速，而是用两个滑轮和一个钢带来变速，其传动比可以随意变化，没有换挡的突跳感觉。

3)综合式变速器。综合式变速器是指由液力变矩器和齿轮式有级变速器组成的液力机械变速器，传动比可在最大值与最小值之间的几个间断的范围内无级变化。

(2)按操纵方式分类。

1)强制操纵式变速器。强制操纵式变速器靠驾驶员直接操纵变速杆换挡，被大多数汽车采用，即手动变速器(Manual Transmission，MT)，也称手动挡。

2)自动操纵式变速器。自动操纵式变速器换挡自动进行。所谓"自动"，是指挡位的变换是借助发动机的负荷和车速信号来控制换挡系统的执行元件实现的。驾驶员只需要操纵加速踏板。自动变速器(Automatic Transmission，AT)利用行星齿轮机构进行变速，它能根据加速踏板程度和车速变化自动地进行变速。

3. 普通齿轮变速器工作原理

手动变速器使用大小不同的齿轮为发动机驱动车轮提供传动比。没有传动比的变化，发动机在低速时只能产生有限的转矩，而没有足够的转矩，车辆就不可能起步。

在正常运行条件下，发动机的动力经接合的离合器传递到变速器的输入轴。变速器的输入轴将动力传递给变速器中的齿轮，齿轮改变转矩和转速并将其传递给传动系统的其余元件。一般在后轮驱动和四轮驱动的车辆上多使用手动变速器。在前轮驱动的车辆上使用变速驱动桥。

变速器或变速驱动桥中齿轮的作用就是传递旋转运动。齿轮通常安装在轴上，将旋转运动从一个轴传递到另一个轴。齿轮组既能降低转速、增大转矩，也能提高转速、减小转矩，还可在传递转矩时使转速不变或改变转矩传递的方向。

齿轮运转的一个基本规则是两个外侧啮合的齿轮沿相反的方向旋转（图4-1-17）。

这就是说，当发动机驱动一个齿轮沿顺时针方向旋转时，将导致与之相啮合的另一齿轮沿逆时针方向旋转。如果使从动齿轮驱动车轮沿顺时针方向转动，就必须加入第3个齿轮。齿轮运转的另外一个基本规则是当加入第3个齿轮后，齿轮组的输出齿轮与输入齿轮的转动方向相同（图4-1-18）。

变速器中各个齿轮通过齿轮的大小和齿轮上齿的数量对力进行倍增。这就是发动机只产生100 N·m的转矩却能移动并驱动1 000 kg重的车辆的原因。这要归功于齿轮速比。齿轮速比指的是挡位齿轮齿数的比值。

同样尺寸的齿轮啮合，齿轮速

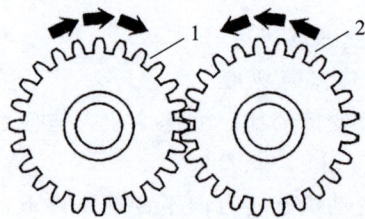

图 4-1-17　两个外挡位齿轮的旋转方向相反
1—沿顺时针方向旋转的齿轮；2—沿逆时针方向旋转的齿轮

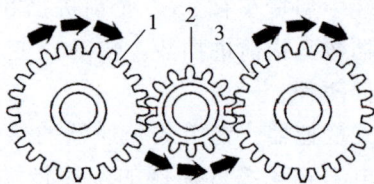

图 4-1-18　沿同一方向旋转的输出齿轮和输入齿轮
1—顺时针方向旋转的输出齿轮；2—逆时针方向旋转的中间齿轮；
3—顺时针方向旋转的输入齿轮

比为1：1。两个齿轮唯一的差别就是旋转的方向相反。由于主动齿轮每转动1圈，从动齿轮也转动1圈，因此齿轮的速比为1：1。这与一台能产生100 N·m转矩的发动机却可以移动1 000 kg重的车辆的原理是一样的。如果这台发动机与速比为10：1的传动系统接合，结果就是在驱动轮上可产生1 000 N·m的转矩，足以移动质量为1 000 kg的车辆。

一旦车辆开始进入行驶状态，就不再需要在车辆起步时所用的那样大的动力了。可以改变齿轮速比使旋转速度增加。这就是手动变速器不只有一个齿轮的原因。

例如，一个手动变速器的齿轮速比可能有这几种：倒挡齿轮速比＝3.40：1；1挡齿轮速比＝3.97：1；2挡齿轮速比＝2.34：1；3挡齿轮速比＝1.46：1；4挡齿轮速比＝1：1；5挡齿轮速比＝0.79：1。

倒挡和1～3挡齿轮均为减速齿轮速比。4挡的齿轮速比为1：1，这表示主动齿轮和从动齿轮的齿数相同，传动速比也相同。因此，称为直接挡传动。5挡齿轮速比为0.79：1，这说明每当从动齿轮旋转1圈时，主动齿轮转动不足1圈。只要主动齿轮的转速比从动齿轮的转速慢，就叫作超速齿轮速比。超速齿轮速比可以使传动系统的转速高于发动机的转速，由于车辆在高速运动时，只需很小的转矩就可以保持车辆的行驶。因此，超速齿轮速比可以使发动机在较低的转速下运行，以提高燃油的经济性。

如果要确定出传动系统的总传动齿轮速比，将具体挡位的齿轮速比乘以差速器的齿轮速比即可得出。例如，假定车辆的差速器齿轮速比是 3.55：1，1 挡齿轮速比是 3.93：1，乘以差速器齿轮速比 3.55，所得的结果是 13.952：1，也就是说，在 1 挡时，传动系统将发动机的转矩增加了 13.952 倍。

4. 齿轮的工作原理

（1）变速和变矩原理。

1）齿数不同的齿轮啮合传动时，转速、转矩改变。

2）总传动比等于各级齿轮传动比的乘积。

（2）换挡原理。

1）传动比变化，即挡位改变。

2）当动力不能传到输出轴时，这就是空挡。

（3）变向原理。

1）相啮合的一对齿轮旋向相反，每经一传动副，其轴方向改变一次。

2）经两对齿轮传动，其输入轴与输出轴转向一致。

3）如再加一个倒挡轴，变成三对传动副传递动力，则输入轴与输出轴的转向相反。

（4）传动比计算。普通齿轮式变速器是利用不同齿数的齿轮啮合传动实现转速和转矩的改变。齿轮传动的原理是一对齿数不同的齿轮啮合传动时可以变速，而且两齿轮的转速与齿轮的齿数成反比。

$$i_{1,2} = n_1/n_2 = Z_2/Z_1$$

1）减速：小齿轮为主动齿轮（即 $Z_1 < Z_2$），带动大的从动齿轮转动时，则输出轴（从动齿轮）的转速降低，即 $n_2 < n_1$，$i > 1$ 称为减速传动。

2）加速：大齿轮为主动齿轮（即 $Z_1 > Z_2$），带动小的从动齿轮转动时，则输出轴（从动齿轮）的转速升高，即 $n_2 > n_1$，$i < 1$ 称为加速传动。

一般轿车和轻、中型客货车的变速器通常有 3～6 个前进挡和一个倒挡，每个前进挡对应一个传动比。

所谓几挡变速器，是指其前进挡数。前进挡一般为降速挡，传动比 $i > 1$；传动比 $i = 1$ 的挡位称为直接挡；少数汽车具有超速挡，即 $i < 1$。

3）反向：通过三个外啮合齿轮传动，或者两对外啮合，一个同轴。

（二）同步器

变速器中所有前进挡齿轮都是斜齿圆柱齿轮。这种齿轮运行噪声低，齿轮强度高。然而由于斜齿圆柱齿轮的齿均带有一定的角度，所以斜齿圆柱齿轮不能里外滑动相互啮合。正因如此，挡位齿轮并不直接通过花键与轴连接。挡位齿轮的内表面非常平滑，可以使挡位齿轮在轴上自由转动。

当需要使挡位齿轮与轴接合时，同步器啮合套就移动过来并与挡位齿轮旁边的离合齿啮合。这样就把同步器啮合套锁止到挡位齿轮上。同步器啮合套内表面加工有内花键，同步器啮合套可沿同步器毂的外花键滑动。同步器毂用花键与轴连接。这样，挡位齿轮就通过同步器与输出轴相连接，使齿轮的转矩得以传递。一般来说，由于同步器啮合套可以前后滑动，所以每个同步器可作用于两个挡位齿轮。因此，同步器可以以所作用的挡位齿轮来命名。例如，1、2同步器表示该同步器控制1挡和2挡的挡位齿轮，如图4-1-19所示。

同步器的另一个功能是当挡位齿轮未与轴锁定时，使挡位齿轮的转动速度与轴的转动速度一致。如果在同步器啮合套与齿轮的啮合齿啮合前两者的转速不相等，则会造成同步器啮合套和啮合齿损坏，如图4-1-20所示。

同步器锁环的内表面呈锥形，可与挡位齿轮的外锥面接合。当同步器啮合套继续移动时，同步器啮合套挤压同步器滑块，使之压紧保持弹簧。当同步器啮合套继续移动时，同步器啮合套的花键就与同步器锁环上的啮合齿接合。同步器锁环与挡位齿轮外锥面产生的摩擦导致在轴上自由旋转的挡位齿轮的转速增加或降低，使挡位齿轮与同步器的转速保持一致。在同步器啮合套和挡位齿轮的转速相等时，同步器锁环才使同步器啮合套的内花键和挡位齿轮啮合齿接合（图4-1-21）。

图4-1-19　基本的同步器和挡位齿轮
1—同步器毂；2—同步器啮合套；
3—同步锁环；4—啮合齿；5—挡位齿轮

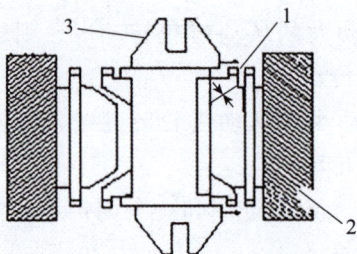

图4-1-20　同步器工作原理示意
1—同步器锁环；2—从动齿轮；3—同步器啮合套

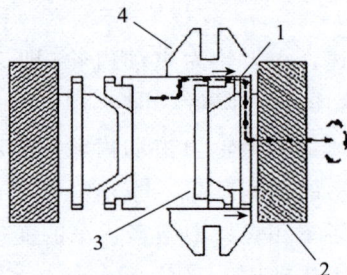

图4-1-21　同步器啮合套与挡位齿轮完全啮合
1—同步器啮合套与挡位齿轮的啮合点；2—从动齿轮；
3—同步器锁环；4—同步器啮合套

当同步器锁环（与同步器连接）与挡位齿轮的啮合齿排列成一条直线时，同步器啮合套滑动到挡位齿轮啮合齿的上方将挡位齿轮与轴锁止在一起。当上述情况发生时，被挤压的同步器滑块就移入同步器啮合套内表面的凹槽内，帮助同步器啮合套定位。如图4-1-22所示为三相同步器。

(三)典型三轴式变速器

三轴式变速器广泛用于发动机前置、后轮驱动的汽车上，特点是传动比的范围大，具有直接挡，使传动效率提高。下面以江铃汽车MT-75手动变速为例分析变速器的各挡动力传递路线，即变速器的动力流，如图4-1-23所示。

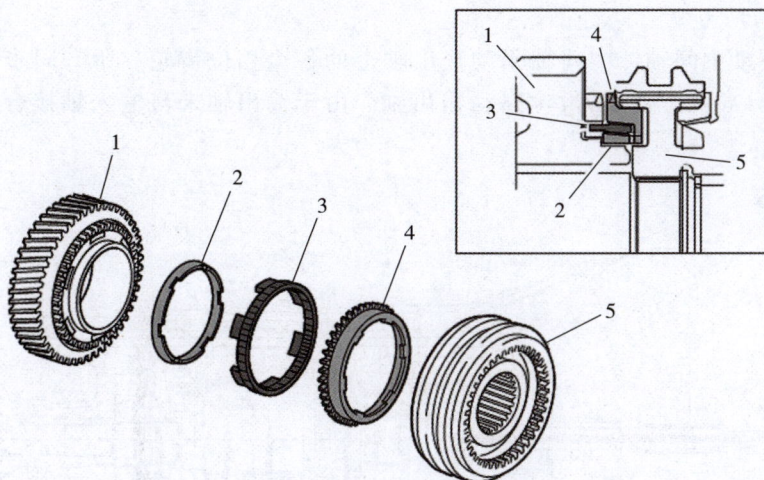

图 4-1-22　三相同步器

1—挡位齿轮；2—内锥环；3—中锥环；4—外锥环；5—同步器啮合套

图 4-1-23　皮卡车型 MT-75 手动变速器

1—换挡杆；2—一轴；3—壳体；4—驱动齿轮(一轴)；5—三挡齿(二轴)；6—换挡拨叉轴；7—二挡齿(二轴)；
8—一挡齿(二轴)；9—倒挡齿(二轴)；10—五挡齿(二轴)；11—输出法兰；12—倒挡轴；13—五挡齿(中间轴)；
14—倒挡惰齿(倒挡轴)；15—中间轴；16—三挡齿(中间轴)；17—四挡齿(中间轴)

1. 空挡的动力流

输入轴驱动中间轴，中间轴驱动输出轴上的各个挡位齿轮。所有同步器都位于中间位置（处于分离状态），无齿轮驱动输出轴。由于输出轴未与输入轴接合，所以没有动力传递（图 4-1-24）。

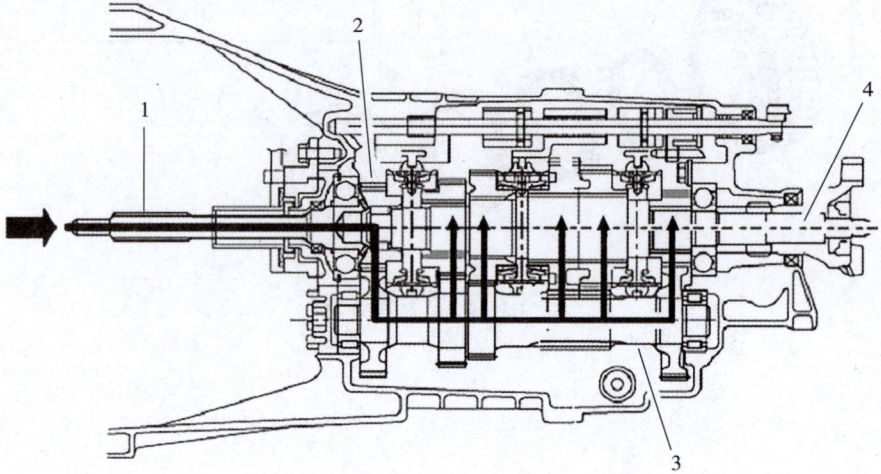

图 4-1-24　空挡动力流
1—输入轴；2—输入轴驱动齿轮；3—中间轴；4—输出轴

2. 1 挡动力流

输入轴驱动中间轴。1、2 挡同步器套向右移动，将 1 挡挡位齿轮锁止在输出轴上。中间轴上的 1 挡齿轮以减速速比驱动输出轴上的 1 挡挡位齿轮（图 4-1-25、图 4-1-26）。

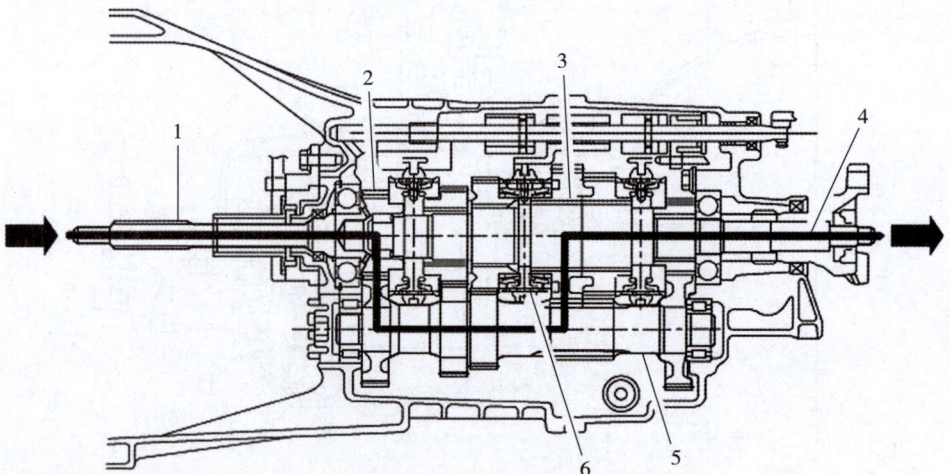

图 4-1-25　1 挡动力流
1—输入轴；2—输入轴驱动齿轮；3—1 挡挡位齿轮；4—输出轴；5—中间轴；6—1、2 挡同步器

3.2 挡动力流

输入轴驱动中间轴。1、2 挡同步器套向左移动，将 2 挡挡位齿轮锁止到输出轴上。中间轴上的 2 挡齿轮以减速速比驱动输出轴上的 2 挡挡位齿轮（图 4-1-27）。

4.3 挡动力流

输入轴驱动中间轴。3、4 挡同步器套向右移动，将 3 挡挡位齿轮锁止在输出轴上。中间轴上的 3 挡齿轮以减速速比驱动锁止在输出轴上的 3 挡挡位齿轮（图 4-1-28）。

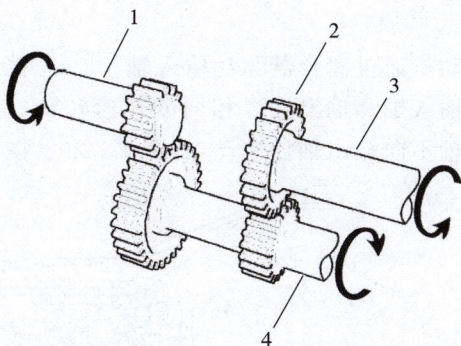

图 4-1-26　1 挡传动示意图

1—输入轴；2—挡位齿轮；3—输出轴；4—中间轴

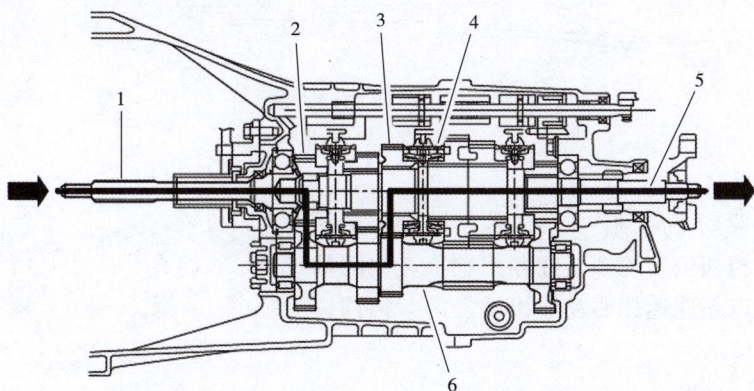

图 4-1-27　2 挡动力流

1—输入轴；2—输入轴驱动齿轮；3—2 挡挡位齿轮；4—1、2 挡同步器；5—输出轴；6—中间轴

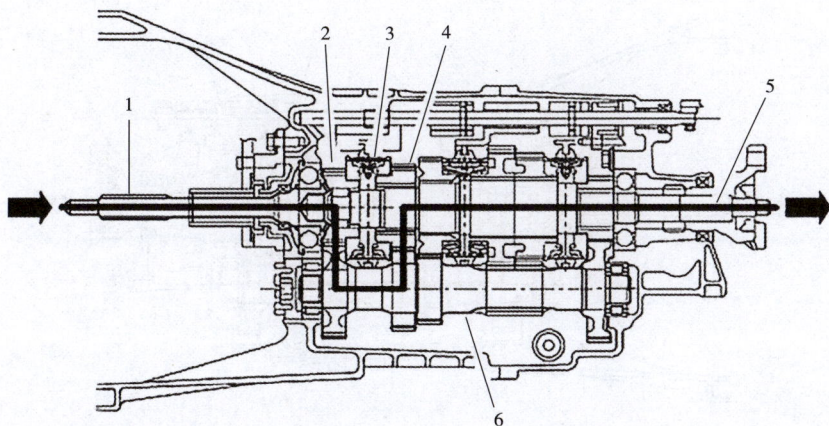

图 4-1-28　3 挡动力流

1—输入轴；2—输入轴驱动齿轮；3—3、4 挡同步器；4—3 挡挡位齿轮；5—输出轴；6—中间轴

5.4 挡动力流

发动机通过离合器驱动输入轴。3、4 挡同步器套向左移动,将输入轴锁止在输出轴上。输入轴和输出轴以相同的转速转动,速比为 1∶1。虽然中间轴处于旋转状态,但中间轴不向输出轴传递动力(图 4-1-29、图 4-1-30)。

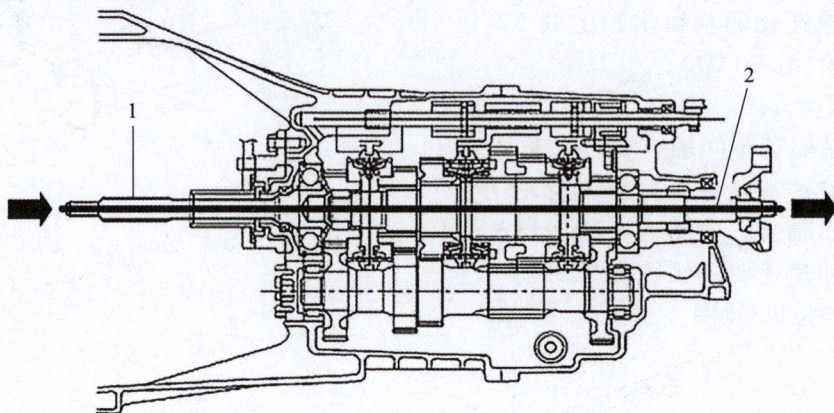

图 4-1-29　4 挡动力流

1—输入轴;2—输出轴

6.5 挡动力流

输入齿轮驱动中间轴。5 挡、倒挡同步器套向右移动,将 5 挡挡位齿轮锁止在输出轴上。中间轴上的 5 挡齿轮以超速速比驱动输出轴上的 5 挡挡位齿轮(图 4-1-31)。

7. 倒挡动力流

输入齿轮驱动中间轴。5 挡、倒挡同步器套向左移动,将倒挡挡位齿轮锁止在输出轴上。中间轴倒挡齿轮驱动倒挡中间齿轮。倒挡中间齿轮驱动输出轴上的倒挡挡位齿轮。输入轴以减速速比驱动输出轴反方向旋转(图 4-1-32、图 4-1-33)。

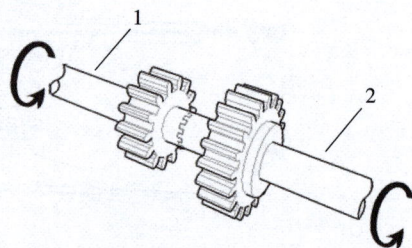

图 4-1-30　直接挡示意

1—输入轴;2—输出轴

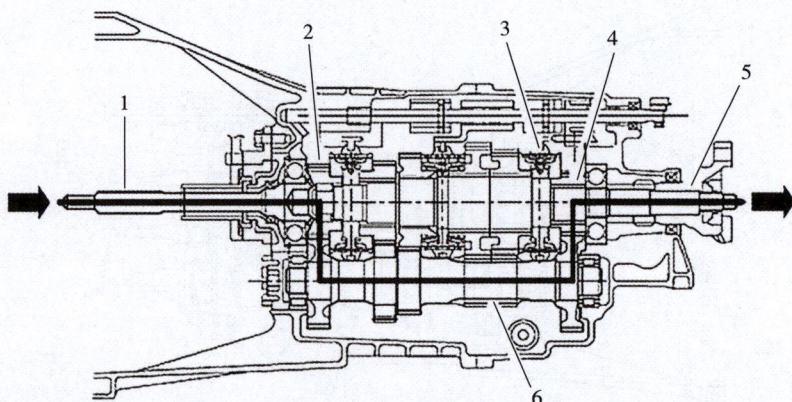

图 4-1-31　5 挡动力流

1—输入轴;2—输入轴驱动齿轮;3—5 挡、倒挡同步器;4—5 挡挡位齿轮;5—输出轴;6—中间轴

图 4-1-32　倒挡动力流

1—输入轴；2—输入轴驱动齿轮；3—倒挡挡位齿轮；4—5挡、倒挡同步器；5—输出轴；6—中间轴

(四)手动变速器结构

1. 操纵机构

变速器操纵机构能保证驾驶员根据使用条件，将变速器换入某个挡位。其设有自锁装置，防止变速器自动换挡和自动脱挡；设有互锁装置，保证变速器不会同时换入两个挡，以免发动机熄火或零件损坏；设有倒挡锁，防止误换倒挡，否则会发生安全事故。

变速器操纵机构可分为直接操纵式(图 4-1-34)和远距离操纵式。大多数货车的变速器布置在驾驶员座位附近，变速杆由驾驶室底板伸出，驾驶员可直接操纵。这种操纵机构一般由变速杆、拨块、拨叉、拨叉轴及安全装置等组成，多集中装置在变速器上盖或侧盖内。

图 4-1-33　倒挡示意

1—输入轴；2—输出轴倒挡齿轮；

3—输出轴；4—倒挡轴；5—中间轴

驾驶员座位距离变速器较远或变速杆布置在转向盘下方的转向管柱上时，通常在变速杆与换挡拨叉之间增加若干个传动件，组成远距离操纵机构，轿车通常采用这种方式。

拨叉轴两端均支承于变速器盖上相应的孔中，可以轴向滑动。所有的拨叉和拨块都以弹性销固定于相应的拨叉轴上。3、4挡拨叉的上端有拨块。拨叉和拨块的顶部有凹槽。当变速器处于空挡时，各凹槽在横向平面内对齐。叉形拨杆下端的球头即伸入这些凹槽中。换挡时可使变速杆绕其中部球形支点横向摆动，则其下端推动叉形拨杆绕换挡轴的轴线转动，从而使叉形拨杆下端球头对准所选挡位相应的拨块凹槽，然后使变速杆纵向摆动，带动拨叉轴拨叉向前或向后移动，即可实现挂挡。

典型换挡机构如图 4-1-35 所示。

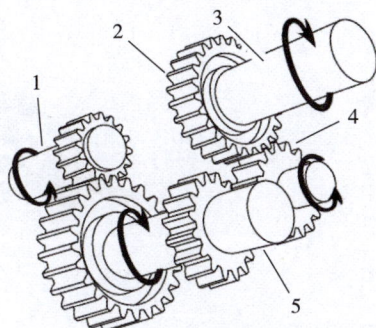

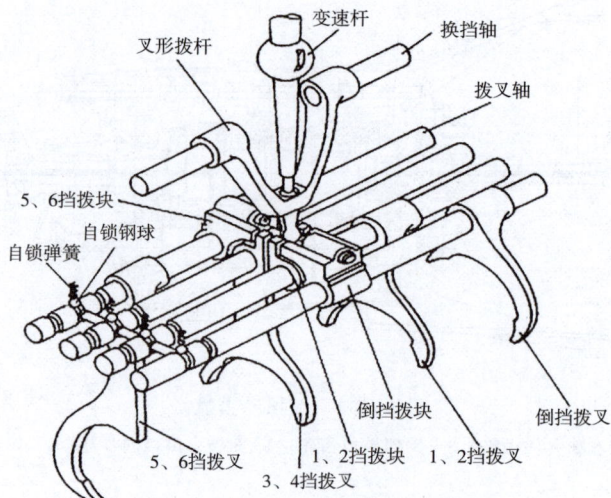

图 4-1-34　变速器直接操纵机构

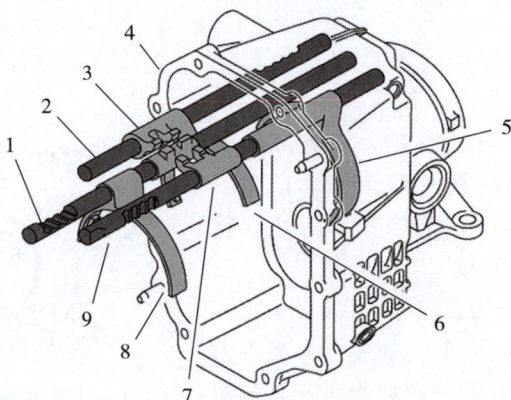

图 4-1-35　换挡机构分解示意

1—3、4挡换挡拨叉轴；2—1、2挡换挡拨叉轴；3—1、2挡换挡拨叉轴/驱动器；
4—变速器后壳体；5—5挡、倒挡换挡拨叉；6—1、2挡换挡拨叉；
7—5挡、倒挡换挡拨叉轴/驱动器；8—3、4挡换挡拨叉；9—5挡、倒挡换挡拨叉轴

　　变速器由换挡机构操纵换挡，常见的换挡机构元件包括换挡拨叉、换挡拨叉轴、互锁板、定位锁销和换挡导轨(图 4-1-36)。

　　变速器使用可插入同步器啮合套中间环槽的换挡拨叉实现换挡。换挡拨叉安装在换挡拨叉轴上，驾驶员用换挡杆移动换挡拨叉轴。当驾驶员移动换挡机构时，换挡拨叉轴也随之移动，换挡拨叉移动时同步器啮合套与挡位齿轮啮合。换挡拨叉在顶端位置通常装有塑料防磨垫，以减小换挡拨叉与同步器啮合套之间的摩擦力，防止换挡拨叉磨损。

　　2. 锁止机构

　　锁止机构包括自锁、互锁(图 4-1-37)和倒挡锁。为避免损坏变速器，变速器换挡机构使用了互锁元件。这些互锁元件与换挡杆轴或换挡护罩相连，互锁元件的作用是防止变速器同时换入一个以上的挡位。

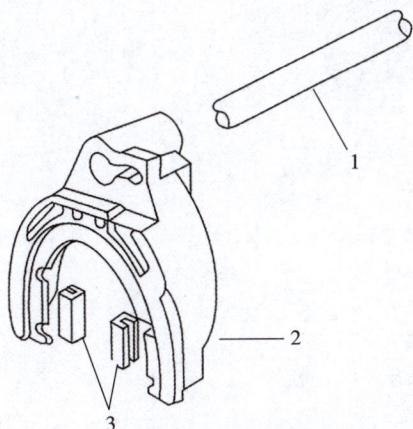

图 4-1-36　换挡拨叉和换挡导轨

1—换挡拨叉轴；2—换挡拨叉；
3—换挡拨叉防磨垫

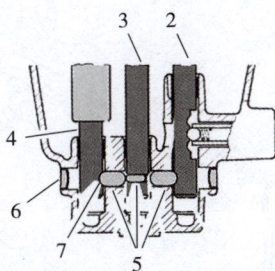

图 4-1-37　皮卡换挡互锁装置

1—变速器壳体；2—1、2 挡换挡拨叉轴；3—3、4 挡换挡拨叉轴；
4—5 挡、倒挡换挡拨叉轴；5—锁销；6—堵塞；7—互锁凹槽

大部分的换挡机构都装备了倒挡锁止机构，防止驾驶员在前进挡位置误挂入倒挡，造成变速器及传动系统的损坏。使用倒挡锁止机构的变速器在挂倒挡之前，换挡杆必须首先置于空挡，然后才能挂入倒挡。图 4-1-38 所示为 N350 变速器防误挂倒挡装置结构图。

自锁机构的功能是一旦选定挡位后，锁销可将换挡拨叉保持在所处位置。锁销通常设计有定位钢球和定位弹簧，锁销可插入换挡杆轴上的槽口或被称作"偏置杆"的杆中，随着换挡拨叉的移动，锁销的定位弹簧会迫使定位钢球进入换挡杆或换挡拨叉轴上的槽口中，将换挡拨叉固定在所处位置（图 4-1-39）。

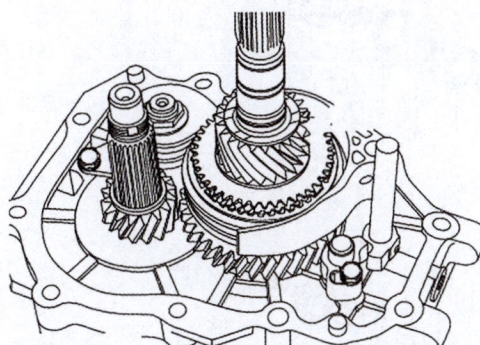

图 4-1-38　N350 变速器防误挂倒挡装置

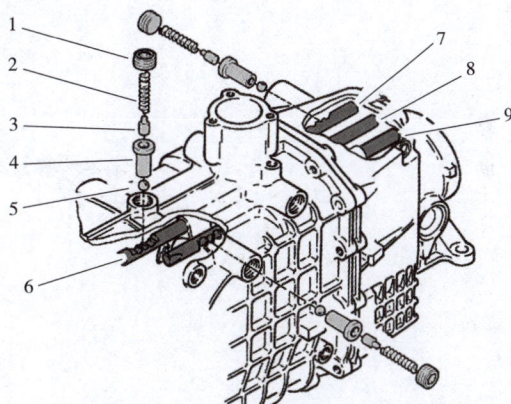

图 4-1-39　典型的换挡自锁装置

1—堵塞；2—自锁弹簧；3—销钉；4—滑套；
5—自锁钢球；6—自锁凹槽；7—1、2 挡换挡拨叉轴；
8—3、4 挡换挡拨叉轴；9—5 挡、倒挡换挡拨叉轴

3. 变速器轴

三轴式变速器中主要有输入轴（图 4-1-40）、中间轴（图 4-1-41）、输出轴（图 4-1-42）及倒挡轴（图 4-1-43）。

图 4-1-40　皮卡车型输入轴

1——轴轴承卡环；2——轴轴承；3——止推片；4——轴

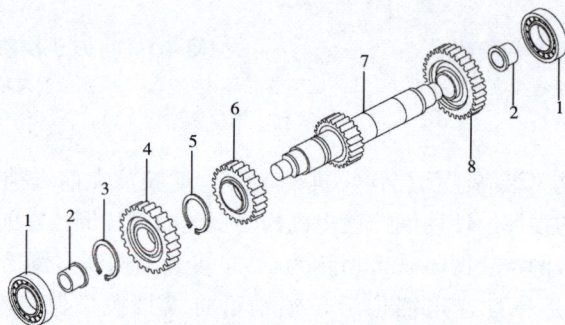

图 4-1-41　皮卡车型中间轴

1—中间轴轴承外圈；2—中间轴轴承内圈；3—四挡齿轮卡环；4—中间轴四挡齿轮；

5—三挡齿轮卡环；6—中间轴三挡齿轮；7—中间轴；8—中间轴五挡齿轮

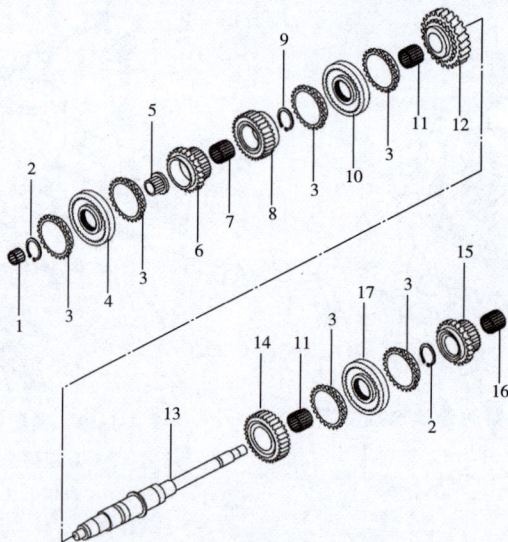

图 4-1-42　皮卡车型的输出轴

1、11、16—轴承；2、9—齿毂卡环；3—同步器齿环；4—3、4 挡同步器；5—二轴 3 挡衬套；

6—二轴 3 挡齿；7—二轴轴承；8—二轴 2 挡齿；10—1、2 挡同步器；12—二轴 1 挡齿；

13—二轴；14—二轴倒挡齿；15—二轴 5 挡齿；17—5 挡、倒挡同步器

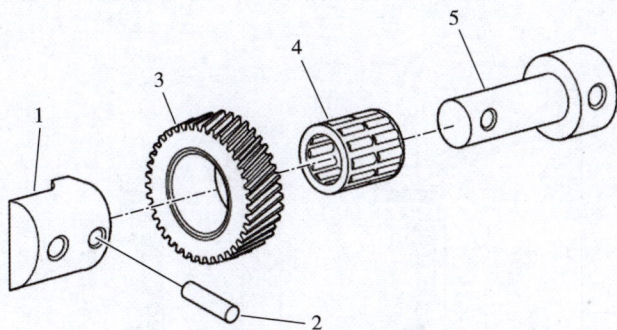

图 4-1-43 倒挡轴

1—倒挡轴固定支座；2—定位销；3—倒挡惰轮；4—滚针轴承；5—倒挡轴

发动机的动力经过离合器从动盘传递给变速器第一轴。第一轴主动齿轮直接加工成钢制第一轴的一部分。主动齿轮与中间轴从动齿轮啮合。

中间轴由一系列的齿轮组成，齿轮用经过硬化处理的钢材加工制成，中间轴也可能是由用花键固定在单个轴上的一系列独立的齿轮构成的。有些中间轴配有同步器、挡位齿轮和花键齿轮。

输出轴也称为主轴，是由一系列齿轮及同步器总成组成的。这些齿轮一般称为挡位齿轮，它们直接或通过轴承套在轴颈上，可以自由转动。换挡时同步器运作将它们锁止在输出轴上，动力从中间轴传递给输出轴，注意每个挡位只能有一个齿轮与输出轴接合。

为了实现倒挡输出轴的反向转动，设置了倒挡轴，通过倒挡惰轮将输出轴转动方向反向。倒挡惰轮并不影响速比的变化，只是起到传递动力和改变转动方向的作用。

变速器所有轴和许多齿轮均安装在轴承上。支撑轴承或齿轮的轴承有滚针轴承、滚珠轴承或滚锥轴承。轴承的作用是使所支撑的元件在轴承上自由转动。变速器中的许多轴承在拆卸和安装时需要使用专用工具（图 4-1-44）。

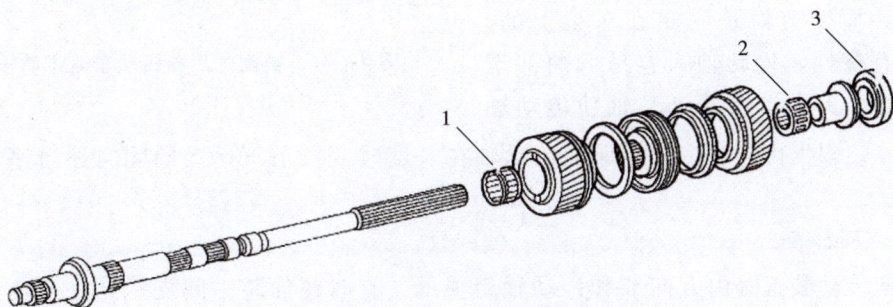

图 4-1-44 典型的变速器轴承

1、2—齿轮轴承；3—输出轴支撑轴承

4. 壳体

变速器轴和齿轮包在变速器壳体中。变速器壳体的组成部分包括壳体、变速器延伸壳体和变速器顶盖。壳体元件用螺栓和衬垫固定在一起，并在各个连接处配有防止泄漏的密封件。变速器壳体内充满变速器油液,不间断地润滑和冷却变速器内的齿轮和轴(图 4-1-45)。

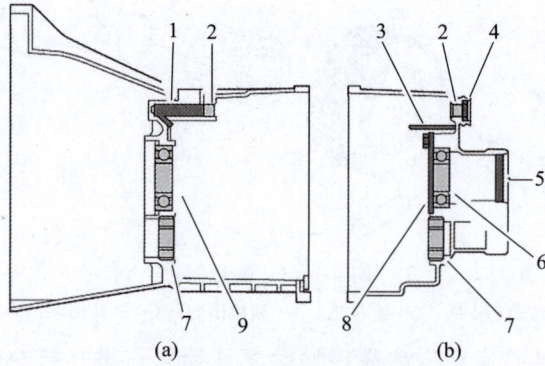

图 4-1-45　典型的变速器壳体总成

(a)离合器侧壳体;(b)变速器侧壳体

1—换挡轴通气孔;2—换挡轴轴承;3—换挡锁止装置;4—换挡轴油封;5—输出轴油封;

6—输出轴轴承;7—中间轴轴承;8—输出轴轴承保持架;9—输入轴轴承

四、万向传动装置

传动轴用于后轮驱动或四轮驱动的车辆,将变速器输出轴的转动力矩传递给差速器,使驱动轮转动。半轴则是将动力从差速器传递给驱动轮的一种特殊的传动轴。对于前轮驱动及独立悬架的车辆,使用一种特殊的半轴(图 4-1-46)。

车辆在行使过程中,传动轴的角度总是随着驱动桥的移动而变化,车辆载荷的变化及车轮的跳动也会导致车桥与车架之间的相对运动。当承受驱动或制动扭矩时,驱动桥也会在悬架上产生俯仰运动,而变速器是固定在车架上的,如果没有挠性,传动轴很容易弯曲甚至过载折断,万向节及滑动叉轴使传动轴

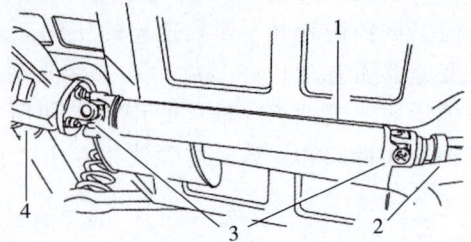

图 4-1-46　典型的后轮驱动车辆传动轴

1—传动轴;2—变速器输出轴法兰;3—万向节;4—后桥

可以在一定限度内产生变形,保证传动轴在长度改变及上下运动的同时还可平稳地传递动力。

(一)万向节

万向传动装置是由万向节和传动轴组成的,有时还加装中间支承。在变速器与驱动轴距离较远时,应将传动轴分成两段,并加装中间支承,这样可避免传动轴过长使自振频率降低,高转速下共振。汽车上任何一对轴线相交且相对位置经常变化的轴之间的动力传递均需要万向传动装置。

万向传动装置的核心元件是万向节。万向节按其速度特性可分为不等速万向节(普通十字轴万向节)、准等角速万向节(双联式、三销轴式万向节等)和等角速万向节(球

笼式、组合式万向节等）；万向节按其刚度大小，可分为刚性万向节和柔性万向节。

1. 不等速万向节

不等速万向节又称为十字轴万向节或十字架万向节。其特点是结构简单、传动可靠、效率高；允许相邻两轴的最大夹角为 $15°\sim20°$。

（1）十字轴万向节构造。固装在两轴上的万向节叉孔，分别套在十字轴的四个轴颈上。在十字轴轴颈与万向节叉孔之间装有滚针和套筒，并用带有锁片的螺钉和轴承盖使之轴向定位。为了润滑轴承，十字轴内钻有油道，且与滑脂嘴、安全阀相通（图 4-1-47）。

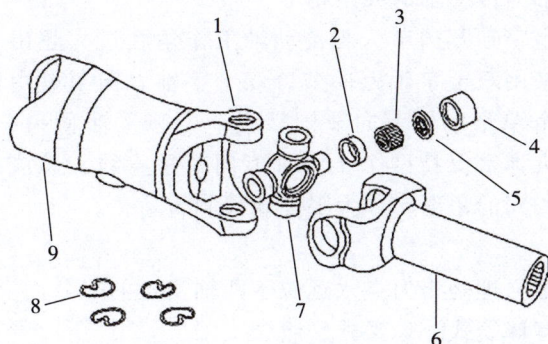

图 4-1-47　单十字轴万向节

1—端叉；2—油封；3—滚针轴承；4—轴承座；
5—推力垫片；6—滑动叉；7—十字轴；8—卡圈；9—传动轴；

单十字轴万向节包括中央十字轴和两个 U 形叉，所以也称为 U 形万向节。每个 U 形叉都可以绕十字轴配合端的轴线转动。卡圈将轴承座固定在 U 形叉上，卡圈的形式可分为内、外两种。原厂的万向节无须保养，有些万向节在轴承盖底部采用尼龙止推垫片。单十字轴万向节属于非等角速度万向节，要实现等速传动抵消角速度变化引起的振动必须成对使用。

（2）十字轴万向节速度特性。当十字轴式刚性万向节的主动叉等角速度转动时，则从动叉以不等角速度转动。

万向节工作原理如图 4-1-48 所示。当主动叉轴 1 以等角速度旋转时，从动叉轴以不等角速度转动，叉轴 2 的角速度在最大值和最小值之间来回变化，周期为 180°；叉轴 2 不等速的程度随轴间夹角的加大而加大。主动轴、从动轴的平均转速是相等的，即主动轴旋转一圈从动轴也旋转一圈。

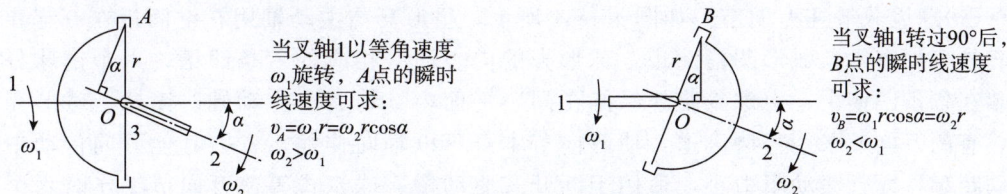

当叉轴1以等角速度 ω_1 旋转，A点的瞬时线速度可求：
$v_A=\omega_1 r=\omega_2 r\cos\alpha$
$\omega_2>\omega_1$

当叉轴1转过90°后，B点的瞬时线速度可求：
$v_B=\omega_1 r\cos\alpha=\omega_2 r$
$\omega_2<\omega_1$

图 4-1-48　万向节工作原理

1—输入轴；2—输出轴；3—万向节

不等速是指在转动一圈时的角速度不相等。单个普通万向节的不等速性会使从动轴及与其相连的传动部件产生扭转振动，产生附加的交变载荷及振动噪声，影响零部件的使用寿命。

（3）十字轴万向节的改进方式。为实现等角速度传动，可将两个普通十字轴式刚性万向节按一定的排列方式安装（图4-1-49）。满足下述两个条件，输出轴与输入轴的角速度就相等：

1）第一个万向节的从动叉和第二个万向节的主动叉与传动轴相连，且传动轴两端的万向节叉在同一平面内；

2）输入轴、输出轴与传动轴的夹角相等。

典型的应用是双十字轴万向节。当传动轴工作角度过大超出了单十字轴万向节的适应范围后，就需要采用双十字轴万向节。双十字轴万向节是由两个紧挨着的单十字轴万向节构成的，两个单十字轴万向节依靠一个中心叉轴和一个连接叉接合成整体。中心叉、连接叉和中央弹簧保持两个十字轴万向节呈直线。总成将传动轴角度用两个十字轴分成两个近似相同的角度，最大限度地限制转速差。

2. 等速万向节

等速万向节的基本原理是传力点永远位于两轴交点的平分面上（图4-1-50）。等速万向节常见的结构形式有球笼式、球叉式、组合式。

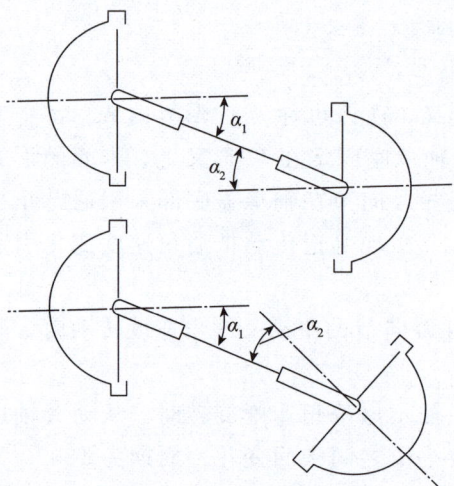

图 4-1-49　万向节等速方式

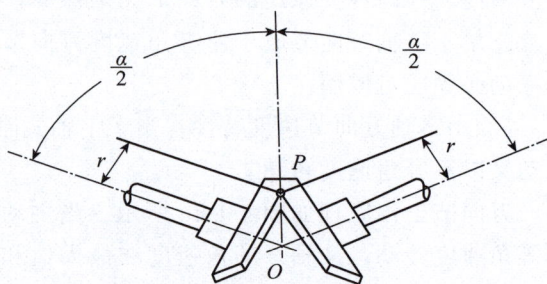

图 4-1-50　等速原理示意

（1）球笼式等速万向节。如图4-1-51所示，星形套与主动轴用花键固接在一起，星形套外表面有六条弧形凹槽滚道，球形壳的内表面有相应的六条凹槽，六个钢球分别安装在各条凹槽中，由球笼使其保持在同一平面内。动力由主动轴、钢球、球形壳输出。有的万向节采用直槽滚道，使万向节本身可以轴向伸缩，省去其他万向传动中的滑动花键，而且滚动阻力小，适用于断开式驱动桥。球笼式等速万向节工作时六个钢球都参与传力，故承载能力强、磨损小、寿命长。它被广泛应用于各种型号的转向驱动桥和独立悬架的驱动桥。

图 4-1-51　球笼式等速万向节

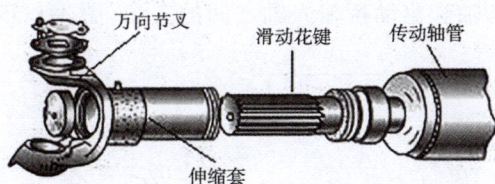

（2）球叉式等速万向节。球叉式等速万向节主要由主动叉、从动叉、四个传力钢球和一个中心钢球等组成（图 4-1-52）。

球叉式等速万向节的两轴的夹角无论如何变化，传力钢球中心一定处于两圆弧滚道的交点处，即处在两轴交角的平分面上，等速传动。

（二）传动轴和中间支承

1. 传动轴

传动轴（图 4-1-53）是万向传动装置中的主要传力部件，通常用来连接变速器（或分动器）和驱动桥，在转向驱动桥和断开式驱动桥中，则用来连接差速器和驱动轮。其构造特点是轴管壁厚均匀；传动轴过长，易共振，将其分成两段并加上中间支承；两端焊接的部分由花键轴和万向节叉组成；用滑动花键连接，以实现传动轴长度的变化；用平衡片修补平衡量。

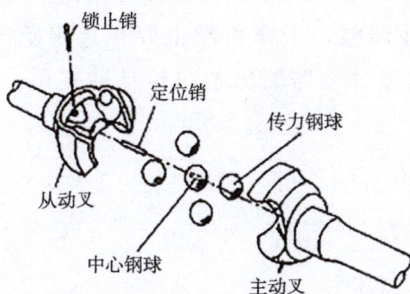

图 4-1-52　球叉式等速万向节　　　　图 4-1-53　传动轴

由于驱动形式及布置等因素，某些传动轴被设计为多个部分。多段式的传动轴带有中央支承轴承（图 4-1-54），用以支承传动轴的中间部分，万向节不断调整固定不动的变速器及运动中的传动轴之间的角度变化。滑动叉依靠沿着花键的滑动补偿驱动桥运动引起的传动轴的长度变化。传动轴的长度、直径及滑动叉和万向节的形式各不相同，以适应各种车型及传动系统的配置。

长轴传动轴的自振频率低，易产生共振，故将其分成两段。用于长轴距轻型卡车上的两段式传动轴包含两根传动轴、三个十字轴万向节和一个橡胶减振套、轴承安装支架。中央轴承用来支承转动的传动轴，采用带油轴承不用保养。前万向节基本保证传动轴和输出轴对正，不改变传动角速度，后面的两个万向节需要适时调整角度抑制振动。

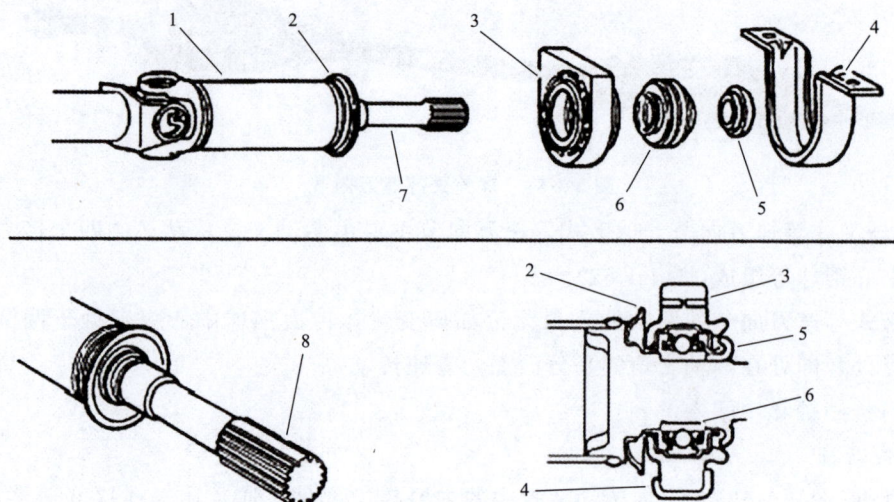

图 4-1-54　传动轴中央支承轴承

1—传动轴和连接轴；2—防尘圈；3—橡胶隔垫；4—中央轴承支座；

5—轴承挡圈；6—中央轴承；7—花键短轴端；8—盲花键

　　传动轴工作原理：十字轴万向节（U形万向节）安装于传动轴的两端，尽量抵消工作角度的变化。滑动叉轴可以补偿因悬挂位置改变而引起的传动轴长度变化。为了能够正常使用，传动轴装车前必须经过平衡和尺寸调整，工作角度也要在规定范围内。在整体式传动轴中有两个工作角度：一是变速器或分动器输出轴与传动轴夹角；二是传动轴和驱动桥输入轴之间的夹角（图 4-1-55）。

图 4-1-55　传动轴角度

1—变速器与传动轴夹角；2—驱动桥；3—传动轴和驱动桥输入轴夹角；4—变速器

　　在多数情况下，传动轴两端的工作角度不得超过 3°。对于高转速工作的长传动轴更是如此。在特殊情况下，对于低速运转或尺寸很短的传动轴，工作角度可以适当增大。但是都要通过参考维修资料获得正确的参数。工作角度相近或相等是很重要的，这表示输入夹角与输出夹角之差通常要小于 1°。

2. 中间支承

　　（1）中间支承通常安装在车架横梁上，能补偿传动轴轴向和角度方向的安装误差，以及汽车在行驶过程中因发动机窜动或车架变形等引起的位移。

（2）中间支承常用弹性元件来满足上述要求，它主要由轴承、带油封的盖、支架、弹性元件等组成（图4-1-56）。

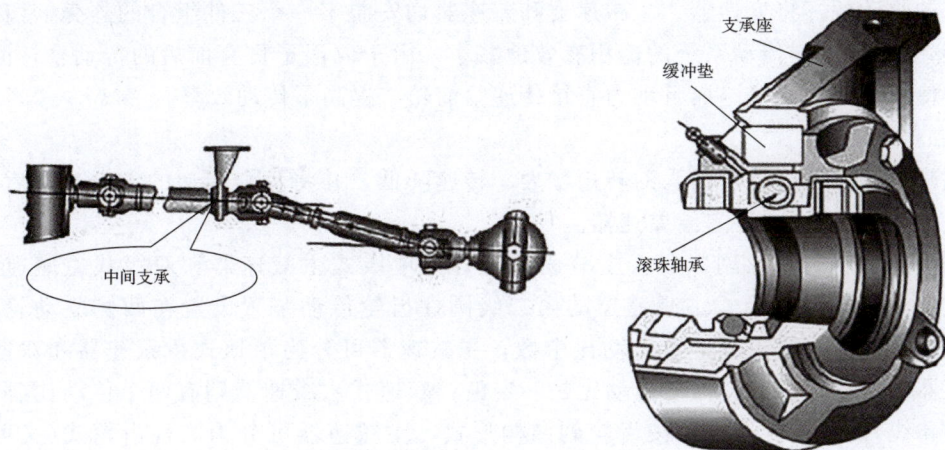

图4-1-56　中间支撑

五、驱动桥

(一)驱动桥的功用、组成与结构类型

1. 驱动桥的功用

万向传动装置输入的动力经降速增矩、改变动力传递方向90°后，分配到左右驱动轮，使汽车行驶，并允许左右驱动轮以不同的转速旋转而驱动汽车行驶。

2. 驱动桥的组成

驱动桥由主减速器、差速器、半轴和桥壳等组成（图4-1-57）。万向传动装置传来的动力依次经主减速器、差速器和半轴传递给驱动轮。

（1）主减速器作用：降速、增矩、变向。

（2）差速器作用：使两侧驱动轮不等速旋转。

（3）半轴作用：将转矩从差速器传至驱动桥。

（4）桥壳作用：安装基础，承重且承力。

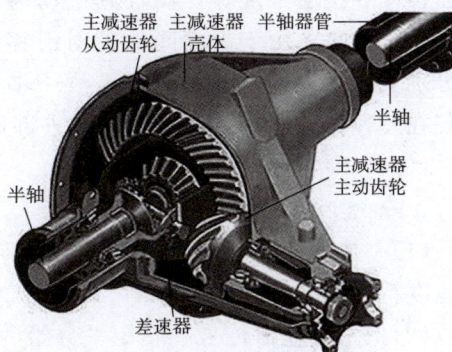

图4-1-57　驱动桥

3. 驱动桥的结构类型

驱动桥可分为整体式驱动桥和断开式驱动桥两种。

（1）整体式驱动桥：采用非独立悬架，其驱动桥壳为刚性的整体，驱动桥两端通过悬架与车架连接，左右半轴始终在一条直线上，即左右驱动桥不能相互独立地跳动。当某一侧车轮因地面升高或下降时，整个驱动桥及车身都要随之发生倾斜。

（2）断开式驱动桥：采用独立悬架，其主减速器固定在车架上，驱动桥壳分段制成并用铰链连接，半轴也分段并用万向节连接。驱动器两端分别用悬架与车架连接。这样，两侧的驱动轮及桥壳可以彼此独立地相对于车架上下跳动。发动机前置、前轮驱动轿车的驱动桥，将变速器、主减速器和差速器均安装于一个三件组合的外壳（常称为变速器壳）内。这样传动系统的体积有效地减小，由于取消了贯穿前后的传动轴，简化结构，使轿车自重减轻。而且动力直接传递给前轮，提高了传动效率。

（二）主减速器

主减速器的功用是将输入的转矩增大、转速降低，并将动力传递的方向改变后（横向布置发动机的除外）传递给差速器。

按参加传动的齿轮副数目，主减速器可分为单级式主减速器和双级式主减速器。有些重型汽车又将双级式主减速器的第二级圆柱齿轮传动装置设置在两侧驱动轮处，称为轮边减速器。按主减速器传动比个数，主减速器可分为单速式主减速器和双速式主减速器。单速式主减速器的传动比是一定值；双速式主减速器则有两个传动比（即两条传动路线）供驾驶员选择。按齿轮副结构形式，主减速器可分为圆柱齿轮式（又可分为定轴轮系和行星轮系）主减速器和圆锥齿轮式（又可分为螺旋锥齿轮式和双曲面锥齿轮式）主减速器。

轿车和一般轻、中型货车一般采用单级式主减速器，它的特点是结构简单、体积小、质量轻、传动效率高。它的基本工作原理是将万向传动装置传来的动力由叉形凸缘经花键传递给主动齿轮、从动齿轮，减速变向后，通过螺栓传递给差速器壳，再由差速器传递给两侧半轴驱动齿轮。

双曲面锥齿轮是主减速器经常采用的齿轮形式。其特点是齿轮的工作平稳性好，弯曲强度和接触强度好，而且其主动齿轮的轴线相对从动锥齿轮的可以偏移。双曲面锥齿轮工作时，由于齿面间的相对滑移量大，且齿面间的压力也大，主动锥齿轮靠两个分别安装在差速器壳上的圆锥滚子轴承外部调整垫片调整，从动锥齿轮靠两个分别安装在差速器壳上的圆锥滚子轴承外部调整螺母来调整。

（三）差速器

1. 差速器的功用

（1）差速器使左右车轮能以不同的转速，进行纯滚动转向或直线行驶，称为差速器的速度特性（即 n 特性）。

（2）把主减速器传来的转矩平分给两半轴，使两侧车轮驱动力尽量相等，称为差速器的转矩特性（即 M 特性）。

2. 差速器的分类

差速器按其用途可分为轮间差速器和轴间差速器。轮间差速器安装在驱动桥内；轴间差速器安装在各个驱动桥之间。按工作特性，差速器还可分为普通差速器和防滑差速器。

（1）普通差速器（对称式锥齿轮差速器）。

1）构造。普通差速器主要由四个行星齿轮、行星齿轮轴、两个半轴齿轮和差速器壳等组成。其动力传递路径为主减速器→从动齿轮→差速器壳→行星齿轮轴→行星齿轮→半轴齿轮→半轴→驱动轮(图 4-1-58)。

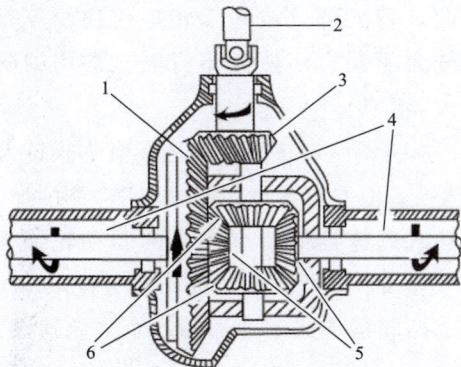

图 4-1-58　差速器构造

1—齿圈；2—传动轴；3—主动齿轮；4—半轴；5—半轴齿轮；6—差速器小齿轮

2)工作原理。

①差速器的速度特性。

a. 行星齿轮只随行星架绕差速器旋转轴线公转时，差速器不起作用，半轴角速度等于差速器壳的角速度。

b. 行星齿轮除公转外，还绕行星齿轮轴自转时，左右两半轴齿轮转速之和等于差速器壳转速的两倍，与行星齿轮转速无关，即

$$n_1 + n_2 = 2n_0$$

②差速器的转矩特性。

a. 行星齿轮没有自转时，将传来的转矩 M_0 平均分配给左右两半轴齿轮，即

$$M_1 = M_2 = M_0/2$$

b. 当两半轴齿轮转速不同时，产生自转，摩擦力矩方向与自转方向相反，附加在两半轴齿轮上，即

$$M_1 = 1/2M_0 - 1/2M_r, \quad M_2 = 1/2M_0 + 1/2M_r$$

③对称式锥齿轮差速器转矩特性的说明。

a. 目前广泛使用的对称式锥齿轮差速器，其内摩擦力矩肘 T 很小。实际上可认为无论左右半轴转速是否相同，而转矩总是平均分配的。这样的分配比例反映了对称式锥齿轮差速器的转矩平均分配特性。

b. 差速器转矩的平均分配特性对于汽车在良好的路面上直线或转弯行驶时，其表现都是令人满意的。而当汽车在行驶条件不良的路面行驶时，却严重影响了它的通过能力。例如，汽车的一侧驱动轮行驶在泥泞或冰雪路面，而另一侧驱动轮行驶在良好路面上，由于在泥泞或冰雪路面上的轮子与地面附着力小，所产生的驱动力矩也很小，这时根据转矩的平均分配特性，另一侧在良好路面上的轮子驱动力矩也很小，无法产生足够的驱动力来使汽车前进。这时车轮运动现象为一侧车轮转速为零，另一侧车轮以差速器壳转速的两倍高速空转。

（2）防滑差速器。防滑差速器可以克服上述对称式锥齿轮差速器的弊病。它可以使一侧驱动轮打滑空转的同时，将大部分或全部转矩传递给不打滑的驱动轮，以利用这一驱动轮的附着力产生的较大驱动力矩使汽车行驶。常用的防滑差速器有强制锁住式差速器和自锁式差速器两大类。

1）强制锁住式差速器。强制锁住式差速器就是在对称式锥齿轮差速器上加一差速锁。工作时，由驾驶员操纵差速锁，使差速器不起差速作用，相当于把两根半轴连成一体。

2）自锁式差速器。自锁式差速器的特点是在两驱动轮或两驱动桥转速不同时，无须人力操纵，而是自动向慢转的驱动轮或驱动桥多分配转矩，以提高汽车的通过性。其中包括摩擦片式差速器、凸轮滑块式差速器和托森式差速器。

（四）典型后驱动桥

1. 后驱动桥总成

在后轮驱动式汽车上，转矩从变速器通过传动轴传至后驱动桥差速器总成。后驱动桥有多种作用：桥壳作为悬挂部件的安装点并支承汽车。位于桥壳内的齿圈和小齿轮组及差速器总成将动力从传动轴经半轴传至后轮。齿圈和小齿轮组使转矩从传动轴传到半轴时，方向改变90°。由于小齿轮比齿圈小很多，齿圈和小齿轮组还提供一级减速。齿圈与小齿轮的齿数比称为主减速比。

典型的后驱动桥包括后桥壳体、主动齿轮、被动齿圈、差速器壳、差速器半轴齿轮、差速器小齿轮、差速器轴承、主动齿轮轴承、调整垫片及油封（图4-1-59）。

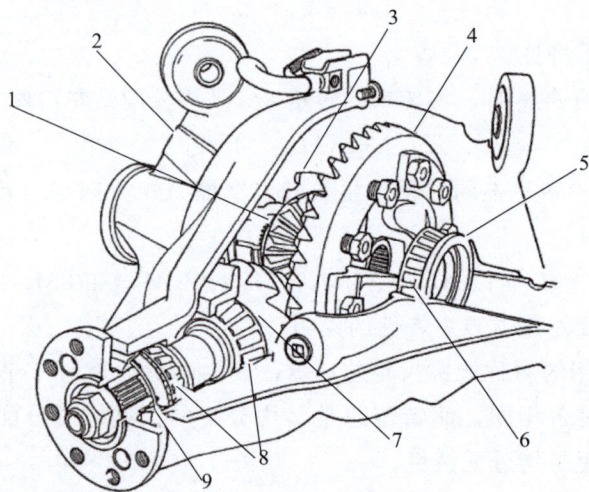

图4-1-59　后驱动桥
1—半轴齿轮轴承；2—后桥壳体；3—差速器壳；4—被动齿圈；
5—差速器调整垫片；6—差速器壳；7—主动齿轮；
8—主动齿轮轴承；9—主动齿轮调整垫片

2. 后驱动桥类型

后驱动桥总成按半轴与车轮的支承方式可分为以下三种基本类型。

（1）半浮式后驱动桥。半浮式后驱动桥（图 4-1-60）的半轴一般采用 C 形卡圈固定在桥壳内。C 形卡圈位于带花键的内侧端卡圈槽内，套在差速器壳中半轴齿轮上的一个切出来的凹孔内。半浮式半轴外侧端采用普通滚柱轴承支承。它不仅支承着汽车的质量，还要提供驱动转矩。驭胜及皮卡采用的是半浮式后驱动桥结构。

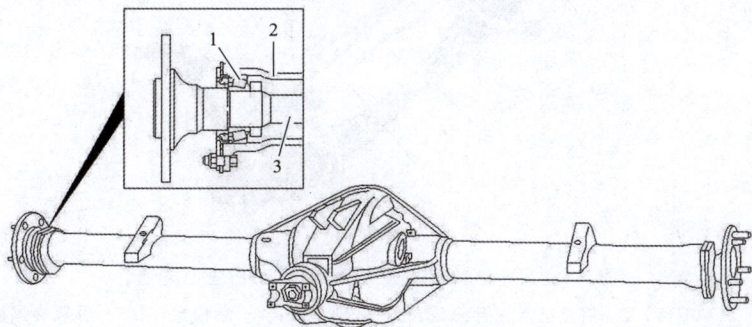

图 4-1-60　半浮式后驱动桥
1—轴承；2—外壳；3—半轴

（2）全浮式后驱动桥。全浮式后驱动桥（图 4-1-61）有更高的承载能力。轮毂被两个相对布置的锥形滚子轴承支承或"浮"在轴颈上。这样，汽车后部质量就全部由桥壳支承，半轴不用承重。半轴只负责驱动车轮。轮毂用棘轮螺母固定在轴上，螺母上的锁片卡在轴的槽里。轻卡车型使用的是全浮式后驱动桥结构。

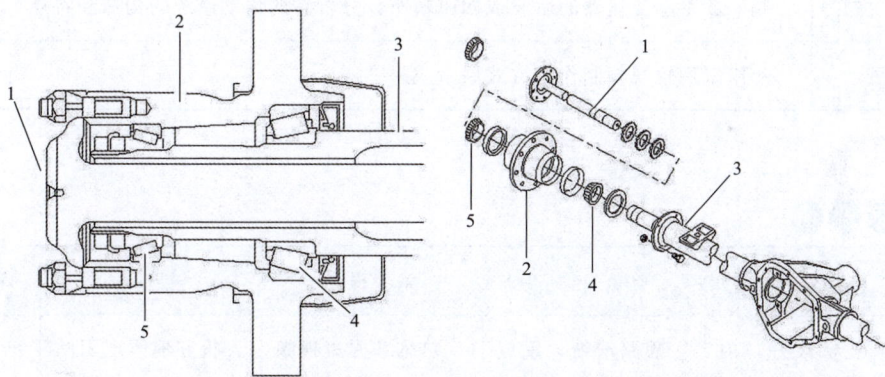

图 4-1-61　全浮式后驱动桥
1—半轴；2—轮毂；3—桥壳；4、5—轮毂轴承

（3）后驱动桥独立悬挂。后驱动轿采用了独立悬挂系统（图 4-1-62），车桥总成不用承担全部车重，也没有使用轴管。所用的半轴在连接桥壳与驱动轮时有传动轴。半轴两端装有等速万向节，既能改变工作角，也能改变轴的长度。多连杆后驱动桥独立悬挂通过不同的连杆配置，使悬挂在压缩时能自动调整外倾角、前束角及使后轮获得一定的转向角度。多连杆后驱动桥独立悬挂能最大限度地提高舒适性能及操纵稳定性能，从而提高整车的操控极限。

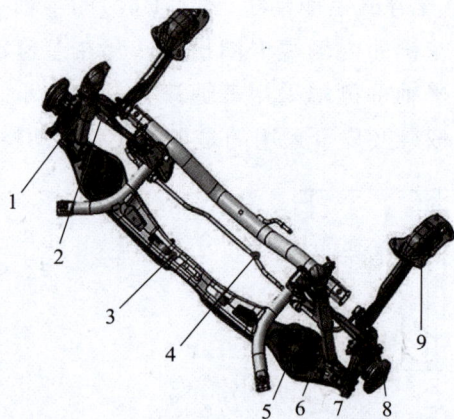

图 4-1-62   N330 车型多连杆后驱动桥独立悬挂

1—后减振器；2—后悬前下摆臂总成；3—后副车架；4—后稳定杆；5—后螺旋弹簧；
6—后悬后下摆臂总成；7—后转向节；8—轮毂轴承总成；9—后悬拖曳臂总成

学习研讨

背景描述	发动机前置、后轮驱动配合手动变速器的经典传动系统组合在货车上取得广泛应用。这种布置形式在轿车中也有少量应用，但是应用的效果和特点又完全不同，可以说是别具一格
讨论主题	找一款手动变速器的后驱或四驱轿车，分析它的传动系统的构造和特点
成果展示	小组采用短视频制作等方式展示成果

学习评价

内容组织	素养提升			评价结果
内容选取很好，内容全面且组织有条理	思路清晰、重点突出、语言流畅	熟练掌握短视频制作等信息化技术	很好地体现团队协作和自学能力	优秀
内容选取较好，内容比较全面且组织比较有条理	语言通顺简洁、思路较清晰	较熟练掌握短视频制作等信息化技术	较好地体现团队协作和自学能力	良好
内容选取一般，内容不全面且组织条理不清	语言逻辑不够清晰流畅	不能熟练掌握短视频制作等信息化技术	不能很好地体现团队协作和自学能力	一般

🎡 学习单元二　典型轿车的传动系统

🏁 情境导入

　　轿车特指区别于货车、皮卡、SUV、大巴和中巴的小型汽车，俗称为"小轿车"。在世界汽车发展史上，轿车消费家庭化是汽车开始普及的标志，经济型轿车是家用汽车市场的主流。可以说轿车无论是保有量还是其传动系统形式的应用程度，都是当今世界最多的和最广泛的。轿车用得最多的传动系统形式就是采用前置前驱（全称"发动机前置、前轮驱动"）并且配合自动变速器。因此，这种应用最广泛的典型传动系统非常值得学习和了解。

🏁 相关知识

一、手动挡轿车的传动系统

（一）两轴式变速驱动桥

　　发动机前置、前轮驱动的手动挡型轿车通常采用的传动系统是将两轴式变速器和驱动桥做成一个整体，横置于发动机舱内，也就是变速驱动桥（图 4-2-1）。这种布置形式结构紧凑，因此应用广泛。

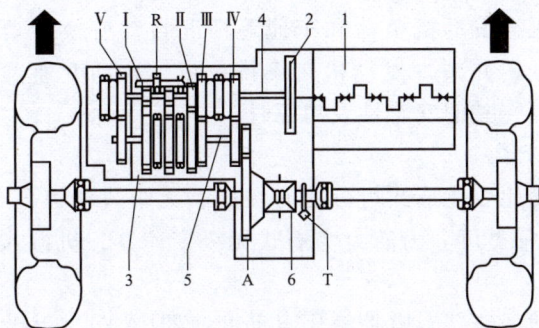

图 4-2-1　传动系统示意

1—发动机；2—离合器；3—变速器；4—输入轴；5—输出轴/小齿轮轴；6—差速器；
Ⅰ—1挡；Ⅱ—2挡；Ⅲ—3挡；Ⅳ—4挡；Ⅴ—5挡；R—倒挡；A—车桥驱动；T—车速表驱动

　　相比货车的三轴式变速器，两轴式变速驱动桥的结构特点是输入轴和输出轴平行，且无中间轴。变速器输入轴（第一轴）上固定各挡主动齿轮，输出轴（第二轴）上固定各挡从动齿轮。各挡位通过同步器换挡。前驱动桥主减速器的主动圆柱齿轮直接安装在输出轴的伸出端。

（二）同步器

　　同步器式换挡装置是在接合套式换挡装置的基础上又加装了同步元件而构成的一

种换挡装置。它可以保证在换挡时使接合套与待啮合齿圈的圆周速度迅速相等，即迅速达到同步状态，并防止二者在同步之前进入啮合，从而消除换挡时的冲击，并使换挡操纵简单，缩短换挡时间；防止在同步前啮合而产生接合齿之间的冲击。

锁环式惯性同步器结构紧凑、便于合理布置，多用于轿车和轻型货车上。

锁环式惯性同步器的构造如下(图4-2-2)：

(1)花键毂：花键毂轴向固定，并与齿圈、锁环具有相同的花键齿。

(2)接合套：用来连动花键毂、同步环、啮合齿圈，并与齿圈、锁环具有相同的花键齿。

(3)同步环(锁环)：锁环的倒角与接合套倒角相同，锁环具有内锥面，其上有螺旋槽，以便两锥面接触后，破坏油膜，增加锥面间的摩擦。

(4)滑块：安装于花键毂三轴向槽内；带定位销以便空挡定位；两端伸入两锁环的三缺口。

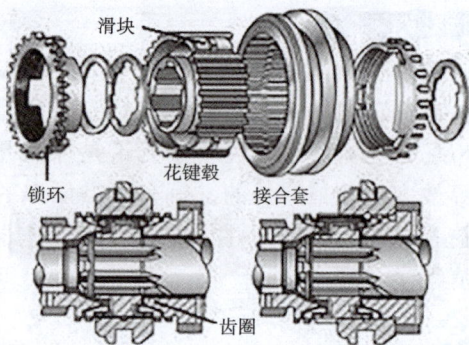

图 4-2-2　锁环式惯性同步器构造图

(5)卡环：在卡环的作用下，滑块压向接合套，使其凸起的端部球面正好嵌在接合套中部的凹槽中，起到空挡定位作用。

二、自动变速器

(一)自动变速器概述

自动变速器能够根据发动机负荷和车速等情况自动变换传动比，使汽车获得良好的动力性和燃料经济性，并减少发动机污染排放量。自动变速器操纵容易，在车辆拥挤时，可大大提高车辆行驶的安全性及可靠性。

1. 自动变速器的分类

自动变速器按传动比变化形式可分为有级式、无级式和综合式三种。在无级式(或综合式)中，按变速的种类可分为液力变矩式无级变速器、机械式无级变速器、电力式无级变速器。

目前，主流的自动变速器有电控液压自动变速器(AT)、无级变速器(CVT)、双离合式自动变速器(DSG)三种。我们将以电控液压自动变速器(AT)为主介绍自动变速器的相关内容。

2. 电控液压自动变速器(AT)的组成及原理

电控液压自动变速器主要由液力变矩器、机械变速器、液压控制系统、电子控制系统、油冷却系统等几个部分组成。

(1)液力变矩器。液力变矩器(图4-2-3)位于自动变速器的最前端，它安装在发动机的飞轮上，其作用与采用手动变速器的汽车中的离合器相似。它利用液力传递的原理，将发动机的动力传递给自动变速器的输入轴。此外，它还能实现无级变速，并具有一定的减速增矩的功能。

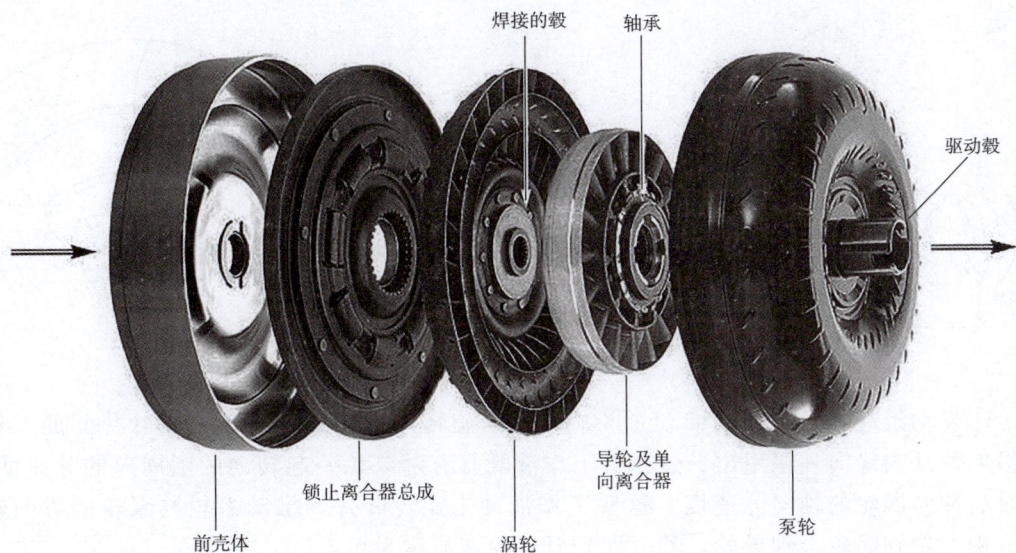

图 4-2-3　液力变矩器

1）液力变矩器结构。

①泵轮：主动元件，与发动机曲轴相连。

②涡轮：从动元件，与从动轴相连。

③导轮：固定不动，给涡轮一个反作用力矩。

液力变矩器是发动机与变速器之间进行动力传输的连接部分。其作用是将高转速或低转矩转换为低转速高转矩，同时，还具有离合的作用。变矩器离合器用于消除转速差。液力变矩器以液体（ATF，自动变速器液）为工作介质，将来自发动机的转矩倍增后传递给变速器，起传递转矩、变矩、变速及离合的作用。液力变矩器内充满了 ATF。

变矩器的特点是不仅能传递转矩，而且能在泵轮转矩不变的情况下，随着涡轮的转速不同而改变涡轮输出的转矩数值。三个工作轮都安装于密闭的变矩器壳体内，泵轮与涡轮相对安装，导轮安装于泵轮与涡轮之间。三者装合后，其轴向断面构成环状空腔，称为循环圆，变矩器工作时工作油液即在此循环圆内做环流运动。三个工作轮之间都保持一定的间隙，相互之间没有机械连接。

变矩器外壳由前外壳和后外壳两部分组成。其中，后外壳与泵轮连成一体，将三个工作轮装入壳体后，再将两半壳体焊接成一体（或用螺栓连接成一体），形成密闭空间，其中充满工作油液。导轮位于泵轮与涡轮之间，通过单向离合器安装在与油泵连接在一起的导轮轴上。导轮也是由许多扭曲叶片组成的。

单向离合器的作用是当外座圈顺时针转动时，外座圈推动楔块转动；当外座圈逆时针转动时，外座圈推动楔块转动，锁住外座圈，使其无法转动。

2）液力变矩器工作原理（图 4-2-4）。

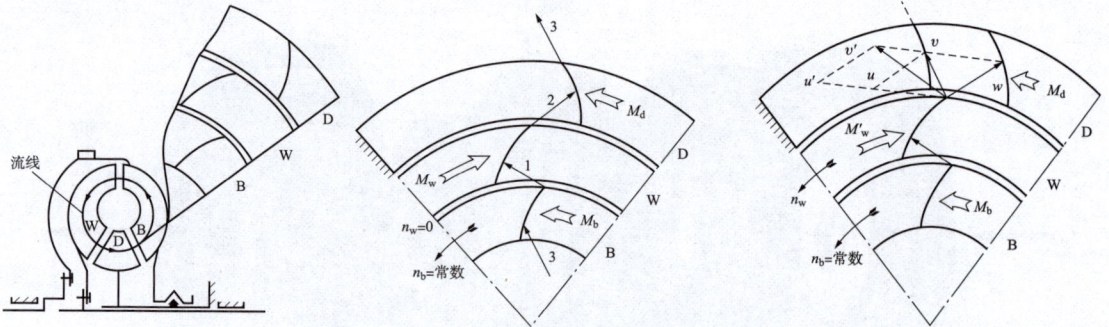

图 4-2-4　液力变矩器工作原理示意

①发动机起动后，曲轴带动泵轮旋转，因旋转产生的离心力使泵轮叶片间的工作液沿叶片从内缘向外缘甩出；这部分工作液既具有随泵轮一起转动的圆周向的分速度，又具有冲向涡轮的轴向分速度。这些工作液冲击涡轮叶片，推动涡轮与泵轮同方向转动。由泵轮到涡轮再到导轮，然后回到泵轮的液流称为涡流。

②起步工况（发动机转速、负荷不变时）。变矩器输出转矩（涡轮对液流反作用力）等于泵轮对液流的反作用力与导轮对液流反作用力之和，即变矩器具有增大转矩作用，当转矩产生的牵引力足以克服阻力时，汽车起步并加速。从涡轮流出的工作液的速度 V_c 可以看作工作液相对于涡轮叶片表面流出的分速度与随涡轮一起转动分速度的合成。当涡轮转速比较小时，从涡轮流出的工作液是向后的，工作液冲击导轮叶片的前面。因导轮被单向离合器限定不能向后转动，所以导轮叶片将向后流动的工作液导向向前流动推动泵轮叶片，促进泵轮旋转，从而使作用于涡轮的转矩增大。

③加速工况。由导轮流出的液流绝对速度是沿圆周方向的牵连速度与沿叶片方向的相对速度的合成，当涡轮速度达到一定数值时，如 $M_w = M_b$ 时，$M_d = 0$；当涡轮转速继续增大时，输出转矩减少，当涡轮转速等于泵轮转速时，工作液停流，将不能传递力。

随着涡轮转速的增加，分速度 V_b 也变大，当 V_a 与 V_b 的合速度 V_c 开始指向导轮叶片的背面时，变矩器到达临界点。当涡轮转速进一步增加时，工作液将冲击导轮叶片的背面。因单向离合器允许导轮与泵轮一同向前旋转，所以在工作液的带动下，导轮沿泵轮转动方向自由旋转，工作液顺利地回流到泵轮。当从涡轮流出的工作液正好与导轮叶片出口方向一致时，变矩器不具有增矩作用（即液力耦合工况）。

3）液力变矩器特性。

①概念。

a. 变矩比：即涡轮输出转矩与泵轮输入转矩之比。

b. 转速比：即涡轮转速与泵轮转速之比。

c. 传动效率：即涡轮输出功率与泵轮输入功率之比。

②特性。$K = 1$ 时，涡轮转矩等于泵轮转矩，此时称为耦合点。

变矩比随着涡轮转速的减小而增大，传动效率低速时随涡轮转速的增大而增大，而耦合点后传动效率急剧下降。液力变矩器工作特性如图 4-2-5 所示。

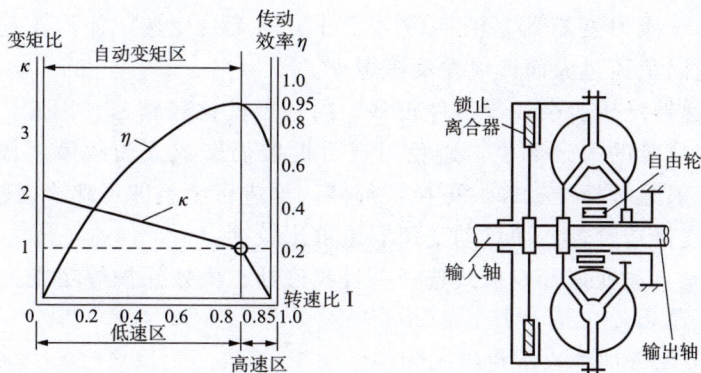

图 4-2-5 液力变矩器工作特性

4)带锁止离合器的液力变矩器。锁止离合器的主动部分是传力盘和活塞(压盘),它们与泵轮一起旋转,从动部分的从动盘与安装在涡轮上的花键相连。当油压存在时,右移压紧从动盘,即锁止离合器接合,于是泵轮、涡轮接合成一体旋转,变矩器不起作用;当油压撤除时两者分离,变矩器恢复正常工作。

当汽车起步或在行驶条件不好的路面上行驶时,可将锁止离合器分离,使变矩器起作用,以充分发挥液力传动来适应行驶阻力的剧烈变化。当汽车在良好路面上行驶时,接合锁止离合器和变矩器,输入、输出轴刚性连接,机械传动,提高汽车行驶与燃料经济性。当离合器接合时,自由轮脱开,导轮在液流中自由旋转,这既不加大液力损失,也不降低效率。

(2)机械变速器。机械变速器是自动变速器的主要组成部分,它包括齿轮变速机构(行星排)和换挡执行机构。换挡执行机构可以使齿轮变速机构处于不同的挡位,以实现不同传动比。大部分自动变速器的齿轮变速机构有 3～4 个前进挡和 1 个倒挡。这些挡位与液力变矩器相配合,就可获得由起步至最高车速的整个范围内的无级变速。

(3)液压控制系统。油泵由变矩器驱动,为变速器液压系统提供压力油。液压控制系统由各种阀体、滑阀、弹簧、钢球等组成。根据驾驶员的意图和行驶条件(节气门开度及车速信号等)的需要,利用速控液压阀等元件控制液压油的输出或释放,通过操纵离合器和制动器,控制行星齿轮机构,从而实现自动升降挡。

(4)电子控制系统。为了进一步改善自动变速器的工作性能,除液压控制系统外,又增设了电子控制系统,包括各种传感器和电磁阀,如换挡电磁阀、变矩器锁止电磁阀、强制降挡电磁阀、驻车锁止电磁阀、油压调节电磁阀等,以及驻车和空挡起动开关等辅助控制系统,由计算机根据行驶要求和负荷来控制换挡,同时,还具有电子自诊断功能。

(5)油冷却系统。油冷却系统将从液力变矩器中出来的油液冷却后再流至油底壳,以保证变速器的正常工作。油冷却器安装于发动机前端水冷却器的附近。

3. 自动变速器与普通变速器比较

(1)普通变速器所有挡位都必须手动换挡,驾驶员劳动强度加大。自动变速器除倒挡由手动控制外,其他各前进挡都可根据发动机工况和车速进行自动换挡。

(2)自动变速器由于安装了液力变矩器而取消了离合器踏板,提高了汽车行驶的安

模块四 汽车底盘构造

223

全性。同时，由于液力变矩器是液体传力，可实现无级变速，使汽车起步、加速更加平稳，还能避免因负荷过大而造成发动机熄火。

（3）自动变速器结构复杂，零部件较多，而且零件比较精密。因此，在维修中要有针对性地先确定故障的大致部位，避免因盲目拆装而造成人为故障。普通变速器的维修比较简单，一般是按标准拆卸、更换零部件，再进行组装即可解决问题。

（4）普通变速器造价低，而自动变速器造价比较高。

（5）电子控制自动变速器有模式选择、自我诊断、失效保护等功能。

（二）单排行星齿轮机构

1. 单排行星齿轮机构的结构组成

（1）单排行星齿轮机构（图4-2-6）的三个基本元件是太阳齿轮、齿圈、行星齿轮及行星齿轮架。

（2）太阳齿轮位于中心位置；几个行星齿轮借助于滚针轴承和行星齿轮轴安装在行星齿轮架上，这些行星齿轮与太阳齿轮相啮合，并均匀布置在太阳齿轮周围；外面是同行星齿轮相啮合的齿圈。

（3）单排行星齿轮机构通过固定不同的元件或改变联锁关系，可得出不同的传动状态。

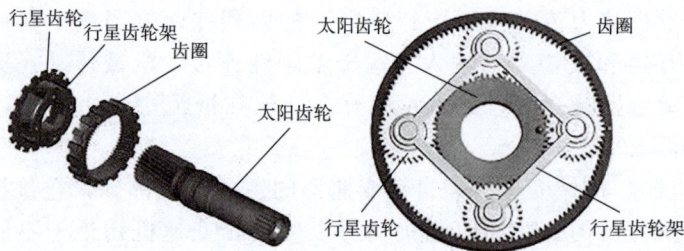

图 4-2-6　单排行星齿轮机构

2. 行星齿轮工作原理

（1）行星齿轮机构运动规律。太阳齿轮、齿圈和行星齿轮架的转速分别为 n_1、n_2 和 n_3，齿数分别为 Z_1、Z_2、Z_3；齿圈与太阳齿轮的齿数比为 α。根据能量守恒定律，由作用在该机构各元件上的力矩和结构参数可导出表示单排行星齿轮机构一般运动规律的特性方程式：

$$n_1 + \alpha n_2 - (1+\alpha)n_3 = 0 \text{ 和 } Z_1 + Z_2 = Z_3$$

（2）行星齿轮机构各种运动情况分析。由上式可以看出，由于单排行星齿轮机构具有两个自由度，在太阳齿轮、齿圈和行星齿轮架这三个基本构件中，任选两个分别作为主动件和从动件，而使另一元件固定不动（即使该元件转速为0），或使其运动受一定的约束（即该元件的转速为某定值），则机构只有一个自由度，整个轮系以一定的传动比传递动力。下面分别讨论各种情况。

在 $n_3 = n_1$ 或 $n_2 = n_3$ 时，同时可得 $n_1 = n_2 = n_3$。因此，若使三个元件中的任何两个元件连成一体旋转，则第三个元件的转速必与两者转速相等，行星排按直接挡传动，传动比 $i=1$，所有元件都不受约束，可以自由转动，则行星齿轮机构失去传动作用，此种状态相当于空挡（表4-2-1）。

表 4-2-1　简单行星齿轮机构八种工作状态

工作状态	太阳齿轮	行星齿轮架	齿圈	速度状态	旋转方向	传动比
1	主动	被动	固定	减速	同向	3∶1
2	固定	被动	主动	减速	同向	3∶2
3	主动	固定	被动	减速	反向	2∶1
4	被动	固定	主动	增速	反向	1∶2
5	固定	主动	被动	增速	同向	2∶3
6	被动	主动	固定	增速	同向	1∶3
7	主动	主动	被动	等速	同向	1∶1
8	自由	自由	自由	无	无	无

注：设太阳齿轮＝20齿；齿圈＝40齿；行星齿轮架＝60齿

（三）自动变速器换挡执行机构

自动变速器换挡执行机构与普通手动变速器换挡执行机构不同，自动变速器的离合器、制动器、单向锁止离合器代替了普通手动变速器中的同步器，而且完全由电、液系统实现自动控制。行星齿轮变速器的换挡执行元件包括换挡离合器、换挡制动器和单向离合器(图 4-2-7)。

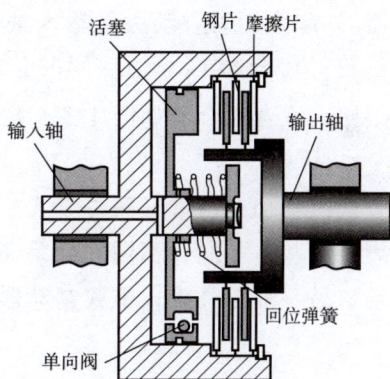

图 4-2-7　单向离合器

1. 离合器的结构原理

换挡离合器为湿式多片离合器，当液压使活塞将主动片和从动片压紧时，离合器接合；当工作液从活塞缸排出时，回位弹簧使活塞后退，使离合器分离。

（1）离合器的作用。

1）连接作用。离合器将行星齿轮机构中某一元件与输入部分相连，使该元件成为主动元件。

2）联锁作用。离合器将行星齿轮机构中任意两元件联锁为一体，使三个元件具有相同的转速。这时行星齿轮机构作为一个刚性整体，实现直接传动。

（2）离合器的组成。摩擦片一般用纸基摩擦材料做成，也有用铜基烧结粉末冶金做成的。一般自动变速器的离合器摩擦片的个数为3~5个，其中低速挡和倒挡离合器摩擦片的个数较多。压板一般用特殊钢制成，形状为圆盘形，外圆带齿。压板与摩擦片配合成对，但也有部分车型在相邻摩擦片之间放多个压板，这是为了调整间隙。活塞一般用铝合金制成，表面镀有软金属，形状为环状圆柱形，端面有止回阀和弹簧座。离合器鼓和缸体一般由铸铁做成，内有液压缸体及相关油道，摩擦片与压板均安装于离合器鼓内并用卡簧将压板限位。密封圈一般由橡胶做成，在活塞内外各有一个。密封圈常用的有 O 形密封圈及开口形密封圈。O 形密封圈无方向性，但开口形密封圈安装时开口必须对着缸体。有些自动变速器的离合器中装有碟形弹簧，目的是减小活塞工作时的冲击力；同时，活塞回位时又可充当回位弹簧。安装时，碟形弹簧小的一端对着活塞。

（3）离合器接合。当控制油液流至活塞缸时，推动单向阀钢球，使其关闭单向阀。活塞克服回位弹簧力的作用将摩擦片与钢片压紧，产生摩擦力，并输出动力。

（4）离合器分离。当控制油压减小时，使单向阀在离心力的作用下离开阀座，活塞缸内的油液经单向阀流出。由于回位弹簧的作用，活塞返回到原位，离合器分离。

（5）离合器的组合应用。离合器 C_1 起作用时，动力从输入轴传到齿圈；离合器 C_2 起作用时，动力从输入轴传到太阳齿轮；离合器 C_1 及 C_2 同时接合，是直接挡。组合离合器如图 4-2-8 所示。

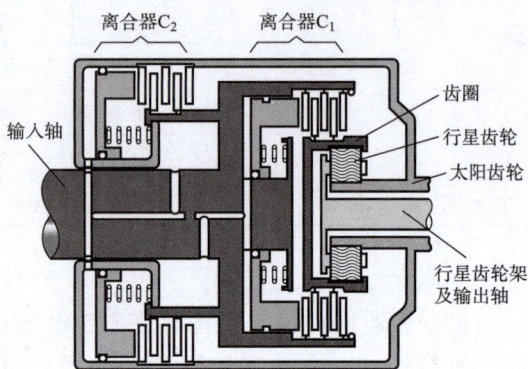

图 4-2-8 组合离合器

2. 制动器

换挡制动器通常有两种形式：一种是湿式多片制动器（图 4-2-9），其结构与湿式多片离合器基本相同，不同之处是制动器用于连接转动件和变速器壳体，使转动件不能转动；另一种是外束式带式制动器（图 4-2-10）。

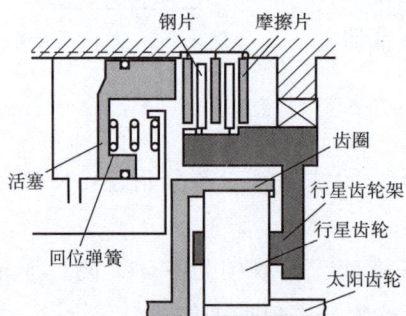

图 4-2-9 湿式多片制动器

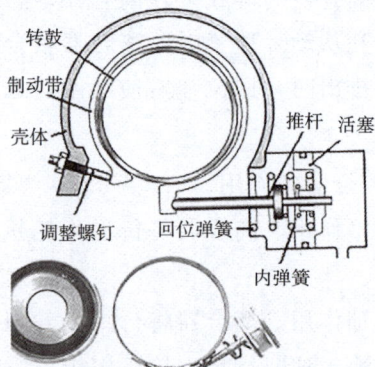

图 4-2-10 外束式带式制动器

制动器将行星齿轮机构中某一元件与变速器壳体相连，使该元件受约束而固定。制动器有盘式制动器和带式制动器两种，盘式制动器的结构和工作原理与离合器完全相同，只是在作用上有所不同：盘式制动器连接运动元件与变速器壳体，而离合器连接的是两个运动元件。

带式制动器的主要组成部件包括制动带、液压缸和推杆等，转鼓通常就是离合器的外壳。当压力油从活塞右端进入时，作用在活塞上的油压克服弹簧力及活塞左端残余油压，活塞被推向左端，通过推杆使制动带抱紧离合器的外壳，起制动作用；当需要解除制动时，压力油从活塞左端进入，而活塞的右端卸压，活塞在油压和弹簧力作用下迅速右移，制动带释放。

(四)典型自动挡变速器挡位分析

1. 行星齿轮机构与换挡执行元件

(1)行星齿轮机构。此款变速器是一种双排单、双级复合式行星齿轮机构，其前排为单级结构，后排为双级结构，前后排共用一个内齿圈和一个行星齿轮架。在行星齿轮架上，外行星齿轮为长行星齿轮，与前排太阳齿轮啮合；内行星齿轮为短行星齿轮，与后排小太阳齿轮和长行星齿轮同时啮合。在行星齿轮变速机构中，两个太阳齿轮独立运动；小太阳齿轮与短行星齿轮啮合，同时，短行星齿轮又与长行星齿轮的小端啮合；长行星齿轮小端与齿圈啮合，同时，长行星齿轮的大端与大太阳齿轮啮合。齿圈输出动力，通过对大、小太阳齿轮及行星齿轮架的不同驱动、制动组合，实现4个前进挡和1个倒挡在不同挡位。

拉维那式行星齿轮机构如图4-2-11所示，不同挡位行星齿轮机构各部件的状态见表4-2-2。

表 4-2-2　不同挡位行星齿轮机构各部件的状态

挡位	驱动部件	固定部件	输出部件
1	小太阳齿轮	单向制动行星齿轮架	齿圈
2	小太阳齿轮	大太阳齿轮	齿圈
3	小太阳齿轮＋行星齿轮架	—	齿圈
4	行星齿轮架	大太阳齿轮	齿圈
R	大太阳齿轮	行星齿轮架	齿圈

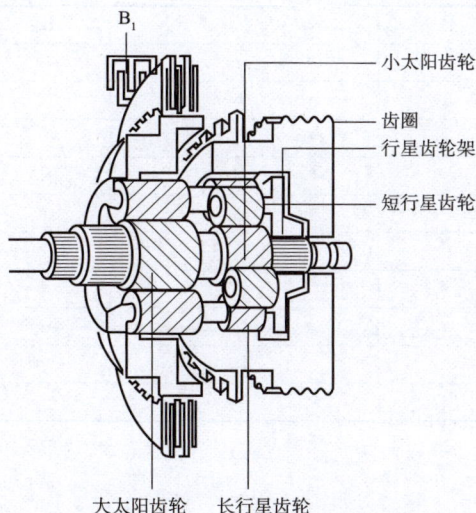

图 4-2-11　拉维那式行星齿轮机构

（2）换挡执行元件。自动变速器换挡执行元件由 3 个离合器（K_2、K_1、K_3）、两个制动器（B_2、B_1）和 1 个单向离合器（F）组成。动力传递示意如图 4-2-12 所示；各换挡执行元件所控制的部件见表 4-2-3；不同挡位时，各换挡执行元件的状态见表 4-2-4。

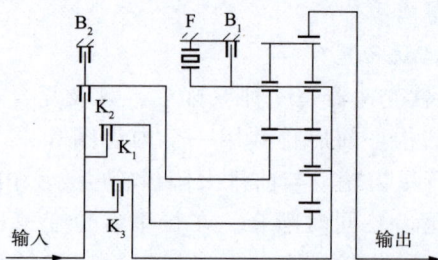

图 4-2-12　自动变速器动力传递路线示意

表 4-2-3　各换挡执行元件所控制的部件

换挡执行元件	所控制部件
离合器 K_1	驱动小太阳齿轮
离合器 K_2	驱动大太阳齿轮
离合器 K_3	驱动行星齿轮架
制动器 B_1	制动行星齿轮架
制动器 B_2	制动大太阳齿轮
单向离合器 F	单向制动行星齿轮架
变矩器锁止离合器 K_0	单向锁止导轮

表 4-2-4　不同挡位各换挡执行元件的状态

挡位	B_1	B_2	K_1	K_2	K_3	F	K_0
1H			*			*	
1M			*			*	*
2H		*					
2M		*	*				*
3H			*		*		
3M			*		*		*
4H		*			*		
4M		*			*		*
R	*			*			
注：* 表示该元件工作							

2. 动力传递路线分析

（1）1 挡动力传递路线。1 挡时，离合器 K_1 工作，驱动后排太阳齿轮；单向离合器 F 锁止，单向固定行星齿轮架，则齿圈同向减速输出，动力传递示意如图 4-2-13 所示。

因在 1 挡，单向离合器 F 锁止是动力传递不可缺少的条件，故没有发动机制动。

（2）手动 1 挡动力传递路线。在手动 1 挡时，离合器 K_1 工作，驱动后排太阳齿轮；制动器 B_1 工作，双向固定行星齿轮架，则齿圈同向减速输出，动力传递示意如图 4-2-14 所示。在手动 1 挡，因制动器 B_1 的工作能双向固定行星齿轮架，故有发动机制动。

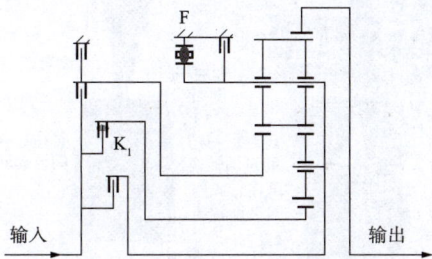

图 4-2-13　1 挡动力传递示意

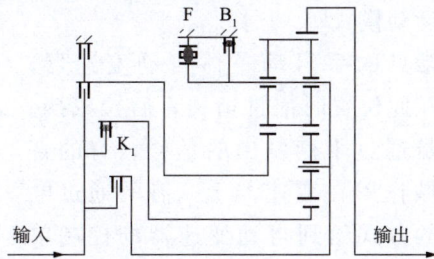

图 4-2-14　手动 1 挡动力传递示意

（3）2 挡动力传递路线。2 挡时，离合器 K_1 工作，驱动后排太阳齿轮；制动器 B_2 工作，固定前排太阳齿轮，则齿圈同向减速输出，动力传递示意如图 4-2-15 所示。因 2 挡时没有单向离合器参与动力传递，故有发动机制动。

（4）3 挡动力传递路线。3 挡时，离合器 K_1 工作，驱动后排小太阳齿轮；离合器 K_3 工作，驱动行星齿轮架，因太阳齿轮和行星齿轮架同时被驱动，整个行星齿轮机构以一个整体旋转，为直接传动挡。3 挡动力传递示意如图 4-2-16 所示。

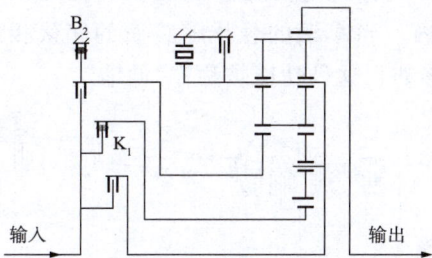

图 4-2-15　2 挡动力传递示意

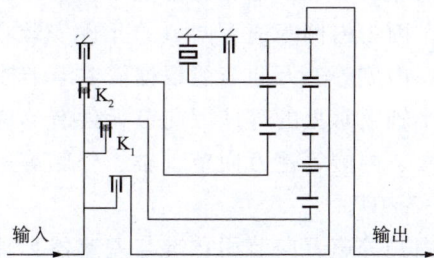

图 4-2-16　3 挡动力传递示意

（5）4 挡动力传递路线。4 挡时，离合器 K_3 工作，驱动行星齿轮架；制动器 B_2 工作，固定前排太阳齿轮，则齿圈同向增速输出，为超速挡。4 挡动力传递示意如图 4-2-17 所示。

（6）R 挡动力传递路线。R 挡时，离合器 K_2 工作，驱动前排太阳齿轮；制动器 B_2 工作，固定行星齿轮架，则齿圈反向减速输出。R 挡动力传递示意如图 4-2-18 所示。

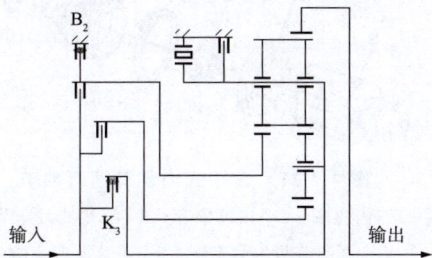

图 4-2-17　4 挡动力传递示意

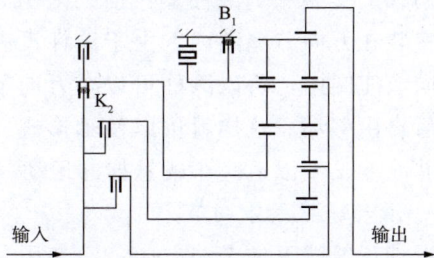

图 4-2-18　R 挡动力传递示意

(五)自动变速器的操控系统

通常，自动变速器的挡位有 P、N、R、D、L 等（图 4-2-19）。电子控制自动变速器还有正常模式、经济模式、运动模式等。

常见的手自动一体自动变速器，手柄在此位置时前推增挡，后拉减挡。驾驶员通过手柄发出的信号，有的直接机械作用在变速器上，有的通过电信号的方式给到自动变速器的控制单元，通过控制单元发出指令作用于电磁阀，电磁阀改变液压回路实现各种

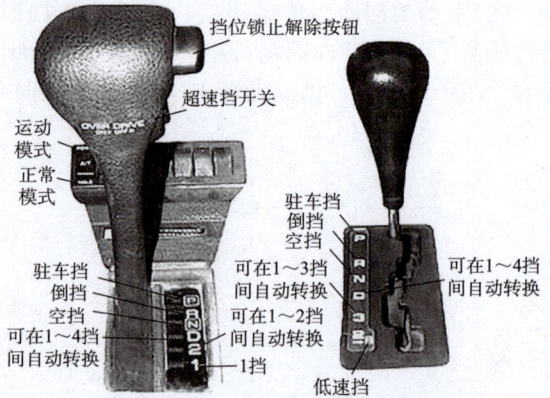

图 4-2-19　自动挡变速器操纵杆

油路状态从而实现换挡。外侧的等速万向节可以使转向系统转动车轮并允许悬挂上下运动。内侧的等速万向节则允许半轴随悬挂的运动改变长度。

三、典型的前轮驱动车辆上的半轴

在车辆行驶时，外侧的等速万向节枢轴可以使半轴迅速、平顺地改变角度，即使在车辆急转弯时半轴也能传递动力。与此同时，内侧等速万向节在转动时还可以改变长度。因为内侧等速万向节的元件安装在套管内，当车辆的悬挂随路面的起伏相应运动时，内侧等速万向节能根据需要沿半轴内外移动，这种功能被称作"伸缩"。

半轴上常见的等速万向节元件有等速万向节防尘套、内侧等速万向节、轴、外侧等速万向节（图 4-2-20）。

内侧等速万向节用花键与差速器半轴齿轮连接。为避免内侧等速万向节脱离半轴齿轮，使用了一个钢质的开口弹簧挡圈将内侧等速万向节固定到位。

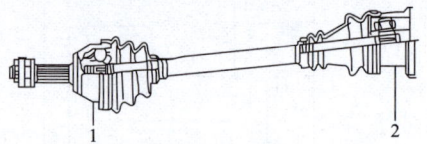

图 4-2-20　半轴
1—固定的外侧等速万向节；
2—内侧等速万向节

1. 三销式内侧等速万向节

图 4-2-21 所示的三销式内侧等速万向节在每个销轴上安装一个滚柱。三销式内侧等速万向节安装在万向节座圈内。由于滚柱没有固定在万向节座圈内，所以滚柱可以在万向节座圈内前后自由移动。这样就可以使轴形成一定的角度并改变长度以适应车辆悬挂的运动。

2. 滑动球笼式万向节

滑动球笼式万向节（图 4-2-22）使用一个内部加工有直槽的外壳。星形套与轴相连，滚珠安装在外壳和星形套之间。当轴需要改

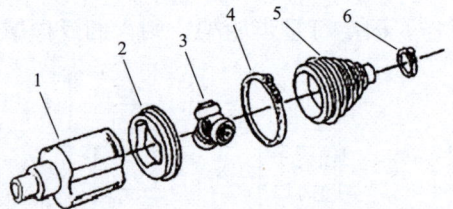

图 4-2-21　三销式内侧等速万向节
1—内座圈；2—内座圈套；3—三销式万向节；
4、6—万向节防尘套卡箍；5—等速万向节防尘套

变长度时，星形套和滚珠轴承能自由地沿外圈中的直槽内外移动，这样就使轴形成一定的角度并改变长度。

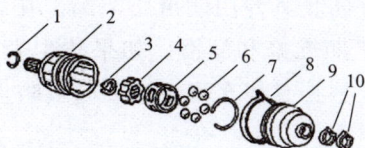

图 4-2-22　滑动球笼式万向节

1—弹簧挡圈；2—外壳；3—卡环；4—星形套；5—保持架；6—滚珠；
7、9—挡圈；8、10—万向节防尘套卡箍

半轴总成中轴的两端均带有花键，可使等速万向节安装到轴的两端。由于轴的旋转速度只相当于后轮传动轴转速的1/3，所以无须平衡。有些轴使用橡胶减振器来消除车辆运行时产生的微小振动。轴上的花键开有凹槽，可使用卡环或弹簧挡圈固定万向节（图 4-2-23）。

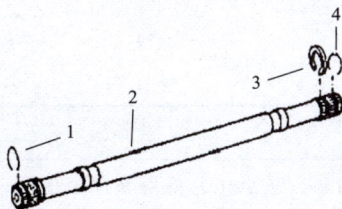

图 4-2-23　用卡环或弹簧挡圈固定万向节

1、4—开口弹簧挡圈；2—轴；3—卡环

3.外侧等速万向节

福特汽车所采用的外侧等速万向节也被称作球笼式等速万向节（图 4-2-24）。这类万向节是固定的，由内座圈和一组用笼架定位的钢球组成。钢球在外壳上加工出的滚道中滚动。当旋转车轮转向时，滚珠轴承可利用花键与轴连接的星形套和利用花键与车轮连接的万向节外壳互相成一定的角度转动。等速万向节的外壳采用过盈配合的方法将花键与轮毂相连。过盈配合的安装方法消除了车轮轮毂与半轴之间的游隙。由于采用过盈安装的方法，所以安装的花键非常牢固，因此，在将等速万向节从轮毂上拆卸下来时，要使用专用的工具。带有防抱死制动系统的车辆在外侧等速万向节壳体的外侧附近安装轮速传感器齿环。

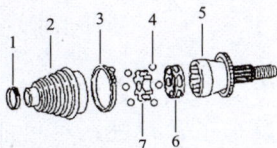

图 4-2-24　外侧等速万向节

1—万向节防尘套夹；2—万向节防尘套；3—万向节防尘套夹；
4—滚珠；5—万向节外壳；6—轴承保持架；7—星形套

内侧等速万向节和外侧等速万向节均带有橡胶或塑胶材料制成的防尘套。防尘套罩住万向节与轴连接处的外露部分。防尘套需要用专用工具固定到位。防尘套的作用是防止等速万向节受到污染并防止其专用润滑脂泄漏。在等速万向节防尘套保持完好、无损的情况下，万向节无须定期维修和润滑。如果防尘套破损，或者防尘套夹损坏而导致杂质进入万向节中，需要根据具体车型更换万向节防尘套或万向节。

学习研讨

背景描述	当今的汽车市场，自动变速器、双离合式自动变速器及无级变速式自动变速器可以说是"三"分天下。对于它们之间优点、缺点的争论也从来没有停止过
讨论主题	请结合车型讲解自动变速器、双离合式自动变速器及无级变速式自动变速器三者的特点和应用情况
成果展示	小组采用短视频制作等方式展示成果

学习评价

内容组织	素养提升			评价结果
内容选取很好，内容全面且组织有条理	思路清晰、重点突出、语言流畅	熟练掌握短视频制作等信息化技术	很好地体现团队协作和自学能力	优秀
内容选取较好，内容比较全面且组织比较有条理	语言通顺简洁、思路较清晰	较熟练掌握短视频制作等信息化技术	较好地体现团队协作和自学能力	良好
内容选取一般，内容不全面且组织条理不清	语言逻辑不够清晰流畅	不能熟练掌握短视频制作等信息化技术	不能很好地体现团队协作和自学能力	一般

学习单元三 汽车行驶系统

情境导入

汽车行驶系统接受发动机经传动系统传递的转矩，并通过驱动轮与路面之间的附着作用，产生汽车牵引力，保证汽车正常行驶；尽可能缓和不平整路面对车身造成的冲击和振动，保证汽车行驶的平稳性；并且与汽车转向系统配合，不对汽车转向带来不利影响，保证汽车的操纵稳定性。

相关知识

一、汽车行驶系统概述

(一)汽车行驶系统的功用

(1)接受传动系统传来的发动机转矩并产生驱动力。

(2)承受汽车的总质量,传递并承受路面作用于车轮上的各个方向的反力及转矩。

(3)缓冲减振,保证汽车行驶的平稳性。

(4)与转向系统协调配合工作,控制汽车的行驶方向。

(二)汽车行驶系统的组成和类型

(1)汽车行驶系统的组成。汽车行驶系统由车架、车桥、悬架、车轮(或履带)组成。

(2)汽车行驶系统的类型。汽车行驶系统有轮式、半履带式、全履带式、车轮履带式四种类型。

1)轮式汽车行驶系统。轮式汽车行驶系统由车架、车桥、悬架和车轮组成,绝大部分汽车采用轮式行驶系统。

2)履带式汽车行驶系统。履带可以减少汽车对地面的比压,控制汽车下陷,履刺还能加强履带与地面之间的相互作用,增加汽车的附着力,提高通过性,主要用于在雪地或沼泽地带行驶的汽车。

①半履带式:汽车的后桥采用履带式,前桥用车轮。

②全履带式:前、后桥都用履带。

③车轮履带式:前、后桥既可装车轮,也可装履带。

二、汽车车桥

车桥通过悬架与车架(或承载式车身)相连,两端安装车轮,用来传递车架(或承载式车身)与车轮之间各方向的作用力及其力矩。

车桥按悬架结构的不同可分为整体式和断开式两种;按车轮所起作用的不同可分为转向桥、驱动桥、转向驱动桥和支撑桥。

1. 转向桥

转向桥的结构比转向驱动桥简单,非断开式转向桥主要由前梁、转向节和主销等组成。

2. 转向驱动桥

许多轿车和全轮驱动越野车的前桥既是转向桥又是驱动桥,称为转向驱动桥(图 4-3-1)。转向驱动桥主要由主减速器、差速器、万向节、转向节、主销等组成。前轮轮毂固定在转向节上,汽车转向时转向节绕主销旋转,带动前轮绕主销旋转。转向驱动

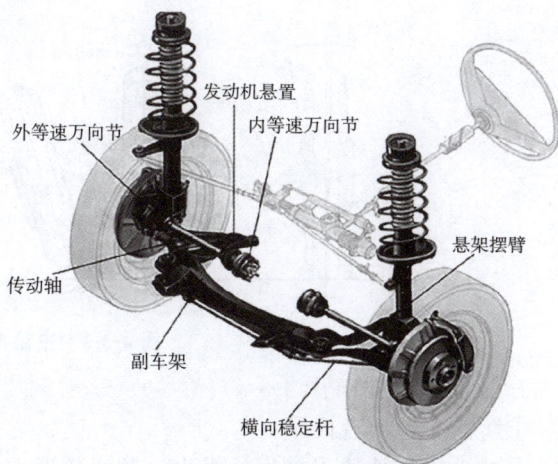

图 4-3-1 转向驱动桥

外等速万向节 发动机悬置 内等速万向节 悬架摆臂 传动轴 副车架 横向稳定杆

模块四 汽车底盘构造

233

桥为了将动力传递给前轮，又能使前轮偏转，必须在转向节内加装万向节，且主销的轴线必须通过万向节中心，以确保不发生运动干涉。

3. 支撑桥

既无转向功能又无驱动功能的桥称为支撑桥。前置前驱轿车的后桥为典型的支撑桥。

三、四轮定位和轮胎动平衡

(一)转向轮定位的功用和定位参数

(1)转向轮定位的功用：保证转向后轮、转向前轮可以自动回正。

(2)转向轮的定位参数：主销后倾角、主销内倾角、前轮外倾角、前轮前束。

1)主销后倾角 γ：主销有一定的后倾角，使主销延长线与地面的交点 a 向前偏移了一段距离 l，转向后地面作用在车轮上的侧向力 F_Y 对主销形成一个转矩，该转矩具有使前轮回正的作用(图 4-3-2)。

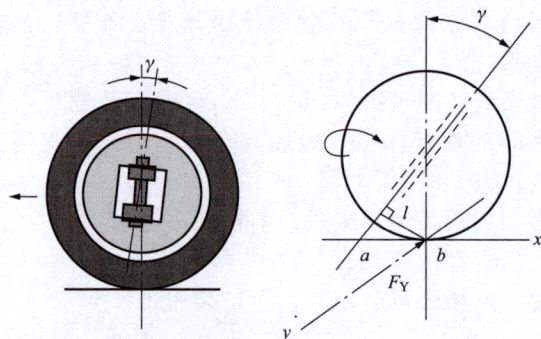

图 4-3-2 主销后倾

2)主销内倾角 β(图 4-3-3)。

①使前轮自动回正；

②使转向操纵轻便；

③减小转向盘上的冲击力。

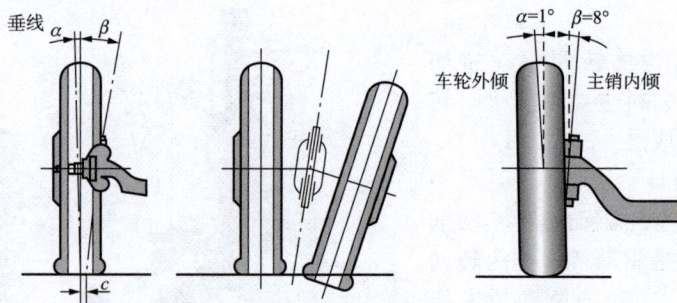

图 4-3-3 主销内倾

3)前轮外倾角 α(图 4-3-4)。

①防止车轮出现内倾；

②减少轮毂外侧小轴承的受力，防止轮胎向外滑脱；

③便于与拱形路面接触。

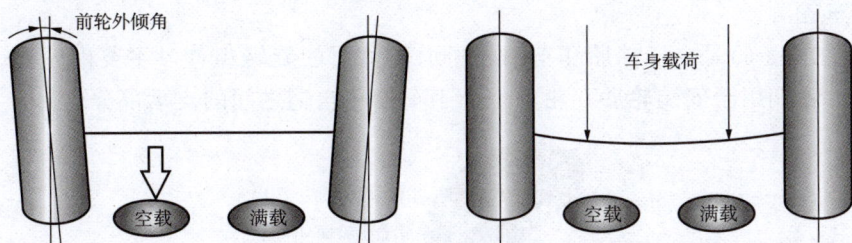

图 4-3-4　前轮外倾

4)前轮前束。从俯视图（图 4-3-5）看，两侧前轮最前端的距离 B 小于后端的距离 A，$(A-B)$ 称为前轮前束。前轮前束的作用是消除前轮外倾造成的前轮向外滚开的趋势，减轻轮胎磨损。

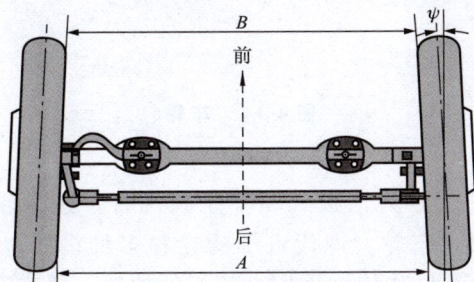

图 4-3-5　前轮前束

5)后轮的外倾角和前束。

①后轮的负外倾角可增加车轮接地点的跨度，增加汽车的横向稳定性；

②前束可抵消汽车高速行驶且驱动力 F 较大时，车轮出现的负前束（前张），减少轮胎的磨损。

(二)车轮动平衡

汽车的车轮是由轮胎、轮辋等组成的一个整体。但由于制造、使用不当等原因，这个整体各部分的质量分布可能不是非常均匀。当汽车车轮高速旋转起来后，就会形成车轮动不平衡状态，引起车轮的跳动和偏摆，造成车辆在行驶中车轮抖动、转向盘振动的现象。为了避免或消除已经发生的这种现象，就要使车轮在动态情况下通过增加配重的方法，使车轮校正各边缘部分的平衡，从而使车辆行驶更加平稳。这个校正的过程就是人们常说的动平衡。

在行车过程中，若发现车辆高速行驶时转向盘抖动或车轮出现某种有节奏的异响，就有可能是车轮该做动平衡了。当更换轮胎、轮毂或补过轮胎后，车轮受过大的撞击产生变形或由于颠簸导致平衡块丢失等都应该对车轮做动平衡。如果车轮动平衡不好，会造成轮胎的异常磨损，也会影响车辆行驶的稳定性。

四、车轮与轮胎

车轮与轮胎又称为车轮总成。车轮与轮胎的功用是支承整车；缓和来自路面的冲击力；产生驱动力、制动力和侧向力；产生回正力矩；承担越障，提高通过性等。

（一）车轮

车轮（图4-3-6）是介于轮胎和车轴之间承受负荷的旋转组件，主要由轮辋、轮辐和轮毂组成。轮辋用于安装轮胎；轮辐是介于车轴和轮辋之间的支承部分。

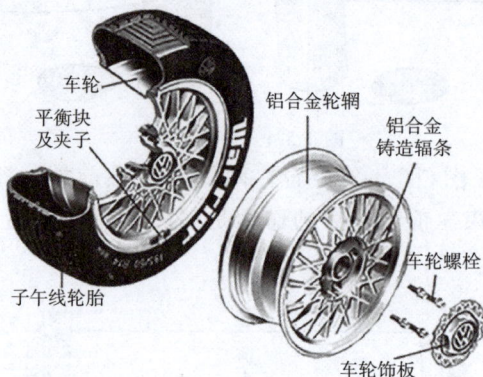

图 4-3-6　车轮

1. 车轮的类型

按轮辐的构造，车轮可分为辐板式和辐条式两种。按车轴一端安装的轮胎数目，车轮可分为单式车轮和双式车轮。现代汽车的轮辐多种多样，与汽车造型融为一个整体，对整车起到了很好的装饰作用。采用少辐板的轮辐，也有利于制动器的散热。

2. 轮辋

轮辋可分为深槽轮辋、平底轮辋和对开式轮辋（图4-3-7）。

（1）深槽轮辋：用于轿车和轻型越野车。

（2）平底轮辋：用于中型货车。

（3）对开式轮辋：用于中、重型越野车。

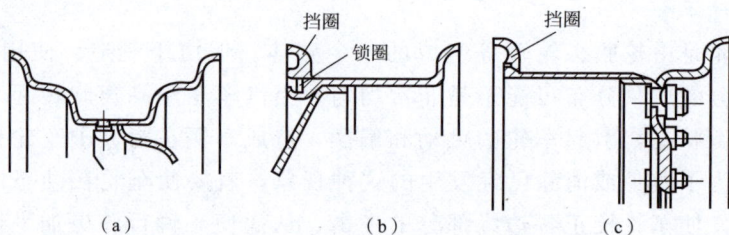

图 4-3-7　轮辋

（a）深槽轮辋；（b）平底轮辋；（c）对开式轮辋

（二）轮胎

1. 轮胎的作用

（1）缓冲减振；

（2）与路面相互作用产生驱动力、制动力和侧向力；

（3）保证汽车的通过性；

（4）承受汽车重力。

2. 轮胎的类型和结构

汽车轮胎按胎体结构不同可分为充气轮胎和实心轮胎。现代汽车绝大多数采用充气轮胎。充气轮胎按组成结构不同，又可分为有内胎轮胎和无内胎轮胎两种。充气轮胎按胎体中帘线排列的方向不同，还可分为普通斜交轮胎和子午线轮胎。轮胎（外胎）各部分的名称结构如图 4-3-8 所示。

帘布层和缓冲层各相邻层帘线交叉，且与胎中心线呈小于 90°角排列的充气轮胎，称为普通斜交轮胎。帘布层是外胎的骨架，用以保持外胎的形状和尺寸，通常由成双数的多层帘布用橡胶贴合而成。帘布的帘线与轮胎子午断面的交角（胎冠角）一般为 52°～54°，相邻层帘线相交排列。帘布层数越多，强度越大，但弹性降低。在外胎表面上注有帘布层数。斜交轮胎的优点是轮胎噪声小，外胎面柔软、制造容易，价格也较子午线轮胎低；缺点是转

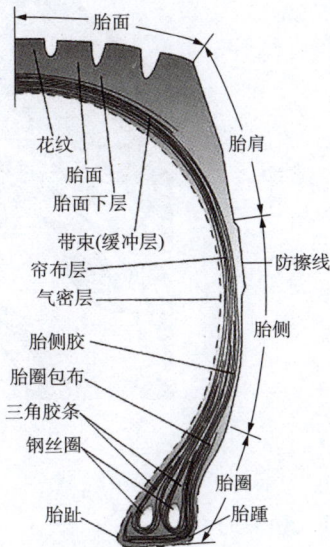

图 4-3-8　轮胎（外胎）各部分的名称结构

向行驶时，接地面积小，胎冠滑移大，抗侧向能力差，高速行驶时稳定性差，滚动阻力较大，油耗偏高，承载能力也不如子午线轮胎。

子午线轮胎的帘布层帘线排列的方向与轮胎的子午断面一致。帘线的这种排列方式使帘线的强度能得到充分利用，子午线轮胎的帘布层数一般比普通斜交轮胎减少 40%～50%；胎体较柔软，弹性好。

子午线轮胎的优点是接地面积大，附着性能好，胎面滑移小，对地面压力也小，因而滚动阻力小，使用寿命长；胎冠较厚且有坚硬的带束层，不易刺穿，行驶时变形小，可降低油耗 3%～8%；因帘布层数少，胎侧薄，所以散热性能好；径向弹性大，缓冲性能好，负荷能力较大；在承受侧向力时，接地面积基本不变，故在转向行驶和高速行驶时稳定性好。子午线轮胎的缺点是因胎侧较薄、柔软，胎冠较厚，在其与胎侧过渡区易产生裂口；吸振能力弱，胎面噪声大；制造技术要求高，成本也高。

无内胎轮胎的优点是轮胎穿孔时，压力不会急剧下降，能安全地继续行驶；无内胎轮胎中不存在因内外胎之间摩擦和卡住而引起损坏；气密性较好，可以直接通过轮辋散热，所以工作温度低，使用寿命长；结构简单，质量较轻。

胎面轮胎的胎面是可以更换的，其最大的优点是在花纹严重磨损或磨光后，可以单独更换胎面，也可以根据不同使用条件更换不同花纹的胎面；其缺点是质量较大，使用中可能出现胎体和胎面环之间磨损，胎面环橡胶与钢丝体脱层。

轮胎规格标记方法如图 4-3-9 所示，轮胎断面高度 H 与宽度 B 之比以百分数表示，称为轮胎的扁平率。

五、悬架

悬架是车架（或承载式车身）与车桥（或车轮）之间的所有传力连接装置的总称。

轿车轮胎规格

185/70 R 13 86 T

— 车速级别标志
— 负载指数
— 轮辋直径
— 子午线结构标志
— 轮胎截面高宽比
— 轮胎截面宽度

图 4-3-9　轮胎规格

(一)悬架的功用和组成

1. 悬架的功用

将路面作用于车轮上的垂直反力、纵向反力和侧向反力及这些反力所造成的力矩传递到车架(或承载式车身)上,保证汽车的正常行驶,即起传力作用;利用弹性元件和减振器起到缓冲减振的作用;利用悬架的某些传力构件使车轮按一定轨迹相对于车架或车身跳动,即起导向作用;利用悬架中的辅助弹性元件——横向稳定器,防止车身在转向等行驶情况下发生过大的侧向倾斜。

2. 悬架的组成

(1)弹性元件:起缓冲作用。

(2)减振元件:起减振作用。

(3)传力机构(或称导向机构):起传力和导向作用。

(4)横向稳定器:防止车身产生过大侧倾。

3. 悬架的类型

(1)非独立悬架。非独立悬架(图 4-3-10)的特点是两侧车轮通过整体式车桥相连,车桥通过悬架与车架或车身相连。如果行驶中路面不平整,一侧车轮被抬高,整体式车桥将迫使另一侧车轮产生运动。

(2)独立悬架。独立悬架(图 4-3-11)的特点是车桥是断开的,每一侧车轮单独地通过悬架与车架(或车身)相连,每一侧车轮可以独立跳动。

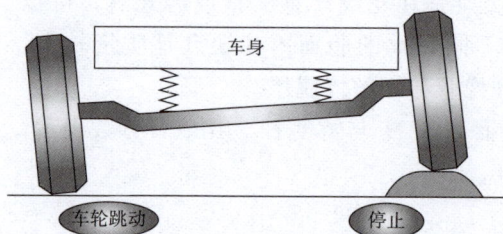

车身

车轮跳动　　停止

图 4-3-10　非独立悬架

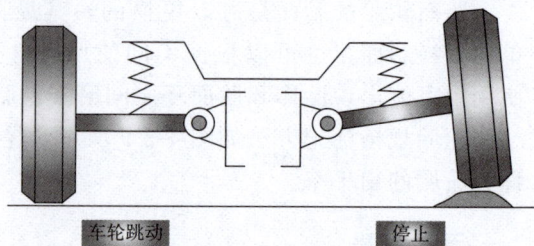

车轮跳动　　停止

图 4-3-11　独立悬架

(二)弹性元件

1.钢板弹簧

钢板弹簧是由若干片等宽但不等长的合金弹簧片组合而成的一根近似等强度的弹性梁,多数情况下由多片弹簧组成。钢板弹簧的第一片也是最长的一片为主片,其两端弯成卷耳,内装衬套,以便用弹簧销与固定在车架上的支架或吊耳作铰链连接。中心螺栓用以连接各弹簧片,并保证装配时各片的相对位置。除中心螺栓外,还有若干个弹簧夹(也称回弹夹)将各片弹簧连接在一起,以保证当钢板弹簧反向变形(反跳)时,各片不致互相分开,以免主片单独承载;此外,还可防止各片横向错动。中心螺栓距离两端卷耳中心的距离相等时,称为对称式钢板弹簧;不相等时,称为非对称式钢板弹簧。多片式钢板弹簧可以同时起到缓冲、减振、导向和传力的作用,用于货车后悬架可以不安装减振器。一些轻型货车和客车采用由单片或2~3片变厚度断面的弹簧片构成的少片变截面钢板弹簧,其弹簧片的断面尺寸沿长度方向是变化的,片宽保持不变,它可以实现汽车的轻量化。

2.螺旋弹簧

螺旋弹簧(图4-3-12)用弹簧钢棒料卷制而成,常用于各种独立悬架。其特点是没有减振和导向功能,只能承受垂直载荷。在螺旋弹簧悬架中必须另装减振器和导向机构。前者起减振作用;后者用以传递垂直力以外的各种力和力矩,并起导向作用。

3.扭杆弹簧

扭杆弹簧(图4-3-13)本身是一根由弹簧钢制成的杆。扭杆断面通常为圆形,少数为矩形或管形。其两端形状可以做成花键、方形、六角形或带平面的圆柱形等,以便一端固定在车架上,另一端固定在悬架的摆臂上,摆臂还与车轮相连。当车轮跳动时,摆臂便绕着扭杆轴线摆动,使扭杆产生扭转弹性变形,借以保证车轮与车架的弹性联系。

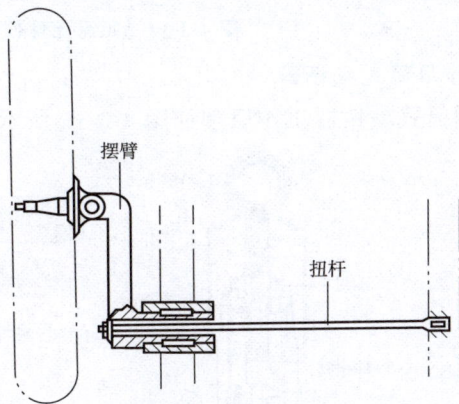

图 4-3-12 螺旋弹簧

图 4-3-13 扭杆弹簧

4.气体弹簧

气体弹簧是指在一个密封的容器中充入压缩气体,利用气体可压缩性实现弹簧的作用。气体弹簧的特点是作用在弹簧上的载荷增加时,容器中气压升高,弹簧刚度增大;反之,当载荷减小时,气压下降,刚度减小。气体弹簧具有理想的变刚度特性。

5. 橡胶弹簧

橡胶弹簧利用橡胶本身的弹性起弹性元件的作用。它可以承受压缩载荷和扭转载荷，由于橡胶的内摩擦较大，橡胶弹簧还具有一定的减振能力。橡胶弹簧多用作悬架的副簧和缓冲块。

(三)减振器

液力减振器的作用原理：当车架与车桥做往复相对运动时，减振器中的活塞在缸筒内也做往复运动，减振器壳体内的油液便反复地从一个内腔通过一些窄小的孔隙流入另一个内腔。孔壁与油液间的摩擦及液体分子内的摩擦便形成对抗振动的阻尼力，使车身和车架的振动能量转化为热能，被油液和减振器壳体所吸收，并散到大气中。阻尼元件的作用如图 4-3-14 所示。

汽车行驶的路面不可能绝对平坦，必然会产生振动，这种持续的振动易使司乘人员感到不舒适和疲劳，而减振器正是为迅速衰减振动而设计的。但减振器的功能绝不仅仅是衰减振动，其对整车综合特性的影响如下：迅速衰减由路面传递给车体的振动，提高行驶平顺性；不易使司乘人员感到疲劳，不易使货物损坏，提高乘坐舒适性；降低对相关零件的冲击载荷，减少磨损，提高使用经济性；改善轮胎接地性，抑制高速行驶跳动，提高行驶安全性；车辆在急加速、急刹车、急转弯时，提高操作稳定性。

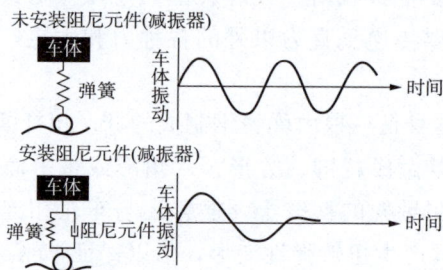

图 4-3-14　阻尼元件作用示意

1. 双向作用筒式减振器

双向作用筒式减振器工作原理如图 4-3-15 所示。

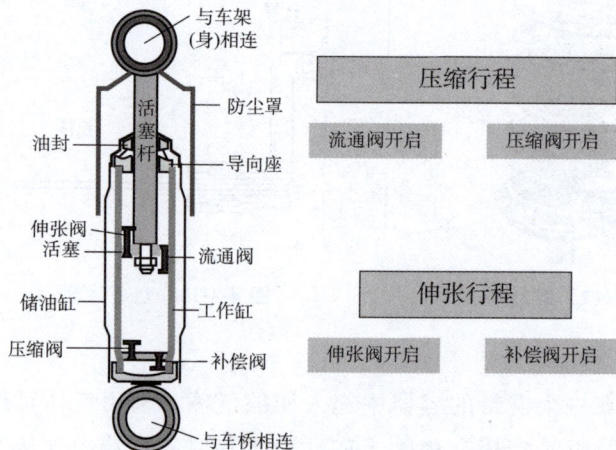

图 4-3-15　双向作用筒式减振器工作原理

2. 充气式减振器

充气式减振器的结构特点是在缸筒的下部装有一个浮动活塞，浮动活塞与缸筒形成的密闭气室中，充有高压氮气。浮动活塞之上是减振器油液。浮动活塞上装有大断面的 O 形密封圈，将油和气完全分开，此活塞也称为封气活塞。

由于活塞杆进出而引起的缸筒容积的变化由浮动活塞的上下运动来补偿。因此，这种减振器不需要储液缸筒，所以也称为单筒式减振器。

3. 阻力可调式减振器

阻力可调式减振器的工作过程是当汽车的载荷增加时，空气囊中的气压升高，则气室内的气压也随之升高，使膜片向下移动与弹簧产生的压力相平衡。与此同时，膜片带动与它相连的柱塞杆和柱塞下移，使柱塞相对空心连杆上的节流孔的位置发生变化，结果减小了节流孔的通道截面面积，即减少了油液流经节流孔的流量，从而增加了油液流动阻力。一般来说，减振器有噪声、过硬、过软、漏油情况时就要考虑更换了。需要更换减振器时最好一次更换两根，即有一根（前或后）减振器有问题时，需要将前减振器或后减振器两根一起更换，因为只更换一根时，汽车平衡受力不均匀，会造成减振器受力不同，更会造成减振器出现问题。减振油封老化漏油、减振防尘套损坏、沾染杂物、摩擦损坏、经常处于颠簸的路况行驶、过减速带横冲直撞……这些都是缩短减振器寿命的原因。减振器会影响乘车舒适性、操控性和平顺性。减振器太软，刹车容易点头，转弯时轮胎着地性能不好；减振器太硬，坐着不舒服，容易损坏。减振性能不好且继续使用会导致车框变形，影响制动效果。

（四）非独立悬架及独立悬架

1. 非独立悬架

（1）纵置板簧式非独立悬架。板簧式非独立悬架主要由钢板弹簧和减振器组成（图 4-3-16）。

钢板弹簧的中部用两个 U 形螺栓固定在车桥上。弹簧前端卷耳用钢板弹簧销与前支架相连，形成固定铰链支点；后端卷耳通过钢板弹簧吊耳销与吊耳相连接。由于吊耳可以前后摆动，保证了弹簧变形时两卷耳中心线间的距离可以改变。东风 EQ1108G 系列汽车前悬架钢板弹簧的后端采用滑板式支承，前端为固定铰链连接。钢板弹簧变形时，主片与弧形滑块的接触点是变动的，从而使弹簧工作长度发生变化，刚度略有变化。第二片弹簧后端带有直角弯边，防止弹簧中部下落时钢板弹簧从支架中脱出。为提高汽车的行驶平顺性，有的轻型货车后悬架采用将副簧置于主簧之下的渐变刚度钢板弹簧。当载荷小时，主簧起作用，当载荷增加到一定值时，副簧开始与主簧接触，悬架刚度随之相应提高，弹簧特性变为非线性。当副簧全部接触后，弹簧特性又变为线性。

（2）螺旋弹簧非独立悬架。螺旋弹簧非独立悬架（图 4-3-17）由螺旋弹簧、减振器、纵向推力杆和横向推力杆组成。其常用于轿车的后悬架。

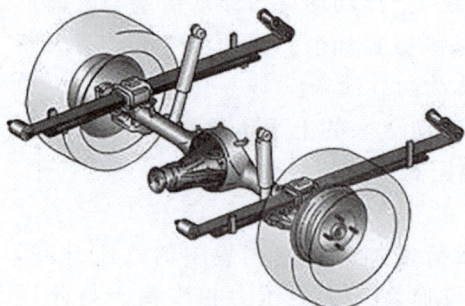

图 4-3-16　板簧式非独立悬架示意

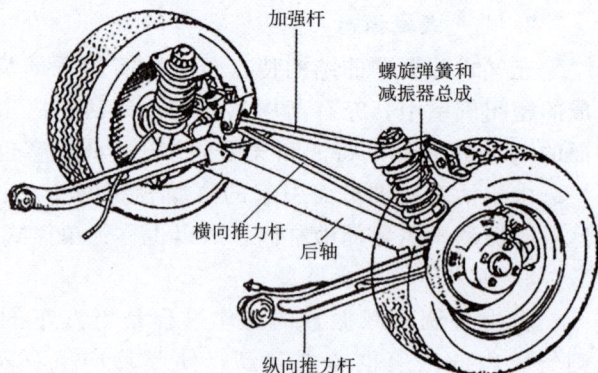

图 4-3-17　螺旋弹簧非独立悬架

2. 独立悬架

独立悬架具有以下优点：两侧车轮可以单独运动，互不影响；减小了非簧载质量，有利于汽车的平顺性；采用断开式车桥，可以降低发动机位置，降低整车重心；车轮运动空间较大，可以降低悬架刚度，改善平顺性。

独立悬架的类型有横臂式独立悬架（车轮在汽车横向平面内摆动的悬架，如图 4-3-18 所示）、纵臂式独立悬架（车轮在汽车纵向平面内摆动的悬架，如图 4-3-19 所示）、烛式悬架（图 4-3-20）和麦弗逊式悬架（也称滑柱连杆式悬架，如图 4-3-21 所示，是车轮沿主销移动的悬架）。

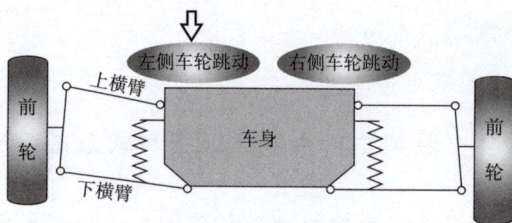

图 4-3-18　横臂式独立悬架

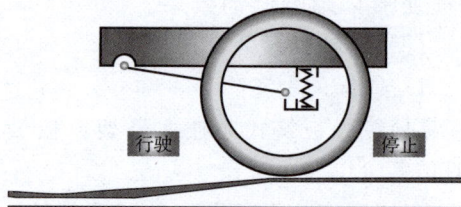

图 4-3-19　纵臂式独立悬架

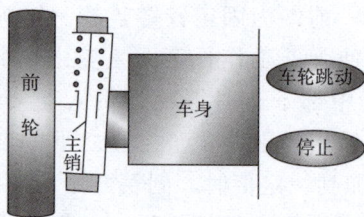

图 4-3-20　烛式悬架

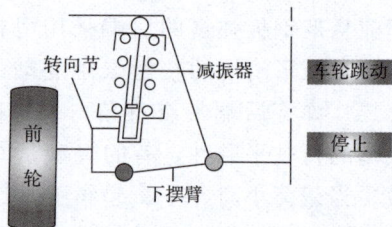

图 4-3-21　麦弗逊式悬架

（1）横臂式独立悬架。

1）单横臂式独立悬架。单横臂式独立悬架的特点是当悬架变形时，车轮平面将产生倾斜而改变两侧车轮与路面接触点之间的距离——轮距，致使轮胎相对于地面侧向滑移，破坏轮胎和地面的附着。此外，这种悬架用于转向轮时，会使主销内倾角和车轮外倾角发生较大的变化，对于转向操纵有一定影响，故目前在前悬架中很少采用。

2）双横臂式独立悬架。

①两摆臂等长的悬架，如图4-3-22所示。

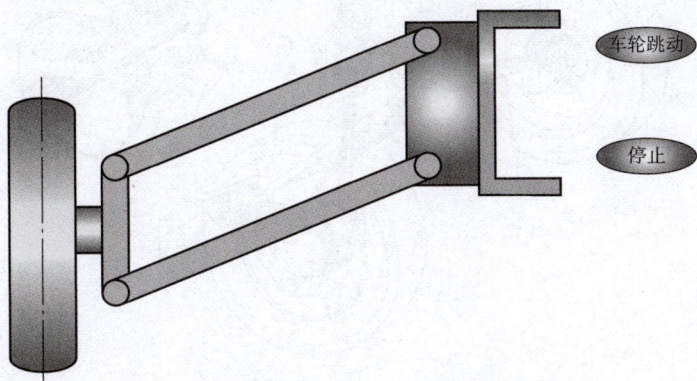

图 4-3-22 两摆臂等长的悬架

②两摆臂不等长的悬架，如图4-3-23所示。

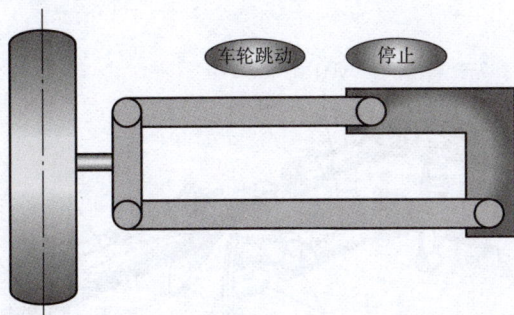

图 4-3-23 两摆臂不等长的悬架

两摆臂不等长的双横臂式独立悬架广泛应用于中、高级轿车。

（2）纵臂式独立悬架。

1）单纵臂式独立悬架。如果转向轮采用单纵臂式独立悬架，车轮上下跳动将使主销后倾角产生很大变化。因此，单纵臂式独立悬架一般多用于不转向的后轮。例如：富康轿车的后悬架属于单纵臂式扭杆弹簧独立悬架；桑塔纳和捷达轿车的后悬架结构相同，也属于单纵臂式独立悬架。它有一根整体的V形断面横梁，在其两端焊接着变截面的管状纵臂，从而形成了一个整体构架——后轴体。纵臂前端通过橡胶—金属支承与车身进行铰接式连接。纵臂后端与轮毂、减振器相连。当汽车行驶时，车轮连同后轴体相对车身以橡胶—金属支承为支点做上下摆动，相当于单纵臂式独立悬架。当两侧悬架变形不等时，后轴体的V形断面横梁发生扭转变形，由于该横梁有较大的弹性，可起横向稳定器的作用。它不像普通带有整体轴的非独立悬架那样，一侧车轮的跳动会直接影响另一侧车轮。因此，该悬架又称纵臂扭转梁式独立悬架（图4-3-24）。

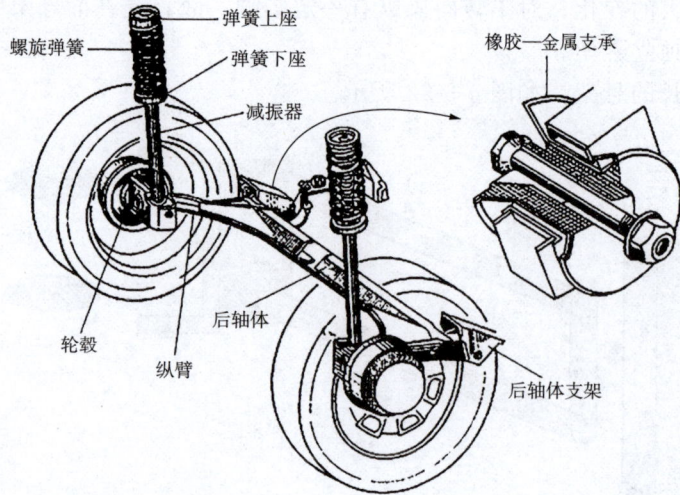

图 4-3-24　纵臂扭转梁式独立悬架(桑塔纳、捷达轿车后悬架)

　　2)双纵臂式独立悬架。双纵臂式独立悬架的两个纵臂长度一般相等,形成平行四连杆机构。当车轮上下跳动时,主销的后倾角保持不变,这种形式的悬架适用于转向轮(图 4-3-25)。

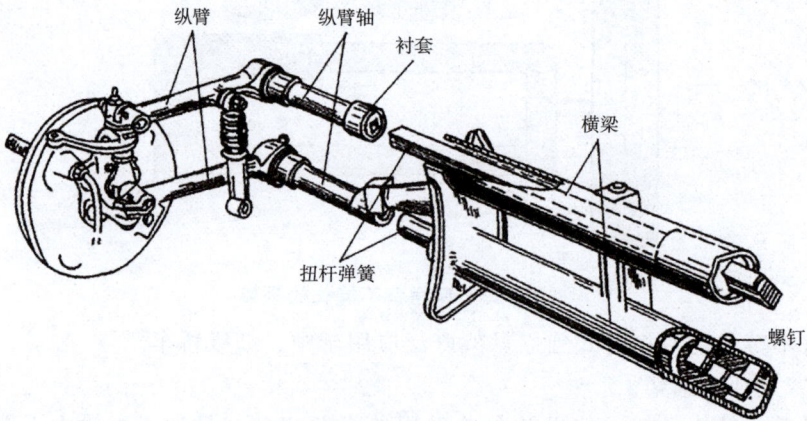

图 4-3-25　双纵臂式扭杆弹簧独立悬架

　　(3)车轮沿主销移动的悬架。

　　1)烛式悬架。烛式悬架的优点是当悬架变形时,主销的定位角不会发生变化,仅轮距、轴距稍有改变,有利于汽车的转向操纵性和行驶稳定性;缺点是侧向力全部由套筒和主销承受,两者之间的摩擦阻力大,磨损严重。因此,这种结构形式目前很少采用。

　　2)麦弗逊式独立悬架。麦弗逊式独立悬架是目前前置前驱动轿车和某些轻型客车应用比较普遍的悬架结构形式。筒式减振器为滑动立柱,横摆臂的内端通过铰链与车身相连,外端通过球铰链与转向节相连。减振器的上端与车身相连,减振器的下端与转向节相连,车轮所受的侧向力大部分由横摆臂承受,其余部分由减振器活塞和活塞杆承受。筒式减振器上铰链的中心与横摆臂外端球铰链中心的连线为主销轴线,此结构也为无主销结构。如图 4-3-26 所示为典型的麦弗逊式独立悬架。

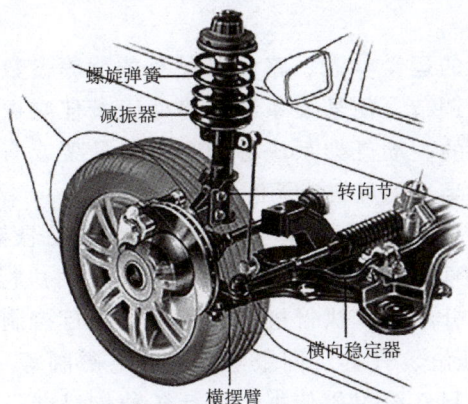

螺旋弹簧
减振器
转向节
横向稳定器
横摆臂

图 4-3-26　麦弗逊式独立悬架

（4）单斜臂式独立悬架。单斜臂式独立悬架的结构介于单横臂式独立悬架和单纵臂式独立悬架之间，多用于后轮驱动汽车的后悬架上（图 4-3-27、图 4-3-28）。

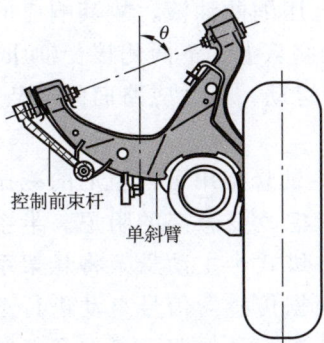

θ
控制前束杆
单斜臂

图 4-3-27　单斜臂式独立悬架

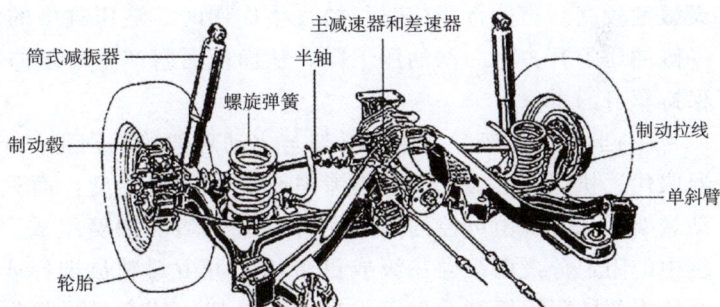

主减速器和差速器
半轴
筒式减振器
螺旋弹簧
制动毂
制动拉线
单斜臂
轮胎

图 4-3-28　福特 Sierra 轿车后悬架（单斜臂式）

（5）横向稳定器。横向稳定器（图 4-3-29）主要由 U 形横向稳定杆、连接杆和横向稳定杆支座组成，支座固定在车身上，稳定杆两端通过连杆与下摆臂相连接。当车身只做垂直移动而两侧悬架变形相等时，横向稳定杆在支座的套筒内自由转动，横向稳定杆不起作用。当两侧悬架变形不等且车身相对于路面横向倾斜时，稳定杆一端向上运动，另一端向下运动，从而被扭转。弹性稳定杆所产生的扭转内力矩妨碍了悬架弹簧的变形，因而，减小了车身的横向倾斜和横向角振动。

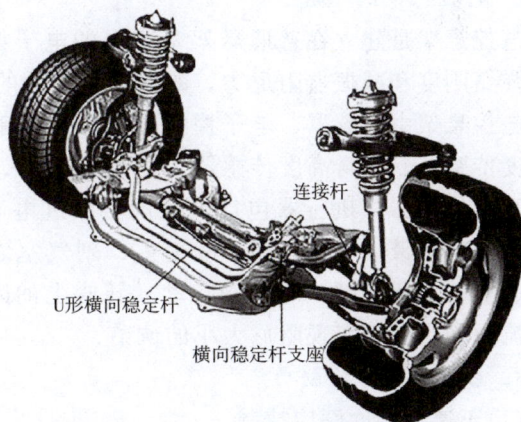

连接杆
U形横向稳定杆
横向稳定杆支座

图 4-3-29　横向稳定器

(五)电控悬架

1. 电控悬架的分类

悬架系统可根据汽车的运动状态、路面状况及载荷等参数的变化，对悬架的刚度和阻尼进行动态的自适应调节，使悬架系统始终处于最佳减振状态，这种悬架称为主动悬架系统。包含动力源的主动悬架系统称为全主动悬架或有源主动悬架；不包含动力源的主动悬架系统称为半主动悬架或无源主动悬架。

(1)全主动悬架(简称主动悬架)。全主动悬架是在被动悬架系统(弹性元件、减振器、导向装置)中附加一个可控制作用力的装置。其通常由执行机构、测量系统、反馈控制系统和能源系统四部分组成。执行机构的作用是执行控制系统的指令，一般为力发生器或转矩发生器(液压缸、气缸、伺服电动机、电磁阀等)；测量系统的作用是测量系统的各种状态，为控制系统提供依据，包括各种传感器；反馈控制系统的作用是处理数据和发出各种控制指令，其核心部件是电子计算机；能源系统的作用是为以上各部分提供能量。主动油气悬架系统的特点是通过调节油气弹簧的刚度达到主动调节的目的；主动空气悬架系统的特点是通过调节空气弹簧的刚度达到调节目的；主动液力悬架系统的特点是执行器(液压缸)中所采用的介质是不可压缩的油液，故其响应的灵敏度较高。当执行器(液压缸)发生作用时，液压缸中的活塞从上、下两侧接受油压，一侧油压上升，另一侧油压下降，从而使活塞产生往复伸缩运动，以适应路面的凹凸，保持车身的平稳。

(2)半主动悬架。半主动悬架与主动悬架的区别是，半主动悬架用可控阻尼的减振器取代了执行器。因此，它不考虑改变悬架的刚度，而只考虑改变悬架的阻尼。半主动悬架无动力源由可控的阻尼元件(减振器)和弹簧组成。有级式半主动悬架将悬架系统中的阻尼分成两级、三级或更多级，可由驾驶员选择或根据传感器信号自动进行选择所需要的阻尼级别。无级式半主动悬架的特点是可根据汽车行驶的路面条件和行驶状态，对悬架系统的阻尼在几毫秒内由最小变到最大进行无级调节。

2. 电控悬架的组成

电控悬架是建立在普通悬架基础上的电子控制系统。在不同的使用条件下具有不同的弹簧刚度和减振器阻尼力，既满足平顺性的要求又满足操纵稳定性的要求。

电控悬架由传感器、电子控制单元(ECU)和执行器三部分组成。传感器包括车身加速度传感器、车身高度传感器、车速传感器、转向盘转角传感器、节气门位置传感器、车门传感器；执行器包括电磁阀、步进电动机、气泵电动机。悬架刚度的调节是由步进电动机带动气阀转动，改变主、副气室之间通路的大小，从而改变刚度的。阻尼的调节转动调节杆，使转阀转动，转阀上的阻尼孔分别处于开闭状态，改变阻尼孔的节流面积，从而实现阻尼大小的调节。

3. 电控悬架的控制功能

(1)车速与路面感应控制。

1)当车速高时，提高弹簧刚度和减振器阻尼力，以提高汽车高速行驶时的操纵稳定性。

2)当前轮遇到凸起时，减小后轮悬架弹簧刚度和减振器阻尼力，以减小车身的振动和冲击。

3）当路面行驶条件差时，提高弹簧刚度和减振器阻尼力，以抑制车身的振动。

（2）车身姿态控制。

1）转向时侧倾控制：急转向时，提高弹簧刚度和减振器阻尼力，以抑制车身的侧倾。

2）制动时点头控制：紧急制动时，提高弹簧刚度和减振器阻尼力，以抑制车身的点头。

3）加速时后座控制：急加速时，提高弹簧刚度和减振器阻尼力，以抑制车身的后座。

（3）车身高度控制。

1）高速感应控制：车速超过 90 km/h 时，降低车身高度，以减少空气阻力，提高汽车行驶的稳定性。

2）连续差路面行驶控制：车速在 40～90 km/h 时，提高车身高度，以提高汽车的通过性；车速在 90 km/h 以上时，降低车身高度，以满足汽车行驶的稳定性。

3）点火开关 OFF 控制：驻车时，当点火开关关闭后，降低车身高度，便于乘客上下车。

4）自动高度控制：当乘客和载荷变化时，保持车身高度恒定。

学习研讨

背景描述	汽车的动力系统再好也需要搭配一套好轮胎来通过与地面的摩擦将动力转化成驱动力。在我国北方甚至需要为汽车更换雪地胎来保证汽车在冬季的良好行驶
讨论主题	结合车型，推荐一款适合的雪地胎，并附上详细的轮胎更换与保养小贴士
成果展示	小组采用短视频制作等方式展示成果

学习评价

内容组织	素养提升			评价结果
内容选取很好，内容全面且组织有条理	思路清晰、重点突出、语言流畅	熟练掌握短视频制作等信息化技术	很好地体现团队协作和自学能力	优秀
内容选取较好，内容比较全面且组织比较有条理	语言通顺简洁、思路较清晰	较熟练掌握短视频制作等信息化技术	较好地体现团队协作和自学能力	良好
内容选取一般，内容不全面且组织条理不清	语言逻辑不够清晰流畅	不能熟练掌握短视频制作等信息化技术	不能很好地体现团队协作和自学能力	一般

学习单元四　汽车转向系统

情境导入

　　随着科技的进步，汽车的转向系统逐渐由机械式向电控方向发展，四轮转向、动态转向、主动转向等新技术不断应用，使汽车的转向功能越来越智能化、轻松化。可以说，转向盘下面的功能越来越强大，为了了解转向系统所要学习的知识也越来越多。

相关知识

一、转向系统概述

　　汽车通过传动系统和行驶系统将发动机的动力转变为汽车行驶的驱动力，使汽车产生运动。汽车在行驶中，经常需要改变行驶方向。汽车上用来改变汽车行驶方向的机构称为汽车转向系统。汽车行驶方向的改变是由驾驶员通过操纵转向系统来改变转向轮（一般是前轮）的偏转角度实现的。转向系统不仅可以改变汽车的行驶方向，使其按驾驶员规定的方向行驶，还可以克服由于路面侧向干扰力使车轮自行产生转向的问题，恢复汽车原来的行驶方向。汽车转向系统一般由转向操纵机构、转向器、转向传动机构三部分组成（图 4-4-1），但由于转向系统的类型不同，其结构组成又有所差异。汽车转向系统根据其转向能源不同，可分为机械转向系统和动力转向系统两大类型。

二、机械转向器类型

（一）齿轮齿条式转向器

　　齿轮齿条式转向器（图 4-4-2）主要由转向器壳体、转向齿轮、转向齿条等组成，转向器通过转向器壳体的两端用螺栓固定在车身（车架）上。齿轮齿条式转向器具有结构简单，传动效率高，操纵轻便，质量轻的特点。由于其不需要转向摇臂和转向直拉杆，使转向传动机构得以简化。

　　传动副为齿轮、齿条，转向齿轮连接转向轴的安全联轴节，齿条水平布置，齿条被弹簧和压块压在齿轮上，保证无间隙啮合，弹簧弹力可调，转向

图 4-4-1　转向系统

减振器用来减小转向轮的摆动。转向时，驾驶员转动转向盘，通过转向轴、安全联轴节带动转向齿轮转动，齿轮使齿条轴向移动，带动拉杆移动，使车轮偏转，实现转向。

（二）蜗杆曲柄指销式转向器

　　蜗杆曲柄指销式转向器（图 4-4-3）的传动副以转向蜗杆为主动件，安装在摇臂轴曲

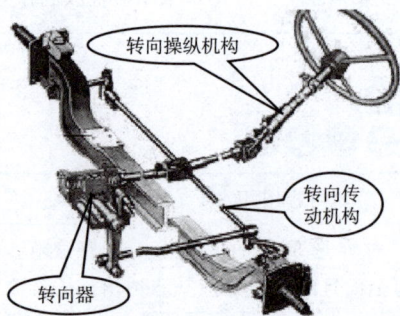

柄端部的指销为从动件。转向蜗杆转动时,与之啮合的指销即绕转向摇臂轴轴线沿圆弧运动,并带动转向摇臂轴转动。

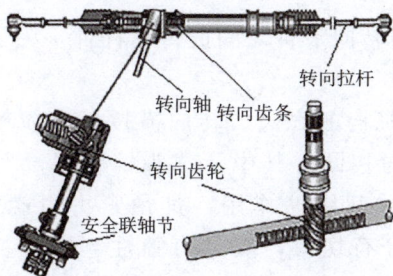

图 4-4-2　齿轮齿条式转向器

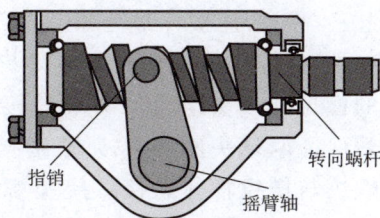

图 4-4-3　蜗杆曲柄指销式转向器

采用双指销不但可使摇臂轴转角范围加大,而且由于直线行驶及修正行驶方向时两指销均与转向蜗杆啮合,因而使指销受力小、寿命长。指销安装在滚动轴承上可以大大提高转向器的传动效率。

(三)循环球式转向器

循环球式转向器具有两套传动副,一套是螺杆螺母传动副,另一套是齿条齿扇传动副或滑块曲柄销传动副。转向螺母松套在螺杆上,两者配合构成圆形截面的螺旋形通道。螺母侧面有两对通孔,与螺母外的钢球导管构成两条管状的封闭循环通道,实现螺杆和螺母之间的滚动摩擦。转动转向螺杆时,通过钢球将力传递给螺母,螺母沿轴线移动。在摩擦力作用下,所有钢球在螺母与螺杆之间形成"球流"。钢球在螺母内绕行两周后,流出螺母进入导管,再由导管流回螺母通道,两列钢球在各自的封闭通道内循环。螺母外表面有等齿厚齿条,与其啮合的是变齿厚的齿扇。转动螺杆,螺母随之轴向移动,通过齿条、齿扇使转向摇臂转动。

三、转向传动机构

转向传动机构的功用是将转向器输出的力传递给转向轮,且使两转向轮偏转角按一定的关系变化,以实现汽车顺利转向。转向传动机构除传递力外,还要承受冲击和振动。设有减振缓冲装置,并能自动消除磨损后的间隙。为避免发生运动干涉,采用球铰链连接。转向传动机构主要由转向直拉杆、转向节臂、向横拉杆、左右梯形臂等机件构成。前轴的两端和转向节由主销铰接在一起,转向节上连接有左右梯形臂,两臂铰接在转向横拉杆上。当一个转向节转动时,另一个转向节也随着变位,使汽车实现转向。但两个车轮转动的角度不同,因为前轴、转向横拉杆、左右梯形臂及所形成的四边形不是矩形而是梯形。转向传动机构的组成与布置形式取决于转向器的位置和转向轮悬架的类型。

(一)与非独立悬架配用的转向传动机构

1. 结构组成

与非独立悬架配用的转向传动机构包括由转向摇臂、转向直拉杆、转向节臂和由转向横拉杆与两个梯形臂组成的转向梯形机构。

（1）转向摇臂。转向摇臂是转向器传动副与转向直拉杆之间的传动件。转向摇臂的大端用锥形三角细花键与转向器中摇臂轴的外端连接；其小端带有球头销，以便与转向直拉杆做空间铰链连接。

（2）转向直拉杆。转向直拉杆是转向摇臂与转向节臂之间的传动杆件。为了不发生运动干涉，三者间的连接件都是球形铰链。

（3）转向横拉杆。转向横拉杆是转向梯形机构的底边。转向横拉杆由横拉杆体和装在两端的横拉杆接头组成，两端的接头结构相同，其中，球头销的尾部与梯形臂相连。弹簧保证两球头座与球头紧密接触，并起缓冲作用，其预紧力由螺塞调整。两接头借螺纹与横拉杆体联接。接头螺纹部分有切口，故具有弹性。接头装到横拉杆体上后，用夹紧螺栓夹紧。横拉杆体两端的螺纹，一端为右旋，另一端为左旋。因此，在旋松夹紧螺栓以后，转动横拉杆体，即可改变转向横拉杆的总长度，从而可调整转向轮前束。

2. 布置形式

后置式，前桥仅为转向桥，将转向梯形布置在前桥之后；前置式，在发动机位置较低或转向桥兼为驱动桥的情况下，为避免运动干涉，通常将转向梯形机构布置在前桥之前。转向直拉杆横置式，借助球头销直接带动转向横拉杆，从而推动两侧梯形臂转动(图4-4-4)。

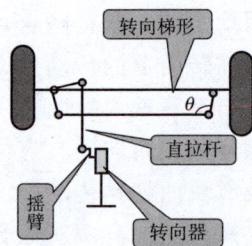

图 4-4-4　转向传动机构布置形式

（二）与独立悬架配用的转向传动机构

采用独立式悬架的转向轮可以相对于车架单独运动，因而其转向桥必须是断开式的，转向传动机构中的转向梯形也必须分成两段。转向摇臂在平行于路面的平面上摆动，直接带动或通过转向直拉杆带动转向梯形运动(图4-4-5)。

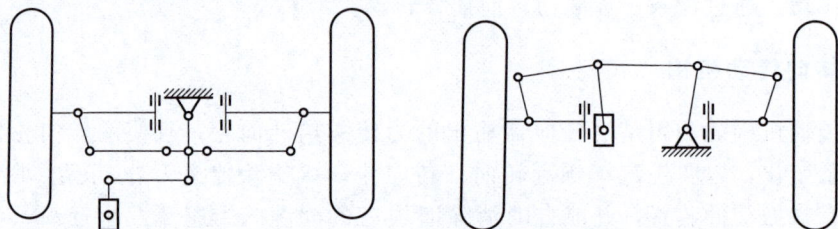

图 4-4-5　与独立悬架匹配的转向传动机构

四、动力转向系统

（一）动力转向系统概述

动力转向是指压力能在驾驶员的控制下，对传动装置施加随动渐进压力，实现转向。动力转向的能量只有一小部分是驾驶员提供的，大部分是通过发动机驱动转向油泵旋转，将发动机输出的部分机械能转化为压力能提供的。通常，在转向阻力很大的汽车上，采用动力转向装置。

1. 动力转向系统的分类

（1）按动力能源分类。

1)液压式。液压式动力转向系统以液压为动力源,目前应用广泛。液压动力转向系统的工作压力可高达 10 MPa 以上,故其部件尺寸很小。液压式动力转向系统工作时无噪声,工作滞后时间短,而且能吸收来自不平路面的冲击。

2)气压式。气压式动力转向系统以压缩空气为动力源,仅限于重型且采用气压制动的汽车。其主要应用于前轴最大轴载质量为 3~7 t 并采用气压制动系统的货车和客车。装载质量特大的货车不宜采用气压转向加力装置,因为气压式动力转向系统的工作压力较低(一般不高于 0.7 MPa),用于这种重型汽车上时,其部件尺寸将过于庞大。

(2)按动力缸、控制阀及转向器的相对位置分类。

1)整体式。其机械转向器和动力缸设计成一体,并与转向控制阀组装在一起。

2)半整体式。其转向控制阀同机械转向器组合成一体,而转向动力缸则作为一个独立的部件。

3)转向加力器。其机械转向器独立,而将转向控制阀和转向动力缸组合成一体。

2. 动力转向系统的基本结构组成和工作原理

动力转向系统是在机械转向系统的基础上加设一套转向加力装置而形成。转向加力装置由机械转向器、转向动力缸和转向控制阀三大部分组成。当驾驶员逆时针方向转向时,转向摇臂将拉动转向直拉杆向前运动。转向直拉杆在拉力作用下实现机械转向,这时汽车将向左转向。与此同时,转向直拉杆还带动了转向控制阀中的滑阀移动,使转向动力缸的右腔接通转向油泵的出油口,右腔通过转向控制阀与转向油罐接通,转向动力缸的活塞所受的向右的液压作用力便经其推杆也作用在转向横拉杆上。由于液压作用力较大,便在很大程度上减轻了驾驶员的操纵力。

(二)液压式动力转向系统

1. 液压式动力转向器的组成结构

轿车主要采用转阀式的整体式动力转向器。采用的整体式动力转向器,其机械转向器、转向动力缸和控制阀设计成一体,组成整体式动力转向器。其控制阀为滑阀或转阀。转向动力缸活塞与机械转向器制成一体。活塞将转向动力缸分成左右两腔。转向控制阀组装在机械转向器的下端,转向轴转动控制转向控制阀的工作状态。

2. 液压式动力转向系统的工作原理

叶轮泵由发动机驱动,转向控制阀安装在转向柱下端,齿条右端装有动力缸,缸分成两个工作压力室。储油罐通过吸管连接叶轮泵,通过回油管连接控制阀。压力管从控制阀通往叶轮泵。不转向时,控制阀保持开启状态,动力缸活塞两边的工作腔与低压回油管相通而不起作用。叶轮泵输出的油液经控制阀流回储油罐。因转向压力和流量限制阀的节流阻力很小,故叶轮泵输出油的压力也很低,叶轮泵实际上处于空转状态。转向时,驾驶员转动转向盘,带动转向轴和齿轮,使分配阀处于与某一转弯方向相应的工作位置时,转向动力缸中相应的工作腔与回油管路断开,与叶轮泵输出管路相通,另一腔仍连通回油管路。地面转向阻力经横拉杆传送到制有齿条的活塞杆上,形成比转向控制阀节流阻力高得多的管路阻力。于是,叶轮泵输出压力急剧升高。高压液体通过控制阀进入动力缸活塞的一边,推动活塞,进而推动齿条起加力作用。转向角度越大,转向力越大,活塞移动行程就越长,产生的压力也就越高，由此产生的转向压力也越大。当转向盘停止转动时，控制阀随即恢复到中间位置，使动力缸停止工作。

阀体绕其圆心转动来控制油液流量的转向控制阀，称为转阀式转向控制阀。转阀式转向控制阀具有四个互相连通的进油道，出油通道分别与动力缸的左、右腔连通。当阀体顺时针转过一个很小的角度时，从液压泵来的压力油经通道流入四个通道，继而进入动力缸的一个腔内，另外四个通道的进油被隔断，压力油不能进入，因而，动力缸另一腔的低压油，在活塞推动下经回油槽流回储油罐。

汽车直线行驶时，自油泵来的液压油经阀芯与阀套间的间隙，流向动力缸两端，动力缸两端油压相等。驾驶员转动转向盘时，阀芯与阀套相对位置发生改变，使大部分或全部来自泵的液压油流入动力缸某一端，而另一端与回油管路接通，动力缸促进汽车左转或右转。

(三)电子控制动力转向系统

1. 电子控制液压助力转向系统

为了提高汽车的操纵稳定性，可在动力转向系统中采用可变转向力控制机构。车速感应动力转向系统，是依靠车速控制所对应的转向力，通过驾驶员的操作，使车辆操纵性获得提高的系统。驾驶员希望车辆在低速行驶区能实现敏捷的运行和轻便的操舵力，而在高速行驶区能获得稳定性好的适当略重的操舵力。

2. 电动助力转向系统

所谓电动助力转向系统(EPS)，就是在机械转向系统中，用电池作为能源，电动机为动力，以转向盘的转速和转矩及车速为输入信号，通过电子控制装置，协助人力转向，并获得最佳转向力特性的伺服系统。这种转向系统是目前绝大多数轿车采用的转向系统。

EPS与液压动力转向系统相比具有系统效率高，能量消耗少，"路感"好，回正性好，在发动机熄火或低速情况都可以正常工作，还可以明显地提高汽车的操纵轻便性和稳定性。

EPS由机械转向器、电动机、离合器、控制装置、转矩传感器和车速传感器组成。在操纵转向盘时，扭矩传感器根据输入力的大小产生相应的电压信号，由此EPS系统就可以检测出转向力的大小。同时，根据车速传感器产生的脉冲信号又可测出车速，再用于控制电动机的电流，从而形成适当的转向助力。

学习研讨

背景描述	当今的主流车型用的都是哪些典型的转向系统，或应用了哪些先进的转向技术？
讨论主题	结合车型介绍一种先进的转向系统控制技术，并向大家讲解其构造特点
成果展示	小组采用短视频制作等方式展示成果

内容组织		素养提升		评价结果
内容选取很好，内容全面且组织有条理	思路清晰、重点突出、语言流畅	熟练掌握短视频制作等信息化技术	很好地体现团队协作和自学能力	优秀
内容选取较好，内容比较全面且组织比较有条理	语言通顺简洁、思路较清晰	较熟练掌握短视频制作等信息化技术	较好地体现团队协作和自学能力	良好
内容选取一般，内容不全面且组织条理不清	语言逻辑不够清晰流畅	不能熟练掌握短视频制作等信息化技术	不能很好地体现团队协作和自学能力	一般

学习单元五　汽车制动系统

情境导入

　　汽车制动系统是指对汽车车轮施加一定的力，从而对其进行一定程度强制制动的一系列专门装置。其功能是使行驶中的汽车减低速度或停止行驶，或使已停驶的汽车保持不动。由于制动装置的结构和性能直接关系到车辆、人员的安全，因而被认为是汽车的重要安全部件，受到普遍的重视。随着汽车技术的不断进步，汽车行驶速度越来越快，这就要求制动系统也随之更加准确有效。因此，近年来制动系统的电控化发展甚至智能化发展越来越快，成为汽车科技发展的代表。

相关知识

一、制动系统概述

(一)制动系统的功用

　　为了保证汽车安全行驶，提高汽车的平均行驶车速，以提高运输生产率，在各种汽车上都设有专用制动机构。这样的一系列专门装置即称为制动系统。

　　汽车制动系统的功用如下：

　　(1)保证汽车行驶中能按驾驶员要求减速停车。

模块四　汽车底盘构造

(2)保证车辆可靠停放。

(3)下长坡时保持车速的稳定性。

(二)制动系统的类型和基本组成

1. 制动系统的类型

(1)按功用分，制动系统可分为行车制动系统、驻车制动系统、辅助制动系统。

1)行车制动系统：是指由驾驶员用脚来操纵的，故又称脚制动系统。它的功用是使正在行驶的汽车减速或在最短的距离内停车。

2)驻车制动系统：是指由驾驶员用手来操纵的，故又称手制动系统。它的功用是使已经停在各种路面上的汽车驻留在原地不动。驻车制动系统还能起到第二制动系统的作用，第二制动系统是在行车制动系统失效时，保证汽车仍能实现减速或停车的一套装置。在许多国家制动法规中规定，第二制动系统也是汽车必须具备的。

3)辅助制动系统：是指经常在山区行驶的汽车及某些特殊用途的汽车，为了提高行车的安全性和减轻行车制动系统性能的衰退及制动器的磨损，用以在下坡时稳定车速的系统。

(2)按制动能量传输分，制动系统可分为机械式、液压式、气压式、电磁式、组合式。

(3)按回路多少分，制动系统可分为单回路制动系统、双回路制动系统。

(4)按能源分，制动系统可分为人力制动系统、动力制动系统、伺服制动系统。人力制动系统是以驾驶员的肌体作为唯一制动能源的制动系统。动力制动系统是完全靠由发动机的动力转化而成的气压或液压形式的势能进行制动的制动系统。伺服制动系统是兼用人力和发动机动力进行制动的制动系统。

2. 制动系统基本组成

(1)供能装置：包括供给、调节制动所需能量及改善传动介质状态的部件。

(2)控制装置：包括产生制动动作和控制制动效果的各种部件，如制动踏板。

(3)传动装置：包括将制动能量传输到制动器的各个部件，如制动主缸、轮缸。

(4)制动器：产生阻碍车辆运动或运动趋势的部件。

(三)一般制动系统的基本结构和工作原理

1. 一般制动系统的基本结构

一般制动系统的基本结构主要由车轮制动器和液压传动机构组成的。车轮制动器主要由旋转部分、固定部分和调整机构组成。旋转部分是制动鼓；固定部分包括制动蹄和制动底板；调整机构由偏心支承销和调整凸轮组成，用于调整蹄鼓间隙。制动传动机构主要由制动踏板、推杆、制动主缸、制动轮缸和管路组成。

2. 制动系统工作原理

制动系统不工作时，蹄鼓间有间隙，车轮和制动鼓可自由旋转。制动时，要使汽车减速，脚踏下制动器踏板，通过推杆和主缸活塞，使主缸油液在一定压力下流入轮缸，并通过两轮缸活塞推动制动蹄绕支承销转动，上端向两边分开而将其摩擦片压紧在制动鼓的内圆面上。不旋转的制动蹄对旋转制动鼓产生摩擦力矩，从而产生制动力。解除制动时，当放开制动踏板时回位弹簧即将制动蹄拉回原位，制动力消失。

二、制动器结构

制动器功用是在制动系统中用以产生阻碍车辆运动或运动趋势的力，即直接产生制动作用。制动器按结构不同可分为鼓式：旋转元件为制动鼓；盘式：旋转元件为制动盘。按旋转元件固装位置可分为车轮制动器：旋转元件固装在车轮或半轴上（行车制动系统、驻车）；中央制动器：旋转元件固装在传动系统的传动轴上（驻车制动、缓速制动）。

（一）鼓式制动器

鼓式制动器（图 4-5-1）可分为内张型和外束型两种。前者的制动鼓以其内圆柱面为工作表面，在汽车上广泛应用；后者的制动鼓的工作表面则是外圆柱面，目前只有少数汽车将其应用为驻车制动器。内张型鼓式制动器都采用带有摩擦片的制动蹄作为固定元件。制动蹄张开装置的形式、张开力作用点和制动蹄支承点的布置有多种，使制动器的工作性能也有所不同。内张型鼓式制动器按制动蹄促动装置不同可分为轮缸式制动器：以液压制动轮缸作为制动蹄促动装置；凸轮式制动器：用凸轮作为促动装置；楔式制动器：用楔块作为促动装置。

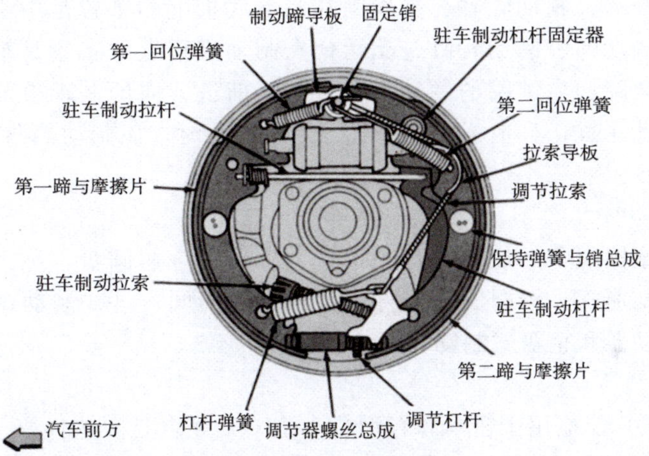

图 4-5-1　鼓式制动器

根据制动时两制动蹄对制动鼓径向力的平衡状况，鼓式制动器又可分为非平衡式、平衡式（单向助势、双向助势）和自动增力式三种。

轮缸式制动器制动蹄促动装置是以液压轮缸对制动蹄端加力为其促动装置。固定元件包括制动蹄和制动底板；旋转元件包括制动鼓。

1. 领从蹄式制动器

领从蹄式制动器（图 4-5-2）是一种非平衡制动器。制动蹄促动装置为一双活塞轮缸，制动蹄在弹簧拉力作用下与轮缸活塞靠紧，前蹄磨损严重，多比后蹄加工时间长。在制动鼓正向、反向旋转时，有一领蹄（张开时旋转方向与鼓旋转方向相同）和一从蹄（相反），当汽车倒驶，制动鼓反转，原领蹄变成从蹄，而原从蹄则变成领蹄。在制动鼓正向旋转和反向旋转时，都有一个领蹄和一个从蹄的制动器即称为领从蹄式制动器。

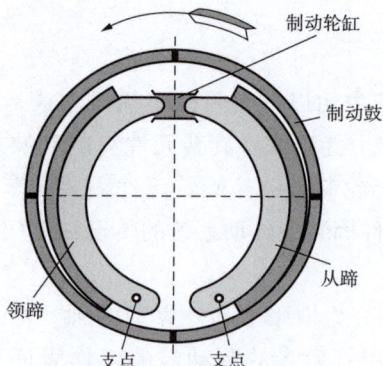

图 4-5-2　领从蹄式制动器

2. 单向双领蹄式制动器

在制动鼓正向旋转时，两蹄均为领蹄的制动器称为双领蹄式制动器。双领蹄式制动器与领从蹄式制动器在结构上主要有两点不同：一是双领蹄式制动器的两制动蹄各用一个单活塞式轮缸，而领从蹄式制动器的两蹄共用一双活塞式轮缸；二是双领蹄式制动器的两套制动蹄、制动轮缸、支承销在制动底板上的布置是中心对称的，而领从蹄式制动器中的制动蹄、制动轮缸、支承销在制动底板上的布置是轴对称的。在制动鼓正向旋转时，两蹄均为领蹄的制动器，可提高前进方向的制动效能。结构上采用了两个单活塞式制动轮缸，且上下反向布置。倒车制动时，该制动器两制动蹄变为从蹄，制动效能下降很多。

(二)盘式制动器

盘式制动器摩擦副中的旋转元件是以端面工作的金属圆盘，称为制动盘。其固定元件有着多种结构形式。根据固定元件的结构形式不同，盘式制动器大体上可分为两类，即钳盘式制动器和全盘式制动器。

1. 钳盘式制动器

钳盘式制动器广泛应用于轿车和轻型货车上。其优点是散热性好、热衰退小、热稳定性好。对制动性能要求较高的轿车，最适合安装前轮制动器，一般此类系统后轮多采用寿命较长的鼓式制动器，以便附装驻车制动器，这就是前盘后鼓式混合制动系统。钳盘式制动器径向尺寸有限，而工作面是端面，可使制动钳有两对轮缸，满足双管路布置。

制动盘与车轮固装在一起旋转，端面为摩擦面，其固定部分的摩擦件总称为制动钳。制动钳安装在转向节或桥壳上，并可用垫片调整钳与盘的间隙制动时，油液压入轮缸内，活塞在液压作用下压紧制动盘，产生摩擦力矩而制动；放松时，活塞和制动块依靠密封圈的弹力和弹簧回拉。钳盘式制动器按照制动钳固定在支架上的结构形式可分为固定式钳盘式制动器和浮动式钳盘式制动器(图 4-5-3)。

浮动式钳盘式制动器制动钳体通过导向销与车桥相连，可以相对于制动盘轴向移动。制动钳体只在制动盘

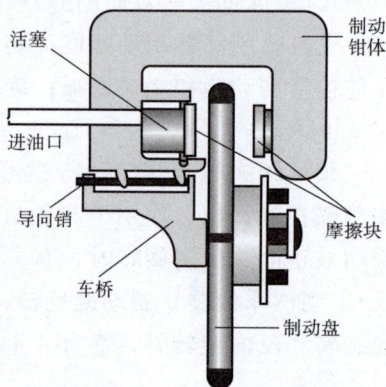

图 4-5-3　浮动式钳盘式制动器

的内侧设置油缸，而外侧的制动块则附装在钳体上。

制动时，液压油通过进油口进入制动油缸，推动活塞及其上的摩擦块向右移动，并压到制动盘上，并使得油缸连同制动钳体整体沿销钉向左移动，直到制动盘右侧的摩擦块也压到制动盘上夹住制动盘并使其制动。

2. 全盘式制动器

与鼓式制动器相比，全盘式制动器的优点如下：

(1)热稳定性较好。因为制动盘对摩擦块无摩擦增力作用，还因为制动摩擦块的尺寸不大，其工作表面的面积仅为制动盘面积的6％～12％，故散热性较好。

(2)水稳定性较好。因为摩擦块对盘的单位压力高，易将水挤出，同时，在离心力的作用下沾水后也易于甩掉，再加上摩擦块对盘的擦拭作用，因而，出水后只需经一、两次制动即能恢复正常；而鼓式制动器则需经过十余次制动方能恢复正常制动效能。

(3)制动稳定性好。盘式制动器的制动力矩与制动油缸的活塞推力及摩擦系数成线性关系，再加上无自行增势作用，因此，在制动过程中制动力矩增长较缓，与鼓式制动器相比，能保证高的制动稳定性。

(4)制动力矩与汽车前进和后退行驶无关。

(5)在输出同样大小的制动力矩的条件下，全盘式制动器的质量和尺寸比鼓式制动器要小。

(6)较简单，维修保养容易。

(7)制动盘与摩擦块间的间隙小，这就缩短了油缸活塞的操作时间，并使制动驱动机构的力传动比有增大的可能。

(8)制动盘的热膨胀不会像制动鼓热膨胀那样引起制动踏板行程损失，这也使间隙自动调整装置的设计可以简化。

(9)易于构成多回路制动驱动系统，使系统有较好的可靠性和安全性，以保证汽车在任何车速下各车轮都能均匀一致地平稳制动。

(10)能方便地实现制动器磨损报警，以便及时更换摩擦块。

盘式制动器的主要缺点是难以完全防止尘污和锈蚀；兼作驻车制动器时，所需附加的驻车制动驱动机构较复杂，因此，有的汽车采用前轮为盘式、后轮为鼓式的制动系统。

(三)驻车制动系统

1. 机械驻车制动

驻车制动系统主要由驻车制动手柄、驻车制动器，以及连接两者的杠杆和拉索等组成。

驻车制动器可以是独立的，也可以与行车制动器共用。如果是独立的驻车制动器，一般布置在变速器之后，万向传动装置之前，可以用鼓式制动器，也可以用盘式制动器。如果与行车制动器共用，一般是在后轮制动器上增加一套机械操纵机构，用制动手柄控制。驻车制动的传动机构为机械式，采用钢丝传动，并作用于后轮。在后制动器调整好之后，进行驻车制动器的调整。

2. 电子驻车制动系统

电子驻车制动系统是指将行车过程中的临时性制动和停车后的长时性制动功能整

合在一起，并且由电子控制方式实现停车制动的技术。电子驻车制动是由电子控制方式实现停车制动的技术，其工作原理与机械驻车制动相同，均是通过制动盘与制动片产生的摩擦力来达到控制停车制动，只不过控制方式从之前的机械驻车制动拉杆变成了电子按钮。

电子驻车制动从基本的驻车功能延伸到自动驻车功能。自动驻车功能技术的运用，使驾驶员在车辆停下时不需要长时间踩制动踏板。启动自动电子驻车制动的情况下，能够避免车辆不必要的滑行，简单来说就是车辆不会溜后。

三、伺服制动系统

伺服制动系统是在人力液压制动系统的基础上加设一套动力伺服系统而形成的，是兼用人体和发动机作为制动能源的制动系统，也是制动系统的基本形式。

伺服制动系统的类型如下：

(1)按伺服系统输出力的作用部位和对其控制装置操纵方式的不同，伺服制动系统可分为助力式(直接操纵式)和增压式(间接操纵式)两类。

(2)按伺服能量的形式，伺服制动系统可分为真空伺服式、气压伺服式和液压伺服式三种。其伺服能量分别为真空能(负气压能)、气压能和液压能。

下面以真空增压式液压制动传动装置为例介绍伺服制动系统。图 4-5-4 所示为真空增压式液压制动传动装置。它比普通液压制动传动装置多安装了一套真空增压系统，由发动机进气管(真空源)、真空单向阀、真空筒组成的供能装置，控制装置的控制阀，传动装置的加力气室及辅助缸等组成。

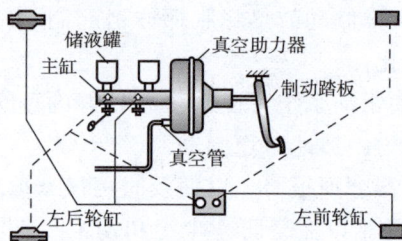

图 4-5-4　真空增压式液压制动传动装置

发动机工作时，在进气歧管中的真空度作用下，真空筒中的空气经真空单向阀吸入发动机，使筒中产生一定的真空度，作为制动伺服的能源(柴油发动机因进气管的真空度不高，需另安装一真空泵作为真空源)。单向阀的作用是当进气管(或真空泵)的真空度高于真空筒的真空度时，单向阀被吸开，将真空筒及加力气室内的空气抽出；当发动机熄火或因工况变化致使进气管的真空度低于真空筒的真空度时，单向阀即关闭，以保持真空筒及加力气室的真空度。

踩下制动踏板时，制动主缸输出的制动油液先进入辅助缸，由此一方面传入前后制动轮缸；另一方面又作为控制压力输入控制阀，控制阀使真空加力气室起作用，这样气室输出的力与主缸传来的液压一同作用于辅助缸活塞上，使辅助缸输送至轮缸的液压变得远高于主缸液压。

四、气压制动系统

气压制动系统是将压缩空气的压力作为机械推力，使车轮产生制动。气压制动力大且灵敏，因此广泛用于中型、重型载货汽车上。驾驶员只需按不同的制动强度要求，控制制动踏板的行程，便可控制制动气压的大小，获得所需要的制动力。气压制动系统按制动回路的布置形式可分为单回路和双回路。单回路已趋于淘汰，目前汽车上几乎都采用双回路或多回路制动传动装置。

(一)气压制动回路

1. 各元件连接管路

供能管路，即供能装置各组件之间和供能装置与控制元件之间的连接管路；促动管路，即控制装置与制动器促动装置之间的连接管路；操纵管路，即一个控制装置与另一个控制装置之间的连接管路。

2. 双回路管路

空压机将压缩空气经单向阀首先输入湿储气筒，经油水分离后，再经单向阀进入储气筒前后腔。再由制动阀控制可向控制气室充气，以实现制动分成两个回路：一个回路经储气罐、双腔制动阀的后腔通向前制动气室；另一个回路经储气罐、双腔制动阀的前腔和快放阀通向后制动气室。当其中一个回路发生故障失效时，另一个回路仍能继续工作，以维持汽车具有一定的制动能力，从而提高汽车行驶的安全性(图4-5-5)。

(二)供能装置

空压机产生气压能；储气室积储气压能；调压阀及安全阀，将气压限定在安全范围内；各种滤清器、油水分离器、空气干燥器、防冻器用于改善传动介质；多回路压力保护阀在一个回路失效时用以保护其他回路，使其中的气压能不损失。

(三)控制阀

制动阀是气压行车制动系统的主要控制元件，用以起随动作用并保证有足够强的踏板感，从而保证制动的渐进性。即在输入压力一定的情况下，使其输出压力与输入控制信号，踏板行程和踏板呈一定的递增函数关系。

(四)制动气室

在气压系统中，制动气室是执行装置，其作用是将输入的气压能转换成机械能而输出。在整个制动系统中，制动气室还属于传动装置，其输出的机械能还要传到制动凸轮之类的促动装置，使制动器产生制动力矩。

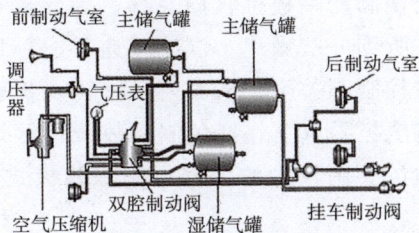

图 4-5-5　气压制动回路

五、防抱死制动系统

ABS 防抱死制动系统（ABS）如图 4-5-6 所示，是一种具有防滑、防锁死等优点的汽车安全控制系统，可安装在任何带液压制动的汽车上。现代汽车上都安装了防抱死制动系统，ABS 既有普通制动系统的制动功能，又能防止车轮锁死，使汽车在制动状态下仍能转向，保证汽车的制动方向稳定性，防止产生侧滑和跑偏。ABS 是在常规制动装置基础上的改进型技术，避免普通制动系统在湿滑路面制动，或在紧急制动时，车轮容易因制动力超过轮胎与地面的摩擦力而安全抱死。

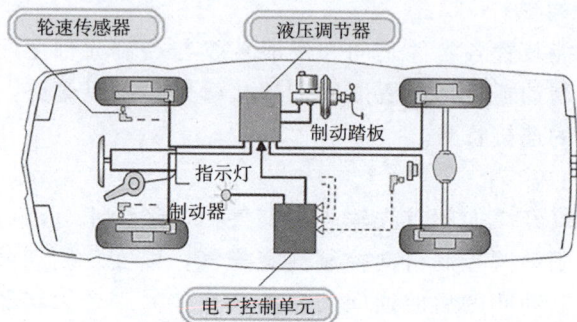

图 4-5-6　防抱死制动系统（ABS）

ABS 分类，一是按生产厂家分类；二是按控制通道分类。下面主要介绍按控制通道分类的方法。在 ABS 中，对能够独立进行制动压力调节的制动管路称为控制通道。ABS 装置的控制通道可分为四通道式、三通道式、二通道式和一通道式。四通道式 ABS 有四个轮速传感器，在通往四个车轮制动分泵的管路中，各设置一个制动压力调节器装置，进行独立控制，构成四通道控制形式。

（一）工作原理

在制动时，ABS 根据每个车轮速度传感器传来的速度信号，可迅速判断出车轮的抱死状态，关闭开始抱死车轮上面的常开输入电磁阀，使制动力不变。如果车轮继续抱死，则打开常闭输出电磁阀，这个车轮上的制动压力由于出现直通制动液储油箱的管路而迅速下移，防止了因制动力过大而将车轮完全抱死。在使制动状态始终处于最佳点（滑移率 S 为 20%）时，制动效果达到最好，行车最安全。

在制动总泵前面腔内的制动液是动态压力制动液，它推动反应套筒向右移动，反应套筒又推动助力活塞从而使制动踏板推杆向右移。因此，在 ABS 工作时，驾驶员可以感觉到脚上踏板的颤动，听到一些噪声。汽车减速后，一旦 ABS 计算机检测到车轮抱死状态消失，它就会让主控制阀关闭，从而使系统转入普通的制动状态下进行工作。如果蓄压器的压力下降到安全极限以下，红色制动故障指示灯和琥珀色 ABS 故障指示灯亮。在这种情况下，驾驶员要用较大的力进行深踩踏板式的制动方式才能对前后轮进行有效的制动。

（二）工作过程

在 ABS 中，每个车轮上各安置一个转速传感器，将关于各车轮转速的信号输入电子控制装置。电子控制装置根据各车轮转速传感器输入的信号对各个车轮的运动状态进行监测和判定并形成相应的控制指令。各处液压电磁阀均不通电而处于关闭状态，电动泵也不通电运转，制动主缸至各制动轮缸的制动管路均处于沟通状态，而各制动轮缸至储液器的制动管路均处于封闭状态，各制动轮缸的制动压力将随制动主缸的输出压力而变化，此时的制动过程与常规制动系统的制动过程完全相同。

在制动过程中，电子控制装置根据车轮转速传感器输入的车轮转速信号判定有车轮趋于抱死时，ABS 就进入防抱死制动压力调节过程。例如，电子控制装置判定右前轮趋于抱死时，电子控制装置就使控制右前轮制动压力的进液电磁阀通电，使右前进液电磁阀转入关闭状态，制动主缸输出的制动液不再进入右前制动轮缸，电子控制装置就使右前进液电磁阀和出液电磁阀都断电，使进液电磁阀转入开启状态，使出液电磁阀转入关闭状态，同时，也使电动泵通电运转，向制动轮缸送制动液，由制动主缸输出的制动液和电动泵泵送的制动液都经过处于开启状态的右前进液电磁阀进入右前制动轮缸，使右前制动轮缸的制动压力迅速增大，右前轮又开始减速转动。

ABS 通过使趋于抱死车轮的制动压力循环往复地经历"保持—减小—增大"的过程，而将趋于抱死车轮的滑动率控制在峰值附着系数滑动率的附近范围内，在该 ABS 中对应于每个制动轮缸各有一对进液电磁阀和出液电磁阀，可由电子控制装置分别进行控制，因此，各制动轮缸的制动压力能够被独立地调节，从而使四个车轮都不发生制动抱死现象。

尽管各种 ABS 的结构形式和工作过程并不完全相同，但都是通过对趋于抱死车轮的制动压力进行自适应循环调节，来防止被控制车轮发生制动抱死的，而且各种 ABS 在以下几个方面都是相同的。

ABS 只是汽车超过一定速度(如 5 km/h 或 8 km/h)以后，才会对制动过程中趋于抱死的车轮进行防抱死制动压力调节。当汽车被制动速度降低到一定值时，ABS 就会自动中止防抱死制动压力调节，此后，装备 ABS 汽车的制动过程将与常规制动系统的制动过程相同，车轮被制动抱死，对汽车制动抱死。这是因为在汽车的速度很低时，车轮被制动抱死对汽车制动性能的影响已经很小，而且要使汽车尽快制动停车，应必须使车轮制动抱死。在制动过程中，只有当被控制车轮趋于抱死时，ABS 才会对趋于抱死车轮的制动压力进行防抱死调节；在被控制车轮还没有趋于抱死时，制动过程与常规制动系统的制动过程完全相同。ABS 都具有自诊断功能，能够对系统的工作情况进行监测，一旦发现存在影响系统正常工作的故障时将自动地关闭 ABS，并将 ABS 警示灯点亮，向驾驶员发出警示信号，汽车的制动系统仍然可以像常规制动系统一样进行制动。

🏁 学习研讨

背景描述	防抱死制动系统只是制动系统的基础技术，驱动防滑、主动制动、车身稳定、制动辅助等电子控制功能已经越来越普及地应用在各类车辆上
讨论主题	结合车型为大家介绍一项先进的制动系统电子控制功能，并解释其构造和工作原理

续表

背景描述	防抱死制动系统只是制动系统的基础技术，驱动防滑、主动制动、车身稳定、制动辅助等电子控制功能已经越来越普及地应用在各类车辆上
成果展示	小组采用短视频制作等方式展示成果

学习评价

内容组织	素养提升			评价结果
内容选取很好，内容全面且组织有条理	思路清晰、重点突出、语言流畅	熟练掌握短视频制作等信息化技术	很好地体现团队协作和自学能力	优秀
内容选取较好，内容比较全面且组织比较有条理	语言通顺简洁、思路较清晰	较熟练掌握短视频制作等信息化技术	较好地体现团队协作和自学能力	良好
内容选取一般，内容不全面且组织条理不清	语言逻辑不够清晰流畅	不能熟练掌握短视频制作等信息化技术	不能很好地体现团队协作和自学能力	一般

知识拓展：汽车分动器　　　　课后练习

模块五
新能源汽车构造

新能源汽车作为未来交通的重要发展方向，正在迅速普及和完善。随着环保意识的增强和能源技术的进步，新能源汽车逐渐形成了多个分类，根据动力来源和驱动方式的不同，主要可分为纯电动汽车（BEV）、油电混合动力汽车（HEV）、插电式混合动力汽车（PHEV）和氢燃料电池汽车（FCEV）。

可以说，新能源汽车的动力系统、能源管理和驱动技术决定了其基本性能特点与使用场景，是人们认识新能源汽车的第一直观信息，也是学习新能源汽车构造所要掌握的第一基础知识。本模块主要介绍新能源汽车的发展历程、分类和主要组成部分，内容包括新能源汽车的技术演进、动力系统、能源管理和充电设施。

🏁 学习目标

(1) 能够掌握纯电动汽车的动力系统结构。
(2) 能够掌握纯电动汽车的动力系统布置形式。
(3) 掌握驱动电机控制系统的结构及动力流。
(4) 掌握驱动电机控制系统的散热原理。
(5) 能够掌握常见汽车驱动电机的结构及类型。
(6) 掌握典型混合动力汽车的工作原理及驱动模式。

📷 学习单元一　新能源汽车概述

🏁 情境导入

新能源汽车行业的发展经历了快速增长和技术创新的历程。初期，受限于电池技术和基础设施，新能源汽车的普及率较低。随着锂电池技术的突破和充电网络的建设，续航里程和充电便利性均得到大幅提升。

政府政策支持和环保意识的增强进一步推动了市场需求。如今，新能源汽车的种类多样，涵盖纯电动、混合动力和氢燃料电池车，广泛应用于私人和公共交通。未来，

模块五　新能源汽车构造

📍

263

随着自动驾驶和智能网联技术的融合，新能源汽车将继续引领交通行业向智能化、绿色化方向发展。

相关知识

一、新能源汽车的概念

新能源汽车又称替代燃料车，是指采用非常规（非化石燃料）的能源作为动力来源（或使用常规的车用燃料、采用新型车载动力装置），综合车辆的动力控制和驱动方面的先进技术，形成技术原理先进，具有新技术、新结构的车辆。

二、纯电动汽车的主要系统

1. 电源系统

电源系统主要包括动力电池、电池管理系统、车载充电机及辅助动力源等。动力电池是电动汽车的动力源，是能量的存储装置。目前的纯电动汽车以锂离子蓄电池为主（包括磷酸铁锂离子蓄电池、三元锂离子蓄电池等），如图 5-1-1 所示。

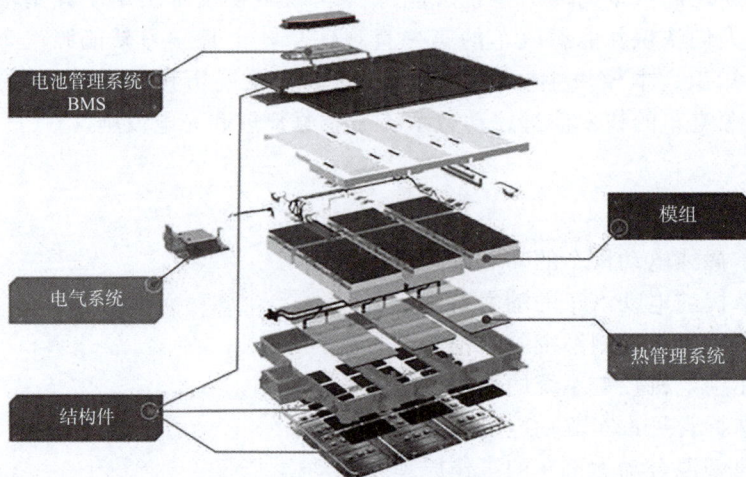

图 5-1-1　动力电池结构

电池管理系统实时监控动力电池的使用情况，对动力电池的端电压、内阻、温度、蓄电池电解液浓度、电池剩余电量、放电时间、放电电流或放电深度等动力电池状态参数进行检测，并按照动力电池对环境温度的要求进行调温控制，通过限流控制避免动力电池过充电、过放电，对有关参数进行显示和报警，其信号流向辅助系统，并在组合仪表上显示相关信息，以便驾驶员随时掌握车辆信息。车载充电机是将电网供电制式转换为对动力电池充电要求的制式，即将交流电（220 V 或 380 V）转换为相应电压（240～410 V）的直流电。并按要求控制其充电电流（家庭充电一般为 10 A 或 16 A）。辅助动力源一般为 12 V 或 24 V 的直流低压电源，它主要给动力转向、制动力调节控制、照明、空调、电动车窗等各种辅助用电装置提供所需的能源。

2. 驱动系统

电力驱动子系统（以下简称驱动系统）是电动汽车的核心，也是区别于内燃机汽车的最大不同点。一般来说，驱动系统由电子控制器、功率变换器、驱动电机、机械传动装置和车轮等部分构成。驱动系统的功用是将存储在蓄电池中的电能高效地转化为车轮的动能进而推进汽车行驶，并能够在汽车减速制动或下坡时，实现再生制动。

驱动电动机的作用是将电源的电能转化为机械能，通过传动装置驱动或直接驱动车轮。早期电动汽车上广泛采用直流串激电动机，这种电动机具有的软机械特性与汽车的行驶特性非常适应。但直流电动机由于存在换向火花、比功率较小、效率较低和维护保养工作量大等缺点，随着电动机技术和电动机控制技术的发展，正在逐渐被直流无刷电动机（BCDM）、开关磁阻电动机（SRM）和交流异步电动机所取代。

3. 整车控制器

整车控制器是电机控制系统的控制中心。它对所有的输入信号进行处理，并将电机控制系统运行状态的信息发送给整车控制器。根据驾驶员输入的加速踏板和制动踏板的信号，向电机控制器发出相应的控制指令，对电机进行启动、加速、减速、制动控制。在纯电动汽车减速和下坡滑行时，整车控制器配合电源系统的电池管理系统进行发电反馈，使动力蓄电池反向充电。整车控制器还对动力蓄电池充、放电过程进行控制。对于与汽车行驶状况有关的速度、功率、电压、电流等信息传输到车载信息显示系统进行相应的数字或模拟显示。

电机控制器内含功能诊断电路。当诊断出现异常时，它将会激活一个错误代码，发送给整车控制器。电机控制系统使用了以下传感器来提供电机的工作信息。电流传感器用以检测电机工作的实际电流（包括母线电流、三相交流电流）；电压传感器用以检测供给电机控制器工作的实际电压（包括高压电池电压、蓄电池电压）；温度传感器用以检测电机控制系统的工作温度（包括模块温度、电机控制器温度）。除此之外，电动汽车还包括电动空调、电加热装置、电动真空助力等。

4. 辅助系统

辅助系统包括车载信息显示系统、动力转向系统、导航系统、空调、照明及除霜装置、刮水器和收音机等，借助这些辅助设备来提高汽车的操纵性和成员的舒适性。

学习研讨

背景描述	新能源汽车发展迅速，成为全球汽车产业的重要趋势，中国新能源汽车的发展进入高速发展时期，新车型、新技术的应用也不断涌现
讨论主题	以小组为单位查阅相关资料，讲述一种新能源新技术的应用
成果展示	小组采用短视频、PPT制作等方式展示成果

🏁 学习评价

内容组织	素养提升		评价结果
内容选取很好，内容全面且组织有条理	思路清晰、重点突出、语言流畅	熟练掌握 PPT 和短视频制作等信息化技术	能很好地体现团队协作和自学能力	优秀
内容选取较好，内容全面且组织有条理	思路清晰、语言通顺简洁	能够使用 PPT 和简单的短视频制作等信息化技术	较好地体现团队协作和自学能力	良好
内容选取合理，内容相对完整，有一定的组织条理	逻辑思路一般、语言相对流畅	会使用 PPT 和短视频做简单的处理	团队协作能力和自学能力一般	一般
内容选取一般，内容不全面且组织条理不清晰	语言逻辑不够清晰流畅	不能熟练掌握 PPT 和短视频制作等信息化技术	不能很好地体现团队协作和自学能力	合格

🚗 学习单元二　新能源汽车车身构造

🏁 情境导入

　　新能源汽车车身的发展体现了轻量化和智能化的趋势。早期电动汽车主要采用传统车身结构，导致续航里程和性能受限。随着技术的进步，轻量化材料如铝合金和碳纤维的应用显著减少了车身质量，提高了能效和续航能力。

　　此外，现代新能源汽车车身设计融合了更多的智能化元素，如自适应巡航系统、自动紧急制动和高级驾驶辅助系统，提升了安全性和驾驶体验。未来，随着科技的不断发展，新能源汽车车身将更加智能化、轻量化和环保，为用户提供更加高效、更加安全的出行解决方案。

🏁 相关知识

一、新能源汽车分类

　　新能源汽车包括五大类型，即混合动力电动汽车(主要分油电混合动力汽车和插电式混合动力汽车两类)、纯电动汽车(BEV)、太阳能车、氢燃料电池汽车(FCEV)、增程式电动汽车(REEV)。其他新能源车包括机械能(如超级电容器、飞轮、压缩空气等高效储能器)车等，车用燃料是指除汽油、柴油外的燃料，如天然气（NG）、液化石油气（LPG）、乙醇汽油（EG）、甲醇、二甲醚、氢燃料等。

在车辆历史的早期曾有很多使用汽油或柴油以外的能源的方案，或者有些可以用汽油或柴油但不用内燃机，可是因为这些车的成本效益低而被淘汰。在 20 世纪 70 年代起复兴这类车，提倡新能源车是为了应付环保和石油危机，需要减少或放弃燃烧传统的汽油或柴油驱动内燃机的现时主流车型。

我国政府规定新能源汽车包括纯电动汽车（EV）、插电式混合动力汽车（PHEV）、氢燃料电池汽车（FCEV）三类。这三类车型在国内有补贴（在 2020 年之后已取消）及出行便利（如北京地区，纯电动车不限号限行等）政策。我国预计在 2035 年新能源车将成为销售主流。截至目前，我国新能源汽车的发展已经位居世界前列。

二、新能源汽车车身布局

（一）油电混合动力汽车车身布局

油电混合动力汽车的车身布局大致与燃油车相似，只是在原有汽车车身结构中加入了一套电驱系统和动力电池包，汽车结构大致没有改变，具体结构如图 5-2-1 所示。

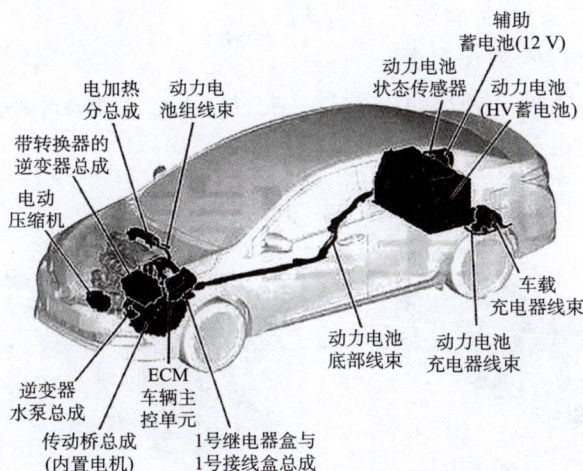

图 5-2-1　油电混合动力汽车车身布局结构

（二）纯电动汽车车身布局

纯电动汽车是完全由可充电电池（如铅酸电池、镍镉电池、镍氢电池或锂电子电池）提供动力源，以电动机为驱动系统的汽车。其主要动力系统由动力电池、驱动电机组成，通过从电网取电或更换蓄电池获得电能。

与传统汽车相比，纯电动汽车取消了发动机，传动机构发生了改变，根据驱动方式不同，部分部件已经简化或取消，增加了电源系统和驱动电机等新机构。由于以上系统功能的改变，纯电动汽车改由新的四大部分组成，即电力驱动控制系统、底盘、车身、辅助系统。

纯电动汽车的结构主要包括电源系统、驱动电机系统、整车控制器和辅助系统等。动力电池输出电能，通过电机控制器驱动电机运转产生动力，再通过减速机构，将动力传递给驱动车轮，使电动汽车行驶。

来自加速踏板的信号输入电子控制器并通过控制功率变换器来调节电动机输出的转矩或转速，电动机输出的转矩通过汽车传动系统驱动车轮转动。充电器通过汽车的充电接口向蓄电池充电。在汽车行驶时，蓄电池经功率变换器向电动机供电。当电动汽车采用电制动时，驱动电机运行在发电状态，将汽车的部分动能回馈给蓄电池以对其充电，并延长电动汽车的续驶里程。

纯电动汽车车身构造如图 5-2-2 所示。纯电动汽车与传统燃油车一样拥有车身结构，其车身结构理论上应该与燃油车车身平台有所区别，主要区别是车身底板，因为纯电动汽车在车身底板下方一般都是放置整个动力电池组（图 5-2-3），不像燃油车那样需要给变速器和传动机构及消声器预留安装位置。

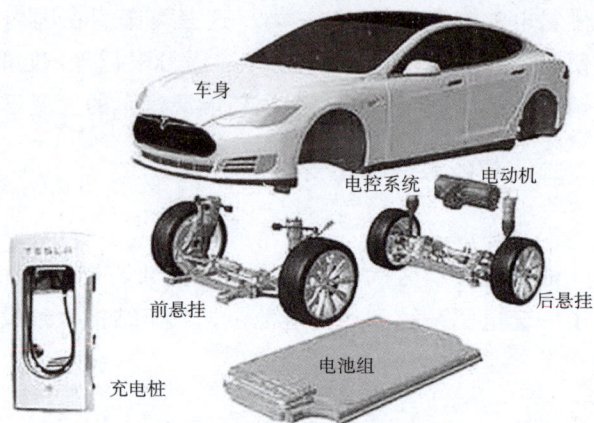

图 5-2-2　纯电动汽车车身结构

纯电动汽车的驱动方式很直接，如果是前驱则将电机安装在前轴，如果是后驱，则将电机安装在车辆后轴，如果是四驱，则前后各放置一个电机即可，由于电机体积较发动机小很多，因此其布局更为轻松，如图 5-2-4 所示。

图 5-2-3　纯电动汽车电机电池组

图 5-2-4　四驱纯电动汽车双电机布局

一般，前、后双电动机布置结构的纯电动汽车，其对应的电机控制器与电机呈一体化结构，这样设计的目的是便于控制。此外，纯电动汽车还要有电池和电机冷却系统。用以保证其处在低温环境中电池的正常充放电。

三、新能源汽车的驱动形式

新能源汽车的驱动形式有多重组合方案，可以电机直驱，内燃机与电机并联驱动，增程驱动等。其中，内燃机与电机并联驱动又称混合驱动，但根据是否有充电接口可将其分为插电混动和非插电混动。具体驱动形式如图 5-2-5 所示。

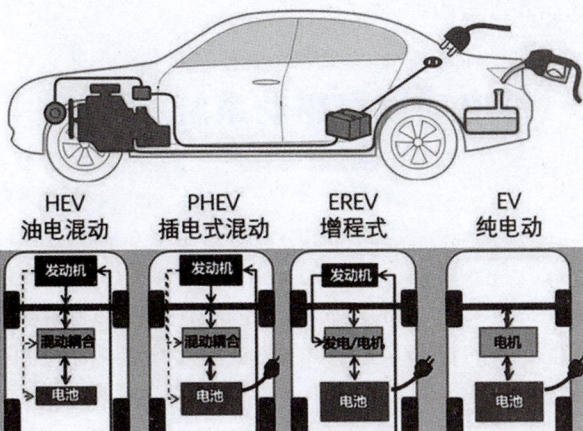

图 5-2-5　新能源汽车的驱动形式

学习研讨

背景描述	汽车车身外观的设计决定汽车性能。新能源汽车由于动力系统、布局的特殊性，导致新能源汽车的车身结构与传统燃油车有着很大的区别
讨论主题	请以小组为单位讲解目前比较先进的汽车车身结构相关内容
成果展示	小组采用短视频、PPT 制作等方式展示成果

学习评价

内容组织	素养提升			评价结果
内容选取很好，内容全面且组织有条理	思路清晰、重点突出、语言流畅	熟练掌握 PPT 和短视频制作等信息化技术	能很好地体现团队协作和自学能力	优秀
内容选取较好，内容全面且组织有条理	思路清晰、语言通顺简洁	能够使用 PPT 和简单的短视频制作等信息化技术	较好地体现团队协作和自学能力	良好
内容选取合理，内容相对完整，有一定的组织条理	逻辑思路一般、语言相对流畅	会使用 PPT 和短视频做简单的处理	团队协作能力和自学能力一般	一般
内容选取一般，内容不全面且组织条理不清晰	语言逻辑不够清晰流畅	不能熟练掌握 PPT 和短视频制作等信息化技术	不能很好地体现团队协作和自学能力	合格

学习单元三　纯电动汽车驱动系统

情境导入

纯电动汽车驱动系统的发展取得了显著进步。早期电动汽车多采用单一电机驱动，性能和效率有限。随着技术的进步，高效的永磁同步电机和感应电机成为主流，提供了更强动力和更高能效。

此外，纯电动汽车驱动系统的布局也更加多样化，前置、后置和四轮驱动配置能满足不同需求。集成电机、逆变器和减速器的电驱动桥(e-Axle)提高了系统集成度和空间利用率。未来，随着多电机驱动和轮毂电机技术的发展，纯电动汽车驱动系统将更加灵活、更加高效，以推动电动汽车性能和续航的进一步提升。

相关知识

一、纯电动汽车动力系统结构

纯电动汽车是指利用动力电池作为储能动力源，通过电池向电机提供电能，驱动电机运转，从而推动汽车前进的一种新能源汽车。纯电汽车动力系统主要由电力驱动系统、电源系统和辅助系统三部分构成。其中，电力驱动系统的部件有电动机驱动单元、控制单元、功率转换器、机械传动装置和车轮等(图 5-3-1)。

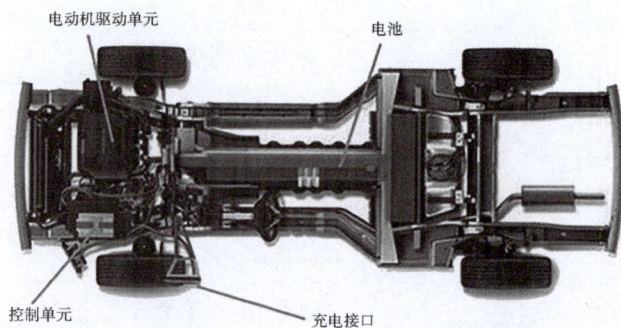

图 5-3-1　纯电动汽车结构布局

电动机的作用就像燃油汽车中的发动机，在工作时，会将动力电池中储存的电能转换为车轮的动能进而驱动车轮，或是在需要制动时将车轮上的动能转化成电能返回到动力电池中以达到电动汽车的制动能量回收。控制器在电力驱动系统中的作用是协调和控制各个子系统，相当于一个整车控制系统，只有各个部分都协调好，才能发挥电动汽车的最佳性能。电源系统包括电动汽车的蓄电池组及电池管理系统（BMS）。辅助系统则由辅助动力源、动力转向系统、空调器及照明装置组成。

纯电动汽车动力系统的工作原理：先由动力电池组提供电能，经过控制器和功率转化器的调速控制，驱动电机，再由传动系统驱动车轮，使纯电动汽车行驶。纯电动汽车的结构与燃油汽车相比，主要增加了电力驱动系统，但取消了发动机。电力驱动控制系统由电力驱动主模块、车载电源及控制模块和辅助模块三大部分组成。

当汽车行驶时，由蓄电池输出电能（电流），通过控制器驱动电机运转，电机输出的转矩经传动系统带动车轮前进或后退。电动汽车续驶里程与蓄电池容量有关，而蓄电池容量受诸多因素限制。要提高一次充电续驶里程，必须尽可能地节省蓄电池的能量。

1. 电力驱动主模块

电力驱动主模块主要包括中央控制单元、驱动控制器、电机、机械传动装置和车轮等。其作用是将存储在蓄电池中的电能高效地转化为车轮的动能，并能够在汽车减速制动时，将车轮的动能转化为电能充入蓄电池。

（1）中央控制单元根据加速踏板和制动踏板的输入信号，向驱动控制器发出相应的控制指令，对电机进行起动、加速、减速和制动控制。

（2）驱动控制器是按中央控制单元的指令、电流反馈信号，对电机的速度、驱动转矩和旋转方向进行控制的。驱动控制器必须与电机配套使用。

（3）机械传动装置将电机的驱动转矩传输给汽车的驱动轴，从而带动汽车车轮行驶。

（4）电机在电动汽车中需要承担电动机和发电机的双重功能，即在正常行驶时发挥其主要的电机功能，将电能转化为机械能；在减速和下坡滑行时又要进行发电，将车轮的惯性动能转化为电能。因为汽车使用工况比较复杂，所以，纯电动汽车对电机的要求比较高。

2. 车载电源及控制模块

车载电源模块主要包括蓄电池电源、能量管理系统和充电控制器等。其作用是向电机提供驱动电能、监测电源使用情况及控制充电机向蓄电池充电。

纯电动汽车常用的蓄电池电源有铅酸电池、镍镉电池、镍氢电池、锂离子电池等。

纯电动汽车的能量管理系统主要是指电池管理系统，其主要功用是对电动汽车用的电池单体及整组进行实时监控，进行充放电、巡检、温度监测等。充电控制器将交流电转化为相应电压的直流电，并按要求控制其电流。

3. 辅助模块

辅助模块主要包括辅助动力源、动力转向系统、驾驶室显示操纵台和辅助装置等。辅助模块除辅助动力源外，依据不同车型而不同。

（1）辅助动力源主要由辅助电源和 DC/DC 变流器组成。其作用是供给纯电动汽车其他各种辅助装置所需要的电能，一般为 12 V 或 24 V 的直流低压电。它主要给动力转向单元、制动力调节控制、照明、空调、电动门窗等提供其所需要的能源。

（2）动力转向系统是为汽车转弯而设置的，它由转向盘、转向器、转向机构和转向轮等组成。其作用在转向盘上的控制力，通过转向器和转向机构使转向轮偏转一定的角度，实现汽车的转向。

（3）驾驶室显示操纵台类似于传统汽车驾驶室的仪表盘，但是其功能根据电动汽车驱动的控制特点有所增减，其指示信息更多地选用数字及液晶屏幕显示。

（4）辅助装置主要有照明、各种声光信号装置、车载音响设备、空调、刮水器、挡风玻璃除霜清洗器、电动门窗、电控玻璃升降器、电控后视镜调节器、电动座椅调节器、车身安全防护装置控制器等。它们主要是为提高汽车的操控性、舒适性、安全性而设置的，可根据需要选用。

二、纯电动汽车驱动系统布置形式

纯电动汽车的驱动系统是它的核心部分，其性能决定汽车运行性能的好坏。纯电动汽车的驱动系统布置取决于电机驱动系统的形式(图 5-3-2)。

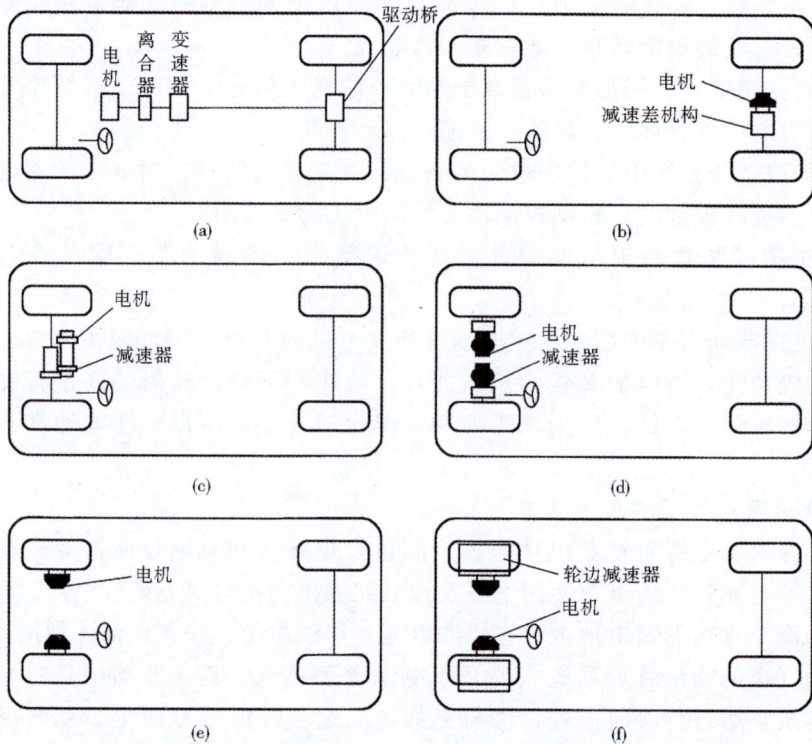

图 5-3-2 常见的驱动系统布置形式

(a)电机轴与驱动轴相互垂直；(b)整体驱动桥式；(c)电机轴与驱动轴相互平行；
(d)双电机整体驱动桥式；(e)直流驱动式电动轮；(f)带轮边减速器电动轮

（1）传统的驱动模式与燃油汽车驱动系统的布置方式一致，带有变速器和离合器，只是将发动机换成电机，属于改造型电动汽车。这种布置可以提高电动汽车的起动转矩，增加低速时电动汽车的后备功率。

（2）电机-驱动桥组合式驱动模式取消了离合器和变速器，但具有减速差速机构，由

1台电机驱动两车轮旋转。其优点是可以继续沿用燃油发动机汽车中的动力传动装置，只需要一组电机和逆变器。这种方式对电机的要求较高，不仅要求电机具有较高的起动转矩，还要求其具有较大的后备功率，以保证纯电动汽车的起动、爬坡、加速和超车等动力性。

（3）电机-驱动桥整体式驱动模式。该驱动模式将电机安装到驱动轴上，直接由电机实现变速和差速转换。这种传动方式同样对电机有较高的要求，要求其有大起动转矩和后备功率，同时，还要求控制系统有较高的控制精度，且要具备良好的可靠性，从而保证纯电动汽车行驶的安全性和平稳性。

（4）轮毂电机驱动模式。轮毂电机驱动模式同电机-驱动桥整体式驱动模式布置方式比较接近，将电机直接安装到了驱动轮上，由电机直接驱动车轮行驶。轮毂电机驱动模式与电机-驱动桥整体式驱动模式相比更优化了结构，结构更简单，传动效率更高。

现在的电动车制造已经完全脱离了原有的汽车生产平台，真正做到了拥有纯电动汽车独立生产平台，这就使电动汽车从理念、设计、研发、生产、制造、调校等多方面得到了更广阔的发展空间。目前，我国电动汽车已经做到了拥有足够多的专利储备和足够强的生产能力。

三、驱动电机控制系统

（一）驱动电机控制系统组成

驱动电机控制系统主要由整车控制器（VCU）、电机控制器（MCU）、驱动电机、机械传动装置和冷却系统等组成（图 5-3-3）。

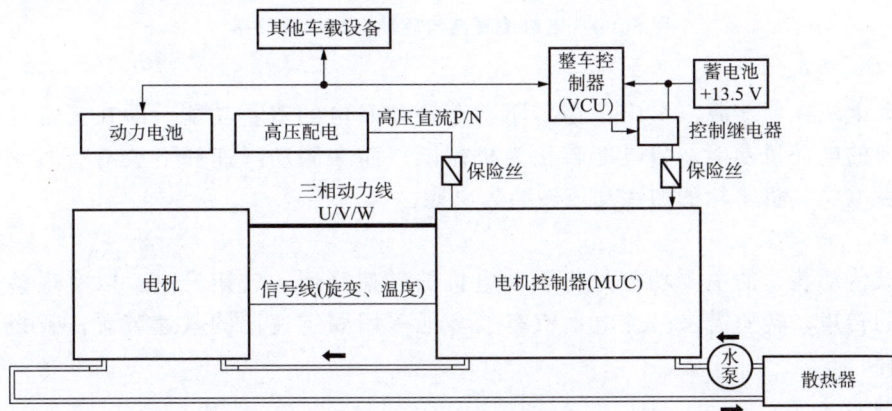

图 5-3-3　驱动电机控制系统

1. 整车控制器（VCU）

整车控制器相当于纯电动汽车的"大脑"，控制纯电动汽车的所有部件，其主要功能是识别驾驶员意图，实现驱动控制、制动能量回馈控制、高压上下电控制，以及进行整车能量优化管理，车辆状态的实时检测，同时进行故障诊断与处理及一些其他功能。

VCU除上述功能外，还具有充电过程控制、防溜车功能控制、电动化辅助系统管理、整车 CAN 总线网关及网络化管理、换挡控制、远程控制等功能。其中，远程控制功能包括远程查询功能、远程空调控制功能等。

2. 电机控制器

电机控制器的功能是接收整车控制器的指令，将动力蓄电池的高压直流电变成电压、频率、相序可调的三相交流电，实现对驱动电机的转速、转矩和旋转方向的控制，以实时检测驱动电机的运行状态，如温度、母线电流、三相交流电、动力蓄电池电压、高压线束的绝缘情况等，电机控制器内含有故障诊断电路。当诊断出现异常时，它将会激活一个故障代码，通过 CAN 总线网络发送给整车控制器，同时存储该故障代码和数据。

在能量回收过程中，电机控制器转变为整流滤波器，其功能是将发电机输出的三相交流电压经过整流、滤波和升压后转变为高压直流电，将电能回馈给动力蓄电池，实现能量回收(图 5-3-4)。

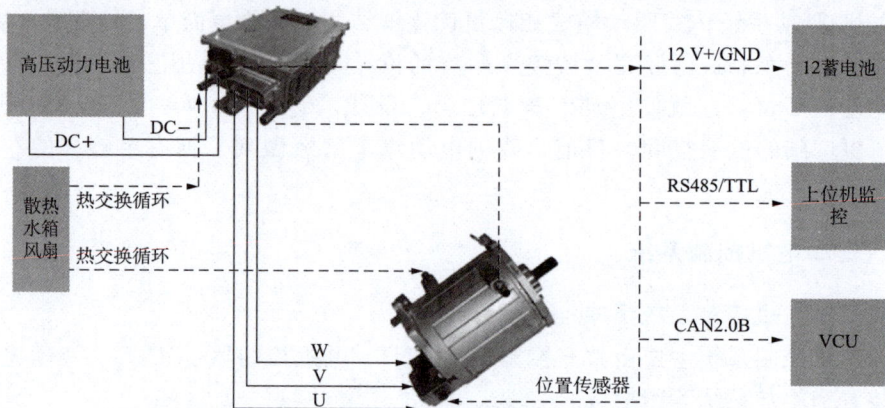

图 5-3-4　电机控制器与驱动电机连接关系

3. 驱动电机

驱动电机在新能源汽车中承担着驱动车辆和发电的双重功能，即在正常行驶时发挥其主要的电动机功能，将电能转化为机械能；而在制动降速和下坡滑行时驱动电机转变为发电机，将车轮的惯性动能转换为电能。

4. 机械传动装置

机械传动装置的主要功能是将驱动电机的转速降低、转矩升高，以实现整车对驱动电机的转矩、转速需求。纯电动汽车较多地采用固定速比的减速装置，省去了变速器等部件。

5. 冷却系统

由于电机工作对温度十分敏感，当温度超过电机规定温度阈值上限后，电机会因为环境温度过热导致工作效率下降。因此，需要对电机进行冷却处理。根据冷却方式不同，电机的冷却系统可分为风冷系统和水冷系统两大类。具体采用哪种冷却系统还需要因车型而定。总之，冷却系统是保证电机能够正常运行的关键。

(二)驱动电机系统能量流动路线

纯电动汽车驱动电机系统能量流动路线分为驱动模式能量流动路线和发电模式能量流动路线。

1. 驱动模式能量流动路线

当电机控制器从整车控制器处得到转矩输出命令时，将动力电池提供的直流电，转化成三相正弦交流电，驱动电机输出转矩，通过机械传输来驱动车辆(图 5-3-5)。

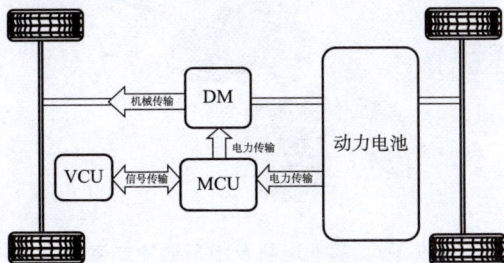

图 5-3-5　驱动模式能量流动路线

驱动模式能量流动路线：动力电池将高压直流电输送给高压控制盒，通过高压控制盒输送给电机控制器。电机控制器将直流高压电转变为交流高压电供给电机，电机再将电能转换为机械能，驱动二级主减速器运转，经过差速器带动两半轴转动，最终带动车轮旋转。

2. 发电模式能量流动路线

当电机控制器判断出处于发电模式命令时，将控制电机处于发电状态。此时电机将车辆动能转化为交流电，并通过电机控制器整流后将其变为动力电池需要的直流电，给动力电池充电(图 5-3-6)。

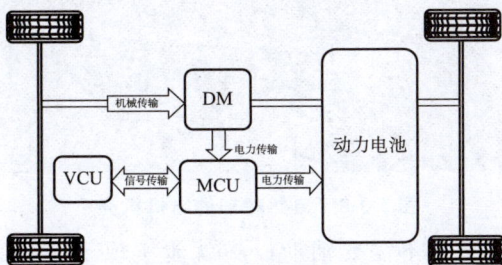

图 5-3-6　发电模式能量流动路线

发电模式的能量流动路线：车轮处的惯性力通过半轴、差速器、二级减速器传递到电机，此时电机处于发电模式，将机械能转化为电能，通过电机控制器整流成直流电，通过高压控制盒给动力电池进行充电。

(三)驱动电机及控制器冷却系统

1. 驱动电机及控制器冷却系统的作用

纯电动汽车在驱动与回收能量的工作过程中，驱动电机定子铁芯、定子绕组运动的过程中都会产生损耗，这些损耗以热量的形式向外发散，需要有效地冷却介质及冷却方式来带走热量，保证电机在一个稳定的冷热循环平衡的通风系统中安全可靠运行。电机冷却系统设计的好坏将直接影响电机的安全运行和使用寿命。需要特别说明的是，对于采用永磁同步电机的驱动单元，由于车辆在大负荷低速运行时，极容易使电机产生高温，在高温状态下很容易导致永磁转子产生磁退现象。因此，需要借助冷却系统对电机的温度进行控制。

驱动电机及控制器冷却系统的功能是将电机、电机控制器及车载充电器产生的热量及时散发出去，保证其在要求的温度范围内稳定高效地工作（图 5-3-7）。

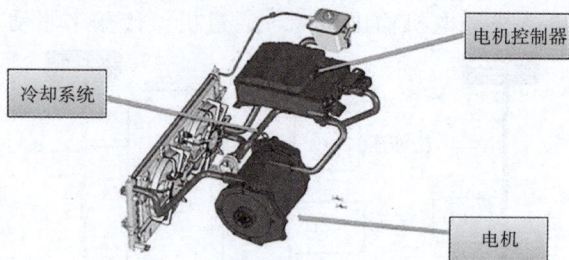

图 5-3-7　驱动电机及控制器冷却系统

2. 驱动电机及控制器冷却系统的冷却方式

（1）自然冷却。自然冷却依靠电机铁芯自身的热传递，散去电机产生的热量，热量通过封闭的机壳表面传递给周围介质，其散热面积为机壳的表面，为增加散热面积，机壳表面可加冷却筋（图 5-3-8）。

图 5-3-8　自然冷却的电机机壳

自然冷却具有结构简单，不需要辅助设施就能实现冷却的优点；但自然冷却效率差，仅适用于转速低、负载转矩小、电机发热量较小的小型电动机。

（2）风冷。风冷是电机自带同轴风扇来形成内风路循环或外风路循环，通过风扇产生足够的风量，带走电机所产生热量的冷却方式。其介质为电机周围的空气，空气直接送入电机内，吸收热量后向周围环境排出。风冷结构相对简单，电机冷却成本较低，适用于成本较低且功率较小的纯电动汽车。但受环境因素的制约，在恶劣的工业环境中，例如，高温、粉尘、污垢和恶劣的天气下无法使用风冷。风冷常用于在清洁、无腐蚀、无爆炸环境下的电机使用（图 5-3-9）。

（3）水冷。水冷是将水（冷却液）通

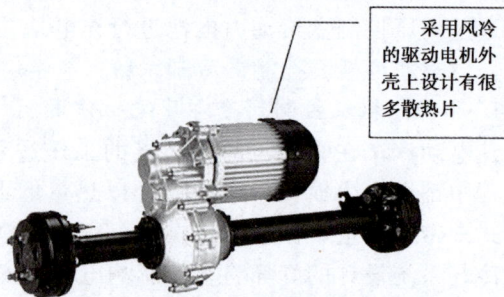

采用风冷的驱动电机外壳上设计有很多散热片

图 5-3-9　风冷驱动单元总成（含驱动桥）

过管道和通路引入定子或转子空心导体内部,通过循环水不断地流动,带走电机转子和定子产生的热量,达到对电机的冷却功能。水冷的冷却效果比风冷更显著,无热量散发到环境中。但是,其需要良好的机械密封装置,且水循环系统结构复杂,存在渗漏隐患,如果发生水渗漏,会造成电机绝缘破坏,可能烧毁电机。此外,水质需要处理,其电导率、硬度和 pH 值都有一定的要求。

水冷适用于功率较大的纯电动汽车。驱动控制系统的水冷系统主要依靠冷却水泵带动冷却液在冷却管道中循环流动,通过散热器的热交换等物理过程,冷却液带走电机与控制器产生的热量。为使散热器热量散发更充分,通常还在散热器后方设置风扇(图 5-3-10)。

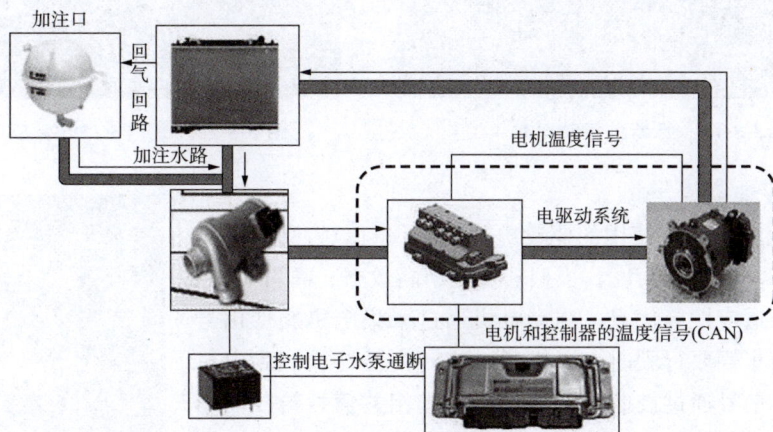

图 5-3-10　水冷系统结构

驱动电机及控制器冷却系统的冷却水泵一般都采用电动冷却水泵,整车控制器监控到电机/电机控制器温度过高时会自动打开冷却水泵。

3.驱动电机及控制器冷却系统控制策略

(1)水泵控制。当车辆启动钥匙置于"ON"挡,仪表显示"READY"时,电动水泵由整车控制器控制并开始工作。而有些纯电动汽车则是当电机控制器温度达到一定值时,电动水泵才开始工作。

(2)冷却风扇控制。冷却风扇可分为高速、低速两挡,根据电机内温度传感器和电机控制器内温度传感器的信号通过整车控制器控制风扇挡位的切换。

四、常见车型驱动电机的类型

(一)特斯拉驱动电机

特斯拉纯电动汽车的驱动电机(图 5-3-11)为自主研发的三相交流感应电机,拥有最优的缠绕线性,能极大减少阻力和能量损耗。同时,相对于整车,其电机体积非常小。

通过高性能信号处理器将制动、加速、减速等需求转换为数字信号,控制转动变频器将电池组的直流电与交流电相互转换,以带动三相感应电机为汽车提供动力。

(二)北汽新能源驱动电机

北汽新能源 E150EV 的驱动电机(图 5-3-12),是 E150EV 的电机控制器。驱动电机控制方式：驱动电机控制器将动力电池提供的直流电转化为交流电，然后输出给电机，通过电机的正转来实现整车加速、减速；通过电机的反转来实现倒车。驱动电机控制器通过有效的控制策略，控制动力总成以最佳方式协调工作。

图 5-3-11　特斯拉驱动电机

图 5-3-12　北汽 E150EV 驱动电机

（三）比亚迪驱动电机

比亚迪纯电动汽车使用的驱动电机（图 5-3-13）为交流无刷永磁同步电机，具有高密度、小型轻量化、高效率、高可靠性、高耐久性、强适应性等优点。驱动电机通过采集电机旋变信号进行工作。当车辆要行驶时，电机通过旋转变压器检测到电机的位置，位置信号通过控制器的处理，发送相关信号给控制器 IGBT，逻辑信号控制 IGBT 开断，控制器输出近似正弦波交流电。

图 5-3-13　比亚迪 E6 驱动电机

学习研讨

背景描述	纯电动汽车的驱动系统与传统汽车的驱动系统的最大区别是电机的加入。电机的性能直接决定汽车的加速性和舒适性
讨论主题	请从能量和电机效率方面说一下未来汽车电机的发展前景
成果展示	小组采用短视频、PPT 制作等方式展示成果

学习评价

内容组织	素养提升			评价结果
内容选取很好，内容全面且组织有条理	思路清晰、重点突出、语言流畅	熟练掌握 PPT 和短视频制作等信息化技术	能很好地体现团队协作和自学能力	优秀
内容选取较好，内容全面且组织有条理	思路清晰、语言通顺简洁	能够使用 PPT 和简单的短视频制作等信息化技术	较好地体现团队协作和自学能力	良好

内容组织		素养提升		评价结果
内容选取合理，内容相对完整，有一定的组织条理	逻辑思路一般、语言相对流畅	会使用 PPT 和短视频做简单的处理	团队协作能力和自学能力一般	一般
内容选取一般，内容不全面且组织条理不清晰	逻辑语言不够清晰流畅	不能熟练掌握 PPT 和短视频制作等信息化技术	不能很好地体现团队协作和自学能力	合格

🎯 学习单元四　混合动力汽车驱动系统

🏁 情境导入

混合动力汽车驱动系统的发展经历了从并联到串联、再到混联的演变。早期混合动力汽车多采用并联驱动系统，电机和内燃机共同驱动车轮，以提升燃油效率和性能。随着技术的进步，串联和混联驱动系统出现，进一步优化了能量利用和驾驶体验。

现代混合动力汽车的驱动系统集成了高效电机、内燃机和电池组，灵活切换或同时使用多种动力源。电机和发动机的布局多样，前驱、后驱和四驱配置能满足不同需求。未来，随着技术的不断进步，混合动力系统将更加高效、智能，为环保和高性能提供更优解决方案。

🏁 相关知识

混合动力汽车（Hybrid Electric Vehicle，HEV）是指车辆驱动系统由两个或多个能同时运转的单个驱动系统联合组成的车辆，车辆的行驶功率依据实际的车辆行驶状态由单个驱动系统单独或共同提供。按驱动行驶系统的不同可分为串联式混合动力汽车、并联式混合动力汽车、混联式混合动力汽车。

电动汽车可分为纯电动汽车、混合动力电动汽车、氢燃料电池电动汽车。虽然都是利用电能驱动车辆运行，但是其电能产生的形式有所不同。本单元主要介绍混合动力汽车的动力系统及结构。

混合动力电动汽车技术发展表现如下：

（1）轿车混合动力系统的模块化愈加明显，逐步推进汽车动力的电气化。

（2）城市客车混合动力系统出现平台化趋势。

（3）插电式混合动力技术越来越引起人们的关注。

模块五　新能源汽车构造

一、混合动力汽车概述

(一)混合动力汽车的工作原理

混合动力汽车是使用两种以上的能源产生动能驱动的车辆，驱动系统可以有一套或多套。常用的能量来源有燃料(汽油、柴油、液化石油气等)、电池、燃料电池、太阳能电池、压缩气体等，而常用的驱动系统包含内燃机、电机、涡轮机等技术。

使用燃油驱动内燃机加上电池驱动电机的混合动力汽车称为油电混合动力汽车或混合电动车(HEV)，目前市面上的混合动力车多属此种。油电混合动力汽车在内燃机低速效率不佳的时候使用电机辅助，在驾驶时用惯性驱动发电机回收部分动能给电池充电，普遍比同型纯内燃机车辆有更好的燃油效率及加速表现，被视为较环保的选择；而缺点是售价较高、动力系统占用空间较大、电池的寿命受限等。

近年来，有些车辆能够通过充电站或家用充电设备从电网为车辆电池充电，这些车辆被称作插电式混合动力汽车(PHEV)，如果电网中的发电厂使用可再生能源、碳排放量低的发电方法或采取电力低峰时间充电，短距离通勤甚至可以纯电动行驶，那就可以进一步降低车辆的碳排放量。同时，更大容量的电池还能释放出储存的电能，提供住家或旅行的临时电力使用，多用途正逐渐变得受欢迎。

由于混合动力汽车使用超过一种动力来源，在推动系统的设计上能够适配于不同的输出功率而达到更高的效率。例如，内燃机发动机有其运转最有效率的马力输出区间，若搭配电机共同运作，则可以调节内燃机的负载，使内燃机在最有效率的马力区间运作，进而达成节省燃料的效果。此外，混合动力汽车若有使用电力推动电机作为其中一种推动装置，即可以用电池进行再生制动，在车辆减速时回收动能转换成电能，以节省能源，现在较普遍使用的油电混合动力车就属于这一类。油电混合动力车或柴电混合动力车可以由电机及内燃机发动机共同推动，但也有纯粹使用电机推动的设计。

(二)混合动力汽车分类

1. 混合动力汽车依动力来源分类

混合动力汽车依动力来源可分为油电混合、柴电混合、燃料电池和电池混合。

(1)油电混合动力汽车(HEV)。现在所指的混合动力汽车多为此类。使用汽油及内燃机加可充电电池及电机两种动力来源。电池及电机直接推动车辆，同时，回收剩余的动能为电池充电；而汽油及内燃机则视设计而定，可以是直接产生机械动力推动车辆，也可以是用作发电机推动电机或为电池充电。

(2)柴电混合动力汽车。情况与油电混合动力汽车相同，只是内燃机的燃料由汽油改成柴油。柴电混合比较适合于大型运输工具或插电式混合动力汽车，汽油发动机较轻，但低转速时扭力差，正好可以用电动马达补足低转速扭力而不会增加太多质量，小型车辆使用柴电则没有发动机与马达的互补性；而大型运输工具使用柴电，则可以省下庞大笨重、价格又高的变速机构。

(3)燃料电池、电池混合。这是基于燃料电池电动系统的设计，只是加装了可充电电池，于是有燃料电池及电机加可充电电池及电机两种动力来源。与增程发动机电动系统的构造大同小异，不同的是把发动机换成燃料电池。燃料电池可以直接发电，为电机供电，这就是原有的燃料电池电动系统，但后来发现电机在加减速时电池会急剧变化而使高成本的燃料电池寿命大为减短，因此，加装可充电电池为电流作缓冲，降低燃料电池电流变化，从而增加燃料电池的寿命。附带的好处是减低对燃料电池输出功率的要求，降低了成本。

2. 混合动力汽车依传动配置分类

根据最新实施的电动汽车术语显示，混合动力电动汽车按照动力系统结构形式又可分为串联式混合动力电动汽车、并联式混合动力电动汽车、混联式混合动力电动汽车三种。

(1)串联式(增程型)混合动力电动汽车。串联式油电混合系统是由一个功率仅供满足行进时平均功率的内燃机(也可以是外燃机)作为发电机发电，电力用以为电池充电及供电给电机，车上唯一推动车轮的是电机。如果从电动车的角度来看，这种设计可以"增"加电池行走里数的不足，故称为增程型电动系统；而其构造上动力输出的流程完全是一直线，所以又称串联式油电混合系统。依其电池容量大小，若电池容量小而不足以独自推动电机，这样的串联混合动力系统就是中度混合，但若电池容量大至足以推动电机行走一段距离，依重度混合动力的定义，这样的串联混合动力系统就是重度混合，由于此种系统所需的电池及电机的功率也较大，所以成本较高。由于发动机仅负责稳定运转发电，因此可以较好地控制排污及提高效率，而发动机配置位置也较弹性，加上电机的输出有高扭力，省却了机械传动系统及变速器，能增加车厢容量及使布置合理化，简化了机械维护，省却了变速器简化了驾驶操纵，也没有变速器换挡时做成动力不连贯感觉，这些都是因以电机直接推动而得到与纯电动汽车一样的益处。在耗油量方面，这种系统特别适用于需要不停地起动及停车的情况，如巴士，因为相对内燃机，电机的扭力及效率在相当大的转速范围内都能保持相当高，可使车辆起动及慢速行驶时比内燃机有更佳表现，而用于发电的内燃机可保持平稳转速而保持高效率，以英国双层巴士的经验来看，可减少40％的燃油消耗。但在高速公路上，串联混合动力系统的能量经过多重转换：发电机损耗、电池充电损耗，电池放电损耗，电机的转换效率等，相比传统内燃机车辆只有内燃机的损耗及机械转输的效率(一般约为95％)。所以，串联混合动力系统适合在市区中使用，但在高速公路上的情况就无甚得益。

(2)并联式混合动力电动汽车。在并联式油电混合系统(Parallel Hybrid)中，内燃机及电动机输出的动力各自透过机械传动系统传递而推动车轮，内燃机及电动机的动力在机械传动系统之前各自分开、互不相干，因此称作并联混合动力。两者同时由计算机控制以达到协调。由于现有的并联混合动力系统大多数都不能仅靠电力推动，往往会被分类为中度混合动力。

常见的一种并联混合动力设计是以内燃机作为主要动力来源，电机作为辅助动力系统，两者通过机械传动系统耦合。系统中并无专为电池充电用的发电机，在行驶中，电池充电来源只有两项：一是靠再生制动系统在车辆减速、制停时，将动能转为电能。其二是当内燃机仍有余力时，带动电机转动而发电。再生制动所得的电量相当有限，第二种情况所得的电量也不会太多。由于充电能力有限，此类设计倾向于使用较小的电池容量以及较低功率的电机，电机只作为补助性角色，不能独自推动车辆。此系统的优点在于：内燃机可以怠速熄火、提高内燃机起动时的燃油效率及降低损耗、使用再生制动系统回收电能。电机能与内燃机一起运作，可以在需要时加大马力。由于主要动力来源依旧是内燃机，此类设计保留了内燃机在高转速时较节省燃料的特性，有利于在高速公路行走。综合而言，相对于同动力的纯内燃机车，补助型混合动力系统的燃料消耗与碳排量较低。由于此设计所使用的电池及电机的容量及功率都较小，质量也较轻，减低了额外负载，并且此设计不需要大幅更动纯内燃机车辆的动力系统，因此设计变更的成本也较低。

（3）混联式混合动力电动汽车。混联式油电混合系统（Series-Parallel Hybrid），又称为动力整合式混合动力系统或动力分配式混合动力系统（Power-split Hybrid），同时拥有功率相当的发动机与马达，所以可依路况选择使用电动模式、汽油（或柴油）模式或混合模式；设有由内燃机推动的发电机，产生充电或电机所需的电力。兼具并联式及串联式的功能及特性，因而得名混联式混合动力。

在起步或低速时，内燃机的效率低，所以全由低速性能及效率较佳的电机推动，从而提高效率而达到节省燃料。视电池状况而定，内燃机会在需要时推动发电机向电池充电或直接向电机供电，即串联混合动力。当车速提高至内燃机能有高效率的转速时就转由内燃机推动，改由内燃机推动可以免除电机推动时因多次能量转换而产生的能量损耗（燃料发电在推动电机的过程中，能量由化学能经内燃机转为动能，动能由发电机转为电能，电能由电机最后转为动能，每次转换都会有损耗；若是先给电池充电再由电池供电，更是增加充放电时的损耗），提高效率，减少耗油量。而当需要时，如加速及爬坡，电机可以同时开动，增加额外马力，即并联混合动力。

二、典型混合动力汽车动力驱动模式

（一）比亚迪 DM 混合动力系统

DM（Dual Mode）即双模技术，是比亚迪插电式混合动力技术平台。目前，比亚迪汽车的 DM-p 和 DM-i 混合动力系统都是基于前三代的 DM 混合动力技术。

（1）第一代 DM 混合动力系统的设计理念主要以节能为技术导向，通过双电机与单速减速器的结构搭配 1.0 L 自吸三缸发动机，实现了纯电、增程、混动（包括直驱）三种驱动方式。

（2）第二代 DM 混合动力系统以动力提升为主，性能趋向性更强。既然理念变了，那么整个架构也顺其自然地进行了调整。

（3）第三代 DM 混合动力系统在弥补了上两代混合动力系统的短板之外，再一次提升了性能。

在这三代 DM 混合动力系统的基础上，比亚迪又根据用户的需求推出了 DM-p 和 DM-i 混合动力系统。DM-i 混合动力系统是基于第一代 DM 混合动力系统开发的，但是与之不同的是比亚迪为这套混合动力系统专门配备了混合动力专用变速器 EHS 系统

（图 5-4-1），EHS 系统结构为串并联双电机结构，其工作原理传承了第一代 DM 混合动力系统以电驱动为中心的设计理念，并进行了全面优化。

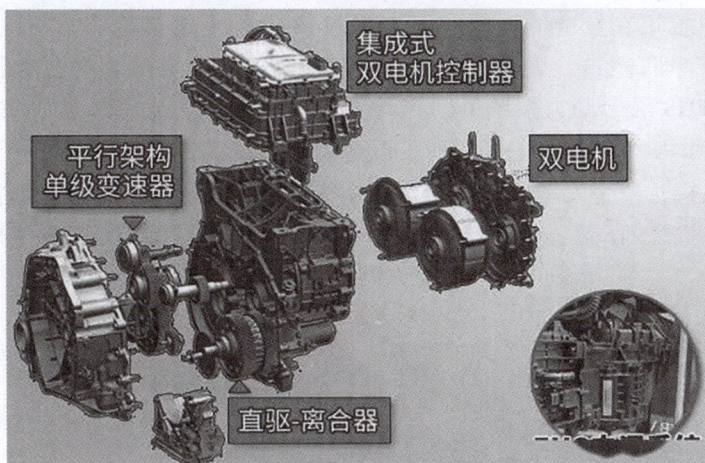

图 5-4-1　EHS 系统示意

DM-i 混合动力系统将两个能达到 16 000 转的高速电机并列放置，从而将整个混动专用变速器的体积减小了约 30％，同时减轻了约 30％左右的质量；将发动机直连发电机，通过离合器与减速齿轮相连，最后走向输出轴。而驱动电机直接通过减速齿轮，最终功率同样流向输出轴，效率更高，更省油。

EHS 系统有三种版本，分别如下：

1）EHS132：发电机峰值功率为 75 kW，驱动电机峰值功率为 132 kW。

2）EHS145：发电机峰值功率为 75 kW，驱动电机峰值功率为 145 kW。

3）EHS160：发电机峰值功率为 90 kW，驱动电机峰值功率为 160 kW。

这三款 EHS 系统配备不同的发动机就有了不同的动力组合。

（二）本田 i-MMD 混合动力系统

本田的混合动力是一套方案的优化系统。本田的智能多模驱动系统由高效发动机、集成双电机的 E-CVT、功率控制单元 PCU 及高放电倍率的锂电池组成（图 5-4-2）。

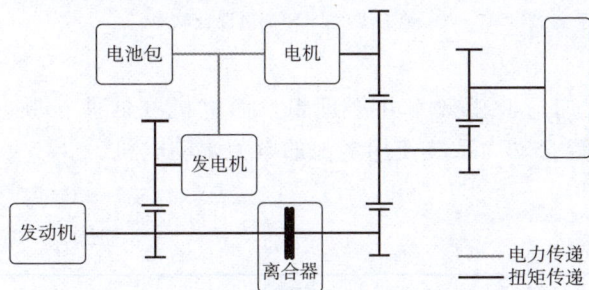

图 5-4-2　i-MMD 混合动力系统结构示意

本田 i-MMD 混合动力系统主要有纯电、串联、并联三种模式。在纯电模式下电池给电机供电，电机单独驱动车辆行驶，发动机、发电机不工作，离合器也处于断开状态。串联模式下电池、发电机一起给电机供电（也可能是发电机同时给电机和电池供电)，电机单独驱动车辆行驶，发动机仅带动发电机工作发电，离合器处于断开状态，该模式相比于纯电模式，仅增加了增程器的发电功能。在并联模式下，离合器处于接合状态，发动机扭矩在发电的同时也可以通过离合器传递至轮端，与电机一起驱动车辆行驶。相比于串联模式，该模式仅增加了发动机扭矩传递至轮端的功能。

(三)丰田 THS 混合动力系统

众所周知，丰田汽车公司是最早研发混合动力系统的汽车企业，丰田 THS 混动系统主要是由两个电机、一个发动机及一套动力分配装置组成，利用动力分配装置(PSD)实现发动机和两个电机之间的耦合，由 PCU(功率控制单元)控制整套系统的运转(图 5-4-3)。

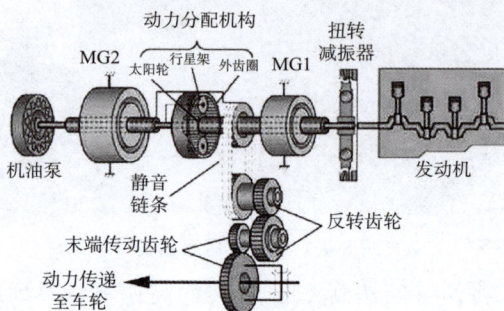

图 5-4-3 丰田 THS 混合动力结构示意

丰田 THS 混合动力系统有两种驱动模式，分别是纯电驱动模式和油电混合驱动模式(图 5-4-4)。

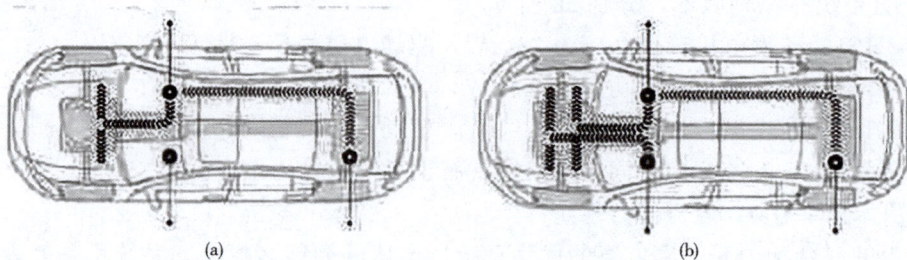

图 5-4-4 丰田 THS 混合动力系统驱动模式

(a)纯电驱动；(b)油电混合驱动

由于发动机在低速行驶中效率并不理想，而电机在低速行驶时有着优越的表现，所以在低速时 THS 混合动力系统使用电池的电力驱动电机。

学习研讨

背景描述	混合动力汽车的驱动系统是将电机与内燃机或其他动力设备混合使用。一般情况下都是内燃机与电机的混合
讨论主题	请从能量转换和动力衔接的效果方面介绍混合动力汽车驱动系统的优点、缺点
成果展示	小组采用短视频、PPT 制作等方式展示成果

内容组织	素养提升			评价结果
内容选取很好，内容全面且组织有条理	思路清晰、重点突出、语言流畅	熟练掌握 PPT 和短视频制作等信息化技术	能很好地体现团队协作和自学能力	优秀
内容选取较好，内容全面且组织有条理	思路清晰、语言通顺简洁	能够使用 PPT 和简单的短视频制作等信息化技术	较好地体现团队协作和自学能力	良好
内容选取合理，内容相对完整，有一定的组织条理	逻辑思路一般、语言相对流畅	会使用 PPT 和短视频做简单的处理	团队协作能力和自学能力一般	一般
内容选取一般，内容不全面且组织条理不清晰	语言逻辑不够清晰流畅	不能熟练掌握 PPT 和短视频制作等信息化技术	不能很好地体现团队协作和自学能力	合格

学习单元五　电动汽车动力系统

情境导入

　　早期电动汽车使用铅酸电池，续航里程短、质量重。随着锂离子电池的广泛应用，电池能量密度和充放电效率显著提高，大幅提升了续航里程和充电速度。

　　近年来，磷酸铁锂和三元锂电池技术的进步，进一步提高了电池的安全性和稳定性。固态电池和快充技术正在研发中，有望在未来提供更高的能量密度和更短的充电时间。总体来说，动力电池的发展为电动汽车的性能提升和普及奠定了坚实的基础。

相关知识

一、动力电池系统基本组成

　　动力电池是新能源汽车的核心，为整车提供驱动车辆行驶的电能。动力电池系统主要由动力电池箱、动力电池模组、辅助元器件和电池管理系统四部分组成，如图5-5-1所示。

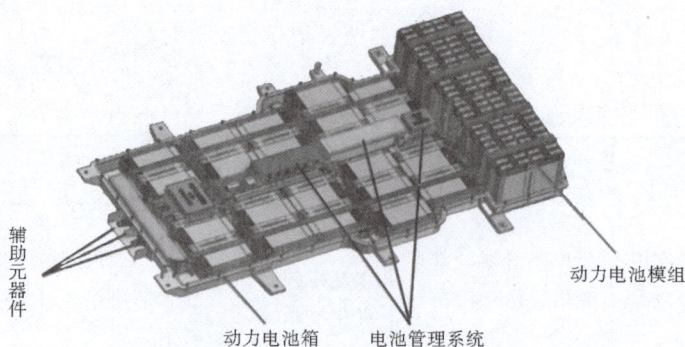

辅助元器件

动力电池模组

动力电池箱　电池管理系统

图 5-5-1　动力电池系统基本组成

(一)动力电池箱

动力电池箱是用来支承、固定和包围动力电池系统的组件，具有承载保护动力电池模组及电气元件的作用。新能源汽车的电池箱体大都是通过螺栓固定在车身底板下方，其防护等级为 IP67。当进行整车维护时需要观察电池箱体螺栓是否有松动，箱体是否有破损变形，密封法兰是否完整。电池箱体表面不得有划痕、尖角、毛刺、焊缝及剩余油迹等外观缺陷。北汽 EV160 车型电池箱体如图 5-5-2 所示。将动力电

图 5-5-2　动力电池箱

池安装在该位置具有较高的碰撞安全性，还可以降低车辆的重心，简化车身结构。

特斯拉主要采用的是 ICR 18650 型三元锂离子电池，特斯拉 Model S 的电池总成质量大约为 900 kg，上面标示着 85 kW·h，即 85 度电的容量。电池箱体由 16 个电池模组连接，每个电池模组里面有 444 节锂电池，其中每 74 节串联到一起，所以，整个电池箱体是由 7 104 节 18650 型三元锂离子电池组成。动力电池箱体位于车辆底盘正下方，沉重的动力电池箱体所带来的低重心使特斯拉行驶起来更加稳定，坚硬的电池箱体外壳也给车辆的驾乘人员增加了一层保护措施。特斯拉动力电池箱如图 5-5-3 所示。

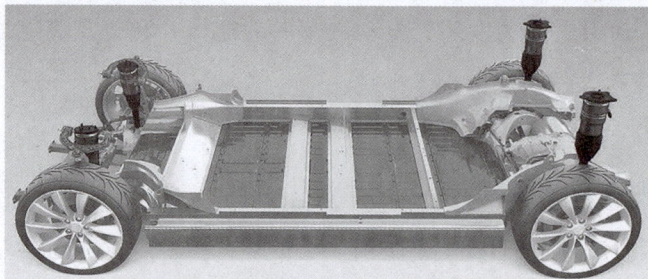

图 5-5-3　特斯拉动力电池箱

(二)动力电池模组

电池单体即电芯，是构成动力电池模组的最小单元，如图 5-5-4 所示。按正极材料来分，主要有钴酸锂、锰酸锂、磷酸铁锂及镍钴锰酸锂三元材料等。动力电池单体有圆柱形和长方体形，根据壳体材料不同，又有金属外壳和软包外壳等类型。

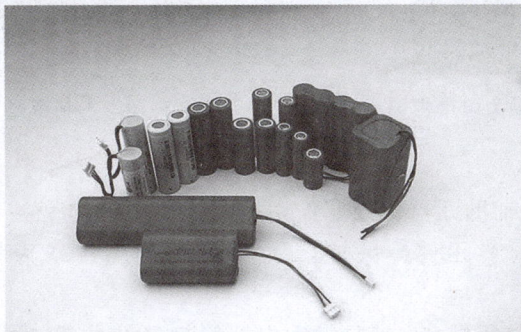

图 5-5-4　单体电池

动力电池模组是指电池单体经过串联或并联的方式进行组合，并设置保护线路板及外壳后能够直接提供电能的组合体，如图 5-5-5 所示。动力电池模组的组合方法主要有先并后串、先串后并和混联三种，是组成动力电池系统的次级结构之一，如图 5-5-6 所示。

图 5-5-5　一个动力电池模组

图 5-5-6　连接在一起的动力电池模组

不同车型的动力电池模组如图 5-5-7～图 5-5-10 所示。

图 5-5-7　北汽 EV160 动力电池内部结构

图 5-5-8　比亚迪 e5 动力电池内部结构

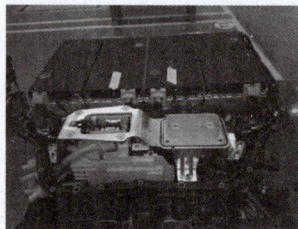

图 5-5-9　长城 WEY P8 动力电池内部结构

图 5-5-10　吉利帝豪 EV300 电池内部结构

(三)辅助元器件

动力电池箱内部的辅助元器件按照作用分类,主要有电子控制单元、继电器组件、信息采集元件、温度调节元件、保护装置及高低压连接线束等部件。下面以北汽 EV160 为例进行介绍。

(1)主控盒。主控盒(图 5-5-11)是动力电池管理系统的控制中心,用来控制总正继电器、加热继电器及预充继电器,还通过 CAN 总线与 VCU 进行通信。

(2)从控盒。从控盒(图 5-5-12)用来分别采集左右电池组的单体电压和模组温度,然后通过 CAN 总线将信息输送给主控盒。

(3)高压盒。高压盒(图 5-5-13)的主要作用是采集总电压、电流,检测高压绝缘情况等,然后通过 CAN 总线传输给主控盒。

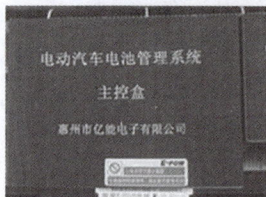

图 5-5-11　主控盒

图 5-5-12　从控盒

图 5-5-13　高压盒

(4)高压继电器。电池包内通常设有多个高压继电器(图 5-5-14),也称为断路器或继电器。电池管理系统要完成对继电器的驱动与状态检测,通过与整车控制器通信协调后进行控制。电池包内的继电器一般有总正、总负、预充及加热继电器等。

(5)维修开关。维修开关(图 5-5-15)也称为维护插接器或紧急开关,在特定时刻能够实现高压系统的电气隔离,是保证电动汽车高压电气安全的关键部件。在车辆维修或存在漏电危险等特殊情况时,使用维修开关人工切断高压电路。

(6)高压断路器。高压断路器(图 5-5-16)也称为高压熔断器、动力电池主保险,它串联在被保护的电路中,用来保护电气设备免受过载和短路电流的损害。

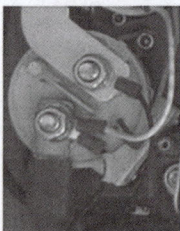

图 5-5-14　高压继电器

图 5-5-15　维修开关

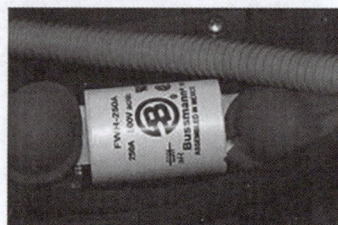

图 5-5-16　高压断路器

（7）电加热膜。动力电池的电加热膜（图 5-5-17）外表为一层绝缘硅胶，因此又称为硅胶电热膜或硅橡胶电热片。其是一种采用耐高温、高导热、绝缘性能好、强度高的硅橡胶和耐高温的纤维增强材料，以及金属发热膜电路集合而成的软性电加热膜元件。

（8）温度传感器。为了保证电池的使用性能必须使电池在合理的温度范围之内工作，温度传感器（图 5-5-18）用来检测动力电池电芯温度。

（9）加热断路器。当动力电池的加热电流过大时熔断，加热断路器熔断（图 5-5-19），用来保护加热系统零部件。

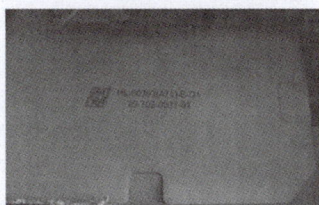

图 5-5-17　电加热膜　　　图 5-5-18　温度传感器　　　图 5-5-19　加热断路器

（10）预充电阻。根据电动汽车的安全标准条例，对于高于 60 V 的高压系统，其上电过程必须大于 100 ms。在上电过程中应该采用预充过程来缓解高压冲击，以提高整车的安全性能。

预充管理是新能源汽车必不可少的重要环节。其主要作用是给驱动电机控制器的大电容进行充电和缩小高压系统电压差，以减少高压继电器在接触时产生的火花拉弧，降低冲击、增加安全性。预充电阻（图 5-5-20）与预充继电器配合工作，共同完成车辆的预充电过程，如图 5-5-21 所示。

图 5-5-20　预充电阻

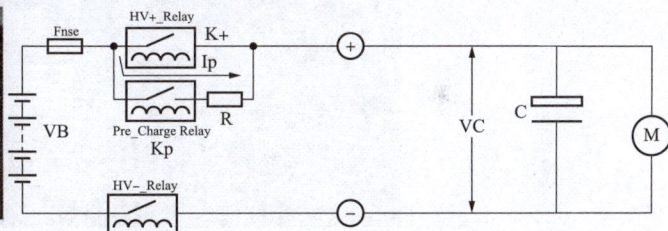

图 5-5-21　预充电路示意

HV+_ Relay：主正继电器，Pre _ Charge Relay：
预充继电器，HV−_ Relay：主负继电器

（11）分流器。新能源汽车动力电池工作电流的测量方案主要有霍尔式电流传感器和电阻分流器两种。分流器是一个能够通过极大电流的电阻，其阻值是严格设计好的，串接在直流电路里。当高压电流过分流器时，分流器两端产生毫伏级直流电压差值信号，该信号输送给电池管理系统，用以计量该直流电路里的电流值，如图 5-5-22 所示。

（12）连接线束。动力电池箱体内部连接线束主要可分为高压线缆、低压线缆和CAN 信号线，如图 5-5-23 所示。

图 5-5-22　分流器

图 5-5-23　各种连接线束

（四）电池管理系统

电池管理系统（图 5-5-24），英文简称 BMS，是电池保护和管理的核心部件。在动力电池系统中，它的作用就相当于人的大脑。它不仅要保证电池安全可靠的使用，而且要充分发挥电池的能力和延长其使用寿命。其作为电池和整车控制器及驾驶者沟通的桥梁，通过控制接触器控制动力电池组的充放电，并向 VCU 上报动力电池系统的基本参数及故障信息。

电池管理系统通过电压、电流及温度检测等功能实现对动力电池系统的过压、欠压、过流、过高温和过低温保护，继电器控制、SOC 估算、充放电管理、均衡控制、故障报警及处理、与其他控制器通信等功能。此外，电池管理系统还具有高压回路绝缘检测功能，以及为动力电池系统加热的功能。

图 5-5-24　电池管理系统

二、电池管理系统认知

电池管理系统作为电池和整车控制器（VCU）及驾驶者沟通的桥梁，通过控制接触器控制动力电池组的充放电，并向 VCU 上报动力电池系统的基本参数和故障信息。电池管理系统不仅要保证电池安全可靠的使用，而且要充分发挥电池的能力和延长电池的使用寿命，是电池保护和管理的核心部件。

（一）电池管理系统的结构

BMS 作为电池和整车控制器及驾驶者沟通的桥梁，通过控制接触器控制动力电池组的充放电，并向 VCU 上报动力电池系统的基本参数及故障信息。电池管理系统主要包括数据采集单元、计算及控制单元、均衡单元、控制执行单元和通信单元等。BMS

的软件用于监测电池的电压、电流、SOC 值、绝缘电阻值、温度值，通过与 VCU、充电机通信来控制动力电池系统的充放电。BMS 的硬件不仅包括主板、从板及高压盒，还包括采集电压、电流、温度等数据的电子器件，如图 5-5-25 所示。

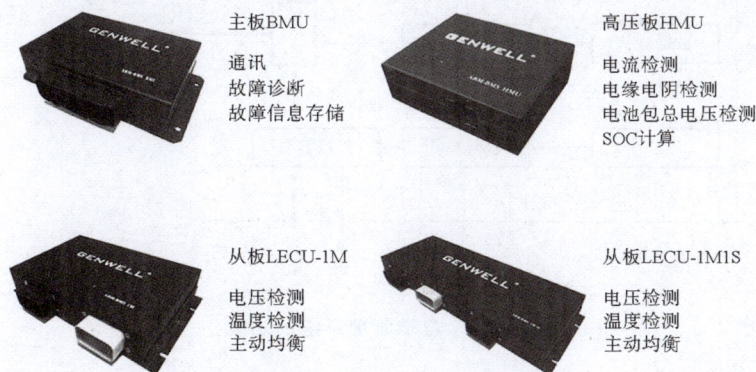

主板BMU

通讯
故障诊断
故障信息存储

高压板HMU

电流检测
电缘电阻检测
电池包总电压检测
SOC计算

从板LECU-1M

电压检测
温度检测
主动均衡

从板LECU-1M1S

电压检测
温度检测
主动均衡

图 5-5-25　电池管理系统的组成

(二)电池管理系统的工作原理

电池管理系统的工作原理可以简要概括为以下几点(图 5-5-26)：

(1)数据采集电路(传感器)采集电池状态信号(电压、电流、温度等)数据后，通过 CAN 总线将数据传送给电子控制单元进行数据处理和分析；

(2)电池管理系统根据分析结果对系统内的相关功能模块(执行器)发出控制指令(如控制风机开、关等)，并向外界传递参数信息；

(3)电池管理系统能通过 CAN 与组合仪表、充电机等进行通信，实现参数显示、充电监控等功能。

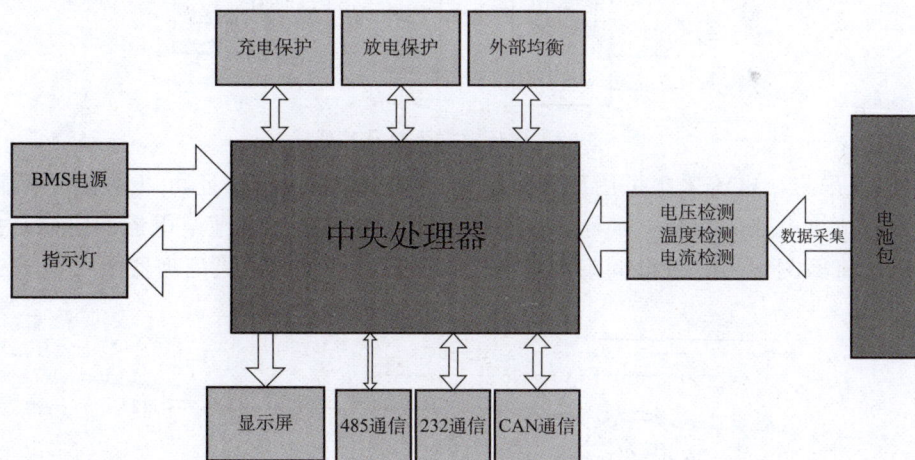

充电保护　放电保护　外部均衡

BMS电源

指示灯

中央处理器

电压检测
温度检测
电流检测

数据采集

电池包

显示屏　485通信　232通信　CAN通信

图 5-5-26　电池管理系统的工作原理

(三)电池管理系统的功能

电池管理系统的功能主要包括数据采集、状态估计、热管理、数据显示与通信、安全管理、能量管理和故障诊断。其中，前六项为电池管理系统的基本功能。能量管理功能中包括了电池电量均衡的功能，如图 5-5-27 所示。

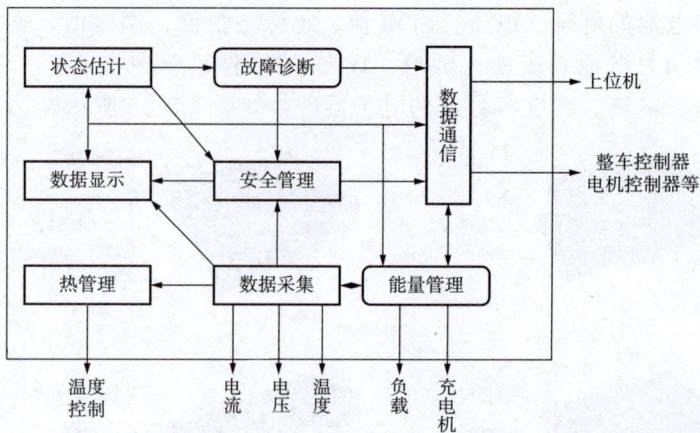

图 5-5-27　电池管理系统的功能

1. 数据采集

数据采集是电池管理系统所有功能的基础，需要采集的信息有电池组总电压、电流、电池模块电压和温度。电池的荷电状态和剩余电量的计算、充放电优化、故障预警等功能都是以监测的各种电池参数为依据的。

(1)电压采集。电池的电压最能体现电池的性能状态，既可以用于过充、过放等故障保护，也可以用于初步估计电池的剩余电量。电池组中每块电池两端的引线也接入电池管理系统主体部分，以实现电池管理对电池组总电压、每块电池端电压的信号采集，如图 5-5-28 所示。

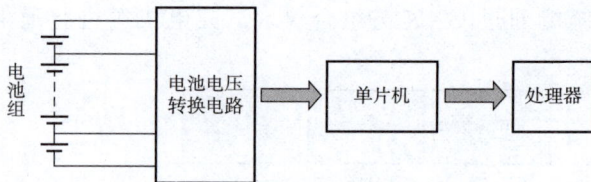

图 5-5-28　电压数据采集及其处理

(2)电流采集。电流采集可用于判断是否出现过放或过流。还可以通过对电流与时间的积分，估算电池的剩余电量等。在电池箱中安装有检测电池组电流的霍尔传感器，霍尔传感器将检测到的电池组电流信号输入电池管理系统的中央处理器中，如图 5-5-29 所示。

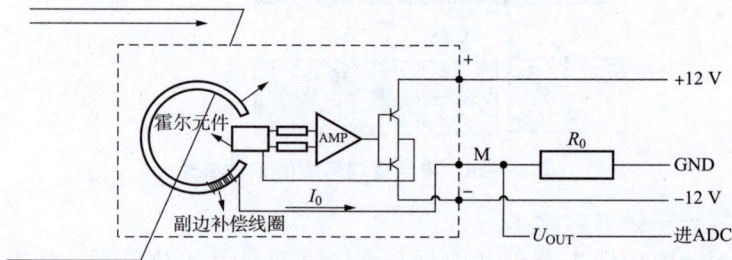

图 5-5-29　电流数据采集及其处理

(3)温度采集。温度采集主要是用于防止电池组温度过高，发生安全事故，并对剩余容量计算进行补偿，电池组上每块电池表面安装了温度传感器，它们把检测到的各块电池温度信号送入电池管理系统中央处理器中，如图 5-5-30 所示。

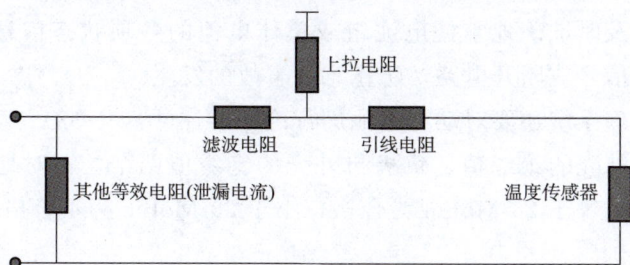

图 5-5-30　温度数据采集及其处理

2. 电池状态估计

用于电池状态估计的参数主要有两个，即电池组剩余电量（SOC）和电池组健康状态（SOH）。

（1）SOC 用来提示电池组剩余电量，是计算和估计电动车续驶里程的基础，SOC 是防止动力电池过充电和过放电的主要依据。只有准确估算电池组的 SOC，才能有效提高动力电池组的利用效率，保证动力电池组的使用寿命。准确估算蓄电池 SOC，可以保护蓄电池，提高整车性能，降低对动力电池的要求及提高经济性等。其值为电池在一定放电倍率下，剩余电量与相同条件下额定容量的比值，如图 5-5-31 所示。

$$SOC = \frac{剩余电量}{额定容量} \times 100\%$$

图 5-5-31　SOC 的计算公式

（2）在行业内，一般用 SOH 表示电池组的健康状态，按照 IEEE1188—1996［电池测试维护标准中的 IEEE 推荐用于站用阀控铅酸（VRLA）蓄电池的维护、测试和更换方法］标准，当电池使用一段时间后，电池充满电时的容量低于电池额定容量的 80% 后，电池就应该被更换。根据这个标准，可以为 SOH 进行如下定义：在某一条件下，电池可放出电量与新电池额定容量的比值，如图 5-5-32 所示。

$$SOH = \frac{放出电量}{额定容量} \times 100\%$$

图 5-5-32　SOH 的计算公式

3. 动力电池组的热管理

热管理主要是对动力电池组的冷却系统和冷却装置（风扇或液泵）的检测及控制。当电池工作温度高于适宜工作温度上限时对电池进行冷却，低于适宜工作温度下限时对电池进行加热，使电池工作在适当的温度范围内，并在电池工作过程中降低各个电池模块的温度差异，保持电池单体间温度的均衡。

4. 数据通信与显示

电池管理系统通过通信接口实现电池参数和信息与车载设备或非车载设备的通信，为充放电控制、整车控制提供数据依据，是电池管理系统的重要功能之一。

5. 安全管理

安全管理主要用于监视电池电压、电流、温度等是否超过正常范围，防止电池组过充电、过放电。及时准确地掌握电池组或单体电池的各项状态信息，在异常状态出现时及时发出报警信号或断开电路，防止意外事故的发生。

此外，电池管理系统还要对动力电池进行绝缘监控（图 5-5-33）。动力电池系统的绝缘值可分为正极与外壳的绝缘值、负极与外壳的绝缘值两个。正对地绝缘阻值和负对地绝缘阻值均大于或等于 20 Mohm 为合格，小于 20 Mohm 为不合格。

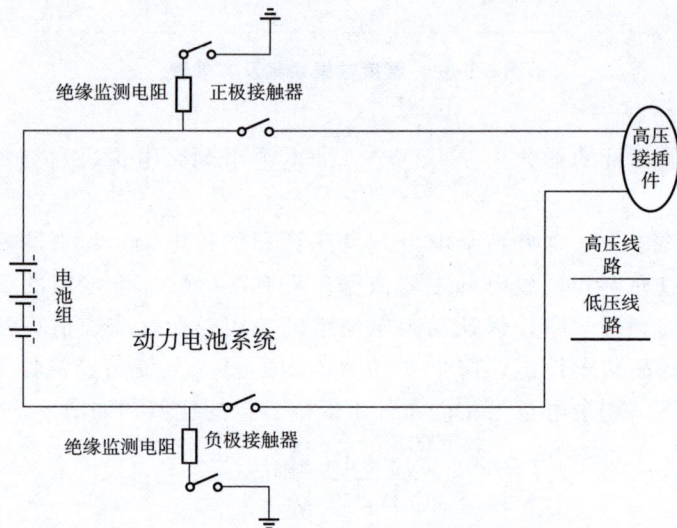

图 5-5-33　绝缘监控原理示意

6. 能量管理

能量管理是指对电流的充放电控制，即按事先设定的充放电控制标准，根据 SOC、SOH 和温度来限定电池的充放电电流，并对电池组单体或模块进行电量均衡等，可有效防止过充或过放。能量管理主要包括充电过程控制和放电功率控制两个部分，如图 5-5-34 所示。

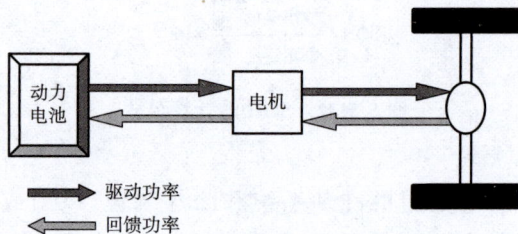

图 5-5-34　能量管理路线示意

7. 故障诊断

尽管采用了各方面性能都较为优秀的电池，但现有的车用电池在随车使用中依然存在一系列的问题，最突出的表现就是电池在运行过程中无法及时准确地预测与监控其状态，电池经常出现过充、过放、过热，且电池充放电特性受环境条件影响较大。

这些情况不仅损害了电池本身的寿命，而且造成车辆使用者成本的增加，严重的还将造成车辆停驶、损坏甚至烧毁爆炸等极端危险的情况。因此，为了保护任意车辆工况下电池的安全性，同时将电池的实时参数反馈给车辆控制器，需要设计电池管理系统，以保证电池正常运行、保护电池使用寿命和驾驶员安全，如图 5-5-35 所示。由于电池管理系统性能的优劣会严重影响电池安全和整车控制策略的执行，所以必须对电池管理系统进行故障诊断，以便整车控制系统能根据当前的电池及其管理系统的状态优化整车控制策略，提高整车的动力性和行车的安全性。

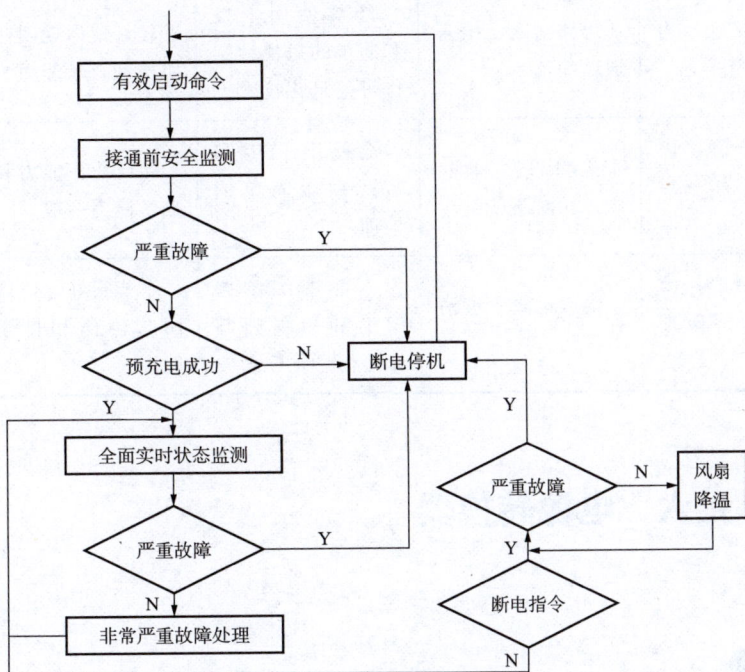

图 5-5-35　断电停机的触发条件

学习研讨

背景描述	区别于传统汽车，电动汽车的动力源是电能，因此电动汽车拥有一个特殊的系统及动力系统，也就是所谓的动力电池系统。动力电池的发展目前仍然是电动汽车发展的瓶颈
讨论主题	从能量转换效率和能量储存等方面介绍动力系统的未来发展情况
成果展示	小组采用短视频、PPT 制作等方式展示成果

🏁 学习评价

内容组织	素养提升			评价结果
内容选取很好，内容全面且组织有条理	思路清晰、重点突出、语言流畅	熟练掌握 PPT 和短视频制作等信息化技术	能很好地体现团队协作和自学能力	优秀
内容选取较好，内容全面且组织有条理	思路清晰、语言通顺简洁	能够使用 PPT 和简单的短视频制作等信息化技术	较好地体现团队协作和自学能力	良好
内容选取合理，内容相对完整，有一定的组织条理	逻辑思路一般、语言相对流畅	会使用 PPT 和短视频做简单的处理	团队协作能力和自学能力一般	一般
内容选取一般，内容不全面且组织条理不清晰	语言逻辑不够清晰流畅	不能熟练掌握 PPT 和短视频制作等信息化技术	不能很好地体现团队协作和自学能力	合格

🚗 学习单元六　电源转换器

🏁 情境导入

　　电动汽车电源转换器的应用解决了多个关键问题。首先，它将高压电池的直流电转换为低压电，满足车载电子设备的需求，提高了电能利用效率；其次，减少了对传统 12 V 铅酸电池的依赖，简化了电气系统设计，减轻了车重和降低了成本。

　　此外，电源转换器增强了整车的安全性和可靠性，确保低压设备在不同工作条件下稳定运行。总体来说，电源转换器的应用推动了电动汽车性能提升、系统简化和成本优化，促进了电动汽车的普及和发展。

🏁 相关知识

一、DC/DC 转换器

　　DC/DC(Direct Current)转换器是直流/直流转换器的缩写。

　　燃油车和电动汽车的辅助子系统的主要区别在于，燃油车的辅助蓄电池由与发动机相连的交流发电机来充电，而电动汽车的辅助蓄电池则由主电源通过 DC/DC 转换器来充电。电动汽车或混合动力汽车中用来推动电机转动的能量来自动力蓄电池。动力蓄电池为数块电池串联，电压较高，所以也称为高压电源。

电动汽车中 DC/DC 转换器的主要功能如下。

1. 高压/低压转换器

单向 DC/DC 把蓄电池高压直流降压，降为燃油汽车中发电机的直流电压，如 12 V 或 24 V。例如，400 V 蓄电池在汽车行驶中会降到电机不能工作的电压，如电压为 280 V，DC/DC 转换器保证在 280～400 V 电压变化区间内输出稳定的 14 V 电压。

另外，当主蓄电池放完电之后，汽车已经不能行驶时，DC/DC 转换器仍能从蓄电池中吸取能量向电动汽车的基本辅助子系统提供稳定的 14 V 电压。

2. 高压/高压转换器

采用 DC/DC 转换器将蓄电池高压升为更高的直流电压来驱动电机，可提高系统的工作效率。

3. 低压/高压转换器

在高压蓄电池容量不足以驱动汽车时，为了使汽车能开离路面，防止阻塞交通，可以采用 DC/DC 转换器将 12 V/24 V 铅酸电池电压升为高压锂离子电池(或镍氢电池)的电压来驱动电机。

二、DC/DC 转换器分类

1. 升压型和降压型

升压型 DC/DC 转换器主要用于高压电池数目少、高压数值低的情形，为了提高电机效率，采用了升压型。降压型 DC/DC 转换器主要用在高压电池和铅酸蓄电池之间。

2. 全桥型和半桥型

全桥型转换器是由至少 4 个开关管和 1 个输出滤波器组成，其中每个开关管都有一个二极管并连接成桥形。全桥 DC/DC 变换器是一种高效、可靠且灵活的电源转换器。

半桥型转换器通常由两个功率开关管组成，分别连接到输入电源和输出负载。半桥 DC/DC 变换器利用两个功率开关管的导通和关断状态，将输入电源的直流电压转换为不同电压级别的直流电压。通过控制开关管的状态和时间比例，可以实现对输出电压和电流的调节。

3. 非绝缘型和绝缘型

非绝缘型转换器是电路两侧通过电子元件相连通，绝缘型转换器是电路两侧采用变压器隔离，采用磁能交换。绝缘型 DC/DC 转换器的换能部件是变压器。变压器由一次侧(输入侧、动力蓄电池侧)和二次侧(输出侧、铅蓄电池侧)两种线圈构成。线圈匝数比与电压比成比例。利用变压器改变电压时，变压器需要通过交流电压。动力蓄电池是直流电压，DC/DC 转换器通过控制芯片控制功率半导体导通、截止，将动力蓄电池的直流电压转换成交流电压。利用变压器转换交流电压，再利用功率半导体将交流电压转换成 14 V 的直流电压。利用功率半导体转换交流电压和直流电压时，负载电容器抑制电压波形的噪声，平滑输出电压。这两种 DC/DC 转换器的工作效率都很高，一般为 85%～95%，并且适合商用。非绝缘型DC/DC转换器结构简单，成本低，而绝缘型DC/DC转换器则能将主电源的高等级电压与辅助蓄电池的低等级电压隔离，更加安全可靠。

4. 单向和双向

单向DC/DC转换器只能向一个方向实现电压转换，双向DC/DC转换器能互相实现电压转换。

三、电动汽车辅助子系统

在电动汽车中，除动力电机外，人们常将空调器、收音机、喇叭、车灯系统、电动车窗、雨刷、动力转向系统、液压制动、气动制动、空调加热器等统称为辅助子系统，它们的电压多为14 V或28 V。传统汽油发动机当转速低时，如果空调、音响及车灯等同时使用，即使发动机仍在运行，有些条件下也会出现电力不足的现象。使用动力蓄电池和DC/DC转换器之后，可以不必考虑发动机的转速而为铅蓄电池充电。在传统的燃油车中只有起动用的起动蓄电池，一般只用一个12 V或24 V的蓄电池为辅助子系统供电。

(一)保留铅蓄电池的必要性

电动汽车以动力蓄电池为电源，能够利用DC/DC转换器为铅蓄电池充电。因此，混合动力汽车装备DC/DC转换器之后，还可以省去原车交流发电机。

混合动力汽车和电动汽车保留了铅蓄电池，这样做有两大原因：一是保留铅蓄电池更能够降低整个车辆的成本；二是确保电源的冗余度。铅蓄电池能在短时间内向空调、雨刷及车灯等释放大电流。如果省去铅蓄电池，通过DC/DC转换器将动力蓄电池的电力用于空调及雨刷会导致DC/DC转换器的尺寸增大，从而使整体成本增加。另外，铅蓄电池价格高，因此，目前将铅蓄电池置换成动力蓄电池没有成本上的优势。铅蓄电池还有确保向低压供电的冗余度的作用。当DC/DC转换器出现故障停止供电时，如果没有铅蓄电池，低压电就会立即停止运行。夜间车灯不亮，雨天雨刷停止运行等，就会影响驾驶。如果有铅蓄电池，便能够将汽车就近开到家里或修理厂。

(二)低压系统

汽油车电器通常采用12 V供电，所以，DC/DC转换器降压输出发电机发电时的14 V，对于电气系统的柴油车要降压为28 V。

注意，在电动汽车上，通常将高于60 V的直流电压称为高压，这与工业用电和特种产品对高压、低压的电压界限是完全不同的，不能将工业用电和特种产品的电压规定乱用于电动汽车上。

(三)高压系统

为了节约能量，对于那些功率大的设备，如电机控制器、动力转向系统、液压制动或气动制动系统、空调除霜器(加热器)等要采用较高的电压供电，因此，有几个DC/DC转换器，它们降压分别输出常规的14 V、28 V之外，还要采用48 V甚至120 V的次高压。这使电动汽车的辅助蓄电池系统比燃油车的原车系统更为复杂。

电动汽车辅助子系统的能量消耗比燃油车大得多。各种辅助子系统的功耗见表5-6-1。从表中可以看出，空调是电动汽车辅助子系统中功耗最大的子系统，它的功耗占所有辅助子系统功耗的 60%～75%。为了减少空调器的损耗，通常采用 120 V 的电压等级供电。此外，为了避免辅助蓄电池的能量在短时间内耗尽，大功率的子系统，如空调、动力转向系统、液压制动或气动制动系统和除霜器等，应当只有在接触器闭合时才能工作，这样可以直接从主电源中获取所需的动力。

表 5-6-1　电动汽车辅助子系统的功耗

辅助子系统	工作状态	功耗/W	辅助子系统	工作状态	功耗/W
空调器	连续	2 000～4 000	仪表	连续	30
收音机	连续	20	停车灯、转向灯及车内灯	断续	50
接触器	连续	20	动力转向系统	连续	400
驱动控制器	连续	150	液压制动或气动制动	连续	1 500
能量管理系统	连续	150	电动汽车窗	断续	80
车头灯和尾灯	连续	120	车窗化霜器	连续	250
喇叭	断续	10	刮水器	连续	40

DC/DC 转换器的优化容量表示电池的充电和放电过程能够相互平衡，而且辅助蓄电池一直保持满充状态。例如，如果选择更大的容量，则充电过程就比放电过程占优势，就会导致 DC/DC 转换器尺寸过大或出现辅助蓄电池过充的问题；如果选择小的容量，则电池的放电过程就比充电过程占优势，这将会导致辅助蓄电池在紧急情况下使用时失去满充状态。除空调、动力转向、液压制动或气压制动和除霜器外，其他子系统的能耗大约为 700 W，所以选择 DC/DC 转换器至少为 1 kW。

注意，液压制动能量消耗是电机拖动液压制动的电动真空助力系统的能耗；气压制动能耗是给储气筒打气的电动空气压缩机的能耗。

一般电动客车只有一个 DC/DC 转换器，将高压如 400 V 直流降压为 14 V 或 28 V 直流，这样的空调系统直接采用蓄电池直流电压 400 V 供电，交流 400 V 给空气压缩机电机和转向油泵电机供电。对于高挡电动车可以有几个 DC/DC 转换器，从而产生不同的直流电压，同时，也有不同的 DC/DC 转换器产生不同的交流电压驱动不同系统的电机。也可以把低压直流如 200 V 升为高压直流 600 V，但是这种升压是为动力电动机驱动汽车使用。

DC/DC 转换器用于将数百伏的车载电池电压降至可在车内使用的 14 V 或 28 V。此次的展示品将 220～400 V 电压降到了 14 V 及 28 V，输出电流为 60～120 A。

为了支持全球各国的家用电源电压，DC/DC 转换器及充电器的输入电压为 100～265 V。输出电压最大为 28 V，转换效率最大为 88%。

决定 DC/DC 转换器性能的主要因素是变压器，包括变压器的大小、形状及支持的开关频率。通过提高开关频率，可减小变压器和整流电路的尺寸。因为频率提高，可使功率半导体单位时间的开关次数增加。但是，为防止接近收音机 AM 广播的频率，过去一直采用 70 kHz 频带。由于抑制噪声的技术取得进步，现在采用 110 kHz 频带。

变压器的铁芯材料采用铁氧体材料"PC95"。PC95 的原料为 Fe(铁)、Mn(锰)、Zn

（锌）。Fe 的混合比例不同，主要是为了降低在有些温度下出现的铁损增大、效率降低现象。最新的铁芯可在很大的温度范围内减小铁损。铁损以磁滞损耗为主，还包括涡流损耗。

世界首款量产混合动力车普锐斯的投入使用已经 12 年。DC/DC 转换器单位体积的功率密度逐年提高，估计今后也是这一趋势。

包括 DC/DC 转换器和逆变器在内的 PCU（功率控制单元）及镍氢动力蓄电池元器件在混合动力车中曾配置在后座后面，现如今也可以配置在后备厢下面，以使后备厢的可用空间比以前增大，DC/DC 转换器的小型化有利于扩大后备厢容量，降低成本。

今后 DC/DC 转换器功能改进的方向之一是双向化。现在使用的 DC/DC 转换器只是单向 DC/DC 改变电压，现在也存在要求双向的需求。当动力电池的电力不足时，便可将铅蓄电池的电力输入动力电池，以备紧急之需，这也是确保冗余度的方法。有些车型还追加 DC/DC 转换器输出端及升压转换器等转换器部件。

DC/DC 转换器不断小型化、轻量化、效率不断提高。DC/DC 转换器不同时代规定了变压器的种类及 DC/DC 转换器电路的基本构造。水冷/空冷、端子位置、壳体形状等根据采用车型进行设计，基本构造以严酷环境下的空冷为前提设计。

四、单、双向 DC/DC 转换器

实现降压的 DC/DC 转换器的主电路结构有很多，其中 BUCK 型 DC/DC 转换器以其结构简单、变换效率高的特点成为首选的 DC/DC 变换电路拓扑结构之一。

DC/DC 转换器一般由控制芯片、电感线圈、二极管、三极管、电容器构成。基本 BUCK 型 DC/DC 转换器电路的原理如图 5-6-1 所示，U_{in} 是输入电压，U_{out} 是 BUCK 电路的输出电压，C_1 是输入电容，Q_1 是主功率开关管，D_1 是主功率二极管，L_1 是储能电感。

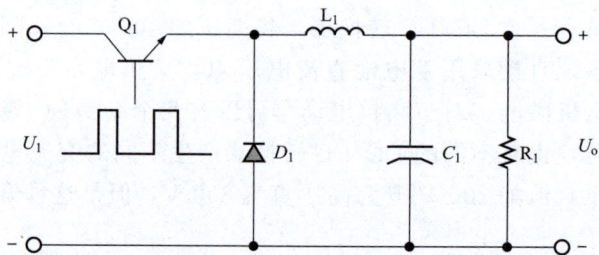

图 5-6-1　基本 BUCK 型 DC/DC 转换器电路的原理

基本 BUCK 电路的工作过程如下：当开关管 Q_1 导通时，电流经负载、电感 L_1 流过 Q_1 并线性增加，电能以磁能形式存储在电感线圈 L_1 中，同时给负载供电，电容 C_1、负载、L_1、Q_1 构成回路，此时由于二极管 D_1 的阳极接负，D_1 处于截止状态，当 Q_1 由导通转为截止时"存储在电感"中的能量释放出来，通过 D_1 续流维持向负载供电，L_1、D_1 和负载构成回路，若周期性地控制开关管 Q_1 的导通与关断，即可实现能量由 U_{in} 向 U_{out} 的降压传递，电路的输出电压 $U_{out} = \delta U_{in}$，δ 为开关管 Q_1 的导通占空比。为达到上述降压传递，开关管 Q_1 与二极管 D_1 必须轮流导通与关断，两者之间频繁地进行换流。

在燃料电池汽车上，燃料电池只是由燃料产生电能，而不能储存电能，因此采用了单向 DC/DC 转换器。燃料电池汽车采用的电源有各自的特性，燃料电池只提供直流电，电压和电流随输出电流的变化而变化。燃料电池不可能接受外电源的充电，电流的方向只是单向流动。燃料电池汽车采用的辅助电源（蓄电池和超级电容）在充电和放电时，也是以直流电的形式流动，但电流的方向是可逆性流动。

燃料电池汽车上的各种电源的电压和电流受工况变化的影响呈不稳定状态。为了满足驱动电动机对电压和电流的要求及对多电源电力系统的控制，在电源与驱动电动机之间，用计算机控制实现对燃料电池汽车的多电源的综合控制，保证燃料电池汽车的正常运行。燃料电池汽车的燃料电池需要装置单向 DC/DC 转换器，蓄电池和超级电容需要装置双向 DC/DC 转换器。

（一）全桥 DC/DC 转换器

燃料电池发动机输出的电压一般为 240～450 V，燃料电池的输出电压随着燃料电池输出电流的增大而减小。另外，由于燃料电池不能充电，因此，配置单向全桥 DC/DC 转换器，将燃料电池的波动电流转换为稳定、可控的直流电源。全桥 DC/DC 转换器输入端用 4 个导通开关和 4 个整流二极管共同组成大功率的直流电转换器（CBT），中部为高频变压器 T_r，输出端用 4 个整流二极管共同组成整流器。绝缘型全桥 DC/DC 转换器电路的原理如图 5-6-2 所示。

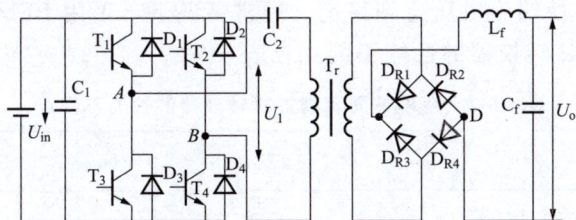

图 5-6-2　绝缘型全桥 DC/DC 转换器电路的原理

当导通开关 T_1 先导通时，在延迟一定的 α 电位角后再导通开关 T_4，而 T_2 和 T_3 被截止。T_1 和 T_4 轮流导通 180° 电位角，此时电压 $U_1 = U_o$。然后转换为开关 T_2 先导通，在延迟一定的电位角后，再导通开关 T_3，而 T_1 和 T_4 被截止，T_2 和 T_3 轮流导通 180° 电位角，此时电压 $U_1 = -U_o$。当控制 4 个开关管轮流导通时，将产生交变电压和电流，在 A、B 两个点上可以得到一个交流方波电压和电流。

在交流方波电压原边电路中串联一个电容 C，以防止变压器的磁偏心，然后将交流方波电压 U_1 输入到变压器 T_r 的原边中，变压器通过调节占空比来调节输出电压 U_o，控制和保持副边输出电压 U_o 的稳定。副边后面与一个 4 管整流器相连接，通过整流后在 C、D 两个点上可以得到一个直流电压。C、D 电路中加入由电感 L 和电容 C 组成的滤波器，将直流方波电压中的高频分量滤除，得到一个平直的直流电压。

只要改变导通时间，就可以调节输出电压 U_o 的值。选择智能控制的大功率全桥 DC/DC 转换器，可以有良好的自我保护能力和使用寿命。

DC/DC 转换器的外特性如图 5-6-3 所示，单向 DC/DC 转换器的控制框图如图 5-6-4 所示。根据燃料电池汽车的动力性能设计要求，确定 DC/DC 转换器输出电压的给定值。

模块五　新能源汽车构造

当燃料电池电流逐渐增大时，电压基本保持平稳，通过对输出电压的闭环控制，实现DC/DC 转换器的恒压输出(图 5-6-3 中的 AB 段)。当燃料电池电流继续增大、电压快速下降时，通过对输出功率控制，实现 DC/DC 转换器的恒功率输出(图 5-6-3 中的 BC 段)。由于燃料电池的电压达到下限值要受到所反应的温度、压力和环境等的影响，图 5-6-3 的 BC 段的功率不能事先给定，而是用此时通过燃料电池的输出电压和电流来测定，并实时对 DC/DC 转换器的输出功率进行调节，这是保证燃料电池不会发生过放电的关键措施。当 DC/DC 转换器达到最大输出电流时，电压迅速下降(图 5-6-3 中 CD 段)为恒电流段，其电流值决定 DC/DC 转换器的最大输出电流。

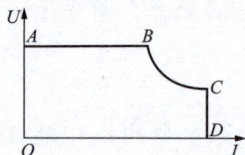

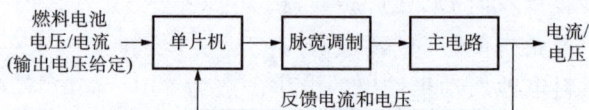

图 5-6-3　DC/DC 转换器的外特性　　　图 5-6-4　DC/DC 转换器的控制框图

控制芯片控制功率半导体导通、截止。调制方式有 P°FM(脉冲频率调制方式)和 PWM(脉冲宽度调制)两种方式。P°FM 调制时开关脉冲宽度一定，通过改变脉冲输出的时间，使输出电压达到稳定；PWM(脉冲宽度调制)方式开关脉冲的频率一定，通过改变脉冲输出宽度，使输出电压达到稳定。通常情况下，采用 PFM 和 PWM 这两种不同调制方式的 DC/DC 转换器的性能不同点见表 5-6-2。

表 5-6-2　两种不同调制方式转换器的性能不同点

项目	PFM	PWM
电路规模(IC 内部)	简单	复杂
消耗电流	较少	较多
纹波电压	较大	较小
瞬态响应	较差	较好

在选用较低频率的情况下，小负载时，效率较高，输出电压的纹波较大。在选用较高频率的情况下，小负载时，效率很低，输出电压的纹波较小。因此，在小负载或待机时间较长的情况下，选用低的频率，转换电路的效率较高，但若考虑输出电压的纹波问题，选用高的频率，则纹波电压会较小。DC/DC 转换器通过开关动作进行升压或降压，特别是晶体管或场效应管处于快速开关时，会产生尖峰噪声及电磁干扰。

(二)双向 DC/DC 转换器

在以蓄电池和超级电容器组成的混合电源上，一般蓄电池以稳态充、放电的形式工作，而超级电容在电动车起动时，能够以大电流的放电形式工作，在接受外电源或制动反馈的电能时又能以大电流的充电形式工作。蓄电池和超级电容的电流为双向流动，因此，在蓄电池和超级电容与电力总线之间装置升降压双向 DC/DC 转换器，双向控制和调配所输入和输出的电流。

在升、降压双向 DC/DC 转换器的输入端用两个导通开关和两个整流二极管，分别组成两个大功率的直流电转换器（IGBT），在输入端装有电感器 L_2 和电容器 C，在输出端装有电感器。双向 DCDC 转换器处于充电工况时，导通开关 T_1 切断，导通开关 T_2 导通，充电机或制动反馈的电流，经由动力总线向蓄电池或超级电容器中充电。在通过电感 L_1 时，部分电流暂时存留在电感 L_1 中，当导通开关 T_2 断开后，电感 L_1 中存留的电流通过整流二极管 D_2 转存在电容器 C 中。双向 DC/DC 转换器在对超级电容器充电时处于降压状态。在超级电容器电路上装置电感 L_1，还可以减小进入超级电容器线路的电流脉冲。

双向 DC/DC 转换器处于放电工况时，导通开关 T_1 导通，导通开关 T_2 切断。蓄电池或超级电容器放电，电容器 C 中储存的电荷也同时放电，电流方向是由超级电容器向动力总线方向流动，DC/DC 转换器对外放电处于升压状态。在总线电路上装置电感 L_2 可以减小进入总线的电流脉冲。

(三)轿车用 DC/DC 转换器

1. 丰田普锐斯用单向 DC/DC 转换器

（1）增压和降压转换器。如图 5-6-5 所示，增压和降压转换器将 HV 蓄电池输出的额定电压 DC201.6 V 增压到 DC500 V 的最高电压。转换器包括增压 PM（集成功率模块），其中内置的 IGBT（绝缘栅极双极型晶体管）进行转换控制，而反应器存储能量。通过使用这些组件，转换器将电压升高。MG1 或 MG2 作为发电机工作时，变频器通过其一将交流电转换为直流电，然后增压和降压转换器将其降低到 DC201.6 V 为 HV 蓄电池充电。

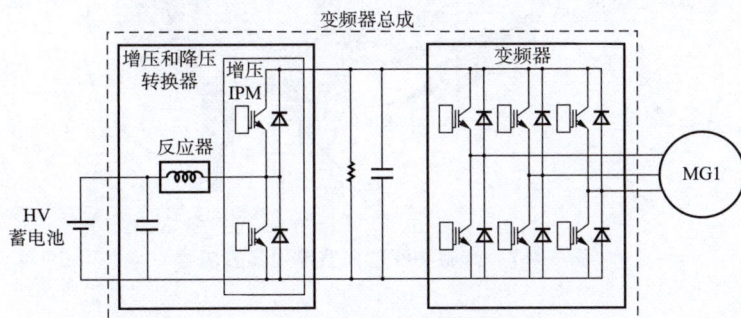

图 5-6-5　增压和降压转换器

（2）DC/DC 转换器。如图 5-6-6 所示，车辆的辅助设备，如车灯、音响系统、空调系统（除空调压缩机）和 ECU，它们由 DC12 V 的供电系统供电。由于二代混合动力普锐斯发电机输出额定电压为 DC201.6 V，因此，需要 DC/DC 转换器将这个电压降低到 DC12 V 来为备用蓄电池充电，这个转换器安装于变频器的内部。

2. 奔驰 400 双向直流电压转换器

如图 5-6-7 所示为奔驰 400 双向直流电压整流器，支持发动机停止时的 12 V 蓄电池（高压蓄电池→12 V 蓄电池）支持实现助力效果的高压蓄电池（12 V 蓄电池→高压蓄电池），通过 12 V 充电器或保养车辆进行跨接起动（12 V 蓄电池→高压蓄电池），通过电容换器进行自放电。

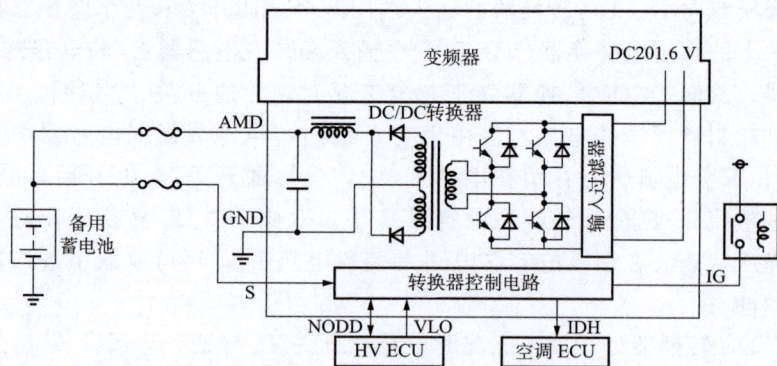

图 5-6-6　DC/DC 转换器系统

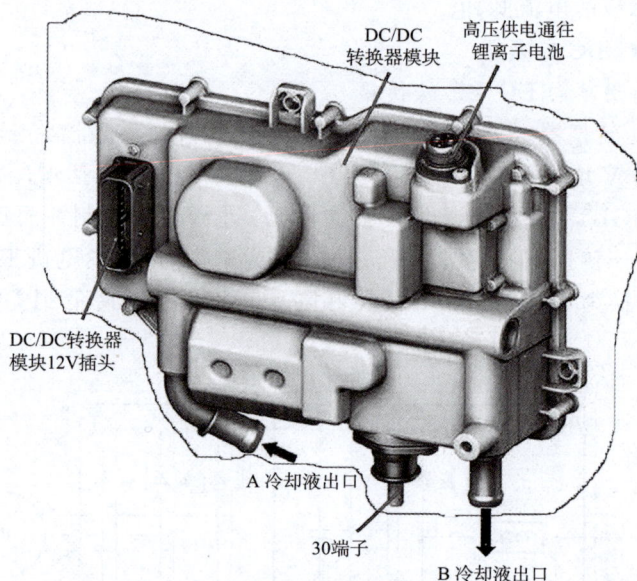

图 5-6-7　奔驰 400 双向直流电压整流器

学习研讨

背景描述	电源转换器是电动汽车独有的部分。主要涉及高压电能向低压电能的转换。因为纯电动汽车的能源来自动力电池的高压电，因此，如何更好地将高压直流电转化为低压直流电的工作就落在了电源转换器上。因此，电源转换技术的优劣决定着技术的未来发展应用
讨论主题	请以小组为单位介绍更为先进的电源转换技术的工作原理
成果展示	小组采用短视频、PPT 制作等方式展示成果

内容组织	素养提升			评价结果
内容选取很好，内容全面且组织有条理	思路清晰、重点突出、语言流畅	熟练掌握 PPT 和短视频制作等信息化技术	能很好地体现团队协作和自学能力	优秀
内容选取较好，内容全面且组织有条理	思路清晰、语言通顺简洁	能够使用 PPT 和简单的短视频制作等信息化技术	较好地体现团队协作和自学能力	良好
内容选取合理，内容相对完整，有一定的组织条理	逻辑思路一般、语言相对流畅	会使用 PPT 和短视频做简单的处理	团队协作能力和自学能力一般	一般
内容选取一般，内容不全面且组织条理不清晰	语言逻辑不够清晰流畅	不能熟练掌握 PPT 和短视频制作等信息化技术	不能很好地体现团队协作和自学能力	合格

知识拓展：氢能载具

课后练习

参考文献

[1][英]汤姆·登顿(Tom Denton). 汽车电气与电子控制系统[M]. 3 版. 于京诺，等，译. 北京：机械工业出版社，2008.

[2][德]康拉德·莱夫(Konrad Reif). BOSCH 汽车工程师手册[M]. 4 版. 魏春源，译. 北京：北京理工大学出版社，2016.

[3]周建平，悦中原. 汽车电气设备构造与维修[M]. 4 版. 北京：人民交通出版社，2021.

[4]李春明. 汽车电器与电路[M]. 北京：高等教育出版社，2010.

[5]赵振宁. 汽车电气构造、原理与检修上：汽车电气设备[M]. 北京：北京理工大学出版社，2015.

[6]南金瑞，曹方科，刘波澜. 汽车单片机及车载总线技术[M]. 3 版. 北京：北京理工大学出版社，2020.

[7]黄宗益. 现代轿车自动变速器原理和设计[M]. 上海：同济大学出版社，2006.

[8]邱淑贤，张瑛，朱梓豪. 汽车电子燃油表控制策略研究[J]. 吉林大学学报(信息科学版)，2010，28(3)：280－283.

[9]王盛良. 汽车发动机构造与检修技术[M]. 3 版. 北京：机械工业出版社，2016.